ADVANCED FRE

Companion Volumes for First Examinations
As used in the Republic
Simple French Prose for Examinations
A New French Reader, etc.
Short Read French Books I, II and III
Modern Colloquial French
Examining French
Senior French Unibound

By W. F. H. WHITMARSH and D. OLIVER

Advanced French Course
New Advanced French Course

By W.F.H. WHITMARSH

A First French Book
A Second French Book
A Third French Book
A Fourth French Book
Complete French Course for First Examinations
Essential French Vocabulary
Simpler French Course for First Examinations
A New Simpler French Course
More Rapid French, Books I, II and III
Modern Certificate French
Examination French
Senior French Composition

By W.F.H. WHITMARSH and C.D. JUKES

Advanced French Course
New Advanced French Course

ADVANCED FRENCH COURSE

BY

W. F. H. WHITMARSH, M.A., L. ès L.

AND

C. D. JUKES, M.A.

LONGMAN

LONGMAN GROUP LIMITED
Longman House
Burnt Mill, Harlow, Essex CM20 2JE, England
and Associated Companies throughout the World.

© **Longman Group Ltd 1940**

All rights reserved. No part of this publication may be reproduced, stored in a retrieval system, or transmitted in any form or by any means, electronic, mechanical, photocopying, recording, or otherwise, without the prior permission of the Copyright owner.

First published 1940
Thirtieth impression 1982

ISBN 0 582 36098 6

Printed in Hong Kong by
Wilture Enterprises (International) Ltd.

PREFACE

THIS volume is primarily intended for use in Sixth Forms, and provides ample and carefully graded work for a two years' Course. The authors have concerned themselves with the general study of French, and have taken as their aim the gradual and sound development of the student's powers of comprehension and expression. The book furnishes a thorough preparation for the 'unseen' paper of the Higher School Examination, while the later exercises of the several Parts approximate to the standard of University Scholarship Examinations and the language work of the first year in Universities.

As teachers of senior classes we have found that in the books we have used for the work of the Advanced Course there has been a tendency to assume that last year's School Certificate candidates have a much more extensive knowledge of French grammar, vocabulary and idiom than is actually the case. We have done our best to ensure that the present volume will escape this reproach. We have borne in mind that the newcomer to the Sixth Form is a pupil who but a short time ago approached the simplest exercises with wary uncertainty, and whose very English was rudimentary. Much work of consolidation must be done before such a pupil can deal with difficult composition and translation. And his enthusiasm must not be damped, as it too often is, by the study of dull and unattractive matter. In this Course we have drawn extensively on twentieth-century writings, both for the English and French passages, and in general we have spared no pains to provide lively and attractive material.

PART I (*French Prose Passages*)

The study of these extracts, drawn chiefly from nineteenth- and twentieth-century writings, will bring the student into contact with a wide vocabulary and an interesting range of subjects and styles. Most of the pieces have been tried out as *versions* and have been found suitable.

The Questions raise points for oral explanation or discussion. They by no means exhaust all the points of interest the text may offer, but they serve to indicate what sort of things might be discussed orally. Explanation in French of more unusual words and expressions is always a good exercise. As regards the more difficult questions, the teacher may find it desirable to lead up to them by easy stages, using questions of his own devising.

Part II (*French Poetry*)

Most of the poems are lyrics by nineteenth-century and contemporary poets, although specimens of seventeenth- and eighteenth-century poetry are included. A large number of them are suitable for translation. They have been selected primarily for their merits as poetry and not to represent stages in literary history.

Since the Questions were intended above all as exercises in appreciation it seemed better that they should be framed in English. In general they are designed to make the reader review the poem as a whole, appreciate its construction, and distinguish its special beauties.

Part VI (*Grammar*) and Part III (*Practice Sentences*)

The inclusion of a grammar section in a book of this standard requires explanation. Teachers will agree that grammatical accuracy is a pre-requisite of any good work. Generally it is assumed that French grammar has been thoroughly mastered in the Fifth Form and Examination successes tend to be taken as proof of the fact. But this is surely too comfortable a view to take. In the Sixth Form, if grammar studies are a thing of the past, mistakes in grammar certainly are not. Much in fact remains to be learnt, and what is more important still, the broad field of grammar needs periodical revision.

The convenience of having a Grammar under the same cover as the rest of the work will be readily appreciated by the student. We have included in it only what is essential for practical purposes, and this knowledge is revised and drilled by the Practice Sentences (Part III).

Generous reference to the grammar section is made in the footnotes to the English Prose Passages.

Part IV (*English Prose Passages*)

Some of the earlier pieces have been adapted or have been specially put together to provide suitable work for the transition stage from School Certificate to Advanced Course. However, the majority of the proses are unadapted, which means of course that they will offer difficulties. But they are not tests of the discouraging sort; the difficulties are well distributed, and the translator gets a reasonable amount of plain sailing.

A Vocabulary has been provided. In this, where practicable, a variety of possible renderings has been supplied, and the necessity to make a choice should give the student some training in the appreciation of the various shades of meaning a word can have and in the choice of the *mot juste*.

A good proportion of the passages are drawn from contemporary sources, while borrowings from highly idiosyncratic nineteenth-century prose have been made with caution. The spirit in which a student tackles a composition depends in no small degree on the nature and interest of the original text, and it is hoped that the passages provided will be considered 'worth translating'.

PART V (*Free Composition*)

For this branch of the work we felt we could best assist both teacher and student by providing a liberal choice of subjects, ranging from simple narratives to difficult and specialized questions. It was thought that a change from the usual fire, flood, burglary and tempest type of subject would be welcome, and we accordingly suggest many subjects for which the student will be able to draw on his everyday experience and observation. With most of the subjects we provide a short list of the key words and phrases the student is likely to require, and recommend that he should consult an all-French dictionary for the meaning of any which are unfamiliar.

W. F. H. W.
C. D. J.

ACKNOWLEDGMENTS

GRATEFUL thanks are due to the following for their kind permission to reproduce extracts from copyright works. The source of each extract is given in the text, followed by the name of the copyright owner in brackets.

Mme Gustave Lanson.
M. Édouard Herriot.
M. le Doyen de la Faculté des Lettres de l'Université de Lille (for a poem by Auguste Angellier).
M. Albin Michel, éditeur, 22 rue Huyghens.
MM. Boivin et Cie, éditeurs, 3–5 rue Palatine.
MM. Calmann-Lévy, éditeurs, 3 rue Auber.
The Proprietors of *Le Canard enchaîné*, 9 rue Louis-le-Grand.
MM. Armand Colin et Cie, éditeurs, 103 boulevard Saint-Michel.
M. Eugène Fasquelle, éditeur, 11 rue de Grenelle.
MM. Arthème Fayard et Cie, 18–20 rue Saint-Gothard.
Librairie Ernest Flammarion, 26 rue Racine.
Librairie Gallimard (*Nouvelle Revue Française*), 5 rue Sébastien-Bottin.
M. Bernard Grasset, éditeur, 61 rue des Saints-Pères.
MM. Hachette et Cie, éditeurs, 79 boulevard Saint-Germain.
M. Alphonse Lemerre, éditeur, 22–33 Passage Choiseul.
Société du *Mercure de France*, 26 rue de Condé.
M. Albert Messein, 19 Quai Saint-Michel.
Librairie Plon, 8 rue Garancière.
Librairie Stock, 7 rue du Vieux-Colombier.

Messrs:
Doubleday, Doran & Co., 14 West 49th Street, New York.
Harcourt, Brace & Co., 383 Madison Avenue, New York.
Alfred A. Knopf, Inc., 501 Madison Avenue, New York.
Viking Press, Inc., 18 East 48th Street, New York.

Mr. Hilaire Belloc.
Mr. Wyndham Lewis.
Mr. Beverley Nichols.
The Hon. Harold Nicolson.

Messrs:
Allen & Unwin, Ltd., 40 Museum Street, W.C.1.
Cambridge University Press, 196–204 Euston Road, N.W.1.

Jonathan Cape, Ltd., 30 Bedford Square, W.C.1.
Cassell & Co., Ltd., La Belle Sauvage, E.C.4.
Chatto & Windus, 40–42 William IV Street, W.C.2.
Constable & Co., Ltd., 10 Orange Street, W.C.2.
J. M. Dent & Sons, Ltd., Aldine House, Bedford Street, W.C.2.
Faber & Faber, Ltd., 24 Russell Square, W.C.1.
Hamish Hamilton, Ltd., 90 Great Russell Street, W.C.1.
W. Heffer & Sons, Ltd., 3–4 Petty Cury, Cambridge.
William Heinemann, Ltd., 99 Great Russell Street, W.C.1.
John Murray, 50 Albemarle Street, W.1.
Methuen & Co., Ltd., 36 Essex Street, W.C.2.
Editor of *The New Statesman and Nation*, 10 Great Turnstile, W.C.1.
Penguin Books, Ltd., Harmondsworth, Middlesex.
Selwyn & Blount, Ltd., 34–36 Paternoster Row, E.C.4.
Editor of *The Sunday Times*, 200 Gray's Inn Road, W.C.1.

CONTENTS

PART I

FRENCH PROSE PASSAGES FOR TRANSLATION AND FOR ORAL DISCUSSION

	PAGE
Numbers 1–85	1

PART II
FRENCH POETRY

NOTE ON FRENCH VERSIFICATION	89
POEMS FOR TRANSLATION AND APPRECIATION (Numbers 1–62)	93

PART III
PRACTICE SENTENCES FOR TRANSLATION INTO FRENCH

Exercises 1–33	147

PART IV
ENGLISH PROSE PASSAGES FOR TRANSLATION

Numbers 1–85	167

PART V
FREE COMPOSITION

SPECIMEN ESSAYS	233
ESSAY SUBJECTS	236
Simple Accounts	236
Letters	238
Descriptions	239
Easy General Questions	241
Discussions	243
Proverbs and Sayings	244
Travel. Geographical. Historical . . .	245
More Difficult General Questions . . .	246
Commerce and Industry	247
Sociological. Political. Finance . . .	248
NOTE ON LETTER-WRITING	249

PART VI

GRAMMAR

	PAGE
THE ARTICLE	251
NOUNS	255
ADJECTIVES	257
NUMBERS. DATES. TIME	262
PRONOUNS	264
VERBS	273
ADVERBS	304
PREPOSITIONS	313

VOCABULARY

FRENCH–ENGLISH	319
ENGLISH–FRENCH	347

PART I

FRENCH PROSE PASSAGES
FOR TRANSLATION AND ORAL DISCUSSION

1. La belle Machine qu'est la Société

Puis, comme il avait bien déjeuné, il se prit à admirer le bel ordre de la nature :

«Tous ces hommes en blouse, en redingote, qui se croisent, s'agitent et se mêlent sur ces pavés antiques, pensait-il, ont une place dans la société telle que six mille ans de civilisation l'ont faite. Ils ne sont pas tous satisfaits de cette place, ils ne sont pas très bien payés, ils ne sont pas très bien nourris, mais quelqu'un les paie, quelqu'un les nourrit, et c'est un fait qu'on meurt assez rarement de faim en France. Cela est remarquable et eût fort étonné ces grands inconnus de l'époque quaternaire qui inventèrent la hache de pierre, et pour lesquels la famine était sans doute une habitude. Dans cette belle machine tout se tient et les métiers ont entre eux des rapports compliqués qui se sont établis par des siècles de lente friction. Cette vieille est venue pour vendre ses lapins, ce fermier pour voir le notaire, dont la femme achètera les lapins, ce voiturier a fait le voyage pour amener la bonne femme et le fermier, ce marchand ambulant pour vendre de la toile au voiturier. Le fermier, le notaire et le voiturier iront se faire tailler la barbe chez Pingard; le cabaretier Picollet les nourrira et Cabotin, dit la Ressource, vient de gagner les six sous de son repas parce que mon père, M. Bertrand, en vendant des cuirs à l'Empereur, m'a légué le loisir injuste de regarder vivre les autres. Tout cela est admirable.»

André Maurois, Ni Ange ni Bête
(Grasset)

Qu'est-ce que ce récit nous apprend sur la situation de celui qui parle? D'où lui venait sa fortune?
Comment s'explique sa belle humeur?
Dans quel lieu se trouve-t-il? Pourquoi y a-t-il tant de monde?
Comment les gens qu'il voit gagnent-ils de quoi vivre?
Pourquoi M. Bertrand qualifie-t-il son loisir d'*injuste*?
«Les métiers ont entre eux des rapports compliqués.» Développez.

2. La Conscience

Je pouvais être déjà à cinquante pas de la Seine, j'entends encore un cri du batelier qui se noyait et demandait du secours. Je redoublai le pas: «Que le diable l'emporte!» me dis-je; et je me mis à penser à autre chose. Tout à coup je me dis:

— Lieutenant Louaut (je m'appelle Louaut), tu es un misérable; dans un quart d'heure cet homme sera noyé, et toute ta vie tu te rappelleras son cri.

— Misérable! misérable! dit le parti de la prudence, c'est bientôt dit; et les soixante-sept jours que le rhumatisme m'a retenu au lit l'an passé?... Que le diable l'emporte! il faut savoir nager quand on est marinier.

Je marchais fort vite vers l'École militaire. Tout à coup une voix me dit: «Lieutenant Louaut, vous êtes un lâche.» Ce mot me fit ressauter. «Ah! ceci est sérieux», me dis-je; et je me mis à courir vers la Seine. En arrivant au bord, jeter habit, bottes et pantalon ne fut qu'un mouvement. J'étais le plus heureux des hommes. «Non, Louaut n'est pas un lâche, non, non!» me disais-je, à haute voix.

Le fait est que je sauvai l'homme, sans difficulté, qui se noyait sans moi. Je le fis porter dans un lit bien chaud; il reprit bientôt la parole.

Alors je commençai à avoir peur pour moi. Je me fis mettre, à mon tour, dans un lit bien chauffé, et je me fis frotter tout le corps avec de l'eau-de-vie et de la flanelle. Mais en vain; tout cela n'a rien fait, le rhumatisme est revenu; à la vérité, pas aigu comme l'an passé. Je ne suis pas trop malade; le diable, c'est que personne ne venant me voir, je m'ennuie ferme...

STENDHAL, *Correspondance*

Précisez le sens des mots *marin, matelot, marinier, batelier.*
Relatez brièvement ce qui se passe, sans vous occuper des sentiments de Louaut.
Ensuite, énumérez les différentes phases du drame intérieur qui se joue dans la conscience du sauveteur.
Comment Louaut envisage-t-il son acte par la suite? De quoi se plaint-il à la fin de sa lettre?
D'après ce récit, quels sont les traits de son caractère?

3. Qu'est-ce qu'une Patrie?

Vous croyez avoir prouvé que l'Alsace est de nationalité allemande parce que sa population est de race germanique et parce que son langage est l'allemand. Mais je m'étonne qu'un historien comme vous affecte d'ignorer que ce n'est ni la race ni la langue qui fait la nationalité. Ce n'est pas la race : jetez en effet les yeux sur l'Europe et vous verrez bien que les peuples ne sont presque jamais constitués d'après leur origine primitive. Les convenances géographiques, les intérêts politiques ou commerciaux sont ce qui a groupé les populations et fondé les États. Chaque nation s'est ainsi peu à peu formée, chaque patrie s'est dessinée sans qu'on se soit préoccupé de ces raisons ethnographiques que vous voudriez mettre à la mode. Si les nations correspondaient aux races, la Belgique serait à la France, le Portugal à l'Espagne, la Hollande à la Prusse; en revanche, l'Écosse se détacherait de l'Angleterre, à laquelle elle est si étroitement liée depuis un siècle et demi, la Russie et l'Autriche se diviseraient chacune en trois ou quatre tronçons, la Suisse se partagerait en deux, et assurément Posen se séparerait de Berlin. Votre théorie des races est contraire à tout l'état actuel de l'Europe. Si elle venait à prévaloir, le monde entier serait à refaire.

FUSTEL DE COULANGES, *Lettre à M. Mommsen, professeur à Berlin*
(octobre 1870)

Qu'est-ce qu'un *tronçon*? Que signifie *ethnographique*?
Quels sont les deux hommes qui s'écrivent? Quel est le sujet qui les préoccupe?
Quelle est la thèse du professeur allemand?
Quelles sont les idées de Coulanges? Quelles preuves fournit-il à l'appui de son point de vue?
Y a-t-il lieu de croire que les Allemands tiennent toujours à cette théorie des races?
Sujet à discuter : Le nationalisme.

4. Avantages comparés du Cheval et de l'Automobile

Chez un marchand de vins de la rue de Babylone, deux cochers de maison et un valet de pied debout au comptoir entourent un chauffeur. Tous les quatre font des éclats de voix, des écartements de bras, des secouements de tête, reposent leur verre avec bruit sur le zinc pour ponctuer un raisonnement. Le sujet qu'ils débattent est repris chaque soir, dans une centaine de débits des quartiers de luxe, par des cochers en haute-forme, et des chauffeurs dont la casquette de drap fin s'orne de ganses. «Avantages comparés du cheval et de l'auto.» Ce thème ne date que de quelques années. Mais il a déjà l'accent des querelles classiques entre partisans de l'hiver et partisans de l'été, amis des chiens et amis des chats. Les arguments sont toujours les mêmes. Il semble qu'on les ait trouvés tous à la fois dès la première dispute. Mais chacun les répète chaque soir avec autant d'élan, avec le même sentiment d'effort et de risque que s'il venait à l'instant de les inventer. Si les raisons ne changent pas, c'est leur ordre qui change. La question du cheval et de l'auto ne peut garder ce parfait équilibre qui rassure aussi bien les amis des chiens que les amis des chats sur la pérennité de leur cause. L'auto avance et le cheval recule. Telle riposte de cocher, qui portait en 1904, manque son effet en 1908. Sans la mettre au rancart, il est prudent de ne plus trop compter dessus. Les cochers sentent leur disgrâce. Ils remâchent du matin au soir l'amertume qu'ils n'avouent pas d'appartenir à une faction vaincue.

JULES ROMAINS, *Les Hommes de Bonne Volonté: Les Amours enfantines.* (Flammarion)

Expliquez ce que c'est qu'un *débit*.

Pourquoi les cochers et les chauffeurs débattaient-ils ce sujet avec tant de verve?

Imaginez quels étaient les arguments exposés par les partisans du cheval et ceux de l'auto.

Pourquoi de telles discussions ne s'entendent-elles plus de nos jours?

Énumérez d'autres *querelles classiques*.

Un exercice intéressant: Discussion entre un élève ami des chats et un élève ami des chiens.

5. À L'ASSAUT DES PYRAMIDES

À peine descendus de chameau, sans une parole, sans un regard, ils se ruent vers la Pyramide. Pas seulement les jeunes gens: des dames convenables, le monsieur en alpaga noir, le presbytérien, tous les valides. J'ai un instant d'incertitude. Vont-ils baiser ces pierres millénaires, s'en disputer des fragments en pleurant, ainsi que des reliques? Non:

c'est l'instinct, l'instinct sauvage qui les soulève. Ce qu'ils veulent, c'est grimper, arriver en haut de ce colossal escalier, dominer le désert, agiter leur mouchoir pour narguer les poltrons. Fiévreusement, les femmes épinglent leurs jupes, les hommes retirent leurs vestons, le presbytérien plie sa redingote, et aussitôt happé par des équipes de Bédouins grimpeurs, ils entreprennent l'escalade.

— *Seven minutes!* braille un Américain à culottes courtes qui espère battre un record.

Hardi!... *go on!*... encouragent ceux d'en bas. Les Arabes tirent sauvagement leurs victimes par le bras, comme s'ils avaient fait le vœu de les écarteler, et, pour compléter le spectacle, des lourdauds ont embauché un troisième guide qui les pousse au derrière, en criant comme un forcené.

Roland Dorgelès, La Caravane sans chameaux
(Albin Michel)

Expliquez le sens des mots *millénaire, forcené, poltron, escalader, écarteler.*

Faites la description d'un chameau. Dans quels pays y a-t-il des chameaux? Pourquoi cet animal est-il si utile à l'homme?

Où se trouvent les Pyramides? Décrivez-les. Que savez-vous sur l'origine de ces monuments?

Relevez les traits comiques que ce récit renferme.

Comment l'auteur juge-t-il ces touristes?

6. Le Peuple

Vous êtes peuple: sachez d'abord ce que c'est que le peuple.

Il y a des hommes qui, sous le poids du jour, sans cesse exposés au soleil, à la pluie, au vent, à toutes les intempéries des saisons, labourent la terre, déposent dans son sein, avec la semence qui fructifiera, une portion de leur force et de leur vie, en obtiennent ainsi, à la sueur de leur front, la nourriture nécessaire à tous.

Ces hommes-là sont des hommes du peuple.

D'autres exploitent les forêts, les carrières, les mines, descendent à d'immenses profondeurs dans les entrailles du sol, afin d'en extraire le sel, la houille, le minerai, tous les matériaux indispensables aux métiers, aux arts. Ceux-ci, comme les premiers, vieillissent dans un dur labeur, pour procurer à tous les choses dont tous ont besoin.

Ce sont encore des hommes du peuple.

D'autres fondent les métaux, les façonnent, leur donnent des formes qui les rendent propres à mille usages variés; d'autres travaillent le bois; d'autres tissent la laine, le lin, la soi, fabriquent les étoffes diverses; d'autres pourvoient de la même manière aux différentes nécessités qui dérivent ou de la nature directement, ou de l'état social.

Ce sont encore des hommes du peuple.

Plusieurs, au milieu de périls continuels, parcourent les mers pour transporter d'une contrée à l'autre ce qui est propre à chacune d'elles, ou luttent contre les flots et les tempêtes, sous les feux des tropiques, comme au milieu des glaces polaires, soit pour augmenter par la pêche la masse commune des subsistances, soit pour arracher de l'océan une multitude de productions utiles à la vie humaine.

Ce sont encore des hommes du peuple.

Quelques-uns d'eux aussi, à travers mille obstacles, poussés, soutenus par leur génie, développent et perfectionnent les arts, les lettres, les sciences, qui adoucissent les mœurs, civilisent les nations, les environnent de cette splendeur éclatante qu'on appelle la gloire, forment enfin une des sources, et la plus féconde, de la prospérité publique.

Hugues de Lamennais, Le Peuple

Dans quels sens le mot *peuple* peut-il s'employer?
Qu'obtient-on d'une carrière?
Que veut dire *les intempéries des saisons*?
Quelles sont les différentes catégories de travailleurs dont l'auteur fait mention?
Quelle grande vérité cherche-t-il à mettre en lumière?

7. Une Nuit à la belle étoile

Je me souviens même d'avoir passé une nuit délicieuse hors de la ville, dans un chemin qui côtoyait le Rhône ou la Saône, car je ne me rappelle pas lequel des deux. Des jardins élevés en terrasse bordaient le chemin du côté opposé. Il avait fait très chaud ce jour-là, la soirée était charmante; la rosée humectait l'herbe flétrie; point de vent, une nuit tranquille; l'air était frais sans être froid; le soleil, après son coucher, avait laissé dans le ciel des vapeurs rouges dont la réflexion rendait l'eau couleur de rose; les arbres des terrasses étaient chargés de rossignols qui se répondaient de l'un à l'autre. Je me promenais dans une sorte d'extase, livrant mes sens et mon cœur à la jouissance de tout cela, et soupirant seulement un peu du regret d'en jouir seul. Absorbé dans ma douce rêverie, je prolongeai fort avant dans la nuit ma promenade, sans m'apercevoir que j'étais las. Je m'en aperçus enfin. Je me couchai voluptueusement sur la tablette d'une espèce de niche ou de fausse porte enfoncée dans un mur de terrasse; le ciel de mon lit était formé par les têtes des arbres; un rossignol était précisément au-dessus de moi : je m'endormis à son chant; mon sommeil fut doux, mon réveil le fut davantage. Il était grand jour : mes yeux, en s'ouvrant, virent l'eau, la verdure, un paysage admirable. Je me levai, me secouai : la faim me prit; je m'acheminai gaiement vers la ville, résolu de mettre à un bon déjeuner deux pièces de dix francs qui me restaient encore. J'étais de si bonne humeur, que j'allais chantant tout le long du chemin.

JEAN-JACQUES ROUSSEAU, Confessions

Que signifie *côtoyer*?
Expliquez ce que c'est que la rosée.
Décrivez le cours du Rhône. Quelle ville est située au confluent du Rhône et de la Saône?
Relevez les détails qui donnent à cette description un caractère poétique.
D'après ce récit, quels sont les goûts et le tour d'esprit de l'auteur?

8. DÉBUT D'UN CONFÉRENCIER

Je ramassai toutes mes forces pour faire bonne contenance quand l'appariteur me vint chercher; mais j'étais si troublé que je commis, en entrant, la plus sotte des méprises. Derrière la scène, où se tenait l'orateur, les jours de conférences, et qu'occupait l'orchestre les soirs de concert, il y avait tout en haut un orgue, où l'on arrivait par une galerie. Je n'ai pas de bien bons yeux, j'étais fort ému; je m'imaginai, je ne sais comment, que c'était de cette galerie que je devais parler; j'y montai vivement, et je n'y eus pas plus tôt fait mon apparition, que j'entendis, dans un lointain vaguement entrevu, un bruit énorme de rire. Je restai interdit, et déjà Yung, courant après moi, me rattrapait sur mon perchoir et me ramenait, riant lui-même de tout son cœur, à la table où m'attendait le verre d'eau traditionnel.

Tout le monde riait à se tordre; Yung riait également; ma foi, la bévue était si plaisante que je me mis à rire aussi. C'était un effet de vaudeville, et j'allais parler théâtre. Je tire de cet incident un exorde très gai; on rit davantage. Me voilà parti, toute ma frayeur avait disparu comme par enchantement.

Francisque Sarcey, Souvenirs d'âge mûr
(Albin Michel)

Expliquez le sens des mots *perchoir, bévue, exorde, plaisant.*
Décrivez le lieu où se passa cet incident.
Quelles sont les fonctions d'un appariteur?
Pourquoi Sarcey était-il si ému en cette occasion?
De quoi allait-il parler?
À quoi faut-il attribuer sa méprise?
Comment Sarcey se tire-t-il d'embarras?
Pourquoi place-t-on un verre d'eau sur la table d'un conférencier?

9. Jeanne d'Arc

Une enfant de douze ans, une toute jeune fille, confondant la voix de son cœur avec la voix du ciel, conçoit l'idée étrange, improbable, absurde, si l'on veut, d'exécuter la chose que les hommes ne peuvent plus faire, de sauver son pays. Elle couve cette idée pendant six ans, sans la confier à personne; elle n'en dit rien, même à sa mère, rien à nul confesseur. Sans nul appui de prêtre ou de parents, elle marche tout ce temps avec Dieu, dans la solitude de son grand dessein. Elle attend qu'elle ait dix-huit ans, et alors, immuable, elle l'exécute malgré les siens et malgré tout le monde. Elle traverse la France ravagée et déserte, les routes infestées de brigands, elle s'impose à la cour de Charles VII, se jette dans la guerre et dans les camps qu'elle n'a jamais vus, dans les combats, rien ne l'étonne; elle plonge intrépide au milieu des épées. Blessée toujours, découragée jamais, elle rassure les vieux soldats, entraîne tout le peuple, qui devient soldat avec elle, et personne n'ose plus avoir peur de rien. Tout est sauvé! La pauvre fille, de sa chair pure et sainte, de ce corps délicat et tendre, a émoussé le fer, brisé l'épée ennemie, couvert de son sein le sein de la France.

La récompense, la voici. Livrée en trahison, outragée des barbares, tentée des pharisiens qui essaient en vain de la prendre par ses paroles, elle résiste à tout en ce dernier combat, elle monte au-dessus d'elle-même, éclate en paroles sublimes qui feront pleurer éternellement... Abandonnée et de son roi et du peuple qu'elle a sauvés, par le cruel chemin des flammes, elle revient dans le sein de Dieu. Elle n'en fonde pas moins sur l'échafaud le droit de la conscience, l'autorité de la voix intérieure.

JULES MICHELET, *Histoire de France*

Expliquez le sens des mots et des expressions: *appui, immuable, intrépide, les siens; elle s'impose à la cour; elle entraîne tout le peuple.*
Rappelez les principaux événements de la vie de Jeanne d'Arc.
Relevez dans le récit les traits qui laissent deviner l'anticléricalisme de Michelet. (*Anticlérical* veut dire *qui s'oppose à l'autorité ecclésiastique.*)
Est-il vraisemblable que Jeanne d'Arc eût le corps *délicat et tendre?*
Quels autres auteurs célèbres ont traité ce sujet?

10. EN ROUTE POUR JÉRUSALEM

Dès le petit jour, toutes les portières du train se sont garnies de têtes curieuses, les yeux encore bouffis de sommeil et les cheveux dépeignés.

— Où sommes-nous? demandaient les voyageurs, sitôt la glace baissée.

Personne ne le savait, et les noms des stations, écrits en arabe et en hébreu, ne leur apprenaient rien. Ils roulaient ainsi depuis la veille, partis du Caire vers la fin de l'après-midi, et l'on s'était endormi tard dans ces compartiments surchauffés qui attendaient de l'autre côté du Canal, mais la joie d'un événement prochain les avait réveillés avant l'heure et, leurs valises vite bouclées, pèlerins et touristes s'entassaient dans le couloir. À chaque tournant de la voie, au sommet de chaque rampe, ils espéraient découvrir les cent dômes de la ville sacrée, le mur légendaire, la sainte coupole.

— N'est-ce pas encore Jérusalem? criait-on aux employés des gares.

La même clameur qu'il y a neuf cents ans... Et eux aussi ne portaient-ils pas, au revers de leur veston, l'emblématique croix d'étoffe rouge?

Pourtant, la monotonie de cette Judée stérile triomphait peu à peu de leur exaltation. Quelque colonie juive aperçue dans la plaine soutenait un instant leur curiosité, puis, on entrait dans la montagne, sauvage, dénudée, et, l'un après l'autre, les touristes regagnaient leur coin.

— Je mangerais bien quelque chose, confessait un gros en se rasseyant.

Roland Dorgelès, La Caravane sans chameaux
(Albin Michel)

Que sont ces voyageurs? D'où viennent-ils? Où vont-ils? Où ont-ils passé la nuit?
Que savez-vous du Canal de Suez?
Qu'est-ce qu'un pèlerin? Pouvez-vous nommer des villes saintes où l'on va en pèlerinage?
D'après les traits que l'auteur a semés dans son récit, quelle apparence présente la ville sacrée, vue de loin?
Qu'est-ce qui se passa dans ce pays il y a neuf cents ans? Quelle est la croix rouge dont parle l'auteur?
Que savez-vous de la Palestine des temps modernes?

11. Paysage marin

La grandeur infinie de la mer ravit dès le premier aspect; mais il faut la contempler longtemps pour apprendre qu'elle a aussi cette autre partie de la beauté qu'on appelle la grâce....

J'ai vu le jour s'éteindre au fond du golfe de Gascogne, derrière les monts Cantabres dont les lignes hardies se découpaient nettement sous un ciel très pur. Ces montagnes plongeaient leur pied dans une brume lumineuse et dorée qui flottait au-dessus des eaux. Les lames se succédaient azurées, vertes, quelquefois avec des teintes de lilas, de rose et de pourpre, et venaient mourir sur une plage de sable ou caresser les rochers qui encaissent la plage. Le flot montait contre l'écueil et jetait sa blanche écume où la lumière décomposée prenait toutes les couleurs de l'arc-en-ciel. Les gerbes capricieuses jaillissaient avec toute l'élégance de ces eaux que l'art fait jouer dans les jardins des rois... Ces mêmes vagues, si caressantes maintenant, ont des heures de colère; alors leurs blancs escadrons se pressent pour donner l'assaut aux falaises démantelées qui défendent la terre.

Alors on entend des bruits terribles, et comme la voix de l'abîme redemandant la proie qui lui fut arrachée aux jours du déluge. Au delà de cette variété inépuisable, apparaît l'immuable immensité. Pendant que des scènes toujours nouvelles animent le rivage, la pleine mer s'étend à perte de vue, image de l'infini.

FRÉDÉRIC OZANAM, *Un Pèlerinage au pays du Cid*

Quelle partie de l'Atlantique se nomme le golfe de Gascogne?
Précisez le sens des mots *rocher, falaise, écueil*.
L'auteur parle de *ces eaux que l'art fait jouer dans les jardins des rois*. Comment appelle-t-on ordinairement ces *eaux*?
Racontez brièvement la légende du déluge universel. Qu'est-ce qui prouve que la mer recouvrait autrefois les terres?
Indiquez dans la description les traits qui dénotent chez l'auteur des qualités de coloriste.

12. COMMENT ROUSSEAU SENTAIT LA NATURE

Quels temps croiriez-vous, monsieur, que je me rappelle le plus souvent et le plus volontiers dans mes rêves? Ce ne sont point les plaisirs de la jeunesse; ils furent trop rares, trop mêlés d'amertume, et sont déjà trop loin de moi. Ce sont ceux de ma retraite; ce sont mes promenades solitaires, ce sont ces jours rapides, mais délicieux que j'ai passés tout entiers avec moi seul, avec ma bonne et simple gouvernante, mon chien bien aimé, ma vieille chatte, avec les oiseaux de la campagne et les biches de la forêt, avec la nature entière et son inconcevable auteur. En me levant avant le soleil pour aller voir, contempler son lever dans mon jardin, quand je voyais commencer une belle journée, mon premier souhait était que ni lettres, ni visites n'en vinssent troubler le charme. Après avoir donné la matinée à divers soins que je remplissais tous avec plaisir, parce que je pouvais les remettre à un autre temps, je me hâtais de dîner pour échapper aux importuns, et me ménager un plus long après-midi. Avant une heure, même les jours les plus ardents, je partais par le grand soleil avec le fidèle Achate, pressant le pas dans la crainte que quelqu'un ne vînt s'emparer de moi avant que j'eusse pu m'esquiver; mais quand une fois j'avais pu doubler un certain coin, avec quel battement de cœur, avec quel pétillement de joie je commençais à respirer en me sentant sauvé, en me disant: « Me voilà maître de moi pour le reste de ce jour! » J'allais alors d'un pas plus tranquille chercher quelque lieu sauvage dans la forêt, quelque lieu désert où rien ne montrant la main des hommes n'annonçât la servitude et la domination, quelque asile où je pusse croire avoir pénétré le premier, et où nul tiers importun ne vînt s'interposer entre la nature et moi.

JEAN-JACQUES ROUSSEAU, *Lettre à M. de Malesherbes*

Quelle fut la jeunesse de Rousseau, d'après les indices que vous trouvez dans le texte?
Où et avec qui semble-t-il avoir passé les jours les plus heureux de sa vie?
Décrivez la campagne où il aimait à se promener.
Qu'est-ce qu'un *importun*?
De quels gens Rousseau redoutait-il la visite?
Remarquez l'expression *les jours les plus ardents*. Que veut dire *ardent*?
Pourquoi Rousseau aime-t-il la nature sauvage? Que pense-t-il de la vie civilisée?

13. INTÉRIEUR

Madame Malet m'invita à dîner pour le lendemain. Quand j'arrivai, à huit heures, je trouvai Odile seule avec ses frères. M. Malet était dans son bureau et lisait; Madame Malet n'était pas encore rentrée. Les deux garçons, Jean et Marcel, ressemblaient à Odile et pourtant dès la première minute je sus que nous ne serions jamais intimes. Ils voulaient se montrer amicaux, fraternels, mais plusieurs fois pendant cette soirée, je saisis des regards échangés entre eux et des moues qui disaient clairement: «Il n'est pas drôle...» Madame Malet rentra à huit heures et demie et ne s'excusa pas. M. Malet, quand il l'entendit, parut, bon enfant, son livre à la main et, comme nous nous mettions à table, la femme de chambre fit entrer un jeune Américain, ami des enfants, qui n'était pas invité et qu'on accueillit avec de grands cris de joie. Odile, au milieu de ce désordre, gardait son air de déesse indulgente: elle était assise à côté de moi, souriait aux plaisanteries de ses frères et, quand elle me vit effarouché, les calma. Elle me paraissait aussi parfaite qu'à Florence, mais je souffrais, sans pouvoir bien définir ma souffrance, en la voyant au milieu de cette famille.

ANDRÉ MAUROIS, *Climats*
(Grasset)

Quelle est la jeune fille qui figure dans ce récit? Où le visiteur semble-t-il avoir fait sa connaissance?

Pourquoi le visiteur déplaît-il aux frères ?
Quel accueil l'Américain reçoit-il ?
Relevez les bévues sociales commises et par Mme Malet et par M. Malet.

14. Promenade au Bord d'un Fleuve

Aux endroits encaissés, au pied des falaises ardentes qui réverbéraient le soleil, la végétation était si luxuriante que l'on avait peine à passer. Anna s'émerveillait aux plantes nouvelles, en reconnaissait qu'elle n'avait encore jamais vues à l'état sauvage, — et j'allais dire : en liberté — comme ces triomphants daturas qu'on nomme des «trompettes de Jéricho», dont sont restées si fort gravées dans ma mémoire, auprès des lauriers roses, la splendeur et l'étrangeté. On avançait prudemment à cause des serpents, inoffensifs du reste pour la plupart, dont nous vîmes plusieurs s'esquiver. Mon père musait et s'amusait de tout. Ma mère, consciente de l'heure, nous talonnait en vain. Le soir tombait déjà quand enfin nous sortîmes d'entre les berges du fleuve. Le village était encore loin, dont faiblement parvenait jusqu'à nous le son angélique des cloches ; pour s'y rendre, un indistinct sentier hésitait à travers la brousse... Qui me lit va douter si je n'ajoute pas aujourd'hui tout ceci ; mais non : cet angélus, je l'entends encore ; je revois ce sentier charmant, les roseurs du couchant et, montant du lit du Gardon, derrière nous, l'obscurité envahissante. Je m'amusais d'abord des grandes ombres que nous faisions ; puis tout se fondit dans le gris crépusculaire, et je me laissai gagner par l'inquiétude de ma mère. Mon père et Anna, tout à la beauté de l'heure, flânaient, peu soucieux du retard. Je me souviens qu'ils récitaient des vers ; ma mère trouvait que «ce n'était pas le moment» et s'écriait :

— Paul, vous réciterez cela quand nous serons rentrés.

André Gide, Si le grain ne meurt
(Nouvelle Revue Française)

Expliquez le sens des mots *berge, encaissé, flâner, s'esquiver*.
Expliquez l'expression *le sentier hésitait à travers la brousse*.
Quels sont les gens qui se promènent ?
Pourquoi la mère est-elle inquiète ? Comment montre-t-elle son impatience ?
Qui s'obstine à marcher lentement ?
Pourquoi la sœur prend-elle tant d'agrément à cette promenade ?

Qu'est-ce que l'angélus?
Où cultive-t-on des fleurs?
Dans quels pays y a-t-il des serpents venimeux?

15. L'Empereur s'emporte

    Bien que libéral d'origine et de tendances, il plut à l'Empereur par son application et par une exacte probité qui savait n'être pas importune. Deux ans, il fut sous une pluie de faveurs. En 1813, il fit partie de cette majorité modérée qui approuva le rapport dans lequel M. Laine, donnant à l'Empire chancelant des leçons tardives, censurait à la fois la puissance et le malheur. Le 1er janvier 1814, il accompagna ses collègues aux Tuileries. L'Empereur leur fit un accueil effrayant. Il chargea dans leurs rangs. Violent et sombre, dans l'horreur de sa force présente et de sa chute prochaine, il les accabla de sa colère et de son mépris.

    Il allait et venait dans leurs lignes consternées, quand, tout à coup, il saisit au hasard le comte Martin par les épaules, le secoua, le traîna, en s'écriant: «Un trône, c'est quatre morceaux de bois recouverts de velours? Non! un trône c'est un homme, et cet homme c'est moi! Vous avez voulu me jeter de la boue. Est-ce le moment de me faire des remontrances quand deux cent mille Cosaques franchissent nos frontières? Votre monsieur Laine est un méchant homme. On lave son linge sale en famille.» Et tandis que sa fureur se répandait, sublime ou triviale, il tordait dans sa main le collet brodé du député de l'Aisne. «Le peuple me connaît. Il ne vous connaît pas. Je suis l'élu de la nation. Vous êtes les délégués obscurs d'un département.» Il leur prédit le sort des Girondins. Le bruit de ses éperons accompagnait les éclats de sa voix. Le comte Martin en resta tremblant et bègue pour le reste de sa vie, et c'est en tremblant que, tapi dans sa maison de Laon, il appela les Bourbons après la défaite de l'Empereur.

Anatole France, Le Lys rouge
(Calmann-Lévy)

Quels sont les acteurs de cette scène?
Dans quelle intention les députés se rendent-ils aux Tuileries?
Pourquoi Napoléon n'aimait-il pas les libéraux?
Qu'est-ce que l'Empereur entendait par les expressions: *vous avez voulu me jeter de la boue*, et *on lave son linge sale en famille*?

Quel effet cette scène violente produisit-elle sur le comte Martin?
Que savez-vous des Girondins?
Esquissez les principaux événements qui amenèrent la chute de l'Empire? Quel régime succéda à l'Empire?

16. Le Père Sorel corrige son Fils

En approchant de son usine, le père Sorel appela Julien de sa voix de stentor; personne ne répondit. Il ne vit que ses fils aînés, espèces de géants, qui, armés de lourdes haches, équarrissaient les troncs de sapin, qu'ils allaient porter à la scie. Tout occupés à suivre exactement la marque noire tracée sur la pièce de bois, chaque coup de leur hache en séparait des copeaux énormes. Ils n'entendirent pas la voix de leur père. Celui-ci se dirigea vers le hangar; en y entrant, il chercha vainement Julien à la place qu'il aurait dû occuper, à côté de la scie. Il l'aperçut à cinq ou six pieds plus haut, à cheval sur l'une des pièces de la toiture. Au lieu de surveiller attentivement l'action de tout le mécanisme, Julien lisait. Rien n'était plus antipathique au vieux Sorel; il eût peut-être pardonné à Julien sa taille mince, peu propre aux travaux de force, et si différente de celle de ses aînés; mais cette manie de lecture lui était odieuse, il ne savait pas lire lui-même.

Ce fut en vain qu'il appela Julien deux ou trois fois. L'attention que le jeune homme donnait à son livre, bien plus que le bruit de la scie, l'empêcha d'entendre la terrible voix de son père. Enfin, malgré son âge, celui-ci sauta lestement sur l'arbre soumis à l'action de la scie, et de là sur la poutre transversale qui soutenait le toit. Un coup violent fit voler dans le ruisseau le livre que tenait Julien; un second coup aussi violent, donné sur la tête, en forme de calotte, lui fit perdre l'équilibre. Il allait tomber à douze ou quinze pieds plus bas, au milieu des leviers de la machine en action, qui l'eussent brisé, mais son père le retint de la main gauche, comme il tombait.

— Eh bien, paresseux! tu liras donc toujours tes maudits livres, pendant que tu es de garde à la scie? Lis-les le soir, quand tu vas perdre ton temps chez le curé, à la bonne heure.

Stendhal, *Le Rouge et le Noir*

Quelle est cette usine? Qui y travaille?
Comment sont les frères de Julien?

Quel est le caractère du père Sorel?
En quoi Julien diffère-t-il de ses aînés? Pourquoi se rend-il le soir chez le curé?
Quel est l'emploi du mot *hangar* en anglais?
Faites ressortir le caractère dramatique du récit.

17. La Paresse intellectuelle

Si grande est notre paresse, inaccoutumés que nous sommes à chercher des idées ou des mots, que souvent nous aurions quelque inclination à penser d'une manière: nous parlons d'une autre, non par modestie, non par timidité, mais parce qu'il est plus commode de répéter une phrase apprise que de créer pour une pensée personnelle une forme originale.

Peut-être est-ce là le secret de l'influence immense qu'exercent les journaux et les critiques. Ce n'est ni l'ascendant de l'esprit, ni la force du raisonnement qui séduisent le public: mais ils fournissent, toute préparée pour l'usage, la formule qui juge le dernier événement politique, la dernière œuvre littéraire. Eût-on quelque velléité de sentir autrement, fût-on convaincu même que la vérité des faits y oblige, la phrase est là, si tentante, si facile à prendre; il est si commode de la ramasser; on a si peu le loisir, si peu l'habitude de sentir sa propre pensée et d'en chercher l'exacte formule, qu'on se laisse aller; et l'on dit blanc quand on eût pensé noir si l'on n'avait pas lu son journal. Le pis est qu'on ne s'en aperçoit pas et que l'on croit bien véritablement exprimer son sentiment personnel; on s'y affermit, on en conçoit la vérité en le voyant partagé par tant d'autres, qui lisent aussi le journal.

Gustave Lanson, *Conseils sur l'art d'écrire*
(Hachette)

Où se vendent les journaux?
Quand lit-on son journal?
De quels éléments se compose un journal moderne?
Par quels autres moyens le public apprend-il des nouvelles de ce qui se passe dans le monde?
Êtes-vous de l'avis de Lanson, que la plupart des gens, au lieu de se former un jugement personnel, se contentent de répéter ce qu'ils ont lu sur le journal?
Sujet à discuter: L'influence de la presse dans le monde moderne.

18. LES FAUBOURGS DE PARIS

Une fois la barrière franchie sans la moindre difficulté, sans qu'aucun douanier eût seulement remarqué le passage de cette petite tunique fugitive; quand laissant la Seine à sa droite sur la recommandation d'Augustin, il se fut engagé dans une longue rue où clignotaient des réverbères de plus en plus rares, alors l'ombre et le froid de la nuit, descendant sur ses épaules, pénétrèrent jusqu'à son cœur avec le tremblement d'un frisson. Tant qu'il s'était senti dans la ville, dans la foule, il avait eu un grand effroi, l'effroi d'être reconnu, repris; maintenant il avait peur encore, mais sa peur était d'autre nature, un malaise irraisonné, accru du grand silence et de la solitude. Pourtant l'endroit où il se trouvait n'était pas encore la campagne. La rue se bordait de maisons des deux côtés, mais à mesure que l'enfant avançait, ces bâtisses s'espaçaient de plus en plus, ayant entre elles de longues palissades en planches, de grands chantiers de matériaux, des hangars penchés, tout en toit. En s'écartant, les maisons diminuaient de hauteur. Quelques usines, aux toitures basses, dressaient encore leurs longues cheminées vers le ciel couleur d'ardoise; puis, seule entre deux galetas, une immense bâtisse de six étages s'élevait, criblée de fenêtres d'un côté, sombre et fermée sur les trois autres, perdue au milieu de terrains vagues, sinistre et bête. Mais, comme épuisée par ce dernier effort, la ville en train d'expirer ne montrait plus que des masures lamentables presque à fleur de terre. La rue semblait mourir aussi, n'ayant plus de trottoirs ni de bornes, réunissant en un seul ses deux ruisseaux séparés. On eût dit une grande route qui traverse un village et se fait la «grand'rue» pendant quelques mètres.

ALPHONSE DAUDET, *Jack*
(Fasquelle)

Qu'est-ce qu'un faubourg?
En quoi consiste le travail d'un douanier?
De quelle *barrière* s'agit-il ici?
Expliquez le sens des expressions: *les bâtisses s'espaçaient de plus en plus*; *criblée de fenêtres*; *à fleur de terre*.
Expliquez les mots *réverbère, terrains vagues, grand'rue, ruisseaux*.
Montrez que l'auteur cherche à traduire dans sa description les impressions d'un enfant effrayé.

19. Le Coq

Il n'a jamais chanté. Il n'a pas couché une nuit dans un poulailler, connu une seule poule.

Il est en bois, avec une patte de fer au milieu du ventre, et il vit, depuis des années et des années, sur une vieille église comme on n'ose plus en bâtir. Elle ressemble à une grange et le faîte de ses tuiles s'aligne aussi droit que le dos d'un bœuf.

Or, voici que des maçons paraissent à l'autre bout de l'église.

Le coq de bois les regarde, quand un brusque coup de vent le force à tourner le dos.

Et, chaque fois qu'il se retourne, de nouvelles pierres lui bouchent un peu plus de son horizon.

Bientôt, d'une saccade levant la tête, il aperçoit, à la pointe du clocher qu'on vient de finir, un jeune coq qui n'était pas là ce matin. Cet étranger porte haut sa queue, ouvre le bec comme ceux qui chantent, et l'aile sur la hanche, tout battant neuf, il éclate en plein soleil...

D'abord les deux coqs luttent de mobilité. Mais le vieux coq de bois s'épuise vite et se rend. Sous son unique pied, la poutre menace ruine. Il penche, raidi, près de tomber. Il grince et s'arrête.

Et c'est le tour des charpentiers.

Ils abattent ce coin vermoulu de l'église, descendent le coq, et le promènent par le village. Chacun peut le toucher, moyennant cadeau.

Ceux-ci donnent un œuf, ceux-là un sou, et Mme Loriot une pièce d'argent.

Les charpentiers boivent de bons coups, et, après s'être disputé le coq, ils décident de le brûler.

Lui ayant fait un nid de paille et de fagot, ils y mettent le feu.

Le coq de bois pétille clair et son âme monte au ciel qu'il a bien gagné.

JULES RENARD, Histoires naturelles
(Flammarion)

Expliquez les mots et les expressions: *poulailler, vermoulu; moyennant cadeau; d'une saccade levant la tête.*

Quel coq est-ce? Où se trouve-t-il? Depuis combien de temps y est-il?

En quoi consiste le travail d'un maçon? et d'un charpentier?
Dans le récit, quels travaux les maçons et les charpentiers entreprennent-ils?
Quel est *l'étranger* qu'aperçoit le vieux coq?
Pourquoi le vieux coq ne tourne-t-il plus? Que devient-il?
En quoi ce récit est-il comique?

20. Paris achève de dîner

Rue Compans, devant la toile cirée d'où l'on a balayé les taches de vin et les miettes, la famille Maillecottin reste silencieuse. Des couples en tenue de soirée dînent dans les salons du Café Anglais. L'Association fraternelle des Voyageurs en Faïences et Porcelaines donne son banquet annuel chez Marguery. Les couteaux font tinter les coupes, car un conseiller municipal se lève pour prendre la parole; et vers le bout de la table, un gros homme cherche fébrilement dans sa tête le troisième couplet d'une chanson qu'il s'arrangera pour qu'on lui demande. À l'Hôtel du Bon La Fontaine, rue des Saints-Pères, des prêtres de province quittent la table d'hôte, en surveillant du coin de l'œil la façon cavalière dont le voisin expédie ses grâces. Deux amants, que le train de neuf heures va séparer, sont assis l'un en face de l'autre, au buffet de la gare de Lyon, contre une grande vitre qui donne sur les voies. La femme mord sa serviette et par-dessus les plis touffus du linge fait semblant de sourire. L'homme répète «mon petit», «mon petit», tandis que les chariots à bagages roulent sous le hall avec un bruit de caissons d'artillerie, qu'une locomotive halète à coups espacés, et que les lumières de la ligne jalonnent à perte de vue le chemin de l'éloignement.

Jules Romains, *Les Hommes de Bonne Volonté: Les Amours enfantines* (Flammarion)

À quoi devine-t-on que la situation des Maillecottin est plutôt médiocre? Comment vous représentez-vous cette famille?
Quelle est votre impression du Café Anglais? Quelle clientèle le fréquente?
Faites la description d'un banquet.
Quel est le *voisin* qui dit ses grâces d'une façon peu convenable?
À quoi pensent les amants en regardant les lumières de la ligne?
De quel réseau la Gare de Lyon est-elle le terminus?
Quels bruits entend-on dans une grande gare?

21. Les Époques favorables à la Poésie

La poésie veut quelque chose d'énorme, de barbare et de sauvage.

C'est lorsque la fureur de la guerre civile ou du fanatisme arme les hommes de poignards, et que le sang coule à grands flots sur la terre, que le laurier d'Apollon s'agite et verdit. Il en veut être arrosé. Il se flétrit dans les temps de la paix et du loisir. Le siècle d'or eût produit une chanson peut-être ou une élégie. La poésie épique et la poésie dramatique demandent d'autres mœurs.

Quand verra-t-on naître des poètes? Ce sera après les temps de désastres et de grands malheurs; lorsque les peuples harassés commenceront à respirer. Alors les imaginations, ébranlées par des spectacles terribles, peindront des choses inconnues à ceux qui n'en ont pas été les témoins. N'avons-nous pas éprouvé, dans quelques circonstances, une sorte de terreur qui nous était étrangère? Pourquoi n'a-t-elle rien produit? N'avons-nous plus de génie?

Le génie est de tous les temps; mais les hommes qui le portent en eux demeurent engourdis, à moins que des événements extraordinaires n'échauffent la masse et ne les fassent paraître. Alors les sentiments s'accumulent dans la poitrine, la travaillent; et ceux qui ont un organe, pressés de parler, le déploient et se soulagent.

DENIS DIDEROT, *De la poésie dramatique*

Expliquez le sens des expressions *le laurier d'Apollon; le siècle d'or*.
Dans l'expression *Il en veut être arrosé*, à quoi se rapporte le mot *en*?
Que veut dire exactement *engourdi*?
Qu'est-ce que l'auteur entend par *un organe*?
À quels genres poétiques Diderot pense-t-il surtout?
Essayez d'établir, d'après vos connaissances historiques et littéraires, si les grandes guerres sont toujours suivies d'une renaissance poétique.

22. Paysage

Tantôt la vallée, subitement élargie, présentait un irrégulier tapis de cette verdure que les constantes irrigations, dues aux montagnes, entretiennent si fraîche et si douce à l'œil, pendant toutes les saisons. Tantôt un moulin à scie montrait et ses humbles constructions pittoresquement placées, et sa provision de longs sapins sans écorce, et son cours d'eau alimenté par une déviation du torrent, encaissé dans de grands tuyaux de bois carrément creux, d'où s'échappait, par mille fentes, une nappe de filets humides. Puis, des chaumières entourées par de petits jardins pleins d'arbres fruitiers contournés, mais couverts de leurs belles fleurs; puis, çà et là, des maisons à toitures rouges composées de tuiles plates et rondes, semblables à des écailles de poissons; et au-dessus de la porte, le panier suspendu dans lequel sèchent les fromages; puis, déjà, des vignes mariées, comme en Italie, à de petits ormes dont le feuillage est mangé par les troupeaux.

En quelques endroits, les collines étaient, par un caprice de la nature, si rapprochées, qu'il n'y avait plus ni fabriques, ni champs, ni chaumières. Les deux hautes murailles granitiques, séparées seulement par le torrent qui rugissait dans ses cascades, s'élevaient tapissées de sapins à noir feuillage, et de hêtres hauts de cent pieds, vieux de cent ans au moins. Tous droits, tous bizarrement colorés par des taches de mousse, tous divers de feuillage, ces arbres formaient de magnifiques colonnades bordées au-dessous et en dessus du chemin par d'informes haies d'arbousiers, de viornes, de buis, d'épine rose; arbustes qui mêlaient leur senteur aux parfums particuliers de la nature montagnarde, aux diverses odeurs des jeunes pousses du mélèze, des peupliers, et des pins gommeux. Quelques nuages couraient parmi les rochers dont ils voilaient et découvraient tour à tour les cimes grisâtres, souvent aussi vaporeuses que les nuées dont elles divisaient les ondes délicates.

HONORÉ DE BALZAC, *Le Médecin de campagne*

Que signifient les mots *irrigation, cascade, chaumière, pousse, écorce, tapissé, informe*?
Pourquoi les vallées sont-elles généralement verdoyantes?
Quel travail fait-on dans un moulin à scie?
Par quoi le moulin décrit dans le texte est-il actionné?
Où voit-on souvent des peupliers?
Relevez dans la description les détails qui témoignent d'une observation précise.

23. MOUSTAFA KEMAL

Le Ghazi a pris toutes les manières et toutes les formes du chef d'État selon les rites modernes. Le militaire de jadis s'est mué en un président civil de la plus irréprochable correction. Ce qui attire, ce qui fixe l'attention, ce sont ses yeux, des yeux qui voient clair et qui voient loin. Un regard acéré, perçant comme une aiguille. Le nez assez fort, les lèvres minces qui peuvent se serrer dans un moment d'autorité, mais que détend un bon sourire gai, presque enfantin. Les cheveux longs modifient l'image que l'on a gardée dans le souvenir du jeune chef qui passe en revue ses troupes ou entre avec elles dans une ville reconquise, qu'une photographie a surpris au moment où il surveille l'assaut de ses hommes, simple soldat lui-même, privé de tous ses grades par le sultan, combattant sans uniforme et heureux, me dira-t-il, d'avoir eu trois côtes cassées parce qu'ainsi il ne sera pas tenté de dormir pendant les longues nuits de la bataille. Il y a plusieurs séries d'images du Ghazi: il y a le jeune officier fringant de Salonique; il y a le combattant hirsute de Tripolitaine, à demi caché dans la broussaille, criblé de poussière et de soleil. Il y a ce Président de la République accompli, exact, mesuré. S'il parle, le geste est vif sans être sec. Un tel homme a dû ou pourra se montrer dur; on le juge incapable de cette lâcheté: l'hypocrisie.

ÉDOUARD HERRIOT, Orient
(Hachette)

Expliquez le sens des mots *correction, hypocrisie, sultan, acéré, fringant, hirsute.*
De quel gouvernement Moustafa Kemal fut-il le chef?
Que savez-vous de sa carrière militaire?
Quel homme était-ce, au physique et au moral?
Quelle œuvre accomplit-il dans son pays?
Quand mourut-il?
Sujet à discuter: La Turquie depuis la guerre de 1914.

24. GAVROCHE

Un soir que les bises soufflaient rudement, au point que janvier semblait revenu et que les bourgeois avaient repris les manteaux, le petit Gavroche, toujours grelottant gaiement sous ses loques, se tenait debout et comme en extase devant la boutique d'un perruquier des environs de l'Orme-Saint-Gervais. Il était orné d'un châle de femme en laine, cueilli on ne sait où, dont il s'était fait un cache-nez. Le petit Gavroche avait l'air d'admirer profondément une mariée en cire, décolletée et coiffée de fleurs d'oranger, qui tournait derrière la vitre, montrant, entre deux quinquets, son sourire aux passants; mais en réalité il observait la boutique afin de voir s'il ne pourrait pas «chiper» dans la devanture un pain de savon, qu'il irait ensuite revendre un sou à un «coiffeur» de la banlieue. Il lui arrivait souvent de déjeuner d'un de ces pains-là. Il appelait ce genre de travail, pour lequel il avait du talent, «faire la barbe aux barbiers».

Tout en contemplant la mariée et tout en lorgnant le pain de savon, il grommelait entre ses dents ceci: «Mardi. — Ce n'est pas mardi. — Est-ce mardi? — c'est peut-être mardi. — Oui, c'est mardi.»

On n'a jamais su à quoi avait trait ce monologue.

Si, par hasard, ce monologue se rapportait à la dernière fois où il avait dîné, il y avait trois jours, car on était au vendredi.

Le barbier, dans sa boutique chauffée d'un bon poêle, rasait une pratique, et jetait de temps en temps un regard de côté à cet ennemi, à ce gamin gelé et effronté qui avait les deux mains dans ses poches, mais l'esprit évidemment hors du fourreau.

VICTOR HUGO, Les Misérables

Que signifient les mots bise, bourgeois, mariée, devanture, banlieue, pratique; grelotter, chiper, lorgner?
Quel est le sens de l'expression l'esprit hors du fourreau?
Pourquoi le gamin avait-il grand'faim?
Comment sait-on que ce n'était pas la première fois que le barbier voyait le gamin devant sa boutique?
On n'emploie plus les mots barbier et perruquier. Que dit-on aujourd'hui?
Relevez ce qu'il y a d'amusant et aussi d'émouvant dans le récit.

25. NAUFRAGE

Il faisait à peine jour: d'un regard j'embrassai tout le pont. Je ne vis personne; au gouvernail personne non plus. Le navire avait été abandonné par l'équipage. Je sautai sur la dunette, et regardant au loin, j'aperçus dans le pâle rayon du matin un point noir sur la mer; c'était la grande chaloupe. Je criai autant que je pus, mais la barque était beaucoup trop loin, la bourrasque était bien trop violente pour que ma faible voix pût être entendue. J'étais seul sur ce navire abandonné au milieu de la mer, désemparé, coulant bas. En regardant autour de moi, je vis que *l'Orénoque* avait été abordé par le travers au milieu de la coque; c'était miracle qu'il n'eût pas été coupé en deux; mais le vapeur anglais l'avait frappé obliquement; dans ce choc il avait brisé les haubans du grand mât et du mât d'artimon, et ces deux mâts, n'étant plus soutenus précisément du côté d'où venait le vent qui chargeait les voiles, s'étaient brisés comme des allumettes. Il ne restait plus de la mâture que la moitié du mât de misaine et le beaupré intact. Livré au caprice du vent et des vagues, sans gouvernail ni voilure, le vaisseau roulait effroyablement, et les paquets de mer s'abattaient sur la coque à croire qu'ils allaient l'enfoncer. Pour me tenir debout j'avais dû m'accrocher à une manœuvre. La mer était blanche d'écume à perte de vue, et sous cette lumière blafarde elle avait un aspect sinistre. Je voulus voir au juste quelles étaient les avaries de l'abordage, et je vis que tout le flanc du navire était déchiré. Cette déchirure s'étendait-elle au-dessous de la ligne de flottaison? Impossible de m'en rendre compte.

Hector Malot

Expliquez le sens des mots et des expressions: *gouvernail, équipage, chaloupe, bourrasque, coque, voilure, paquet de mer, ligne de flottaison*.
Quel est ici le sens du verbe *aborder*?
Racontez en quelques phrases comment le désastre se produisit.
Sujet à discuter: Les Français sont-ils un peuple maritime?

26. Mœurs et Politique

— Que veux-tu! ce pauvre Montbreton a quatre enfants... et pas trop de fortune, dit M. Mauperin en repliant avec un soupir le journal où il venait de lire les nominations officielles et en le plaçant loin de lui sur la table.

— Oui, on dit toujours ça... Aussitôt que quelqu'un fait une lâcheté, on vous dit: Il a des enfants!... On dirait vraiment dans la société qu'on n'a des enfants que pour ça, pour mendier... et faire un tas de bassesses! C'est comme si, d'être père de famille, ça vous donnait le droit d'être canaille....

— Voyons, Renée, essaya de dire M. Mauperin.

— Non, c'est vrai... moi, je ne connais que deux sortes de

gens, d'abord : ceux qui sont honnêtes... et les autres....
Quatre enfants! mais ça ne devrait servir d'excuse à un
père que quand il vole un pain! La mère Gigogne aurait eu
le droit d'empoisonner, alors!... Je suis sûre que Denoisel
pense comme moi....

— Moi? Ah! pas du tout, par exemple....

— Je ne vous parle plus, à vous, fit Renée d'un ton piqué.
Ça ne fait rien, papa, je ne comprends pas comment toi, ça
ne te fait pas sauter, toi qui as toujours tout sacrifié à tes
opinions.... C'est dégoûtant enfin, ce qu'il a fait là.

— Mais je ne te dis pas le contraire.... Seulement tu te
montes, tu te montes....

— Eh bien! oui, je me monte... et il y a de quoi! Comment, voilà un homme qui devait tout à l'autre gouvernement... et qui disait un mal de celui-ci! Et il se rallie!
Mais c'est un misérable que ton ami Montbreton! un
misérable!

— Ah! ma chère enfant, c'est bien facile à dire, ces
mots-là.... Quand tu auras un peu plus vécu, la vie te fera
un peu plus indulgente.... Il faut être plus douce, mon
enfant.... Tu es jeune....

EDMOND ET JULES DE GONCOURT, Renée Mauperin
(Fasquelle)

Que signifie *canaille*? Que veut dire l'expression *Tu te montes*?
Quels sont les gens qui parlent? De qui parlent-ils? Qu'est-ce
qu'on reproche à cette personne?
Comment Mauperin cherche-t-il à excuser la conduite de son
ami?
Quelle a été la conduite du père en matière politique?
Qu'est-ce que Mauperin tâche de faire comprendre à sa fille?

27. PAU

Aujourd'hui, c'est jour de soleil. En allant à la Place
Nationale, j'ai vu une pauvre église demi-ruinée, changée en
remise; on y a cloué l'enseigne d'un voiturier. Les arcades
en petites pierres grises s'arrondissent encore avec une
hardiesse élégante; au-dessous s'empilent des charrettes,
des tonneaux, des pièces de bois; des ouvriers çà et là
maniaient des roues. Un large rayon de lumière tombait
sur un tas de paille et noircissait les coins sombres; les
tableaux qu'on rencontre valent ceux qu'on vient chercher.

De l'esplanade qui est en face, on voit toute la vallée, et au fond les montagnes; ce premier aspect du soleil méridional, au sortir des brumes pluvieuses, est admirable; une nappe de lumière blanche s'étale d'un bout de l'horizon à l'autre sans rencontrer un seul nuage. Le cœur se dilate dans cet espace immense; l'air n'est qu'une fête; les yeux éblouis se ferment sous la clarté qui les inonde et qui ruisselle, renvoyée par le dôme ardent du ciel. Le courant de la rivière scintille comme une ceinture de pierreries; les chaînes de collines, hier voilées et humides, s'allongent à plaisir sous les rayons pénétrants qui les échauffent, et montent d'étage en étage pour étaler leur robe verte au soleil. Dans le lointain, les Pyrénées bleuâtres semblent une traînée de nuages; l'air qui les revêt en fait des êtres aériens, fantômes vaporeux, dont les derniers s'évanouissent dans l'horizon blanchâtre, contours indistincts, qu'on prendrait pour l'esquisse fugitive du plus léger crayon. Au milieu de la chaîne dentelée, le pic du Midi d'Ossau dresse son cône abrupt; à cette distance, les formes s'adoucissent, les couleurs se fondent, les Pyrénées ne sont que la bordure gracieuse d'un paysage riant et d'un ciel magnifique. Rien d'imposant ni de sévère; la beauté ici est sereine et le plaisir est pur.

HIPPOLYTE TAINE, *Voyage aux Pyrénées*

Que signifient les mots *remise, voiturier, pierreries, esquisse*?
Que veut dire *méridional*?
Où est situé Pau?
Comment s'explique l'extase du voyageur devant ce paysage ensoleillé?
D'après les indices que vous trouvez dans le texte, quels sont les goûts de l'auteur?
Que savez-vous du Midi de la France?

28. UN BON CITOYEN

Je n'ai pas aimé à faire ma fortune par le moyen de la cour; j'ai songé à la faire en faisant valoir mes terres, et à tenir toute ma fortune immédiatement de la main des Dieux. N... qui avoit de certaines fins, me fit entendre qu'on me donneroit une pension; je dis que, n'ayant point fait de bassesses, je n'avois pas besoin d'être consolé par des grâces.

Je suis un bon citoyen, mais dans quelque pays que je fusse né, je l'aurois été tout de même. Je suis un bon citoyen parce que j'ai toujours été content de l'état où je suis, que j'ai toujours approuvé ma fortune, que je n'ai jamais rougi d'elle, ni envié celle des autres. Je suis un bon citoyen, parce que j'aime le gouvernement où je suis né, sans le craindre, et que je n'en attends d'autre faveur que ce bien inestimable que je partage avec tous mes compatriotes; et je rends grâces au ciel de ce qu'ayant mis en moi de la médiocrité en tout, il a bien voulu mettre un peu de modération dans mon âme....

Si je savois quelque chose qui me fût utile et qui fût préjudiciable à ma famille, je le rejetterois de mon esprit. Si je savois quelque chose qui fût utile à ma famille, et qui ne le fût pas à ma patrie, je chercherois à l'oublier. Si je savois quelque chose utile à ma patrie, et qui fût préjudiciable à l'Europe et au genre humain, je le regarderois comme un crime.

MONTESQUIEU, *Écrits divers*

Expliquez le sens de l'expression *en faisant valoir mes terres.*
Quel est ici le sens du mot *médiocrité*?
L'auteur dit qu'il a voulu *tenir toute sa fortune de la main des Dieux.*
   Que veut-il dire?
Pourquoi refusa-t-il la pension qui lui fut offerte?
Selon Montesquieu, quels seraient les devoirs du citoyen envers
   la société?

29. L'INCENDIE

Il était dix heures du soir lorsque j'arrivai à l'usine, en compagnie de nos amis. Un vaste bâtiment, percé de larges baies, brûlait dans les trois quarts de sa longueur. Le feu sortait par presque toutes les fenêtres; une épaisse fumée traversait la toiture de tuiles, et parfois une flamme se faisait jour au milieu des tourbillons noirs. Sur cinq pompes, dont trois appartenaient à la ville et deux à la fabrique, une seule était là, dirigée sur le coin de la maison qui ne flambait pas encore. Une foule d'environ deux mille personnes où l'on reconnaissait, au premier rang, le groupe des autorités: sous-préfet, maire, sergents de ville et gendarmes, regardait avec anxiété cet angle du premier étage que la flamme avait respecté.

Tout à coup, un grand cri s'éleva sur la place, et je ne

vis plus rien que mon père penché vers nous et portant une forme humaine entre les bras. Dix hommes de bonne volonté coururent à une échelle que je n'avais pas aperçue, et qu'il touchait pourtant du pied. Le corps fut descendu de mains en mains et porté à travers la foule dans la direction de l'hôpital, tandis que mon père faisait un signe à ses camarades, recevait un énorme jet d'eau sur tout le corps et se replongeait tranquillement dans la fumée. Il reparut au bout d'une minute, et, cette fois, en apportant une femme qui criait. Un immense applaudissement salua son retour, et j'entendis: «Vive Dumont» pour la première fois de ma vie.

À la place où je me tenais, tous les visages ruisselaient de sueur et tous les yeux se sentaient brûlés; mais personne ne se fût éloigné pour un empire, tant l'intérêt du drame était poignant. Mon père se montra de nouveau à la fenêtre ouverte; il tenait, cette fois, deux enfants évanouis. C'était la fin; on savait dans la fabrique et dans la ville que le chef d'atelier était le seul habitant de cette maison et que sa petite famille ne comptait pas plus de quatre personnes. Il y eut donc une protestation générale, lorsqu'on vit que le sauveur allait rentrer dans la fournaise. De tous côtés, on lui criait.

«Assez! Descendez! Dumont!»

EDMOND ABOUT, Le Roman d'un brave homme

Expliquez les termes *sous-préfet*, *maire*, *sergent de ville*, *gendarme*.
Pourquoi dirigeait-on la pompe sur le coin du bâtiment qui ne flambait pas?
L'auteur parle de l'angle du bâtiment que *la flamme avait respecté*. Que veut dire cette expression?
Pourquoi le sauveur veut-il qu'on dirige sur lui le jet d'eau?
Pourquoi les gens crièrent-ils «Vive Dumont!»? Et plus tard «Assez!»?
Quels dangers un sauveur court-il en pareilles circonstances?

30. Promenade

Les dernières feuilles tombaient: des débris roussâtres se mêlaient assez tristement à la rigidité des rameaux nus. La plaine, dépouillée et sévère, n'avait plus un brin de chaume sec qui rappelât ni l'été ni l'automne, et ne montrait pas une herbe nouvelle qui fît espérer le retour des saisons fertiles. Des charrues s'y promenaient encore de loin en loin, attelées de bœufs roux, d'un mouvement lent, et comme embourbées dans les terres grasses. À quelque distance que ce fût, on distinguait la voix des garçons de labour qui stimulaient les attelages. Cet accent plaintif et tout local se prolongeait indéfiniment dans le calme absolu de cette journée grise. De temps en temps une pluie fine et chaude descendait à travers l'atmosphère, comme un rideau de gaze légère. La mer commençait à rugir au fond des passes. Nous suivîmes la côte. Les marais étaient sous l'eau; la marée haute avait en partie submergé le jardin du phare et battait paisiblement le pied de la tour, qui ne reposait plus que sur un îlot.

Madeleine marchait légèrement dans les chemins détrempés. À chaque pas, elle y laissait dans la terre molle la forme imprimée de sa chaussure étroite à talons saillants. Je regardais cette trace fragile, je la suivais, tant elle était reconnaissable à côté des nôtres. Je calculais ce qu'elle pouvait durer. J'aurais souhaité qu'elle restât toujours incrustée, comme des témoignages de présence, pour l'époque incertaine où je repasserais là sans Madeleine; puis je pensais que le premier passant venu l'effacerait, qu'un peu de pluie la ferait disparaître, et je m'arrêtais pour apercevoir encore dans les sinuosités du sentier ce singulier sillage, laissé par l'être que j'aimais le plus, sur la terre même où j'étais né....

EUGÈNE FROMENTIN, *Dominique*

Expliquez le sens des mots *chaume, attelage, îlot, sillage, embourbé, détrempé*.
Quelles sont les personnes qui se promènent?
Comment vous représentez-vous la jeune fille dont il est question dans le récit? Quels sentiments le narrateur éprouve-t-il à son égard? Comment ces sentiments se révèlent-ils?
Précisez le caractère du décor (situation du pays, aspect, climat, saison).
Décrivez un phare. À quoi sert un phare?
Fromentin était peintre aussi bien qu'écrivain. Relevez dans la description les traits qui témoignent d'une observation visuelle très nette.
Sujet à discuter: Un paysage est un état d'âme.

31. Le Testament d'un Savant

Mais quand, après tant d'efforts, on est enfin arrivé à la certitude, on éprouve une des plus grandes joies que puisse ressentir l'âme humaine, et la pensée que l'on contribuera à l'honneur de son pays rend cette joie plus profonde encore. Si la science n'a pas de patrie, l'homme de science doit en avoir une et c'est à elle qu'il doit reporter l'influence que ses travaux peuvent avoir dans le monde.

S'il m'était permis, Monsieur le Président, de terminer par une réflexion philosophique provoquée en moi par votre présence dans cette salle de travail, je dirais que deux lois contraires semblent aujourd'hui en lutte: une loi de sang et de mort qui, en imaginant chaque jour de nouveaux moyens de combat, oblige les peuples à être toujours prêts pour le champ de bataille, et une loi de paix, de travail, de salut qui ne songe qu'à délivrer l'homme des fléaux qui l'assiègent.

L'une ne cherche que les conquêtes violentes, l'autre que le soulagement de l'humanité. Celle-ci met une vie humaine au-dessus de toutes les victoires; celle-là sacrifierait des centaines de mille existences à l'ambition d'un seul. La loi dont nous sommes les instruments cherche même à travers le carnage à guérir les maux sanglants de cette loi de la guerre. Les pansements inspirés par nos méthodes antiseptiques peuvent préserver des milliers de soldats. Laquelle de ces deux lois l'emportera sur l'autre? Dieu seul le sait, mais ce que nous pouvons assurer, c'est que la science française se sera efforcée, en obéissant à cette loi d'humanité, de reculer les frontières de la vie.

Louis Pasteur, *Discours prononcé à l'inauguration de l'Institut Pasteur*

Qui était Louis Pasteur? Dans quel siècle vécut-il? Quelles furent ses principales découvertes?

Quels sont ces *fléaux* dont le savant cherche à délivrer la race humaine?

Où Pasteur prononce-t-il ce discours? Quels personnages assistent à la séance?

Relevez les qualités toutes françaises du caractère de Pasteur.

Quelle idée Pasteur développe-t-il dans cette partie de son discours?

Qu'est-ce qu'un testament? Comment ce document peut-il être considéré comme un testament?

Sujet à discuter: La Science n'a pas de patrie.

32. VAUTRIN

Il était un de ces gens dont le peuple dit: «Voilà un fameux gaillard!» Il avait les épaules larges, le buste bien développé, les muscles apparents, des mains épaisses, carrées et fortement marquées aux phalanges par des bouquets de poils touffus et d'un roux ardent. Sa figure, rayée par des rides prématurées, offrait des signes de dureté que démentaient ses manières souples et liantes. Sa voix de basse-taille en harmonie avec sa grosse gaieté, ne déplaisait point. Il était obligeant et rieur. Si quelque serrure allait mal, il l'avait bientôt démontée, rafistolée, huilée, limée, remontée, en disant: «Ça me connaît.» Il connaissait tout d'ailleurs, les vaisseaux, la mer, la France, l'étranger, les affaires, les hommes, les événements, les lois, les hôtels et les prisons. Si quelqu'un se plaignait par trop, il lui offrait aussitôt ses services. Il avait prêté plusieurs fois de l'argent à madame Vauquer et à quelques pensionnaires; mais ses obligés seraient morts plutôt que de ne pas le lui rendre, tant, malgré son air bonhomme, il imprimait de crainte par un certain regard profond et plein de résolution. À la manière dont il lançait un jet de salive, il annonçait un sang-froid imperturbable qui ne devait pas le faire reculer devant un crime pour sortir d'une position équivoque. Comme un juge sévère, son œil semblait aller au fond de toutes les questions, de toutes les consciences, de tous les sentiments. Ses mœurs consistaient à sortir après le déjeuner, à revenir pour dîner, à décamper pour toute la soirée, et à rentrer vers minuit, à l'aide d'un passe-partout que lui avait confié madame Vauquer.

HONORÉ DE BALZAC, *Le père Goriot*

Expliquez le sens des mots et des expressions *pensionnaire, passe-partout, des rides prématurées, une position équivoque.*
Quel homme était Vautrin, pour ceux qui le voyaient tous les jours à la pension?
Qu'est-ce qui prouvait qu'il avait une grande expérience de la vie?
À quoi devinait-on que c'était un homme d'une grande force de caractère?
À juger de cet exemple, comment Balzac s'y prend-il pour peindre un portrait?

33. La Fenaison au bord de la Loire

Dix hommes, dix paysans, échelonnés de biais, fauchaient d'une allure égale, chacun taillant comme une marche d'escalier dans la tranche d'herbe mûre qui diminuait devant eux. Ils lançaient en même temps leurs dix faux; ils ployaient le torse en même temps; ils avaient le même mouvement circulaire pour retirer la lame de dessous les jonchées grises qu'ils laissaient en arrière, et l'éclair de l'acier jaillissait en même temps aux dix points de la ligne. Depuis une semaine ils ne s'arrêtaient pas. Leurs genoux ne quittaient pas les crêtes de fleurs et de graines. Des femmes ratissaient la récolte à peine tombée à terre, et la chargeaient sur des charrettes. Mais, si âpre qu'eût été leur travail, il devenait de plus en plus probable qu'ils n'auraient pas le temps d'achever la fenaison. Car ils n'avaient encore fauché qu'une moitié de l'immense prairie qui s'amorçait bien loin aux collines couturées de haies, et ils approchaient de cette partie déprimée du sol que les eaux devaient envahir avant longtemps. Par les canaux, au milieu des plantes de marais et des joncs, la Loire mauvaise s'avançait et les guettait.

Les faucheurs s'inquiétaient. Ceux qui relevaient leurs faux, pour passer la pierre sur la lame, interrogeaient un instant la dépression de la prairie, le fond de la vaste conque où ils peinaient si rudement, puis ils se baissaient et fauchaient plus serré, comme ceux qui comptent les minutes. Ce n'était plus le travail quotidien, mais la hâte tragique et la rage contre les éléments plus forts que l'homme. Une richesse allait périr. Les visages qu'on pouvait discerner vaguement, bruns de poussière, et les mouvements précipités, et les ordres brefs du fermier, et les jurements des charretiers emportant l'herbe verte, contrastaient avec la sérénité du jour déclinant.

En ce moment un cri de femme courut à la pointe des foins mûrs, se répandit, et mourut dans l'immensité verte et tranquille.

L'inondation!

RENÉ BAZIN, *De toute son âme*
(Calmann-Lévy)

Dans quelle saison et à quel moment de la journée se passe la scène?
Expliquez ce que c'est que la fenaison. Décrivez une prairie au moment de la fenaison.

Pourquoi les faucheurs sont-ils si pressés?
Décrivez le cours de la Loire. Citez le nom de quelques villes importantes situées sur la Loire.
Pourquoi les riverains considèrent-ils souvent ce fleuve comme un ennemi?
Pourquoi les faucheurs passent-ils la pierre sur la lame de leur faux?
Que veut dire le travail *quotidien*?
Quel est ici le sens du mot *interrogeaient*?

34. Shelley à Eton

La chasse à Shelley, en meute organisée, devint un des grands jeux d'Eton. Quelques chasseurs découvraient l'être singulier lisant un poète au bord de la rivière et donnaient aussitôt de la voix. Les cheveux au vent, à travers les prairies, les rues de la ville, les cloîtres du collège, Shelley prenait la fuite. Enfin cerné contre un mur, pressé comme un sanglier aux abois, il poussait un cri perçant. À coups de balles trempées dans la boue, le peuple d'élèves le clouait au mur. Une voix criait: «Shelley!» — «Shelley!» reprenait une autre voix. Tous les échos des vieux murs gris renvoyaient des cris de: «Shelley!» hurlés sur un mode aigu. Un fag courtisan tirait les vêtements du supplicié, un autre le pinçait, un troisième s'approchait sans bruit et d'un coup de botte faisait glisser dans la boue le livre que Shelley serrait convulsivement sous son bras. Alors tous les doigts étaient pointés vers la victime, et un nouveau cri de: «Shelley! Shelley! Shelley!» achevait d'ébranler ses nerfs. La crise attendue par les tourmenteurs éclatait enfin, accès de folle fureur qui faisait briller les yeux de l'enfant, pâlir ses joues, trembler tous ses membres.

Fatiguée d'un spectacle monotone, l'école retournait à ses jeux. Shelley relevait ses livres tachés de boue, et, seul, pensif, se dirigeait lentement vers les belles prairies qui bordent la Tamise. Assis sur l'herbe ensoleillée, il regardait glisser la rivière. L'eau courante a, comme la musique, le doux pouvoir de transformer la tristesse en mélancolie. Toutes deux, par la fuite continue de leurs fluides éléments, insinuent doucement dans les âmes la certitude de l'oubli. Les tours massives de Windsor et d'Eton dressaient autour de l'enfant révolté un univers immuable et hostile, mais l'image tremblante des saules l'apaisait par sa fragilité....

André Maurois, *Ariel*
(Grasset)

Que savez-vous de l'établissement où se déroule la scène?
Par quoi la ville de Windsor est-elle célèbre?
Expliquez le sens des termes de chasse employés dans le récit:
 la meute, aux abois, donner de la voix. Qu'est-ce qu'un sanglier?
Qu'est-ce qu'un *fag*? Que veut dire un fag *courtisan*?
Quel est ici le sens de *clouait*?
Expliquez ce que c'est que des *cloîtres*.
Pourquoi les élèves persécutaient-ils ainsi leur condisciple?
Comment vous représentez-vous le poète à cette époque de sa vie?
Trouvez-vous des exagérations ou des invraisemblances dans le récit?
On dit souvent que Maurois fait de la *biographie romancée.* Qu'entendez-vous par cette expression?

35. LE RÊVE D'EMMA BOVARY

[Emma Bovary, mariée à un médecin de campagne, est une femme romanesque qui, lasse de son existence terre à terre, glisse peu à peu à la ruine, et enfin se suicide.]

Au galop de quatre chevaux, elle était emportée depuis huit jours vers un pays nouveau, d'où ils ne reviendraient plus. Ils allaient, ils allaient, les bras enlacés, sans parler. Souvent, du haut d'une montagne, ils apercevaient tout à coup quelque cité splendide avec des dômes, des ponts, des navires, des forêts de citronniers et des cathédrales de marbre blanc, dont les clochers aigus portaient des nids de cigognes. On marchait au pas, à cause des grandes dalles, et il y avait par terre des bouquets de fleurs que vous offraient des femmes habillées en corset rouge. On entendait sonner des cloches, hennir des mulets, avec le murmure des guitares et le bruit des fontaines, dont la vapeur s'envolant rafraîchissait des tas de fruits, disposés en pyramides au pied des statues pâles, qui souriaient sous les jets d'eau. Et puis ils arrivaient, un soir, dans un village de pêcheurs, où des filets bruns séchaient au vent, le long de la falaise et des cabanes. C'est là qu'ils s'arrêteraient pour vivre; ils habiteraient une maison basse, à toit plat, ombragée d'un palmier, au fond d'un golfe, au bord de la mer. Ils se promèneraient en gondole, ils se balanceraient en hamac; et leur existence serait facile et large comme leurs vêtements de soie, toute chaude et étoilée comme les nuits douces qu'ils contempleraient. Cependant, sur l'immensité de cet avenir qu'elle se faisait apparaître, rien de particulier ne surgissait: les jours, tous magnifiques,

se ressemblaient comme des flots ; et cela se balançait à
l'horizon infini, harmonieux, bleuâtre et couvert de soleil.

GUSTAVE FLAUBERT, *Madame Bovary*

Dans ses rêves, Emma se voit toujours accompagnée d'une autre
   personne. Qui est-ce?
« Ils allaient, ils allaient, les bras enlacés, sans parler. » Pourquoi
   sans parler?
De quoi l'imagination de cette femme est-elle nourrie? Où
   a-t-elle trouvé ces idées, entrevu ces visions splendides?
Qu'est-ce qui montre que Madame Bovary a l'intelligence bornée?
Relevez ce qu'il y a de vague et de banal dans les imaginations
   d'Emma.
Quels gens se livrent à ces sortes de rêves?
Remarquez la qualité rythmique de cette prose. Est-il vrai
   qu'on pourrait la scander, comme si c'était de la poésie?

36. LE SUCCÈS

À Paris, l'honnête homme est celui qui se tait et refuse de
partager. Je ne vous parle pas de ces pauvres ilotes qui
partout font la besogne sans être jamais récompensés de
leurs travaux. Certes, là est la vertu dans toute la fleur de
sa bêtise, mais là est la misère. Je vois d'ici la grimace de ces
braves gens si Dieu nous faisait la mauvaise plaisanterie de
s'absenter au jugement dernier. Si donc vous voulez
promptement la fortune, il faut être déjà riche ou le paraître.
Pour s'enrichir, il s'agit ici de jouer de grands coups. Si,
dans les cent professions que vous pouvez embrasser, il se
rencontre dix hommes qui réussissent vite, le public les appelle
des voleurs. Tirez vos conclusions. Voilà la vie telle qu'elle
est. Ça n'est pas plus beau que la cuisine, ça pue tout autant,
et il faut se salir les mains si l'on veut fricoter ; sachez seulement bien vous débarbouiller : là est toute la morale de
notre époque. Si je vous parle ainsi du monde, il m'en a
donné le droit, je le connais. Croyez-vous que je le blâme?
Du tout. Il a toujours été ainsi. Les moralistes ne le change-
ront jamais. L'homme est imparfait. Il est parfois plus
ou moins hypocrite, et les niais disent alors qu'il a ou n'a
pas de mœurs. Je n'accuse pas les riches en faveur du
peuple : l'homme est le même en haut, en bas, au milieu.
Il se rencontre par chaque million de ce haut bétail dix
lurons qui se mettent au-dessus de tout, même des lois;

j'en suis. Vous, si vous êtes un homme supérieur, allez en droite ligne et la tête haute. Voyez si vous pourrez vous lever tous les matins avec plus de volonté que vous n'en aviez la veille.

       Honoré de Balzac, *Le père Goriot*

Expliquez le sens des termes *honnête homme*, *homme supérieur*.
Que veut dire ici *le monde* ?
Expliquez le sens des mots *besogne*, *misère*, *débarbouiller*, *niais*.
D'après cet observateur, quels sont les hommes qui arrivent à la fortune ? Que pense-t-il des braves gens qui accomplissent avec patience leur tâche quotidienne ?
«L'homme est le même en haut, en bas, au milieu.» Comment est l'homme, selon celui dont les paroles sont rapportées dans le texte ? Quelle part de vérité y a-t-il dans ce qu'il dit ?
Quels sont les traits du caractère de cet homme ?
Sujet à discuter : «Si vous voulez promptement la fortune, il faut être riche ou le paraître.»

37. Un grand Port de Mer

Quelquefois on nous y menait, et c'était avec joie que nous la voyions grandir à notre approche, étager ses maisons de pierre, allonger ses jetées et ses estacades, ouvrir son port à notre barque, parmi les grands vaisseaux à l'ancre. Nous admirions leur structure flottante comme nous nous étonnions du mouvement des quais et des rues. Une vie intense les animait. Les hangars regorgeaient ainsi que les boutiques plantureuses. Les cris se croisaient. Il y avait des singes en cages et des oiseaux sur des perchoirs. Les poissonneries luisantes valaient les entrepôts poudreux. Les écailles d'argent ruisselaient sur les pavés. On apercevait, dans une poussière d'or, travailler des hommes nus. Le poids des coffres et des sacs soulevés gonflait leurs muscles mouvants.

C'était un de ces lieux puissants où se concentre l'énergie humaine et d'où elle se répand en grandes entreprises. Ceux qui les dirigeaient habitaient de vastes maisons aux portes battantes d'un va-et-vient continuel. Ils vivaient là, dans le calcul des hasards et l'attente des conjonctures ; leur activité patiente et hardie les faisait soucieux et pensifs ; la perte et le gain oscillaient aux plateaux des balances qui, debout sur les comptoirs, disaient l'échec ou la réussite à l'anxiété qui consultait leurs réponses. Par les fenêtres des vastes bureaux, ouvertes sur le port, on surveillait l'entrée ou la sortie des grands navires. Nous assistâmes parfois, Anselme et moi, à ces départs et à ces retours. L'ancre montait ou descendait, les signaux gesticulaient, les pilotes obéissaient aux vigies.

Henri de Régnier, *La Côte verte*
(Mercure de France)

Expliquez les mots *jetée, estacade, barque, ancre, quai, poissonnerie, entrepôt, écaille, conjoncture, pilote, vigie.*
Quels sont les deux emplois du mot *port*?
« Nous la voyions... étager ses maisons de pierre. » Expliquez le sens de cette expression.
Nommez plusieurs grands ports de France. Indiquez la situation et l'importance de chacun.

38. La Famille de Balzac

— Honoré, veux-tu ne pas rouler sur la table, comme un âne dans un pré!... Si j'ai encore à te reprendre une seule fois, je t'expédie au lit avec du pain sec!

Ainsi sermonne la mère, qui ne sait pas créer du bonheur autour d'elle, et ne voit pas que ce clair visage d'enfant indique une saine et abondante nature. Et le père ne le distingue pas non plus, puisqu'il imagine au lieu d'observer. Scène de famille fréquente, hélas! Ils sont deux êtres aux antipodes, l'un du Midi, l'autre de la Loire, l'un dans les nuages, l'autre à ras du sol, et ils ne remarquent point qu'ils ont fait ensemble un garçon charmant, qui a les pieds bien en terre et la tête vers le ciel. C'est leur enfant, leur esprit et leur chair, et ils semblent trois isolés, trois étrangers. La mère sort de sa chambre où elle lisait Swedenborg; le père de son cabinet où il étudie la longévité humaine dans la Bible. La grand'mère, qui est brave mais qui est peuple, a passé une heure à la cuisine à gourmander une pauvre innocente qui n'en peut mais. Il n'y aura à table aucune conversation. Si les enfants disent au père que dans la rue on annonçait une victoire, Mme Balzac soupire que cette nouvelle représente des milliers de soldats tués! À quoi M. Balzac, qui dirige l'hôpital de Tours, réplique exprès que parmi les morts... il y a tout de même (il en sait quelque chose) quelques blessés, et qui guérissent!... D'ailleurs les tués, cela fait des souliers pour ceux qui n'en ont pas, et des épaulettes pour ceux qui en ont envie! À quoi la grand'mère s'indigne et déclare à son gendre qu'il parle comme ces «cafards de prêtres». Autant de morts, n'est-ce pas, autant d'heureux dans le ciel!

     René Benjamin, *La prodigieuse vie d'Honoré de Balzac*
                    (Plon-Nourrit)

Expliquez le sens des mots et des expressions : *qui n'en peut mais*; *cafards de prêtres*; *aux antipodes*; *gourmander, épaulette*.

«La grand'mère qui est brave mais qui est peuple.» Quel est ici le sens de *peuple*?

Combien de personnes composent le ménage? Pourquoi est-il si peu harmonieux?

Quel est le caractère de la grand'mère?

À quoi s'intéressent les parents?

Comment s'explique la différence entre le tempérament de la mère et celui du père? Expliquez les expressions: *l'un dans les nuages, l'autre à ras du sol.*

L'auteur décrit le jeune Honoré comme «un charmant garçon, qui a les pieds bien en terre et la tête vers le ciel». Que veut-il dire exactement?

39. Devant l'Étalage de Livres

Un peu avant d'arriver devant Vanier, je m'arrêtai près d'un étalage de livres d'occasion. Les livres ne m'intéressaient point tant qu'un jeune lycéen, de treize ans environ, qui fouillait les rayons en plein vent sous l'œil placide d'un surveillant assis sur une chaise de paille dans la porte de la boutique....

À un certain moment, le surveillant fut appelé à l'intérieur de la boutique; il n'y resta qu'un instant, puis revint s'asseoir sur sa chaise; mais cet instant avait suffi pour permettre à l'enfant de glisser dans la poche de son manteau le livre qu'il tenait en main; puis, tout aussitôt, il se remit à fouiller les rayons, comme si de rien n'était. Pourtant il était inquiet; il releva la tête, remarqua mon regard, et comprit que je l'avais vu. Du moins, il se dit que j'avais pu le voir; il n'en était sans doute pas bien sûr; mais, dans le doute, il perdit toute assurance, rougit et commença de se livrer à un petit manège, où il tâchait de se montrer tout à fait à son aise, mais qui marquait une gêne extrême. Je ne le quittais pas des yeux. Il sortit de sa poche le livre dérobé; l'y renfonça; s'écarta de quelques pas; tira de son veston un pauvre petit portefeuille élimé, où il fit mine de chercher l'argent qu'il savait fort bien ne pas y être; fit une grimace significative, une moue de théâtre, à mon adresse évidemment, qui voulait dire: «Zut! je n'ai pas de quoi», avec cette petite nuance en surplus: «C'est curieux, je croyais avoir de quoi», tout cela un peu exagéré, un peu gros, comme un acteur qui a peur de ne pas se faire entendre. Puis enfin, je puis presque dire: sous la pression de mon regard, il se rapprocha de nouveau de l'étalage, sortit enfin le livre de sa poche et brusquement le remit à la place que d'abord il occupait. Ce fut fait si naturellement que le surveillant ne s'aperçut de rien. Puis l'enfant releva la tête de nouveau, espérant cette fois être quitte. Mais non; mon regard était toujours là, comme l'œil de Caïn; seulement mon œil à moi souriait.

André Gide, Les Faux Monnayeurs
(Nouvelle Revue Française)

Expliquez le sens des mots et des expressions: *livre d'occasion, lycéen, en plein vent, surveillant, comme si de rien n'était, moue de théâtre, à mon adresse, je n'ai pas de quoi, l'œil de Caïn.*

Résumez en quelques phrases ce qui se passe devant l'étalage de livres.

Énumérez les différentes phases du drame intérieur qui se joue dans la conscience de l'enfant.

À la fin du récit le narrateur dit, « Mon œil à moi souriait ». Pourquoi souriait-il?

40. Les Landes

Des bois de pins passent à droite et à gauche, silencieux et ternes. Chaque arbre porte au flanc la cicatrice des blessures par où les bûcherons ont fait couler le sang résineux qui le gorge; la puissante liqueur monte encore dans ses membres avec la sève, transpire par ses flèches visqueuses et par sa peau fendue; une âpre odeur aromatique emplit l'air.

Plus loin la plaine monotone des fougères s'étend à perte de vue, baignée de lumière. Leurs éventails verts s'ouvrent sous le soleil qui les colore sans les flétrir. Quelques arbres çà et là lèvent sur l'horizon leurs colonnettes grêles. De temps en temps on aperçoit la silhouette d'un pâtre sur ses échasses, inerte et debout comme un héron malade. Des chevaux libres paissent à demi cachés dans les herbes. Au passage du convoi, ils relèvent brusquement leurs grands yeux effarouchés et restent immobiles, inquiets du bruit qui a troublé leur solitude. L'homme n'est pas bien ici, il y meurt ou dégénère; mais c'est la patrie des animaux, et surtout des plantes. Elles foisonnent dans ce désert, libres, sûres de vivre. Nos jolies vallées bien découpées sont mesquines auprès de ces espaces immenses, lieues après lieues d'herbes marécageuses ou sèches, plage uniforme où la nature, troublée ailleurs et tourmentée par les hommes, végète encore ainsi qu'aux temps primitifs avec un calme égal à sa grandeur. Le soleil a besoin de ces savanes pour déployer sa lumière; aux exhalaisons qui montent, on sent que la plaine entière fermente sous son effort; et les yeux remplis par les horizons sans limite devinent le sourd travail par lequel cet océan de verdure pullulante se renouvelle et se nourrit.

Hippolyte Taine, Voyage aux Pyrénées

Expliquez les mots *pâtre, échasses, savane, marécageux, mesquin, foisonner*.
Où sont situées les Landes? Comment est cette contrée?
Que remarque-t-on surtout lorsqu'on se promène dans une forêt de pins? Comment obtient-on le résin des pins?
Faites la description d'un héron. En quoi le pâtre ressemble-t-il à un héron malade?
Quel est ici le sens du mot *désert*?
Relevez dans la description les traits qui montrent que l'auteur possède au plus haut degré le sens de la forme.
Qu'est-ce qu'on remarque quand on lit cette prose à haute voix?

41. Cromwell

Cromwell mourut dans la plénitude de son pouvoir et de sa grandeur. Il avait réussi au delà de toute attente, bien plus que n'a réussi aucun autre des hommes qui, par leur génie, se sont élevés, comme lui, au rang suprême, car il avait tenté et accompli, avec un égal succès, les desseins les plus contraires. Pendant dix-huit ans, toujours en scène et toujours vainqueur, il avait tour à tour jeté le désordre et rétabli l'ordre, fait et châtié la révolution, renversé et relevé le gouvernement dans son pays. À chaque moment, dans chaque situation, il démêlait avec une sagacité admirable les passions et les intérêts dominants, pour en faire les instruments de sa propre domination, peu soucieux de se démentir pourvu qu'il triomphât d'accord avec l'instinct public, et donnant pour réponse aux incohérences de sa conduite l'unité ascendante de son pouvoir. Exemple unique peut-être, que le même homme ait gouverné les événements les plus opposés et suffi aux plus diverses destinées. Et dans le cours de cette carrière si forte et si changeante, incessamment en butte à toute sorte d'ennemis et de complots, Cromwell eut de plus cette faveur du sort que jamais sa vie ne fut effectivement attaquée; le souverain contre lequel était écrit le pamphlet, *Tuer n'est pas assassiner*, ne se vit jamais en face d'un assassin. Le monde n'a point connu d'exemple de succès à la fois si constants et si contraires, ni d'une fortune si invariablement heureuse au milieu de tant de luttes et de périls.

François Guizot

Expliquez le sens des mots et des expressions *toujours en scène, en butte à, complot, châtier*.
D'après l'historien, Cromwell se rangeait toujours du côté de l'instinct public. Qu'entendez-vous par *l'instinct public*?
Rappelez les principaux événements de la vie de Cromwell.
Sujet à discuter: Les dictateurs.

42. Sur la Mort d'un Ami

Sa mémoire ne vit plus que dans mon cœur; elle n'existe plus parmi ceux qui l'environnaient et qui l'ont remplacé: cette idée me rend plus pénible le sentiment de sa perte. La nature, indifférente de même au sort des individus, remet sa robe brillante du printemps, et se pare de toute sa beauté autour du cimetière où il repose. Les arbres se couvrent de feuilles et entrelacent leurs branches; les oiseaux chantent sous le feuillage; les mouches bourdonnent parmi les fleurs; tout respire la joie et la vie dans le séjour de la mort: et le soir, tandis que la lune brille dans le ciel, et que je médite près de ce triste lieu, j'entends le grillon poursuivre gaiement son chant infatigable, caché dans l'herbe qui couvre la tombe silencieuse de mon ami. La destruction insensible des êtres et tous les malheurs de l'humanité sont comptés pour rien dans le grand tout. La mort d'un homme sensible qui expire au milieu de ses amis désolés, et celle d'un papillon que l'air froid du matin fait périr dans le calice d'une fleur, sont deux époques semblables dans le cours de la nature. L'homme n'est rien qu'un fantôme, une ombre, une vapeur qui se dissipe dans les airs.

XAVIER DE MAISTRE, *Voyage autour de ma chambre*

Où l'auteur se livre-t-il à ces méditations?
Comment savons-nous qu'il y reste longtemps?
Qu'est-ce qu'un grillon? Pourquoi l'auteur qualifie-t-il son chant d'*infatigable*.
Que signifie *sensible*? Qu'entendez-vous par l'expression: *la destruction insensible des êtres*?
Quelles réflexions l'auteur fait-il sur la vie humaine?
Y a-t-il quelque chose de banal dans les sentiments exprimés par de Maistre?
Qu'est-ce qu'un cliché? une périphrase? Notez-en des exemples dans le texte.

43. LES ÂNES AU MAROC

De tous côtés, les petits ânes, entravés par leurs pattes de devant, se roulaient dans le fumier, ou bien sautaient comiquement, avec des gestes saccadés de jouets mécaniques, pour disputer aux poules les grains d'orge ou de paille hachée qui avaient glissé des couffins. Les pauvres, comme ils étaient pelés, teigneux, galeux, saignants! Vraiment le destin les accable. Un mot aimable du Prophète, et leur sort eût été changé. Mais le Prophète a dit que leur braiement est le bruit le plus laid de la nature. Et les malheureux braient sans cesse! Tandis qu'ils vont la tête basse, ne pensant qu'à leur misère, un malicieux génie s'approche et leur souffle tout bas: «Patience! ne t'irrite pas! sous peu, tu seras nommé sultan!» Un instant, la bête étonnée agite les oreilles, les pointe en avant, les retourne, hésitant à prêter foi à ce discours incroyable; puis brusquement sa joie éclate, et dans l'air s'échappent des cris que le plus vigoureux bâton n'arrive pas à calmer.... Âne charmant, toujours déçu, toujours frappé, toujours meurtri, et pourtant si résigné, si gracieux dans son martyre!

Si j'étais riche Marocain, je voudrais avoir un âne, mais un âne pour ne rien faire, un âne qui n'irait pas au marché, un âne qui ne tournerait pas la noria, un âne qui ne connaîtrait pas la lourdeur des couffins chargés de bois, de chaux, de légumes, de moellons; un âne que j'abandonnerais à son caprice, à ses plaisirs, un âne enfin pour réparer en lui tout le malheur qui pèse sur les baudets d'Islam, et pour qu'on puisse dire : « Il y a quelque part au Maroc, un âne qui n'est pas malheureux. »

JÉROME ET JEAN THARAUD, *Rabat ou les heures marocaines*
(Plon)

Expliquez les mots *couffin, génie, martyre, Islam, entravé, saccadé, pelé, galeux.*
Dites ce que vous savez du Maroc. Quelle est la religion des Marocains? Quel est le Prophète dont on parle dans le texte?
Faites la description d'un âne.
Comment l'auteur explique-t-il le sort malheureux des ânes au Maroc?
Selon l'auteur, pourquoi les ânes braient-ils? Que font les maîtres quand leurs bêtes se mettent à braire?
Quels sont les sentiments de l'auteur pour les malheureuses bêtes? Comment exprime-t-il ses sentiments?
Sujet à discuter : Les animaux dans la littérature.

44. UNE APRÈS-MIDI DE CANOTAGE

Tous mes cahiers de classe au fond du bateau, la veste à bas, le chapeau en arrière, et dans les cheveux le bon coup d'éventail de la brise d'eau, je tirais ferme sur mes rames, en fronçant les sourcils pour bien me donner la tournure d'un vieux loup de mer. Tant que j'étais en ville, je tenais le milieu de la rivière, à égale distance des deux rives, où le vieux loup de mer aurait pu être reconnu. Quel triomphe de me mêler à ce grand mouvement de barques, de radeaux, de trains de bois, de mouches à vapeur qui se côtoyaient, s'évitaient, séparés seulement par un mince liséré d'écume! Il y avait de lourds bateaux qui tournaient pour prendre le courant, et cela en déplaçait une foule d'autres.

Tout à coup les roues d'un vapeur battaient l'eau près de moi ; ou bien une ombre lourde m'arrivait dessus, c'était l'avant d'un bateau de pommes.

« Gare donc, moucheron ! » me criait une voix enrouée ; et je suais, je me débattais, empêtré dans le va-et-vient de cette vie du fleuve que la vie de la rue traversait incessamment par tous ces ponts, toutes ces passerelles qui mettaient des reflets d'omnibus sous la coupe des avirons. Et le courant si dur à la pointe des arches, et les remous, les tourbillons, le fameux trou de la *Mort-qui-trompe*! Pensez que ce n'était pas une petite affaire de se guider là-dedans avec des bras de douze ans et personne pour tenir la barre.

Quelquefois j'avais la chance de rencontrer la *chaîne*. Vite je m'accrochais tout au bout de ces longs trains de bateaux qu'elle remorquait, et, les rames immobiles, étendues comme des ailes qui planent, je me laissais aller à cette vitesse silencieuse qui coupait la rivière en longs rubans d'écume et faisait filer des deux côtés les arbres, les maisons du quai. Devant moi, loin, bien loin, j'entendais le battement monotone de l'hélice, un chien qui aboyait sur un des bateaux de la remorque, où montait d'une cheminée basse un petit filet de fumée; et tout cela me donnait l'illusion d'un grand voyage, de la vraie vie de bord.

Alphonse Daudet, Contes du Lundi
(Fasquelle)

Expliquez le sens des mots et des expressions : *canotage, la veste à bas, loup de mer, train de bois, mouche à vapeur, se côtoyer, les roues d'un vapeur, va-et-vient, barre, remorquer, la vie de bord.*
Quel âge a l'enfant? Y a-t-il lieu de croire qu'il fait l'école buissonnière?
Quel est ce fleuve, et quelle est cette ville?
«Toutes ces passerelles qui mettaient des reflets d'omnibus sous la coupe des avirons.» Expliquez.
Comment guide-t-on un bateau?
«De lourds bateaux... tournaient pour prendre le courant». Pourquoi?
Pourquoi l'enfant goûtait-il tellement cette promenade en bateau?
Signalez dans la description les traits qui dénotent chez l'auteur des qualités d'observateur et d'artiste.

45. L'Esprit humain change avec les Siècles

L'homme, comme toute chose vivante, change avec l'air qui le nourrit. Il en est ainsi d'un bout à l'autre de l'histoire; chaque siècle, avec des circonstances qui lui sont propres, produit des sentiments et des beautés qui lui sont propres; et, à mesure que la race humaine avance, elle laisse derrière elle des formes de société et des sortes de perfection qu'on ne rencontre plus. Aucun âge n'a le droit d'imposer sa beauté aux âges qui précèdent; aucun âge n'a le devoir d'emprunter sa beauté aux âges qui précèdent. Il ne faut ni dénigrer ni imiter, mais inventer et comprendre.

Il faut que l'histoire soit respectueuse et que l'art soit original. Il faut admirer ce que nous avons et ce qui nous manque; il faut faire autrement que nos ancêtres et louer ce que nos ancêtres ont fait. Entrez dans Notre-Dame; au bout d'une demi-heure, lorsque dans l'ombre des piliers énormes vous avez contemplé l'essor passionné des frêles colonnettes, l'enchevêtrement douloureux des figures bizarres et le rayonnement divin des roses épanouies, vous comprenez l'extase mystique de la foule maladive qui, agenouillée aux sons des orgues, apercevait là-bas dans une lumière d'or le sourire angélique de la Vierge et les mains étendues du Christ. Un quart d'heure plus tard, au musée de la Renaissance, une statue de Michel-Ange vous montrera par la fierté de sa structure héroïque, par l'élan effréné de ses bras tordus, par la montagne des muscles soulevés sur son épaule, les superbes passions, la grandeur tragique, le déchaînement des crimes et le paganisme sublime du XVIe siècle.

HIPPOLYTE TAINE, *Essais de critique et d'histoire*

Que savez-vous de la cathédrale Notre-Dame?
Quelle époque historique appelle-t-on la Renaissance? En quoi cette époque fut-elle remarquable?
De quelle nationalité était Michel-Ange? Quand vécut-il? Quelle fut son œuvre?
Dans quel sens le mot *rose* s'emploie-t-il ici?
Expliquez ce que c'était que la lumière d'or, où les dévots voyaient les saintes figures de la Vierge et du Christ.
Expliquez le sens des mots *essor, dénigrer, paganisme*.
Quelle est la principale idée exposée dans le texte?

46. À SINGAPOUR

Enfoncé dans un fauteuil, je regardais la vaste salle au parquet brillant où tournaient les premiers danseurs: j'étais à Singapour.... Je me souvenais de mes premiers rêves d'enfant, quand de chimériques voyages me conduisaient à l'autre bout du monde. Il était toujours question de Singapour dans mes itinéraires, ce nom sonore m'avait séduit, et j'imaginais des forêts, des traitants hollandais, un fouet passé à la ceinture, des oiseaux inconnus, des temples bleus et or aux sanglantes idoles, des murs crénelés, des éléphants, et d'innombrables jonques se balançant dans le port. Aujourd'hui la réalité effaçait moqueusement ce mirage et pour ma vie entière, lorsque je penserai à Singapour je reverrai ce pilote insensé qui gagnait la passerelle vêtu d'un pardessus noir — oui, un pardessus noir, à un degré de l'équateur! — je reverrai North Bridge Road où les trolleys tissent leur toile d'araignée, le vieux port qui sent la fièvre, certain jardin mouillé où chantait un crapaud-buffle, je reverrai surtout le Raffles, son orchestre, ses cocktails, ses Anglais en smoking, sa piste bien cirée, et cette table décorée d'orchidées où des Chinois en blanc nous servirent le curry. «Un degré de l'équateur», me répétais-je en piquant dans les petits plateaux d'écorce de mangue, le coco râpé, les poissons rouges de Macassar, tous ces morceaux d'on ne sait quoi qu'on ajoute à son riz et qu'on avale comme les flammes de l'Enfer, «un degré de l'équateur!» et les dames demandent leurs écharpes tant il fait frais sous les ventilateurs... Comme j'étais loin de mes légendes!

Roland Dorgelès, Partir
(Albin Michel)

Où est situé Singapour? Pourquoi est-ce une ville importante?
Qu'est-ce que le *Raffles* dont parle l'auteur?
Expliquez ce que c'est que *la piste* de la salle. Pourquoi la piste est-elle bien cirée?
Quand les hommes portent-ils le smoking? Décrivez cette tenue.
À quoi sert un ventilateur?
Pourquoi le narrateur s'étonne-t-il de voir un pilote vêtu d'un pardessus noir?
Qu'est-ce que la passerelle d'un navire?
Expliquez le sens des mots *séduire, traitant, jonque, chimérique*.
En parlant de Singapour, le voyageur dit que la réalité effaçait moqueusement ses rêves. Quelle idée s'était-il faite de Singapour?

47. René

L'automne me surprit au milieu de ces incertitudes: j'entrai avec ravissement dans les mois des tempêtes. Tantôt j'aurais voulu être un de ces guerriers errant au milieu des vents, des nuages et des fantômes; tantôt j'enviais jusqu'au sort du pâtre que je voyais réchauffer ses mains à l'humble feu de broussailles qu'il avait allumé au coin d'un bois. J'écoutais ses chants mélancoliques, qui me rappelaient que dans tout pays le chant naturel de l'homme est triste, lors même qu'il exprime le bonheur.

Le jour, je m'égarais sur de grandes bruyères terminées par des forêts. Qu'il fallait peu de choses à ma rêverie! une feuille séchée que le vent chassait devant moi, une cabane dont la fumée s'élevait dans la cime dépouillée des arbres, la mousse qui tremblait au souffle du nord sur le tronc d'un chêne, une roche écartée, un étang désert où le jonc flétri murmurait!

Le clocher solitaire s'élevant au loin dans la vallée a souvent attiré mes regards; souvent j'ai suivi des yeux les oiseaux de passage qui volaient au-dessus de ma tête. Je me figurais les bords ignorés, les climats lointains où ils se rendent; j'aurais voulu être sur leurs ailes. Un secret instinct me tourmentait; je sentais que je n'étais moi-même qu'un voyageur, mais une voix du ciel semblait me dire: «Homme, la saison de ta migration n'est pas encore venue; attends que le vent de la mort se lève, alors tu déploieras ton vol vers ces régions inconnues que ton cœur demande.»

Levez-vous vite, orages désirés qui devez emporter René dans les espaces d'une autre vie! Ainsi disant, je marchais à grands pas, le visage enflammé, le vent sifflant dans ma chevelure, ne sentant ni pluie, ni frimas, enchanté, tourmenté et comme possédé par le démon de mon cœur.

CHATEAUBRIAND, *René*

Quelles choses attirent l'attention du promeneur?
Quelles idées lui reviennent constamment à l'esprit?
Quels sentiments éprouve-t-il?
Montrez que l'auteur décrit, non pas un simple paysage, mais un état d'âme.
Quel tempérament se révèle dans cette confession?
Dégagez le caractère essentiel du «mal du siècle», dont ce poème en prose est une expression si éloquente.
Quelles remarques faites-vous sur les qualités littéraires de cette prose? Faites ressortir surtout l'harmonie des phrases.
Sujet à discuter: Le héros romantique.

48. LE MARÉCHAL NEY EN RUSSIE

Tandis que la tête de l'armée marchait sans avoir à sa poursuite des ennemis acharnés, mais sous un ciel qui était le plus grand de tous les ennemis, l'arrière-garde, conduite par le maréchal Ney, soutenait à chaque passage des combats opiniâtres, pour arrêter, sans artillerie et sans cavalerie, les Russes, qui étaient abondamment pourvus de toutes les armes. À Dorogobouge, le maréchal Ney s'était obstiné à défendre la ville, se flattant de la conserver plusieurs jours et de donner ainsi à tout ce qui se traînait, hommes et choses, le temps de rejoindre Smolensk. Cet homme rare, dont l'âme énergique était soutenue par un corps de fer, qui n'était jamais ni fatigué ni atteint d'aucune souffrance, qui couchait en plein air, dormait ou ne dormait pas, mangeait ou ne mangeait pas, sans que jamais la défaillance de ses membres mît son courage en défaut, était le plus souvent à pied, au milieu des soldats, ne dédaignant pas d'en réunir cinquante ou cent, de les conduire lui-même comme un capitaine d'infanterie sous la fusillade et la mitraille, tranquille, serein, se regardant comme invulnérable, paraissant l'être en effet, et ne croyant pas déchoir, lorsque, dans ces escarmouches de tous les instants, il prenait un fusil des mains d'un soldat expirant et qu'il le déchargeait sur l'ennemi pour prouver qu'il n'y avait pas de besogne indigne d'un maréchal, dès qu'elle était utile. Sans pitié pour les autres comme pour lui, il allait de sa propre main éveiller les engourdis, les secouait, les obligeait à partir, leur faisant honte de leur engourdissement (lâches du jour qui souvent avaient été des héros la veille), ne se laissait point attendrir par les blessés tombant autour de lui et le suppliant de les faire emporter, leur répondait brusquement qu'il n'avait pour se porter lui-même que ses jambes, qu'ils étaient aujourd'hui victimes de la guerre, qu'il le serait lui-même le lendemain, que mourir au feu ou sur la route c'était le métier des armes. Il n'est pas donné à tous les hommes d'être en fer; mais il leur est permis de l'être pour autrui, quand ils le sont d'abord et surtout pour eux-mêmes!

ADOLPHE THIERS, *Histoire du Consulat et de l'Empire*

Esquissez les principaux événements de la campagne de Russie.
Que savez-vous de la vie et de la mort du maréchal Ney?
D'après ce récit, quel genre d'homme était Ney, au physique et au moral? Quelle idée se faisait-il de ses fonctions de général?
Qu'est-ce que l'historien entend par «dormait ou ne dormait pas, mangeait ou ne mangeait pas»?
Précisez le sens des mots *opiniâtre, invulnérable.*
«Lâches du jour qui avaient été des héros la veille.» Expliquez.

49. La Sortie de l'École

À cette heure du soir les enfants de mon pays sortent de l'école. Les uns portent leurs gibecières sur le dos pour rester les mains libres et se battre plus à l'aise, d'autres tiennent serré dans leur poing le panier des livres de devoirs et du déjeuner. On voit des frères se tenir par la main, et le cadet baisse la tête comme s'il cherchait les cailloux du Petit Poucet. Si vous revenez en voiture d'une course en ville, par l'ancienne voie romaine, allumez donc vos lanternes. Au long de la route, vous les croiserez par grappes joyeuses ou paisibles. Vous les verrez se ranger sagement au bord du chemin, étonnés, craintifs. Avant votre passage, vous entendrez des cris, des appels, l'aboiement des chiens errants qui les suivent au sortir de l'étude; une petite fille ramènera un marmot contre ses jambes qui se tenait droit au milieu du chemin, les doigts écartés, heureux comme une bête. Observez les traverses; déjà dans les sentiers herbus, dans les sentiers d'eau, des petits hommes s'engagent courageusement. Ils se retournent à votre passage et les plus hardis vous crieront bonsoir. Quand vous quitterez le sous-bois, au haut de la côte, regardez l'horizon; à travers les pâturages et les champs, derrière les mottes des labours, au delà des voitures abandonnées par les charretiers ivrognes, des enfants marchent à l'aventure. Mais qu'ils suivent les routes découvertes de la plaine, qu'ils s'en reviennent par les lisières des boqueteaux, ou qu'ils s'attardent à la maraude sous les pommiers des pâtures, le vent, l'eau ou la mousse effaceront vite leurs pas légers.

Robert Francis, *La Grange aux Trois Belles*
(Gallimard)

Expliquez le sens des mots et des expressions: *pays, gibecière, grappe, se ranger, marmot, traverse, herbu, sous-bois, pâturage, motte, ivrogne, avant votre passage, à la maraude.*
Quel conte l'auteur rappelle-t-il lorsqu'il parle des *cailloux du Petit Poucet*?
Comment sont en général les voies romaines? Quand et par qui furent-elles construites?
À quelle époque de l'année et à quel moment de la journée se passe la scène?
Sujet à discuter: L'école communale.

50. Prière pour la Tolérance

Ce n'est plus aux hommes que je m'adresse; c'est à toi, Dieu de tous les êtres, de tous les mondes et de tous les temps : s'il est permis à de faibles créatures perdues dans l'immensité, et imperceptibles au reste de l'univers, d'oser te demander quelque chose, à toi qui as tout donné, à toi dont les décrets sont immuables comme éternels, daigne regarder en pitié les erreurs attachées à notre nature; que ces erreurs ne fassent point nos calamités. Tu ne nous as point donné un cœur pour nous haïr, et des mains pour nous égorger; fais que nous nous aidions mutuellement à supporter le fardeau d'une vie pénible et passagère, que les petites différences entre les vêtements qui couvrent nos débiles corps, entre tous nos langages insuffisants, entre tous nos usages ridicules, entre toutes nos lois imparfaites, entre toutes nos opinions insensées, entre toutes nos conditions si disproportionnées à nos yeux et si égales devant toi : que toutes ces petites nuances qui distinguent les atomes appelés hommes ne soient pas des signaux de haine et de persécution.

Puissent tous les hommes se souvenir qu'ils sont frères! qu'ils aient en horreur la tyrannie exercée sur les âmes, comme ils ont en exécration le brigandage qui ravit par la force le fruit du travail et de l'industrie paisible! Si les guerres sont inévitables, ne nous haïssons pas, ne nous déchirons pas les uns les autres dans le sein de la paix, et employons l'instant de notre existence à bénir également en mille langages divers, depuis Siam jusqu'à la Californie, la bonté qui nous a donné cet instant.

VOLTAIRE, Traité de la tolérance

Tâchez d'expliquer ce que c'est que la tolérance.

D'après Voltaire, qu'est-ce qui donne lieu à la haine et à la persécution? Pourquoi les mauvaises passions des hommes sont-elles si insensées?

Selon l'idée de Voltaire, comment les hommes devraient-ils vivre, et quelle attitude devraient-ils prendre les uns envers les autres?

On a souvent accusé Voltaire d'impiété. Ce reproche est-il bien fondé?

Sujet à discuter : «Les guerres sont inévitables.»

51. LONDRES

Bâti sur des marais, Londres en a la vie grouillante, la fécondité, les végétaux pleins de suc, le sens de la vie élémentaire et, quand vient la nuit, l'irréalité, les feux follets. Il ne repose pas sur des civilisations superposées comme des matelas; tout y est mêlé. Est-on au treizième, au dix-huitième, au vingtième siècles, on ne le sait pas plus qu'on ne sait, en regardant le ciel, s'il est midi ou huit heures du matin. Ce n'est pas une plante grimpante, c'est un fraisier qui étend à l'infini ses gourmands. C'est un phénomène naturel et non pas, comme d'autres capitales, un officiel ensemble de techniques, de politiques, de poisons ou de luxures. Il est possible que Chicago remplace un jour New-York; il est possible d'imaginer Lyon ou Rouen capitales de la France, mais une destinée très profonde a fixé une fois pour toutes la capitale britannique au croisement des routes nordiques et de la grande diagonale européenne.

C'est à Londres que j'ai acquis ma première expérience des chemins du monde, que j'ai deviné les secrets que les livres et les professeurs ne m'avaient jamais laissé entrevoir. J'y appris, peu à peu, ce qui aujourd'hui court les rues: le sens de la terre. Au sein de ses brumes, je fus initié à l'Italie, à la Flandre, aux Tropiques, aux antipodes. J'y ai vu, pour la première fois, de grandes misères; et aussi le vrai luxe, c'est-à-dire, en toutes choses matérielles, la meilleure qualité.

PAUL MORAND, *Londres*
(Plon)

Expliquez le sens des mots *marais, feu follet, matelas, fraisier, antipodes.*
D'après l'auteur, en quoi Londres diffère-t-il des autres capitales?
Pourquoi à Londres, comme à Paris, les quartiers de luxe se trouvent-ils à l'ouest, et les bas quartiers à l'est?
L'auteur parle de New-York comme de la capitale des États-Unis? Est-ce qu'il fait erreur?
Expliquez les expressions: *au croisement des routes nordiques; la grande diagonale européenne.*
Qu'est-ce que l'auteur entend par *les chemins du monde,* et *le sens de la terre?*
Morand affirme avoir vu à Londres de grandes misères à côté du vrai luxe. Développez.

52. Sur la Glace

Les deux petits étaient en fête. La mare derrière les bergeries avait gelé et, depuis le matin, ils y glissaient inlassablement. Laurent, qui s'occupait à rentrer de la paille pour les bêtes, s'arrêtait entre ses voyages des meules aux étables ; prenant ses petits frères chacun par une main, il les entraînait avec lui dans de vertigineuses glissades ; d'un seul coup ils allaient d'une extrémité à l'autre de la surface glacée. Raymond voulut en faire autant seul, une fois Laurent parti, mais il alla s'aplatir, les mains en avant, au beau milieu de la mare, où il resta un instant étendu sans mouvements. René, qui, lui, se tenait prudemment sur les bords, ne glissant que là où il avait encore les roseaux à la portée de la main en cas d'accident, le regarda et demeura pétrifié d'épouvante. Il devint pâle comme la mort, incapable de faire un seul mouvement pour secourir son frère. Il voulut appeler au secours, mais aucun son ne sortit de sa bouche grande ouverte, et des larmes d'angoisse se mirent à glisser sur ses joues froides. Lorsqu'il se fut un peu repris, il comprit aussitôt qu'il valait mieux, coûte que coûte, ne pas aller chercher de l'aide à la maison, car alors c'en serait fini des glissades ; la mare leur serait défendue. Et Raymond, toujours étendu de tout son long, ne bougeait plus. René finit par se mettre à quatre pattes et, avec l'idée que la glace, se rompant sous lui, allait l'engloutir, il se traîna jusqu'à son frère : «T'es pas mort, Raymond, dis? Réponds-moi, Raymond!» implora-t-il. Raymond se souleva un peu sur ses mains, tourna vers son frère un visage grimaçant de douleur et, lorsqu'il le vit pleurer, il se mit à en faire autant. De sorte qu'à son retour, Laurent les trouva tous les deux étalés sur la glace, l'un pleurant parce qu'il s'était fait mal, l'autre parce qu'il avait tellement peur, qu'il n'osait plus faire un mouvement pour gagner la rive. Il alla les relever et lorsqu'il les eut consolés, puis réchauffé leurs petites mains violettes de froid en les frappant l'une contre l'autre, ils recommencèrent ensemble les glissades jusqu'à l'heure du déjeuner.

Raymonde Vincent, Campagne
(Stock)

Expliquez les mots *bergerie*, *meule*, *pétrifié*.
Quelle différence y a-t-il entre *étable* et *écurie*?
Que veut dire *les deux petits étaient en fête*?

Précisez le sens de *s'aplatir*.
Quel âge donnez-vous à chacun des trois personnages?
Pourquoi René ne veut-il pas aller chercher de l'aide à la maison?
Quel est le caractère de Raymond? Et celui de René?
Parlez un peu des sports d'hiver.

53. Le père Grandet

Au physique, Grandet était un homme de cinq pieds, trapu, carré, ayant des mollets de douze pouces de circonférence, des rotules noueuses et de larges épaules; son visage était rond, tanné, marqué de petite vérole; son menton était droit, ses lèvres n'offraient aucune sinuosité, et ses dents étaient blanches; ses yeux avaient l'expression calme et dévoratrice que le peuple accorde au basilic, son front, plein de rides transversales, ne manquait pas de protubérances significatives; ses cheveux jaunâtres et grisonnants étaient blancs et or, disaient quelques jeunes gens qui ne connaissaient pas la gravité d'une plaisanterie faite sur M. Grandet. Son nez, gros par le bout, supportait une loupe veinée, que le vulgaire disait, non sans raison, pleine de malice. Cette figure annonçait une finesse dangereuse, une probité sans chaleur, l'égoïsme d'un homme habitué à concentrer ses sentiments dans la jouissance de l'avarice et sur le seul être qui lui fût réellement de quelque chose, sa fille Eugénie, sa seule héritière. Attitude, manières, démarche, tout en lui, d'ailleurs, attestait cette croyance en soi que donne l'habitude d'avoir toujours réussi dans ses entreprises. Aussi, quoique de mœurs faciles et molles en apparence, M. Grandet avait-il un caractère de bronze.

HONORÉ DE BALZAC, *Eugénie Grandet*

Mots et expressions à expliquer: *trapu, tanné, égoïsme, héritière, de mœurs faciles, un caractère de bronze, une probité sans chaleur.*
Quel âge donnez-vous à Grandet? À quelle classe sociale appartient-il? Quels sont les traits de son caractère?
Quelle plaisanterie était sous-entendue quand on disait que les cheveux de Grandet étaient blancs et or?
En quelques lignes Balzac fait un portrait d'une étonnante netteté. Quelle méthode emploie-t-il pour présenter son homme?

54. Musique sur l'Eau à Venise

Les gondoliers, debout sur la poupe, dans leur attitude hardie, se dessinaient dans l'air bleu, comme de légers spectres noirs, derrière les groupes d'amis et d'amants qu'ils conduisaient. La lune s'élevait peu à peu et commençait à montrer sa face curieuse au-dessus des toits; elle aussi avait l'air d'écouter et d'aimer cette musique. Une des rives du palais du canal, plongée encore dans l'obscurité, découpait dans le ciel ses grandes dentelles mauresques, plus sombre que les portes de l'enfer. L'autre rive recevait le reflet de la pleine lune, large et blanche alors comme un bouclier d'argent sur ses façades muettes et sereines. Cette file immense de constructions féeriques, que n'éclairait pas d'autre lumière que celle des astres, avait un aspect de solitude, de repos et d'immobilité vraiment sublimes.

Nous voguâmes ainsi près d'une heure. Les gondoliers étaient devenus un peu fous. Le vieux Catullo lui-même bondissait à l'allegro et suivait la course rapide de la petite flotte. Puis sa rame retombait amoroso à l'andante, et il accompagnait ce mouvement gracieux d'une espèce de grognement de béatitude. L'orchestre s'arrêta sous le portique du Lion-Blanc. Je me penchai pour voir Milord sortir de sa gondole. C'était un enfant splénétique de dix-huit à vingt ans, chargé d'une longue pipe turque, qu'il était certainement incapable de fumer tout entière sans devenir phtisique au dernier degré. Il avait l'air de s'ennuyer beaucoup; mais il avait payé une sérénade dont j'avais beaucoup mieux profité que lui et dont je lui sus le meilleur gré du monde.

George Sand, *Lettres d'un Voyageur*

Où est située la ville de Venise? Décrivez son caractère particulier.
Qu'est-ce qu'un gondolier?
À quel moment de la journée se passe la scène?
D'où venait la musique? Quel en fut l'effet sur les gondoliers? Les Italiens sont-ils en général musiciens? Nommez quelques compositeurs italiens.
Expliquez le sens des mots *bouclier, dentelles mauresques, façade, féerique, splénétique.*
Expliquez ce que l'auteur veut dire par *la face curieuse* de la lune.
Faites ressortir le caractère *romantique* du récit (fond et forme).

55. Des Italiens se rendent à Marseille

Comme la mer, un peu houleuse le matin, au départ de Toulon, était devenue très calme, vers une heure de l'après-midi, presque tous les passagers du *Solférino* étaient montés sur l'entrepont, et massés à tribord, par groupes compacts, ils regardaient fuir le rivage provençal.

Le bateau filait au large de La Ciotat.

Ce soir-là, le temps était si clair qu'on distinguait les moindres accidents des côtes. Nettoyé par le mistral qui venait de s'apaiser, le ciel, d'un gris bleuâtre, baignait dans une vive lumière d'argent; et, bien qu'on fût à la mi-octobre, le soleil paraissait aussi chaud qu'en été.

Encore tout transis d'une nuit glaciale et d'une matinée presque froide, les gens qui étaient là, parqués comme un bétail dans l'entrepont, avaient l'air de se dégeler au contact de la bonne chaleur automnale. Les hommes gesticulaient et vociféraient en des dialectes divers.

C'étaient des émigrants italiens avec leurs femmes et leurs progénitures. Après avoir fauché les foins et les blés, arraché le maïs, cueilli le raisin, gaulé les châtaignes et les noix dans les champs du pays natal, ils s'en allaient selon leur coutume, passer l'hiver à Marseille. La plupart avaient fait maintes fois le voyage. Aussi l'aspect des lieux leur était-il familier. Les riches plaines qui se déployaient là-bas, derrière la ligne violette des montagnes, ils les avaient parcourues en chemin de fer ou à pied, ils y avaient séjourné en qualité de manœuvres agricoles, de terrassiers et d'ouvriers d'usine; ils en connaissaient mieux les villages et les ports que ceux de la côte ligure, d'où ils venaient. On aurait dit qu'ils rentraient chez eux. Brutaux, loquaces et vantards, ils tendaient leurs bras vers la terre vermeille, avec des gestes de possession.

LOUIS BERTRAND, *L'Invasion*
(Fasquelle)

Mots et locutions à expliquer: *à tribord, provençal, au large de, les accidents des côtes, mistral, parqué, vociférer, dialecte, progéniture, maintes fois, loquace, vantard.*
Où se trouve Marseille? Pourquoi est-ce une ville importante? À quelle distance est Toulon de Marseille? Qu'y a-t-il à Toulon? D'où venaient les Italiens? Où se rendaient-ils? Pourquoi quittaient-ils leur pays? Qu'est ce qu'ils venaient faire en France? Combien de temps allaient-ils y rester? À quoi voyait-on qu'ils aimaient leur pays d'adoption?

D'une façon générale, quels sont les sentiments des Italiens pour les Français? Et réciproquement?

Donnez d'autres exemples d'ouvriers allant chaque année travailler en pays étranger.

56. Le Lion

La tristesse et la désolation régnaient dans cette chambre. La pauvre femme était étendue sur son lit, toute blanche, les mains jointes sur la poitrine. On venait de lui fermer les yeux. Au pied du lit, sa sœur, les mains jointes, priait.

«Mon Dieu! disait-elle, je vous ai toujours aimé et servi et je ne vous ai jamais rien demandé en échange. Je n'ai au monde que ma sœur que j'adorais. Faites un miracle: faites rentrer la vie dans cette chambre que la mort a désolée.»

Alors il lui sembla entendre la voix du Tout-Puissant qui disait:

«Tu me demandes d'établir là un précédent bien dangereux. J'ai décidé, une fois pour toutes, que la mort était un événement définitif et irrévocable. Autrement, mon administration se fût trouvée à chaque instant en présence de difficultés sans nombre. Mais enfin, tu es, en effet, une fille d'une piété tout à fait exceptionnelle. Je suis un sentimental. Tu as peut-être tort de me demander de transgresser ainsi mes principes.... Je ne discute pas: sois exaucée!»

...À peine avait-il dit ces mots que les paupières de la morte battirent; son sein se souleva; ses lèvres s'entr'ouvrirent: la vie était revenue dans cette chambre que la mort avait désolée.

La vie était revenue dans cette chambre: les mouches mortes, collées sur la glace, étirèrent leurs petites pattes, firent scintiller leurs yeux à mille facettes et s'envolèrent joyeusement au plafond.

La vie était revenue dans la chambre! Un petit oiseau empaillé, qui se trouvait sur un chapeau, dans un buisson de rubans et de fleurs de papier, se mit à battre des ailes, poussa un cri joyeux, s'envola, lui aussi, et alla se poser sur la crête d'un meuble, où il chanta un petit chant de victoire....

Le lion de la descente de lit ouvrit une gueule énorme... et mangea tout le monde.

Tristan Bernard
(*Le Canard enchaîné*, 2 janvier 1918)

Que signifient les mots *miracle, exaucer, précédent, administration, empaillé, descente de lit*?
Quel est le lieu de la scène?
Quelle prière fait la sœur de la morte? Comment Dieu exauce-t-il sa prière? Qu'y a-t-il d'ironique dans le dénouement? Qu'est-ce que la femme aurait dû demander?
Est-ce qu'il se dégage de cette histoire une leçon quelconque?
Expliquez le sens de l'expression *prendre au pied de la lettre*, et inventez une histoire pour l'éclaircir.

57. L'Enthousiasme de l'Historien

À force de dévorer les longues pages in-folio, pour en extraire une phrase et quelquefois un mot entre mille, mes yeux acquirent une faculté qui m'étonna, et dont il m'est impossible de me rendre compte, celle de lire, en quelque sorte par intuition, et de rencontrer presque immédiatement le passage qui devait m'intéresser. La force vitale semblait se porter tout entière vers un seul point. Dans l'espèce d'extase qui m'absorbait intérieurement, pendant que ma main feuilletait le volume ou prenait des notes, je n'avais aucune conscience de ce qui se passait autour de moi. La table où j'étais assis se garnissait et se dégarnissait de travailleurs; les employés de la bibliothèque ou les curieux allaient et venaient par la salle; je n'entendais rien, je ne voyais rien; je ne voyais que les apparitions évoquées en moi par ma lecture. Ce souvenir m'est encore présent; et depuis cette époque de premier travail, il ne m'arriva jamais d'avoir une perception aussi vive des personnages de mon drame, de ces hommes de race, de mœurs, de physionomies et de destinées si diverses, qui successivement se présentaient à mon esprit, les uns chantant sur la harpe celtique l'éternelle attente du retour d'Arthur, les autres naviguant dans la tempête avec aussi peu de souci d'eux-mêmes que le cygne qui se joue sur un lac; d'autres, dans l'ivresse de la victoire, amoncelant les dépouilles des vaincus, mesurant la terre au cordeau pour en faire le partage, comptant et recomptant par têtes les familles comme le bétail; d'autres enfin, privés par une seule défaite de tout ce qui fait que la vie vaut quelque chose, se résignant à voir l'étranger assis en maître à leurs propres foyers, ou frénétiques de désespoir, courant à la forêt pour y vivre, comme vivent les loups, de rapine, de meurtre et d'indépendance.

Augustin Thierry, *Dix ans d'études historiques*

Où l'historien travaille-t-il? Qu'y font les curieux qu'on voit circuler?
Qu'est-ce qui montre que l'historien s'intéressait vivement à ce qu'il étudiait?
Quelle est sa conception des études historiques? Quelles époques historiques étudie-t-il?
Quelle est la légende du roi Arthur?
Quels étaient les navigateurs dont parle l'auteur?
Quels peuples avaient coutume de compter les vaincus comme le bétail? Que faisaient-ils de leurs prisonniers?
Que signifie *les dépouilles* des vaincus?
Sujet à discuter: L'histoire est une science, non pas un art.

58. Au plein milieu de l'Atlantique

Vers quatre ou cinq heures de l'après-midi, on me chargea d'aller, dans une très petite embarcation, visiter cet autre promeneur du large, qui nous avait fait un signal d'appel. Oh! quand je fus au milieu de la route, voyant loin de moi, l'un en avant, l'autre en arrière, les deux immobiles navires, je pris conscience d'un tête-à-tête bien imposant et bien solennel avec les grandes eaux silencieuses. Seul, dans ce canot frêle aux rebords très bas, où ramaient six matelots alanguis de chaleur, seul et infiniment petit, je cheminais sur une sorte de désert oscillant, fait d'une nacre bleue très polie où s'entre-croisaient des moirures dorées. Il y avait une houle énorme, mais molle et douce, qui passait, qui passait sous nous, toujours avec la même tranquillité, arrivant de l'un des infinis de l'horizon pour se perdre dans l'infini opposé: longues ondulations lisses, immenses boursouflures d'eau qui se succédaient avec une lenteur rythmée, comme des dos de bêtes géantes, inoffensives à force d'indolence. Peu à peu soulevé sans l'avoir voulu, on montait jusqu'à l'une de ces passagères cimes bleues; alors on entrevoyait, un moment, des lointains magnifiquement vides, inondés de lumière, tout en ayant l'inquiétante impression d'avoir été porté si haut par quelque chose de fluide et d'instable, qui ne durerait pas, qui allait s'évanouir. En effet, la montagne bientôt se dérobait, avec le même glissement, la même douceur perfide, et on redescendait. Tout cela se faisait sans secousse et sans bruit, dans un absolu silence. On ne savait même pas bien positivement si l'on descendait soi-même; avec un peu de vertige, on se demandait si plutôt ce n'étaient pas les horizons qui s'effondraient par en dessous, dans des abîmes....

PIERRE LOTI, *Reflets sur la sombre route*
(Calmann-Lévy)

Expliquez le sens des mots et des expressions: *cet autre promeneur du large*; *tête-à-tête*; *alanguis de chaleur*; *nacre, perfide*.
Quelle remarque faites-vous sur l'emploi du passé simple dans la phrase «Quand je fus au milieu de la route»?
Dans quelle partie de l'Atlantique les deux navires se rencontrent-ils?
Pourquoi Loti doit-il quitter le bord?
Qu'est-ce que Loti décrit, et quelle impression a-t-il voulu produire sur l'imagination du lecteur?
Relevez les traits qui prouvent que l'auteur connaissait bien la mer.
Examinez le vocabulaire employé dans la description (substantifs, caractère et position des épithètes, etc.).

59. LE RAPIDE

Soudain mon guide s'arrête, me touche le bras:

— Ne bougeons plus. Voilà le 117.

Je vois en effet au bout de la ligne un gros feu qui avance assez vite, et deux petits feux qu'on ne distingue qu'à cause de leur mouvement.

Mais le gros feu paraît tenir et menacer toute la ligne. On ne peut deviner quelle voie il va choisir, ni même s'il en choisira une. Au contraire, il s'élargit en s'approchant, et le péril qu'il annonce a l'air de vouloir balayer toute la largeur des quinze voies.

— Où va-t-il passer?

— Derrière nous, presque sûr, mademoiselle, sur la voie 7. Mais comme il a du retard, il n'y aurait rien de rare qu'on l'amène sur la voie 10. De toute façon, nous sommes entre la 8 et la 9.

Le feu grandissait. Le sol tremblait déjà. Un grondement entourait le feu comme un autre halo. Le feu venait droit sur nous. On avait envie non de le fuir, mais de se jeter dedans.

— Tenez, mademoiselle, accrochez votre main ici. Comme ça vous n'aurez pas peur.

Il me désignait le fût treillagé d'un lampadaire qui se

dressait dans l'entre-voie. Je saisis une des lattes de fer et m'effaçai contre le fût.

Un sentiment de sécurité se mêlait en moi à une peur vertigineuse. Je ne cessais pas de penser à mes doigts qui tenaient le morceau de fer; à la force de mes doigts, d'une chair encore si jeune; à leur obéissance; à la résistance du métal; à l'aspect de chose durable qu'avait le lampadaire au milieu de la ligne; et en même temps j'absorbais avec une sorte d'ivresse la terreur que ce feu en marche poussait jusqu'au fond de mon corps.

Jules Romains, *Lucienne*
(Gallimard)

Quelles sont les deux personnes dont on rapporte ici la conversation? Que font ces personnes?
Qu'est-ce qui montre qu'on se trouve sur une grande ligne, et non loin de la gare terminus?
Qu'est-ce que c'est que *le 117*, dont on parle dans le texte?
Quel était le gros feu qu'on voyait approcher?
Quelles sensations éprouve la jeune fille à l'approche du rapide?
Définissez chacun des termes *rapide, express, omnibus*.
Que savez-vous de l'organisation des chemins de fer français?

60. La Gloire

M. de Balzac parle encore quelque part de ces artistes qui ont «un succès fou, un succès à écraser les gens qui n'ont pas des épaules et des reins pour le porter; ce qui, par parenthèse, dit-il, arrive souvent». En effet, il est pour l'artiste une épreuve plus redoutable encore que la grande bataille qu'il doit tôt ou tard livrer, c'est le lendemain de la victoire. Pour soutenir cette victoire, pour porter cette vogue, n'en être ni effrayé ni découragé, ne pas défaillir et ne pas abdiquer sous le coup comme fit Léopold Robert, il faut avoir une force réelle, et se sentir arrivé seulement à son niveau. M. de Balzac avait ce genre de force, et il l'a prouvé.

Quand on lui parlait de la gloire, il en acceptait le mot et mieux que l'augure; il en parlait lui-même quelquefois agréablement: «La gloire, disait-il un jour, à qui en parlez-vous? je l'ai connue, je l'ai vue. Je voyageais en Russie avec quelques amis. La nuit vient, nous allons demander l'hospitalité à un château. À notre arrivée, la châtelaine et ses dames de compagnie s'empressent, une de ces dernières quitte, dès le premier moment, le salon pour aller nous chercher des rafraîchissements. Dans l'intervalle, on me nomme à la maîtresse de la maison; la conversation s'engage, et quand celle des dames qui était sortie rentre, tenant le plateau à la main pour nous l'offrir, elle entend tout d'abord ces paroles: Eh bien! monsieur de Balzac, vous pensez donc.... De surprise et de joie elle fait un mouvement, elle laisse tomber le plateau de ses mains, et tout se brise. N'est-ce pas là la gloire?»

SAINTE-BEUVE, *Histoire de la Littérature française*

Expliquez le sens des mots *châtelaine, rafraîchissements, s'empresser*.
Qu'est-ce que Sainte-Beuve entend par *le succès*? Comment le succès peut-il écraser un auteur?
Que sont *la bataille* et *la victoire* dont parle le critique?
Quelle épreuve l'artiste doit-il subir une fois la victoire remportée?
Quelle fut la faiblesse de Léopold Robert?
Expliquez le sens de l'expression: *se sentir arrivé seulement à son niveau*.
Qu'est-ce qui indique que Balzac et Sainte-Beuve étaient contemporains?
Sans relire le texte, relatez l'aventure de Balzac en Russie.

61. L'Enterrement d'Emma Bovary

Toutes sortes de bruits joyeux emplissaient l'horizon: le claquement d'une charrette roulant au loin dans les ornières, le cri d'un coq qui se répétait ou la galopade d'un poulain que l'on voyait s'enfuir sous les pommiers. Le ciel pur était tacheté de nuages roses; des lumignons bleuâtres se rabattaient sur les chaumières couvertes d'iris; Charles, en passant, reconnaissait les cours. Il se souvenait de matins comme celui-ci, où, après avoir visité quelque malade, il en sortait, et retournait vers elle.

Le drap noir, semé de larmes blanches, se levait de temps à autre en découvrant la bière. Les porteurs fatigués se ralentissaient, et elle avançait par saccades continues, comme une chaloupe qui tangue à chaque flot.

On arriva. Les hommes continuèrent jusqu'en bas, à une place dans le gazon où la fosse était creusée.

On se rangea tout autour; et, tandis que le prêtre parlait, la terre rouge, rejetée sur les bords, coulait par les coins, sans bruit, continuellement.

Puis, quand les quatre cordes furent disposées, on poussa la bière dessus. Il la regarda descendre. Elle descendait toujours. Enfin on entendit un choc; les cordes en grinçant remontèrent. Alors Bournisien prit la bêche que lui tendait Lestiboudois; de sa main gauche, tout en aspergeant de la droite, il poussa vigoureusement une large pelletée; et le bois du cercueil, heurté par les cailloux, fit ce bruit formidable qui nous semble être le retentissement de l'éternité.

L'ecclésiastique passa le goupillon à son voisin. C'était M. Homais. Il le secoua gravement, puis le tendit à Charles, qui s'affaissa jusqu'aux genoux dans la terre, et il en jetait à pleines mains tout en criant: «Adieu!» Il lui envoyait des baisers; il se traînait vers la fosse pour s'y engloutir avec elle.

On l'emmena; et il ne tarda pas à s'apaiser, éprouvant peut-être, comme tous les autres, la vague satisfaction d'en avoir fini.

Gustave Flaubert, Madame Bovary

Mots à expliquer: *ornière, poulain, iris, bière, tanguer, fosse, asperger, pelletée.*

Où se passe la scène? Quelles personnes assistent à l'enterrement?

D'après les indices que vous trouvez dans le texte, quelle était la profession du mari? Quelle sorte de clientèle avait-il?

Qu'est-ce qui montre que Charles avait beaucoup aimé sa femme? Quels sont ses sentiments une fois la cérémonie terminée?

À quelle époque de l'année était-on? Quel contraste s'établit entre le caractère de la cérémonie et la scène où elle a lieu?

Relevez d'autres traits qui contribuent au caractère émouvant du récit.

62. Arrivée de l'Armée française devant Moscou

Le temps était beau; on hâtait le pas, malgré la chaleur, pour gravir les hauteurs d'où l'on jouirait enfin de la vue de cette capitale tant annoncée et tant promise. Arrivée au sommet d'un coteau, l'armée découvrit tout à coup au-dessous d'elle et à une distance assez rapprochée, une ville immense, brillante de mille couleurs, surmontée d'une foule de dômes dorés resplendissants de lumière, mélange singulier de bois, de lacs, de chaumières, de palais, d'églises, de clochers, ville à la fois gothique et byzantine, réalisant tout ce que les contes orientaux racontent des merveilles de l'Asie. Tandis que des monastères flanqués de tours formaient la ceinture de cette grande cité, au centre s'élevait sur une éminence une forte citadelle, espèce de capitole où se voyait à la fois les temples de la divinité et les palais des empereurs, où au-dessus de murailles crénelées surgissaient les dômes majestueux, portant l'emblème qui représente toute l'histoire de la Russie et toute son ambition, la croix sur le croissant renversé. Cette citadelle, c'était le Kremlin, ancien séjour des tsars.

À cet aspect magnifique, l'imagination, le sentiment de la gloire, s'exaltant à la fois, les soldats s'écrièrent tous ensemble: «Moscou! Moscou!» — Ceux qui étaient restés au pied de la colline se hâtèrent d'accourir; pour un moment tous les rangs furent confondus, et tout le monde voulut contempler la grande capitale où nous avait conduits une marche si aventureuse. On ne pouvait se rassasier de ce spectacle éblouissant, et fait pour éveiller tant de sentiments divers.

Adolphe Thiers, *Histoire du Consulat et de l'Empire*

L'historien dit qu'au moment où les Français arrivèrent devant Moscou, le temps était beau et il faisait très chaud. Cela vous surprend-il?
Qu'est-ce qui donnait à la ville son aspect étrange et pittoresque?
Expliquez le sens des termes *gothique* et *byzantin*.
Que signifient les mots *coteau, ceinture, citadelle, se rassasier*?
Qu'est-ce que le Kremlin?
Quel est l'emblème de la Russie soviétique?
Que signifient les initiales U.R.S.S.? Que savez-vous de l'U.R.S.S.?

63. Les Maisons neuves

— Dans la maison neuve, ce qui m'est odieux, c'est l'exactitude des dispositions correspondantes, cette structure trop apparente des logements qui se voit du dehors. Il y a longtemps que les citadins vivent les uns sur les autres. Et puisque ta tante ne veut pas entendre parler d'une maisonnette dans la banlieue, je veux bien m'accommoder d'un troisième ou d'un quatrième étage, et c'est pourquoi je ne renonce qu'à regret aux vieilles maisons. L'irrégularité de celles-là rend plus supportable l'empilement. En passant dans une rue nouvelle, je me surprends à considérer que cette superposition de ménages est, dans les bâtisses récentes, d'une régularité qui la rend ridicule. Ces petites salles à manger, posées l'une sur l'autre avec le même petit vitrage, et dont les suspensions de cuivre s'allument à la même heure ; ces cuisines, très petites, avec le garde-manger sur la cour et des bonnes très sales, et les salons avec leur piano chacun l'un sur l'autre, la maison neuve enfin me découvre, par la précision de sa structure, les fonctions quotidiennes des êtres qu'elle renferme, aussi clairement que si les planchers étaient de verre ; et ces gens qui dînent l'un sous l'autre, jouent du piano l'un sous l'autre, se couchent l'un sous l'autre, avec symétrie, composent, quand on y pense, un spectacle d'un comique humiliant.

ANATOLE FRANCE, *M. Bergeret à Paris*
(Calmann-Lévy)

Indiquez le sens des mots *citadin, banlieue, empilement, vitrage, symétrie.*
Que veut dire l'auteur par *l'exactitude des dispositions correspondantes*?
Comment voit-on du dehors la structure des bâtisses récentes?
L'auteur dit que, dans les maisons récentes, les lampes s'allument à la même heure. Que veut-il dire exactement?
Pourquoi l'auteur préfère-t-il les vieilles maisons?
«Les citadins vivent les uns sur les autres.» Expliquez.
Qu'est-ce que vous comprenez par *fonctions quotidiennes*?
Énumérez les différentes parties d'une maison.
Faites la description d'une petite maison moderne.

64. Le But moral de la Société

Et que ne pourrait-il (l'homme) pas sur lui-même, je veux dire sur sa propre espèce, si sa volonté était toujours dirigée par l'intelligence! Qui sait jusqu'à quel point l'homme pourrait perfectionner sa nature, soit au moral, soit au physique? Y a-t-il une seule nation qui puisse se vanter d'être arrivée au meilleur gouvernement possible, qui serait de rendre tous les hommes, non pas également heureux, mais moins inégalement malheureux, en veillant à leur conservation, à l'épargne de leurs sueurs et de leur sang par la paix, par l'abondance des subsistances, par les aisances de la vie?... Voilà le but moral de toute société qui chercherait à s'améliorer. Et pour la physique, la médecine et les autres arts dont l'objet est de nous conserver, sont-ils aussi avancés, aussi connus que les arts destructeurs enfantés par la guerre? Il semble que de tout temps l'homme ait fait moins de réflexions sur le bien que de recherches pour le mal. Toute société est mêlée de l'un et de l'autre, et comme de tous les sentiments qui affectent la multitude, la crainte est le plus puissant, les grands talents dans l'art de faire du mal ont été les premiers qui aient frappé l'esprit de l'homme; ensuite ceux qui l'ont amusé ont occupé son cœur; et ce n'est qu'après un trop long usage de ces deux moyens de faux honneur et de plaisir stérile, qu'enfin il a reconnu que sa vraie gloire est la science, et la paix son vrai bonheur.

BUFFON, *Les Époques de la Nature*

Quelles sont les passions qui dirigent souvent la volonté de l'homme?
D'après Buffon, quel serait le meilleur gouvernement possible?
Qu'entendez-vous par *les aisances de la vie*?
Quels sont les arts qui ont pour but la conservation et l'amélioration de la vie?
Selon Buffon, quels sont les talents qui frappent l'imagination populaire?
Quels sont les biens qui contribuent le plus au vrai bonheur de l'homme?
Buffon vécut au XVIIIe siècle. Montrez que ses idées s'appliquent tout aussi bien à la société actuelle.
Sujet à discuter: L'Europe fédérale.

65. À TRAVERS LA FRANCE EN AUTO

La nuit tombe plus vite que je n'aurais cru. Je n'ai pas l'habitude de ces phares américains, qui tournent comme des yeux. Nous crevons. Je change ma roue, en y laissant mes ongles. On dîne au Mans. Nous n'arriverons pas à Paris avant minuit.

La lune a disparu. Maintenon... Rambouillet. Je mets toute l'avance; la voiture craque, bondit aux caniveaux, le pare-brise gémit, les portières tremblent. Aux virages le pont-arrière se plaint: drôle d'odeur; j'avais oublié de desserrer les freins. J'allume: nous sommes dans la forêt; nous roulons à cent vingt; avec ces sacrés moteurs modernes on n'entend rien, on ne se rend pas compte de la vitesse; de chaque côté de la route les arbres font comme un coup de bâton qui vous manquerait de peu et vous passe aux oreilles. Des lapins. Saint-Cyr... les pavés... un claquement sec du côté des ressorts. J'ai dû rompre ma lame maîtresse. Je n'arrête pas pour si peu.

Voici la côte de Picardie. Il est deux heures du matin. Comme les autos sont nombreuses!... Elles allument et éteignent leurs phares. On dirait une sorte de conversation lumineuse. On voit passer sous les feuilles, des ombres, des couples. Des moustiques se heurtent, les rayons lumineux roulent, s'abattent, puis la nuit, de nouveau, fauche tout. Nous traversons les bois de Saint-Cloud; des Citroën nous escortent, nous longent, frôleuses; des femmes se penchent; une grosse conduite intérieure nous dépasse, prend la file, siffle comme pour nous montrer le chemin.

PAUL MORAND, *L'Europe galante*
(Plon)

Mots à expliquer: *phare, crever, caniveau, pare-brise, virage, frôleur.*
Quelle sorte de voiture le narrateur conduit-il?
Il dit qu'en changeant sa roue, il y laisse ses ongles. Pourquoi?
Où est situé le Mans? Quel événement sportif y a lieu?
L'auteur dit qu'à un moment donné il roulait à cent vingt. Cela fait combien de milles à l'heure?
Pourquoi ne se rend-on pas compte de la vitesse en conduisant une voiture de luxe?
Qu'est-ce que la Picardie? Indiquez-en la situation.
Qu'est-ce que le narrateur entend par *une sorte de conversation lumineuse*?
Expliquez le sens de l'expression *la nuit fauche tout*. Que veut dire *prendre la file*?
Tracez sur la carte de France l'itinéraire décrit dans le texte.
Que pensez-vous de ce chauffeur?

66. UNE VIEILLE SERVANTE

Catherine-Nicaise-Élisabeth Leroux, de Sassetot-la-Guerrière, pour cinquante-quatre ans de service dans la même ferme, une médaille d'argent—du prix de vingt-cinq francs!

Alors on vit s'avancer sur l'estrade une petite vieille femme de maintien craintif, et qui paraissait se ratatiner dans ses pauvres vêtements. Elle avait aux pieds de grosses galoches de bois, et, le long des hanches, un grand tablier bleu. Son visage maigre, entouré d'un béguin sans bordure, était plus plissé de rides qu'une pomme flétrie, et des manches de sa camisole rouge dépassaient deux longues mains à articulations noueuses. La poussière des granges, la potasse des lessives et le suint des laines les avaient si bien encroûtées, éraillées, durcies, qu'elles semblaient sales, quoiqu'elles fussent rincées d'eau claire; et à force d'avoir servi, elles restaient entr'ouvertes, comme pour présenter d'elles-mêmes l'humble témoignage de tant de souffrances subies. Quelque chose d'une rigidité monacale relevait l'expression de sa figure. Rien de triste ou d'attendri n'amollissait ce regard pâle. Dans la fréquentation des animaux, elle avait pris leur mutisme et leur placidité. C'était la première fois qu'elle se voyait au milieu d'une compagnie si nombreuse; et, intérieurement effarouchée par les drapeaux, par les tambours, par les messieurs en habit noir et par la croix d'honneur du conseiller, elle demeurait tout immobile, ne sachant s'il fallait s'avancer ou s'enfuir, ni pourquoi la foule la poussait et pourquoi les examinateurs lui souriaient. Ainsi se tenait, devant ces bourgeois épanouis, ce demi-siècle de servitude.

GUSTAVE FLAUBERT, *Madame Bovary*

Expliquez le sens des mots *se ratatiner, galoche, béguin, mutisme, épanoui*.
Comment vous représentez-vous la scène? Qu'est ce qui se passe? Quelles sont les personnes assises sur l'estrade?
Pourquoi décerne-t-on une médaille à Catherine Leroux?
Décrivez la personne et le costume de la vieille femme. Qu'est-ce qui montre qu'elle a beaucoup travaillé?
«Quelque chose d'une rigidité monacale relevait l'expression de sa figure.» Que veut dire *une rigidité monacale*? Pourquoi sa figure avait-elle cette expression?
Qu'est-ce qui se passe dans la tête de la vieille servante?
Quels sont les sentiments de l'auteur pour la servante? Que pense-t-il des messieurs assis sur l'estrade?

67. L'ANGLETERRE EN 1925

Les amis de ce grand peuple — il en a beaucoup en France — se prennent quelquefois à penser qu'ils aimeraient lui voir plus de passion dans la défense, et, oserais-je le dire, plus d'orgueil. Nous sentons bien la solidarité, européenne à vrai dire, qui nous lie à la destinée britannique et je ne connais pas de Français conscient qui ne s'inquiète des atteintes portées à la grandeur britannique. Or l'Angleterre d'aujourd'hui sacrifie moins à la puissance et davantage au confort de la vie. Au moment où l'on parle tant et si bruyamment d'impérialisme, elle est pleine de «petits

Anglais », elle semble se replier. C'est le fait de sa démocratisation, mais n'est-ce pas en même temps le fait de son raffinement? La notion même du gentleman, fondement de la civilisation britannique moderne, paraît avoir contribué à ce relâchement d'énergie élémentaire : ce gentleman, on le sait, ne lutte pas trop (ce n'est pas élégant), ne fait rien trop bien (il laisse cela aux virtuoses et aux champions); ses manières exquises s'obtiennent parfois au prix d'un sacrifice des qualités frustes qui font les conquérants. En somme, la vieille force anglaise, encore brute à certains angles, tend à s'user à d'autres. L'élégance, avouons-le, s'accroît d'autant : c'est bien le pays d'allure aristocratique par excellence; on y trouve une désinvolture, une dignité dans l'épreuve qui sont incomparables; ce détachement même avec lequel l'Angleterre analyse ses maux ne se peut rencontrer que chez un type humain singulièrement évolué. On respire, en effet, dans certains milieux d'Outre-Manche, l'atmosphère d'une culture presque élisabéthaine, dans laquelle, paradoxe qui eût semblé insensé il y a trente ans, on se sent à l'antipode du néo-bourgeois français, lutteur social râblé qui entend bien se défendre.

ANDRÉ SIEGFRIED, La Crise britannique au XXe siècle
(Armand Colin)

Mots à expliquer : *solidarité, se replier, virtuose, fruste, désinvolture, râblé*.
Pourquoi les Français s'intéressent-ils si vivement à l'avenir de la Grande-Bretagne?
Quelle critique l'auteur fait-il de l'Angleterre dans les années qui suivirent la Grande Guerre?
Qu'est-ce que l'auteur entend par *petits Anglais*?
Comment l'auteur explique-t-il cette diminution d'énergie élémentaire?
Quelle est la notion du *gentleman*?
À quelles époques l'Angleterre a-t-elle déployé une très grande énergie?
Qu'entendez-vous par *une culture élisabéthaine*?
Tâchez d'expliquer pourquoi l'Angleterre est *le pays d'allure aristocratique par excellence*.
Répondez aux reproches que nous adresse l'auteur.

68. Un Célibataire content de son Sort

Mon voisin le touriste me dit le lendemain que je n'avais pas perdu grand'chose, et me fit une dissertation contre les points de vue de montagnes. Il est voyageur intrépide, grand amateur de peinture, du reste fort bizarre et habitué à ne croire que lui-même, passionné raisonneur, violent dans ses opinions et fécond en paradoxes. C'est un singulier homme; à cinquante ans environ, il est aussi vif que s'il en avait vingt. Il est sec, nerveux, toujours bien portant et alerte, les jambes en mouvement, la tête en ébullition pour quelque idée qui vient de pousser en sa cervelle, et qui pendant deux jours lui paraîtra la plus belle du monde. Il va de l'avant et toujours à cent pas au delà des autres, cherchant le vrai en téméraire, jusqu'à aimer le danger, trouvant du plaisir à être contredit et à contredire, quelquefois trompé par cet esprit militant et aventurier. Il n'a rien qui le gêne; point de femme, d'enfants, de place, ni d'ambition. Je l'aime, quoique excessif, parce qu'il est sincère; peu à peu il m'a conté sa vie, et j'ai vu ses goûts; il s'appelle Paul, et s'est trouvé sans parents à vingt ans, avec douze mille francs de rente. Expérience faite de lui-même et du monde, il a jugé qu'un métier, une place ou un ménage l'ennuieraient, et il est resté libre. Il a éprouvé que les divertissements ne le divertissaient point, et a planté là les plaisirs. Il s'est mis à voyager et à lire. «C'est de l'eau claire, si vous voulez, dit-il; mais cela vaut mieux que votre vin frelaté: du moins, cela vaut mieux pour mon estomac.» Au reste, il se trouve bien de son régime, et prétend que les goûts comme le sien croissent avec l'âge, qu'en somme le sens le plus sensible, le plus capable de plaisirs nouveaux et divers, c'est le cerveau. Il avoue qu'il est gourmet en matière d'idées, un peu égoïste, et qu'il regarde le monde en simple spectateur, comme un théâtre de marionnettes.

HIPPOLYTE TAINE, *Voyage aux Pyrénées*

Indiquez le sens des mots et des expressions: *célibataire, intrépide, amateur, raisonneur, paradoxe, téméraire, militant, aventurier, régime, gourmet; point de vue de montagnes; 12,000 francs de rente; vin frelaté; il a planté là les plaisirs; théâtre de marionnettes.*
Où Taine rencontre-t-il le touriste?
Pourquoi le touriste est-il resté célibataire? A quoi s'intéresse-t-il? Comment justifie-t-il sa façon de vivre? Pourquoi plaît-il à Taine? Est-ce que Taine le considère comme un homme intelligent?

69. Tout passe

Un jour, ma mère et moi, en faisant un petit voyage à travers ces sentiers pierreux des côtes de Bretagne qui laissent à tous ceux qui les ont foulés de si doux souvenirs, nous arrivâmes à une église de hameau entourée, selon l'usage, du cimetière, et nous nous y reposâmes. Les murs de l'église en granit à peine équarri et couvert de mousses, les maisons d'alentour construites de blocs primitifs, les tombes serrées, les croix renversées et effacées, les têtes nombreuses rangées sur les étages de la maisonnette qui sert d'ossuaire, attestaient que depuis les plus anciens jours où les saints de Bretagne avaient paru sur ces flots, on avait enterré en ce lieu. Ce jour-là, j'éprouvai le sentiment de l'immensité de l'oubli et du vaste silence où s'engloutit la vie humaine, avec un effroi que je ressens encore.... Parmi tous ces simples qui sont là, à l'ombre de ces vieux arbres, pas un, pas un seul ne vivra dans l'avenir. Pas un seul n'a inséré son action dans le grand mouvement des choses; pas un seul ne comptera dans la statistique définitive de ceux qui ont poussé à l'éternelle roue....

Ils ne sont pas morts, ces obscurs enfants du hameau; car la Bretagne vit encore, et ils ont contribué à faire la Bretagne; ils n'ont pas eu de rôle dans le grand drame, mais ils ont fait partie de ce vaste chœur, sans lequel le drame serait froid et dépourvu d'acteurs sympathiques. Et quand la Bretagne ne sera plus, la France sera; et quand la France ne sera plus, l'humanité sera encore, et éternellement l'on dira: Autrefois, il y eut un noble pays, sympathique à toutes les belles choses, dont la destinée fut de souffrir pour l'humanité et de combattre pour elle. Ce jour-là, le plus humble paysan qui n'a eu que deux pas à faire de sa cabane au tombeau vivra comme nous dans ce grand nom immortel; il aura fourni sa petite part à cette grande résultante....

ERNEST RENAN, *L'Avenir de la science*
(Calmann-Lévy)

Mots à expliquer: *hameau, ossuaire, chœur, équarri*.
Qu'est-ce qui fait penser que l'auteur était Breton lui-même?
Où Renan et sa mère se promènent-ils?
Pourquoi Renan est-il si triste?
L'auteur parle de «ceux qui ont poussé à l'éternelle roue». Que veut-il dire exactement?
Quelles idées Renan exprime-t-il dans la première partie du récit? Et dans la seconde partie?

Quel est « le grand drame » auquel il fait allusion?
« Ces obscurs enfants du hameau. » Quel poème anglais ces mots rappellent-ils?
Sujet à discuter : La destinée de la France.

70. Le Vent d'est

Je trouvai le lendemain, dans un café malpropre, mal meublé, mal servi, et mal éclairé, la plupart de ces messieurs, qui la veille étaient si affables et d'une humeur si aimable; aucun d'eux ne me reconnut; je me hasardai d'en attaquer quelques-uns de conversation; je n'en tirai point de réponse, ou tout au plus un oui et un non; je me figurai qu'apparemment je les avais offensés tous la veille. Je m'examinai, et je tâchai de me souvenir si je n'avais pas donné la préférence aux étoffes de Lyon sur les leurs; ou si je n'avais pas dit que les cuisiniers français l'emportaient sur les anglais; que Paris était une ville plus agréable que Londres; qu'on passait le temps plus agréablement à Versailles qu'à Saint-James, ou quelque autre énormité pareille. Ne me sentant coupable de rien, je pris la liberté de demander à l'un d'eux, avec un air de vivacité qui leur parut fort étrange, pourquoi ils étaient tous si tristes : mon homme me répondit d'un air renfrogné qu'il faisait un vent d'est. Dans le moment arriva un de leurs amis qui leur dit avec un visage indifférent : « Molly s'est coupé la gorge ce matin; son amant l'a trouvée morte dans sa chambre, avec un rasoir sanglant à côté d'elle.» Cette Molly était une fille jeune, belle et très riche, qui était prête à se marier avec le même homme qui l'avait trouvée morte. Ces messieurs, qui tous étaient amis de Molly, reçurent la nouvelle sans sourciller. L'un d'eux seulement demanda ce qu'était devenu l'amant : «Il a acheté le rasoir», dit froidement quelqu'un de la compagnie.

Voltaire, *Mélanges littéraires*

De quoi le visiteur s'étonne-t-il dès son entrée au café?
Pourquoi tous les clients sont-ils d'humeur maussade?
D'après Voltaire, quel effet le vent d'est produit-il sur les Anglais?
À quelles époques de l'année redoute-t-on le vent d'est?
Lorsqu'on demande ce qu'est devenu l'amant de Molly, un consommateur répond : «Il a acheté le rasoir.» Que veut-il faire entendre à la compagnie par là?

Quelles étoffes sont fabriquées à Lyon?
Croyez-vous que Saint-James soit comparable à Versailles?
Pourquoi y a-t-il tant de chefs français à l'étranger?

71. Les Cathédrales gothiques

On ne peut entrer dans une église gothique sans éprouver une sorte de frissonnement et un sentiment vague de la Divinité....

Ces voûtes ciselées en feuillages, ces jambages qui appuient les murs et finissent brusquement comme des troncs brisés, la fraîcheur des voûtes, les ténèbres du sanctuaire, les ailes obscures, les passages secrets, les portes abaissées, tout retrace les labyrinthes des bois dans l'église gothique; tout en fait sentir la religieuse horreur, les mystères et la divinité. Les deux tours hautaines, plantées à l'entrée de l'Édifice surmontent les ormes et les ifs du cimetière, et font un effet pittoresque sur l'azur du ciel. Tantôt le jour naissant illumine leurs têtes jumelles; tantôt elles paraissent couronnées d'un chapiteau de nuages, ou grossies dans une atmosphère vaporeuse. Les oiseaux eux-mêmes semblent s'y méprendre, et les adopter pour les arbres de leurs forêts; des corneilles voltigent autour de leurs faîtes, et se perchent sur leurs galeries. Mais tout à coup des rumeurs confuses s'échappent de la cime de ces tours et en chassent les oiseaux effrayés. L'architecte chrétien, non content de bâtir des forêts, a voulu, pour ainsi dire, en imiter les murmures, et, au moyen de l'orgue ou du bronze suspendu, il a attaché au temple gothique jusqu'au bruit des vents et des tonnerres qui roulent dans la profondeur des bois. Les siècles évoqués par ces sons religieux font sortir leurs antiques voix du sein des pierres, et soupirent dans la vaste basilique: le sanctuaire mugit comme l'antre de l'ancienne Sibylle; et, tandis que l'airain se balance avec fracas sur votre tête, les souterrains voûtés de la mort se taisent profondément sous vos pieds.

Chateaubriand, *Le Génie du christianisme*

Mots à expliquer: *voûte, cimetière, jumelles, faîte.*
Pourquoi fait-il frais et sombre dans une église?
En quoi les cathédrales ressemblent-elles à des forêts?
Qu'est-ce que l'auteur veut dire par *le bronze suspendu*?
Chateaubriand fait allusion à *l'antre de l'ancienne Sibylle.* Savez-vous ce que c'était?

Quelle impression l'auteur s'efforce-t-il de communiquer? Fait-il
 appel à l'intelligence ou à l'imagination du lecteur?
L'auteur décrit-il l'architecture en termes précis—termes dont
 un architecte se serait servi? Sinon, quel langage emploie-t-il?
 Relevez les expressions qui traduisent des sensations visuelles
 et auditives.
Qu'est-ce qu'on remarque lorsqu'on lit cette prose à haute voix?

72. Le Vieux-Stamboul

Près de minuit. Il se leva pour redescendre vers les ponts de la Corne-d'Or et passer sur l'autre rive où il demeurait. Plus aucune voiture bien entendu, à une heure pareille. Avant de sortir du Vieux-Stamboul, endormi sous la lune, un très long trajet à faire dans le silence, au milieu d'une ville de rêve, aux maisons absolument muettes et closes, où tout était comme figé maintenant par les rayons d'une grande lumière spectrale trop blanche. Il fallait traverser des quartiers où les petites rues descendaient, montaient, s'enlaçaient comme pour égarer le passant attardé, qui n'eût trouvé personne du reste pour le remettre dans son chemin; mais André en savait par cœur les détours. Il y avait aussi des places pareilles à des solitudes, autour de mosquées qui enchevêtraient leurs dômes et que la lune drapait d'immenses suaires blancs. Et partout il y avait des cimetières, fermés par des grilles antiques aux dessins arabes, avec des veilleuses à petite flamme jaune, posées çà et là sur des tombes. Parfois des kiosques de marbre jetaient par leurs fenêtres une vague lueur de lampe; mais c'étaient encore des éclairages pour les morts et il valait mieux ne pas regarder là-dedans: on n'aurait aperçu que des compagnies de hauts catafalques, rongés par la vétusté et comme poudrés de cendre. Sur les pavés, des chiens, tous fauves, dormaient par tribus, roulés en boule, — de ces chiens de Turquie, aussi débonnaires que les musulmans qui les laissent vivre, et incapables de se fâcher même si on leur marche dessus, pour peu qu'ils comprennent qu'on ne l'a pas fait exprès. Aucun bruit, si ce n'est, à de longs intervalles, le heurt, sur quelque pavé sonore, du bâton ferré d'un veilleur. Le Vieux-Stamboul, avec toutes ses sépultures, dormait dans sa paix religieuse, tel cette nuit qu'il y a trois cents ans.

Pierre Loti, Les Désenchantés
(Calmann-Lévy)

Indiquez le sens des mots *spectral, attardé, mosquée, enchevêtrer, suaire, grille, veilleuse, veilleur, catafalque, vétusté, fauve, débonnaire.*

Où est situé Stamboul ? Sous quel autre nom cette ville est-elle connue ? Que savez-vous de son histoire ? Qu'est-ce que la Corne d'Or ?

Comment sont les vieux quartiers de la ville ? Qu'est-ce qui montre qu'André les connaît bien ?

Quels pays sont voués au culte musulman ? Qu'est-ce que le récit nous apprend sur les coutumes religieuses des musulmans ?

À qui appartiennent les nombreux chiens qu'on voit rôder dans les villes levantines ? De quoi vivent-ils ?

Que fait généralement un chien quand on lui marche dessus ?

Relevez dans le texte les détails qui contribuent à l'effet de solitude et de silence de mort.

73. Les Affres et les Joies de l'Art

Tu me parles de tes découragements : si tu pouvais voir les miens ! Je ne sais pas comment quelquefois les bras ne me tombent pas de fatigue et ma tête ne s'en va pas en bouillie. Je mène une vie âpre, déserte de toute joie extérieure, et où je n'ai rien pour me soutenir qu'une espèce de rage permanente qui pleure quelquefois d'impuissance, mais qui est continuelle. J'aime mon travail d'un amour frénétique et perverti comme un ascète ; le cilice me gratte le ventre. Quelquefois quand je me trouve vide, quand l'expression se refuse, quand, après avoir griffonné de longues pages, je découvre n'avoir pas fait une phrase, je tombe sur mon divan et j'y reste hébété dans un marais intérieur d'ennui.

Je me hais et je m'accuse de cette démence d'orgueil qui me fait palpiter après la chimère. Un quart d'heure après, tout est changé, le cœur me bat de joie. Mercredi dernier, j'ai été obligé de me lever pour aller chercher mon mouchoir de poche ; les larmes me coulaient sur la figure. Je m'étais attendri moi-même en écrivant, je jouissais délicieusement, et de l'émotion de mon idée et de la phrase qui la rendait, et de la satisfaction de l'avoir trouvée ; du moins je crois qu'il y avait de tout cela dans cette émotion, où les nerfs après tout avaient plus de place que le reste ; il y en a dans cet ordre de plus élevées, ce sont celles où l'élément sensible n'est pour rien ; elles dépassent alors la vertu en beauté morale, tant elles sont indépendantes de toute personnalité, de toute relation humaine. J'ai entrevu quelquefois (dans mes grands jours de soleil), à la lueur d'un enthousiasme qui faisait frissonner ma peau du talon à la racine des cheveux, un état de l'âme ainsi supérieur à la vie pour qui la gloire ne serait rien et le bonheur même inutile....

Gustave Flaubert, *Correspondance*

Que signifient les mots *cilice, divan, démence, griffonner*?
Flaubert dit qu'il lui arrive quelquefois de beaucoup écrire sans faire une phrase. Que veut-il dire exactement?
Expliquez le sens de l'expression *palpiter après la chimère*.
Quelle idée le vulgaire se fait-il du métier d'écrivain?
Quelle est l'attitude de Flaubert envers son art?

74. Frédéric-le-Grand

Frédéric, malgré le tort qu'il s'est fait par certaines de ses rapsodies et ses paroles, par le cynisme affiché de ses impiétés et de ses goguenarderies et par cette manie de versifier qui fait toujours sourire, est un vrai grand homme, un de ces rares génies qui sont nés pour être manifestement les chefs et les conducteurs des peuples. Quand on dépouille sa personne de toutes ces drôleries anecdotiques qui sont le régal des esprits légers, et qu'on va droit à l'homme et au caractère, on s'arrête avec admiration, avec respect; on reconnaît dès le premier instant, et à chaque pas qu'on fait avec lui, un supérieur et un maître, ferme, sensé, pratique, actif et infatigable, inventif au fur et à mesure des besoins, pénétrant, jamais dupe, trompant le moins possible, constant dans toutes les fortunes, dominant ses affections particulières et ses passions par le sentiment patriotique et par le zèle pour la grandeur et l'utilité de sa nation; amoureux de la gloire en la jugeant; soigneux avec vigilance et jaloux de l'amélioration, de l'honneur et du bien-être des populations qui lui sont confiées, alors même qu'il estime peu les hommes. Capitaine, il ne m'appartient de le juger: mais si j'ai bien compris les observations que Napoléon a faites sur les campagnes de Frédéric, et les simples récits de Frédéric lui-même, il me semble que ce n'était pas un guerrier avant tout. Il n'a rien, de ce côté, de bien brillant à première vue, ni de séduisant. Souvent battu, souvent en faute, sa grandeur est d'apprendre à force d'écoles, c'est surtout de réparer ses torts ou ceux de la fortune par le sang-froid, la ténacité et une égalité d'âme inébranlable. «Il a été grand surtout dans les moments les plus critiques», a dit Napoléon; c'est le plus bel éloge que l'on puisse faire de son caractère.

SAINTE-BEUVE

Indiquez le sens des mots *cynisme, affiché, manie, versifier, infatigable.*
Expliquez les expressions *le régal des esprits légers; apprendre à force d'écoles.*
Qu'est-ce que l'auteur entend par *un supérieur?*
Précisez le sens des adjectifs *sensé* et *sensible.*
De quel pays Frédéric-le-Grand fut-il roi? Quand vécut-il?
Quel homme était-ce pour ceux qui le voyaient chaque jour?
D'après le jugement de Sainte-Beuve, quels étaient les défauts et les qualités du caractère de Frédéric?
Quelle opinion le roi avait-il des hommes en général? Quelle était son attitude envers la religion?

75. Un Petit Juif

En classe d'anglais, je fus placé à côté de Silbermann et pus l'observer à loisir. Attentif à tout ce que disait le professeur, il ne le quitta pas du regard; il resta immobile, le menton en pointe, la lèvre pendante, la physionomie tendue curieusement; seule, la pomme d'Adam, saillant du cou maigre, bougeait par moments. Comme ce profil un peu animal était éclairé bizarrement par un rayon de soleil, il me fit penser aux lézards qui, sur la terrasse d'Aiguesbelles, à l'heure chaude, sortent d'une fente et, la tête allongée, avec un petit gonflement intermittent de la gorge, surveillent la race des humains.

Puis, une grande partie de la classe d'anglais se passant en exercices de conversation avec le professeur, Silbermann, levant vivement la main, demanda la parole à plusieurs reprises. Il s'exprimait en cette langue avec beaucoup plus de facilité qu'aucun d'entre nous. Pendant ces deux heures, nous n'échangeâmes pas un mot. Il ne fit aucune attention à moi, sauf une fois avec un regard où je crus lire de la crainte. D'ailleurs, les premiers jours, il se comporta de la sorte envers tous; mais c'était sans doute par méfiance et non par timidité, car, au bout de quelque temps, on put voir qu'il avait adopté deux ou trois garçons plutôt humbles, de caractère faible, vers lesquels il allait, sitôt qu'il les avait aperçus, avec des gestes qui commandaient; et il se mettait à discourir en maître parmi eux, le verbe haut et assuré.

JACQUES DE LACRETELLE, *Silbermann*
(Gallimard)

Qu'est-ce que le professeur devait penser de Silbermann?
Pourquoi les Juifs ont-ils si souvent l'aptitude des langues?
Décrivez un lézard. Où vivent les lézards? De quoi se nourrissent-ils? Pourquoi le narrateur pense-t-il à un lézard en considérant le profil de Silbermann?
Quels élèves le Juif choisit-il pour camarades? Pourquoi?
En quoi les Juifs sont-ils une race remarquable? Citez le nom de quelques Juifs célèbres.

76. Sur le Rivage

Alain était entouré d'un tumulte étrange. Près de lui croissaient des chardons des dunes avec des roseaux jaunes. Le vent lui balayait le visage. L'eau s'élevait par enflures régulières, crêtelées de blanc; de longues courbures creuses qui venaient tour à tour dévorer la grève avec leurs gueules glauques. Elles vomissaient sur le sable une bave de bulles, des coquilles polies et trouées, d'épaisses fleurs de glu, des cornets luisants, dentelés, des choses transparentes et molles singulièrement animées, de mystérieux débris mystérieusement usés. Le mugissement de toutes ces gueules glauques était doux et lamentable. Elles ne geignaient pas comme les grands arbres, mais semblaient se plaindre dans un autre langage. Elles aussi devaient être jalouses et impénétrables car elles roulaient leur ombre pourpre à l'écart de la lumière.

Alain courut sur le bord et laissa tremper ses pieds par l'écume. Le soir venait. Un instant des traînées rouges à l'horizon parurent flotter sur un crépuscule liquide. Puis la nuit sortit de l'eau, tout au bout de la mer, se fit impérieuse, étouffa les bouches criantes de l'abîme par ses tourbillons obscurs. Et les étoiles piquèrent le ciel de l'Océan.

Marcel Schwob, L'Étoile de bois
(Mercure de France)

Où l'enfant se promène-t-il? À quel moment de la journée fait-il cette promenade?
Est-ce que la mer monte ou descend?
Quels sont les deux substantifs qui désignent la marée montante et la marée descendante?
«L'eau s'élevait par enflures régulières.» Comment appelle-t-on ordinairement les «enflures régulières» de la mer?
Pourquoi les coquilles sont-elles quelquefois trouées?

Expliquez ce que c'est que le crépuscule.

Comment est la plante qu'on appelle le chardon? Dans quels lieux les chardons poussent-ils? Quel peuple a choisi le chardon comme emblème?

Que sont les dunes?

77. Un Égoïste

À partir de la mort de sa mère, le caractère de Blanchet changea peu à peu, sans pourtant s'amender. Il s'ennuya davantage à la maison, devint moins regardant à ce qui s'y passait et moins avare dans ses dépenses. Il n'en fut que plus étranger aux profits d'argent, et comme il engraissait, qu'il devenait dérangé et n'aimait plus le travail, il chercha son aubaine dans des marchés de peu de foi et dans un petit maquignonnage d'affaires qui l'aurait enrichi s'il ne se fût mis à dépenser d'un côté ce qu'il gagnait de l'autre. Il apprit à jouer et fut souvent heureux; mais il eût mieux valu pour lui perdre toujours, afin de s'en dégoûter; car ce dérèglement acheva de le faire sortir de son assiette, et, à la moindre perte qu'il essuyait, il devenait furieux contre lui-même et méchant envers tout le monde. Pendant qu'il menait cette vilaine vie, sa femme, toujours sage et douce, gardait la maison et élevait avec amour leur unique enfant. Dans les premiers temps de son libertinage son mari se montra encore très rude, parce qu'il craignait les reproches et voulait tenir sa femme en état de peur. Quand il vit que par nature elle haïssait les querelles et qu'elle ne montrait pas de jalousie, il prit le parti de la laisser tranquille.

George Sand

Mots à expliquer: *s'amender, aubaine, jouer, heureux.*

Expliquez les expressions: *devenir dérangé; sortir de son assiette.*

Quelles personnes composaient le ménage?

Qu'était devenue la mère de Blanchet? Quelle influence avait-elle exercée sur son fils?

Quels étaient les traits du caractère de Blanchet?

Quel était son emploi? D'où lui venait l'argent pour entretenir le ménage?

Pourquoi Blanchet s'ennuyait-il à la maison? Quels étaient ses sentiments pour sa femme et son enfant?

Pourquoi les égoïstes sont-ils généralement malheureux?

78. Émeute de Grévistes

Sous cette rafale de pierres, la petite troupe disparaissait. Heureusement, elles tapaient trop haut, le mur en était criblé. Que faire? L'idée de rentrer, de tourner le dos, empourpra un instant le visage pâle du capitaine; mais ce n'était même plus possible, on les écharperait au moindre mouvement. Une brique venait de briser la visière de son képi, des gouttes de sang coulaient de son front. Plusieurs de ses hommes étaient blessés; et il les sentait hors d'eux, dans cet instinct débridé de la défense personnelle, où l'on cesse d'obéir aux chefs. Le sergent avait lâché un «nom de Dieu!» l'épaule gauche à moitié démontée, la chair meutrie par un choc sourd, pareil à un coup de battoir dans du linge. Éraflée à deux reprises, la recrue avait un pouce broyé, tandis qu'une brûlure l'agaçait au genou droit; est-ce qu'on se laisserait embêter longtemps encore? Une pierre ayant ricoché et atteint le vieux chevronné sous le ventre, ses joues verdirent, son arme trembla, s'allongea, au bout de ses bras maigres. Trois fois le capitaine fut sur le point de commander le feu. Une angoisse l'étranglait, une lutte interminable de quelques secondes heurta en lui des idées, des devoirs, toutes ses croyances d'homme et de soldat. La pluie des briques redoublait, et il ouvrait la bouche, il allait crier: «Feu!» lorsque les fusils partirent d'eux-mêmes, trois coups d'abord, puis cinq, puis un roulement de peloton, puis un coup tout seul, longtemps après, dans le grand silence.

Ce fut une stupeur. Ils avaient tiré! La foule béante restait immobile, sans le croire encore. Mais des cris déchirants s'élevèrent, tandis que le clairon sonnait la cessation du feu. Et il y eut une panique folle, un galop de bétail mitraillé, une fuite éperdue dans la boue.

Émile Zola, Germinal
(Fasquelle)

Mots à expliquer: *rafale, empourprer, képi, battoir, recrue, embêter, peloton, béant.*
Qu'est-ce qu'une grève? Pour quelles raisons les ouvriers se mettent-ils en grève?
Où a lieu la bagarre?
En quoi la position du capitaine est-elle difficile? Que veut dire l'expression *toutes ses croyances d'homme et de soldat?*
Pourquoi les soldats font-ils feu sans attendre l'ordre de l'officier?
Décrivez ce qui se passe immédiatement après les coups de feu.
Sujet à discuter: Les grèves avec occupation d'usine.

79. Une Situation angoissante

Fatigué par la chaleur et le travail, il s'endormit sous les lambris rouges de sa grotte humide. Au milieu de la nuit, son sommeil fut troublé par un bruit extraordinaire. Il se dressa sur son séant, et le silence profond qui régnait lui permit de reconnaître l'accent alternatif d'une respiration dont la sauvage énergie ne pouvait appartenir à une créature humaine. Une profonde peur, encore augmentée par l'obscurité, par le silence et par les fantaisies du réveil, lui glaça le cœur. Il sentit même à peine la douloureuse contraction de sa chevelure, quand, à force de dilater les pupilles de ses yeux, il aperçut dans l'ombre deux lueurs faibles et jaunes. D'abord, il attribua ces lumières à quelque reflet de ses prunelles; mais bientôt, le vif éclat de la nuit l'aidant par degrés à distinguer les objets qui se trouvaient dans la grotte, il aperçut un énorme animal couché à deux pas de lui. Était-ce un lion, un tigre, ou un crocodile? Le Provençal n'avait pas assez d'instruction pour savoir dans quel sous-genre était classé son ennemi; mais son effroi fut d'autant plus violent, que son ignorance lui fit supposer tous les malheurs ensemble. Il endura le cruel supplice d'écouter, de saisir les caprices de cette respiration, sans en rien perdre et sans oser se permettre le moindre mouvement. Une odeur aussi forte que celle exhalée par les renards, mais plus pénétrante, plus grave, pour ainsi dire, remplissait la grotte; et quand le Provençal l'eut dégustée du nez, sa terreur fut au comble, car il ne pouvait plus révoquer en doute l'existence du terrible compagnon, dont l'antre royal lui servait de bivouac.

Honoré de Balzac, *Scènes de la vie militaire*

Quel est l'homme dont on rapporte l'aventure effrayante? Pourquoi a-t-il pénétré dans la grotte? Quand se réveille-t-il? Qu'est-ce qu'il entend et sent dès son réveil? Que voit-il lorsque ses yeux s'accoutument à l'obscurité? Pourquoi n'ose-t-il bouger?
Pouvez-vous deviner quelle était la bête?
Que feriez-vous dans une situation pareille?
Quels animaux sauvages demeurent dans des antres?
Que signifie le mot *bivouac*?
Sujet à discuter: La chasse.

80. Une Maison de Paris

La porte de la rue est ouverte tout le jour. Le soir, elle se referme avec un bruit caverneux et les gens disent le mot de passe avant de trébucher sur les degrés. Dans sa partie inférieure, l'escalier est obscur, même au fort de la belle saison. Un papillon de gaz y languit. L'escalier est de bois. On a dû le cirer au début des temps et, par la suite, se contenter de le brosser à l'eau de Javel : il passe quand même trop de monde. Quand, avec le poing bien serré, on donne un coup sur la rampe, une longue vibration la saisit et s'envole jusqu'au ciel. Un enfant est mort, tout le monde sait cela, pour avoir voulu, l'imprudent, glisser le long de cette rampe, à cheval. L'escalier monte, monte, à travers des familles et des familles superposées comme des couches géologiques. On entend ici une mandoline, là un petit chien qui jappe, à droite le poitrinaire qui respire avec tant de peine. Et, déjà, c'est la grosse dame à l'éternelle chanson : « Je t'aime, comprends-tu ce mot ? » Et le tap... tap... du monsieur qui travaille chez lui à des choses incompréhensibles. Et, partout, les machines à coudre et des piétinements d'enfants dans les couloirs, et des voix d'hommes et de femmes qui parlent et se querellent à propos des affaires de leur clan. Tout cela si clair à l'oreille fine et distraite du petit garçon. Tout cela très étouffé, très amorti par des murailles, des portes, des vêtements humides pendus à des clous, des épaisseurs d'air domestique dix et dix fois respiré. Et l'on sait ce que l'on mange à toutes les altitudes. L'odeur de l'oignon grimpe comme une bête le long des marches. Elle furette, rôde, s'accroche à toutes les aspérités. Elle va réveiller le vieux garçon qui travaille la nuit durant et qui se lève à trois heures. L'odeur de l'oignon ! Un trou de serrure lui suffit, une fente, un nœud du bois. On dirait qu'elle fait son chemin à travers la brique et le plâtre. Mais l'odeur du hareng frit est farouche et plus puissante encore. Elle arrive, par paquets, comme une troupe d'assaut : l'odeur de l'oignon prend peur et lâche pied. L'odeur du hareng frit campera là jusqu'à demain. On ne la respire pas, on la touche. Elle est gluante et colle aux doigts.

Georges Duhamel, Le Notaire du Havre
(Mercure de France)

Mots à expliquer : *piétinement, clan, fureter, aspérité.*
Qu'est-ce qu'un *mot de passe* ?

Que veut dire *à toutes les altitudes*?
Quelle sorte de maison l'auteur décrit-il? À quelles catégories sociales appartiennent les locataires?
Quel nom donne-t-on aux pièces occupées par une seule famille?
Quel accident se rappelle-t-on encore dans la maison?
Quel était le *tap-tap* qu'on entendait dans la chambre du monsieur qui travaillait à des choses incompréhensibles? Son travail était incompréhensible pour qui?
Qu'est-ce qu'on remarquait dès qu'on entrait dans la maison?
Quelles odeurs semblent particulièrement désagréables à l'auteur?

81. La Nature et l'Humanité

Que de ruines, et quel cimetière que l'histoire! Que de palpitations humaines dont il ne reste d'autres traces qu'une forme imprimée dans un morceau de pierre! Quel sourire indifférent que celui du ciel pacifique, et quelle cruelle beauté dans cette coupole lumineuse étendue tour à tour sur les générations qui tombent, comme le dais d'un enterrement banal! On a lu ces idées-là dans les livres, et, avec la superbe de la jeunesse, on les a traitées de phrases; mais, quand l'homme a parcouru la moitié de sa carrière, et que, rentrant en lui-même, il compte ce qu'il a étouffé de ses ambitions, ce qu'il a arraché de ses espérances, et tous les morts qu'il porte enterrés dans son cœur, alors la magnificence et la dureté de la nature lui apparaissent ensemble, et le sourd sanglot de ses funérailles intérieures lui fait entendre une lamentation plus haute, celle de la tragédie humaine qui se déploie de siècle en siècle pour coucher tant de combattants dans le même cercueil. Il s'arrête, sentant sur sa tête, comme sur celle des autres, la main des puissances fatales, et comprend sa condition. Cette humanité dont il est un membre a son image dans la Niobé de Florence; autour d'elle, ses filles et ses fils, tous ceux qu'elle aime, tombent incessamment sous les flèches des archers invisibles. Un d'eux s'est abattu sur le dos, et sa poitrine transpercée tressaille; une autre, encore vivante, lève des mains inutiles vers les meurtriers célestes; la plus jeune cache sa tête dans la robe de sa mère. Elle cependant, froide et fixe, se redresse sans espérance, et, les yeux levés au ciel, contemple avec admiration et avec horreur le nimbe éblouissant et mortuaire, les bras tendus, les flèches inévitables et l'implacable sérénité des dieux.

Hippolyte Taine, *Voyage en Italie*

Mots et expressions à expliquer: *coupole, superbe, cercueil; on les a traitées de phrases; rentrant en lui-même; le nimbe éblouissant et mortuaire.*

Dans quel sens l'histoire est-elle un cimetière?

Qu'est-ce que l'auteur entend par *une forme imprimée dans un morceau de pierre?*

Taine parle de *tous les morts* qu'un homme d'âge mûr porte enterrés dans son cœur. Que veut-il dire?

Qu'est-ce qui inspire cette méditation? Relatez en quelques phrases la légende de Niobé.

Quelles sont les idées de Taine sur la condition humaine? Comment lui apparaît la Nature?

82. Misère des Classes ouvrières sous la Restauration

Ce que Paris alors n'apprit pas à la France qu'il dominait, amusait et instruisait, ou ce qui ne s'y révéla que tardivement, c'était la triste condition du peuple des villes, des artisans, moins heureux peut-être qu'ils n'avaient été avant que la Révolution eût brisé les cadres de leur existence antérieure. Petits patrons d'industries locales, ouvriers isolés les uns des autres, entassés dans les vieux quartiers des villes et de Paris où ils n'occupaient que les étages supérieurs des maisons, le septième de la population française travaillait alors en moyenne quatorze heures par jour, et pour des salaires qui, depuis 1800, baissèrent presque régulièrement. C'était toute une classe de Français qui semblaient abandonnés, malgré les louables efforts de la charité ou de la philanthropie, malgré des sociétés d'épargne ou de solidarité, aux risques de la profession, du chômage, de la maladie, à la misère, à la faim, à l'épuisement. Lorsque Balzac lui faisait place dans sa Comédie humaine, qui est si souvent une tragédie, il ne la peignait guère que sous les traits d'une misère noire de mendiants inscrits aux bureaux de bienfaisance, aux hôpitaux et à la charité privée. Entre les autres classes et celle des travailleurs manuels de l'industrie surtout, il semblait qu'il y eût un abîme sur lequel les hommes de ce temps n'aimaient pas à se pencher, par indifférence ou par le sentiment d'un mal nécessaire, quoique dangereux. Cette partie de la démocratie française, la plus malheureuse, se souvint cependant, dans les sociétés secrètes, des espérances qu'avait éveillées en elle la République; elle trouva auprès d'anciens disciples de Babeuf, tels que Buonarroti, d'anciens membres des ventes de la charbonnerie des chefs qui l'invitèrent à se grouper pour obtenir des remèdes à sa misère par la puissance du nombre et son action sur les lois.

Émile Bourgeois, *Ce qu'il faut connaître du passé de la France*
(Boivin)

Quelle époque historique est connue sous le nom de « la Restauration »?
Quels événements s'étaient déroulés en France depuis 1789?
Quelles étaient les causes de la misère des classes ouvrières?
Quels efforts furent déployés pour améliorer leur état?
Par quels moyens les ouvriers cherchèrent-ils à acquérir de l'influence politique? Qu'espéraient-ils faire?
Que signifient les mots *artisan*, *philanthropie*, *chômage*?
Expliquez ce que c'est qu'une *société d'épargne*.
Essayez de définir ce que c'est qu'une démocratie.
Sujet à discuter : Les sociétés secrètes.

83. Le Charme de Paris

J'aime à regarder de ma fenêtre la Seine et ses quais par ces matins d'un gris tendre qui donnent aux choses une douceur infinie. J'ai contemplé le ciel d'azur qui répand sur la baie de Naples sa sérénité lumineuse, mais notre ciel de Paris est plus animé, plus bienveillant et plus spirituel. Il sourit, menace, caresse, s'attriste et s'égaie comme un regard humain. Il verse en ce moment une molle clarté sur les hommes et les bêtes de la ville qui accomplissent leur tâche quotidienne. Là-bas sur l'autre berge, les forts du port Saint-Nicolas déchargent des cargaisons de cornes de bœuf et des coltineurs posés sur une passerelle volante font sauter lestement, de bras en bras, des pains de sucre jusque dans la cale du bateau à vapeur. Sur le quai du Nord, les chevaux de fiacre, alignés à l'ombre des platanes, la tête dans leur musette, mâchent tranquillement leur avoine, tandis que les cochers rubiconds vident leur verre devant le comptoir du marchand de vin, en guettant du coin de l'œil le bourgeois matinal.

Les bouquinistes déposent leurs boîtes sur le parapet. Ces braves marchands d'esprit, qui vivent sans cesse dehors, la blouse au vent, sont si bien travaillés par l'air, les pluies, les gelées, les neiges, les brouillards et le grand soleil, qu'ils finissent par ressembler aux vieilles statues des cathédrales. Ils sont tous mes amis et je ne passe guère devant leurs boîtes sans en tirer quelque bouquin qui me manquait jusque-là, sans que j'eusse le moindre soupçon qu'il me manquât....

Le vieux et vénérable Paris avec ses tours et ses flèches, tout cela c'est ma vie, c'est moi-même, et je ne serais rien sans ces choses qui se reflètent en moi avec les mille nuances de ma pensée et m'inspirent et m'animent. C'est pourquoi j'aime Paris d'un immense amour.

ANATOLE FRANCE, Le Crime de Sylvestre Bonnard
(Calmann-Lévy)

Expliquez le sens des mots *cale, fiacre, platane, musette, parapet, rubicond, matinal.*
Quel est ici le sens de *fort* («les forts du Port Saint-Nicolas»)?
Où habite l'auteur? Que voit-il de sa fenêtre?
Par quel temps la ville lui semble-t-elle exercer le plus de charme?
Comment l'auteur décrit-il le ciel changeant de Paris?
Où est situé Naples? Pourquoi la baie de Naples est-elle célèbre?
Qu'est-ce qui montre que l'auteur ne décrit pas le Paris de nos jours?
Expliquez les mots *bouquin, bouquiniste*. Dans quel sens les bouquinistes sont-ils des *marchands d'esprit*? Pourquoi l'auteur leur achète-t-il souvent des livres? Qu'est-ce qui explique le teint hâlé des bouquinistes?

84. RACINE

Il arriva qu'un soir qu'il était entre le roi et Mme de Maintenon, chez elle, la conversation tomba sur les théâtres de Paris. Après avoir épuisé l'opéra, on tomba sur la comédie. Le roi s'informa des pièces et des acteurs, et demanda à Racine pourquoi, à ce qu'il entendait dire, la comédie était si fort tombée de ce qu'il l'avait vue autrefois. Racine lui en donna plusieurs raisons, et conclut par celle qui, à son avis, y avait le plus de part, qui était que, faute d'auteurs et de bonnes pièces nouvelles, les comédiens en donnaient d'anciennes, et entre autres ces pièces de Scarron, qui ne valaient rien et qui rebutaient tout le monde. À ce mot, la pauvre veuve rougit, non pas de la réputation du cul-de-jatte attaquée, mais d'entendre prononcer son nom, et devant le successeur. Le roi s'embarrassa, le silence qui se fit tout à coup réveilla le malheureux Racine, qui sentait le puits dans lequel sa funeste distraction le venait de précipiter. Il demeura le plus confondu des trois, sans plus oser lever les yeux ni ouvrir la bouche. Ce silence ne laissa pas de durer plus que quelques moments, tant la surprise fut dure et profonde. La fin fut que le roi renvoya Racine, disant qu'il allait travailler. Il sortit éperdu et gagna comme il put la chambre de Cavoye. C'était son ami, il lui conta sa sottise. Elle fut telle qu'il n'y avait point à la pouvoir raccommoder. Oncques depuis, le roi ni Mme de Maintenon ne parlèrent à Racine, ni même le regardèrent. Il en conçut un si profond chagrin, qu'il en tomba en langueur, et ne vécut pas deux ans depuis.

Saint-Simon, *Mémoires*

Quelle fut l'œuvre de Racine?
Quel est le lieu de la scène? Quelles sont les personnes qui sont en train de causer? De quoi parlent-elles?
Exprimez en d'autres termes: «Après avoir épuisé l'opéra, on tomba sur la comédie.»
Qu'est-ce que le récit nous apprend sur la vie de Mme de Maintenon? Pourquoi rougit-elle lorsque Racine met en cause les pièces de Scarron? Pourquoi le roi en veut-il à Racine?
Quels traits du caractère de Mme de Maintenon cet incident révèle-t-il?
Comment s'explique l'imprudence de Racine? Quand se rend-il compte de sa sottise?
Comment la scène se termine-t-elle? Quel en fut le résultat?

85. La Philosophie

Au moment où l'homme réfléchit sur les notions qu'il trouvait en soi, observa ce qui l'environnait, appliqua son intelligence à la faire servir à ses besoins, découvrit les métiers, les arts, interrogea la Nature, lui demanda le secret de ses opérations et de ses lois, rechercha les siennes propres, en un mot développa, à un degré quelconque, ses puissances actives, la philosophie exista. Inséparable de la vie et se manifestant avec elle, identique à la pensée même, elle est dans le monde des esprits ce qu'est le mouvement dans le monde des corps. Quel que soit donc l'abus qu'on en ait fait et qu'on en peut faire, elle n'en demeure ni moins nécessaire, ni moins auguste en soi; car la philosophie, c'est l'homme dans ce qu'il y a de plus grand, dans ce qui l'associe à l'action et à la liberté du souverain Être. Ceux qui, frappés surtout de ses défaillances momentanées et fermant les yeux à ses innombrables bienfaits, se plaisent à déclamer contre elle, lui rendent par cela même un hommage d'autant plus marqué, qu'il est moins volontaire; car attaquer la philosophie, c'est encore philosopher.

HUGUES DE LAMENNAIS, *Esquisse d'une philosophie*

Selon Lamennais, quelle fut l'origine de la philosophie?
Montrez que tous les hommes sont philosophes jusqu'à un certain point.
Pourquoi la philosophie est-elle nécessaire?
Quels abus peut-on faire de la philosophie?
Quels gens sont ennemis de la philosophie?
Comment peut-on dire qu'*attaquer la philosophie c'est encore philosopher*?

PART II

FRENCH POETRY

NOTE ON FRENCH VERSIFICATION

Main difference between English and French verse

THE rhythm of English verse depends on the recurrence of a fixed number of strongly stressed syllables between which occur unstressed ones that may vary in number:

> How sweét is the Shépherd's sweet lót!
> From the mórn to the évening he stráys.

In French pronunciation the syllable that receives the chief stress is normally the last one, but this stress is much less strongly marked than in English (compare our *important* with French *important*). Owing to this weakness of the tonic accent in French, rhythm cannot be constituted in the same way as in English. A line of French poetry contains, not a certain number of feet, but a certain number of syllables.

Je | n'é|tais | ja|mais | gai | quand | je | la | sen|tais | triste|.

If to this *syllabism* we add *rhyme*, and (to a less extent than in English) *accentuation*, caused by the use of caesural pauses which break up the line into rhythmical groups, we have the three fundamental principles of French verse.

Counting of Syllables

An *-e* mute (*-e, -es, -ent*) counts as a syllable if it occurs in the body of the line, but not if it occurs at the end.

I|ci | du|rent | long|temps | les | fleurs | qui | du|rent | peu|.
(12 syllables).

When an *-e* mute occurs before a word beginning with a vowel or *h* mute it does not count as a syllable; it is *elided*.

Et | la | nuit | seu|le en|ten|dit | leurs | pa|roles|.
(10 syllables).

In reading aloud it depends upon the nature of the poem and the taste of the reader whether the *e*'s in the body of the line are given full pronunciation or not. Often the vowel of the preceding syllable is slightly lengthened instead, by allowing the voice to linger on it.

The Alexandrine

This is the name given to the twelve-syllable line, the metre most frequently used in French poetry.

After the sixth syllable of the Classical Alexandrine, there is a pause called the caesura (*la césure*). The line is thus divided into equal sections each of which is called a "hemistich" (*un hémistiche*). The last syllable of each hemistich receives a natural stress.

> J'aime les vieux tab*leaux* | de l'école alle*mande*; |
> Les vierges sur fond *d'or* | aux doux yeux en a*mande*; |
> Pâles comme le *lis*, | blondes comme le *miel*, |
> Les genoux sur la *terre* | et le regard au *ciel*. |

In addition to the pause after the sixth syllable and that at the end of the line, there are two subsidiary pauses whose position may vary, but which are always made to fall on the most important or the most sonorous words of the hemistich. It is to the numerous combinations that can be obtained by varying the position of these less strongly marked stresses that much of the beauty of the Classical Alexandrine is due. But in the hands of the mechanical versifier the line in which the stresses fall on the third, sixth, ninth, and twelfth syllables (*e.g.* Le foyér des plaisírs est la source fécónde), is apt to recur too often and produce monotony. Moreover, the need to effect a sufficiently strong caesural pause at every sixth syllable leads to the introduction of clumsy and unnatural inversions, as in the line just quoted.

The Romantic Alexandrine

There is a second type of Alexandrine, popularized by Victor Hugo, and common since his day, called the Romantic Alexandrine. Here the line falls into three rhythmical groups, owing to the introduction of two caesural pauses, which may be placed anywhere in the line. The main pause is no longer at the sixth syllable, though that syllable still usually bears a slight stress.

Mingled with Classical Alexandrines, this dislocated or "ternary" Alexandrine possesses greater flexibility than the classical line, and is capable of producing delightful musical effects. Here is an example:

> Pendant qu'un beau vaisseau, | peint de pourpre et d'azur |
> Bondissant et léger | sur l'écume sonore |
> S'en va, | tout frissonnant de voiles, | dans l'aurore. |

Enjambement

In most cases the sense of a line of French poetry is complete in itself and the line thus normally ends with a natural pause. On occasion, and often with a special effect in view, the poet may make his phrase overflow the line and break into the next without however filling it. This *enjambement*, uncommon in the seventeenth and eighteenth centuries till we come to Chénier, was much used by Hugo and has been frequently employed ever since. It may be intended for an obvious effect, as in this example from Chénier's "La Jeune Tarentine":

> Le vent impétueux qui soufflait dans les voiles
> L'enveloppe....

Enjambement may also serve to bring into prominence the overflowing words, which then assume unusual force. When introduced amongst lines of smooth and regular cadence it produces great rhythmical variety. It has the disadvantage of masking the rhyme word.

Rhyme

Because of the lack of strong tonic accent, blank verse is unnatural in French and rhyme is of the utmost importance. The rhyme word crowns the line and is usually a word of special significance.

> C'est un trou de verdure, où chante une *rivière*
> Accrochant follement aux herbes des *haillons*
> D'argent, où le soleil, de la montagne *fière*
> Luit; c'est un petit val qui mousse de *rayons*.

When the rhyme words end in *-e* mute the rhyme is said to be feminine; in all other cases the rhyme is masculine. A fundamental rule of French poetry is that masculine and feminine rhymes must alternate regularly. The rule is sometimes ignored and poems written entirely in feminine rhymes are found. Modern poets, reacting against nineteenth-century rhetoric, sometimes make use of assonance, in which only the tonic vowels are identical (*reins, crainte*).

Rhyming schemes commonly employed are *aabb* (*rimes plates* or *suivies*), *abab* (*rimes croisées*), *abba* (*rimes embrassées*). If these systems are mingled together we have *rimes mêlées*, often found in poems made up of lines of varying length (*vers libres*). The sonnet and various lyrical stanzas offer more elaborate rhyme schemes.

There are rhymes of two qualities: 'sufficient' (*rime suffisante*) and 'rich' (*rime riche*). The rhyme is sufficient when the final vowel sound of the rhyme word is the same (*mort*, *effort*); when the supporting consonant (*la consonne d'appui*) is also identical we have 'rich' rhyme.

> Ainsi germa l'amour dans mon âme surp*rise*.
> Je croyais ne semer qu'une fleur de prin*temps*;
> C'est un grand aloès dont la racine b*rise*
> Le pot de porcelaine aux dessins éclata*nts*.

Frequent rich rhyme, like the use of the ternary Alexandrine and *enjambement*, became a common feature of nineteenth-century poetry. It is more or less necessary with endings of frequent occurrence (*-é*, *-er*, for example) if fullness of sound is to be produced, and it helps to compensate for the irregularity of rhythm caused by the dislocated Alexandrine. It became a veritable cult with the Parnassian poets. Though the sonority produced by the use of rich rhyme is often a poetic beauty, and the hackneyed rhymes frequent in the eighteenth century are avoided, it has two dangers: it may lead to 'padding', the rich rhyme being chosen first and then the rest of the line built up, or, rich rhymes being obviously less common than 'sufficient' ones, it may lead to the search for rare and unusual words which give the appearance of being dragged in. But in general the rich rhyming of ninteenth-century poets was a great advance on the insipid rhyming of eighteenth-century poetasters.

The Sonnet

Popular in France in the fifteenth and sixteenth centuries, and again in the nineteenth, the sonnet is a poem of fixed form. Its fourteen lines are made of two *quatrains* and two *tercets*. The regular French rhyme-scheme is *abba, abba, ccd, ede*, but variations from this are very common.

Example of Scansion

De|vant | la | blan|che | fer||me où | par|fois | vers | mi|di |
Un | vieil|lard | vient | s'as|seoir || sur | le | seuil | at|tié|di, |
Où | cent | pou|les | gaî|ment || mê|lent | leurs | crê|tes rouges, |
Où, | gar|diens | du | som|meil, || les | do|gues | dans | leurs | bouges |
É|cou|tent | les | chan|sons || du | gar|dien | du | ré|veil, |
Du | beau | coq | ver|nis|sé || qui | re|luit | au | so|leil, |
U|ne | va|che é|tait | là, || tout | à | l'heu|re ar|rê|tée. |

FRENCH POEMS FOR TRANSLATION AND APPRECIATION

1. Prologue

Mesdames et messieurs, c'est une comédie,
Laquelle, en vérité, ne dure pas longtemps;
Seulement que nul bruit, nulle dame étourdie
Ne fasse aux beaux endroits tourner les assistants.
La pièce, à parler franc, est digne de Molière;
Qui le pourrait nier? Mon groom et ma portière,
Qui l'ont lue en entier, en ont été contents.

Le sujet vous plaira, seigneurs, si Dieu nous aide;
Deux beaux fils sont rivaux d'amour. La signora
Doit être jeune et belle, et si l'actrice est laide,
Veuillez bien l'excuser. — Or, il arrivera
Que les deux cavaliers, grands teneurs de rancune,
Vont ferrailler d'abord. — N'en ayez peur aucune;
Nous savons nous tuer, personne n'en mourra.

Mais ce que cette affaire amènera de suite,
C'est ce que vous saurez, si vous ne sifflez pas.
N'allez pas nous jeter surtout de pommes cuites
Pour mettre nos rideaux et nos quinquets à bas.
Nous avons pour le mieux repeint les galeries. —
Surtout, considérez, illustres seigneuries,
Comme l'auteur est jeune, et c'est son premier pas.

ALFRED DE MUSSET, Premières Poésies

This is the prologue to a play by Musset called *Les Marrons du Feu*.
What have you learnt about the play from reading the prologue?
Do you think Musset is serious in saying that the play is worthy of Molière?

How does the poet disarm possible critics?

2. Pas de neige encor...

Pas de neige encor. Pourtant c'est l'hiver.
La colline au loin se découpe nue
Sur un ciel frileux, couleur gris de fer,
Où tristement rampe une maigre nue.

Les pas sur le sol rendent un son clair
Qui fait tressaillir la morne avenue;
Une feuille tombe et traverse l'air
Comme un papillon de forme inconnue.

L'église, là-bas, montre son clocher
Où tourne en grinçant un vieux coq de fonte
Qu'un vent un peu fort pourrait décrocher.

C'est par le sentier rocailleux qui monte
Au pauvre clocher jauni, qu'autrefois
Nous allions cueillir les fraises des bois.

ALBERT GLATIGNY

In what form is this poem written?
What sort of landscape is the poet describing?
What are the chief features of the scene?
What impression is conveyed, one of happiness or sadness?
Which lines explain the reasons for the poet's mood?
Is the butterfly simile an original one?

3. VIENS. SUR TES CHEVEUX NOIRS...

Viens. Sur tes cheveux noirs jette un chapeau de paille.
Avant l'heure du bruit, l'heure où chacun travaille,
Allons voir le matin se lever sur les monts
Et cueillir par les prés les fleurs que nous aimons.
Sur les bords de la source aux moires assouplies,
Les nénufars dorés penchent des fleurs pâlies,
Il reste dans les champs et dans les grands vergers
Comme un écho lointain des chansons des bergers,
Et, secouant pour nous leurs ailes odorantes,
Les brises du matin, comme des sœurs errantes,
Jettent déjà vers toi, tandis que tu souris,
L'odeur du pêcher rose et des pommiers fleuris.

THÉODORE DE BANVILLE, *Les Stalactites*
(Lemerre)

To whom is the invitation in the first line addressed? What word in the same line indicates that the speaker is in a hurry, and what need is there for this haste?
What is the object of the proposed walk?
What elements in the description of the scene make it seem so fresh and picturesque?
What examples of alliteration do you notice? and of rich rhyme?
Note the flexibility of the rhythm.

4. Colloque sentimental

Dans le vieux parc solitaire et glacé,
Deux formes ont tout à l'heure passé.

Leurs yeux sont morts et leurs lèvres sont molles,
Et l'on entend à peine leurs paroles.

Dans le vieux parc solitaire et glacé,
Deux spectres ont évoqué le passé.

— Te souvient-il de notre extase ancienne?
— Pourquoi voulez-vous donc qu'il m'en souvienne?

— Ton cœur bat-il toujours à mon seul nom?
Toujours vois-tu mon âme en rêve? — Non.

— Ah! les beaux jours de bonheur indicible
Où nous joignions nos bouches! — C'est possible.

— Qu'il était bleu, le ciel, et grand l'espoir!
— L'espoir a fui, vaincu, vers le ciel noir.

Tels ils marchaient dans les avoines folles,
Et la nuit seule entendit leurs paroles.

PAUL VERLAINE, Fêtes galantes
(Messein)

What is the setting of the dialogue?
Do the two "forms" review the past with the same feelings?
What are the responses of the second shade to the questions and remarks of the other? What mood characterizes these responses?
"De la musique avant toute chose," wrote Verlaine. Is he following his own teaching here?

5. Les Abeilles

Un jour, dans une ancienne ville,
Vers l'époque du Carnaval,
Un homme environné d'abeilles
Pénétra soudain dans un bal.

On l'entendit crier : « Mes belles,
Et vous, cavaliers à rubans,
Une seule chose est certaine :
Vous serez tous morts dans cent ans.

« Or vous dansez comme on s'éveille,
Le corps morose et les yeux lourds.
Changez de style. Ou bien alors
Je lance sur vous mes abeilles.»

Et comme les mouches fidèles
Vibraient plus vite autour de l'homme,
Le bal se ranima, bondit,
Trépigna, fit trembler le sol.

Mais ce qui remit dans les reins
Tant d'allégresse et tant de force,
On doute si c'était la crainte
Des abeilles ou de la mort.

JULES ROMAINS, *Ode génoise*
(Nouvelle Revue Française)

The poet leaves us in doubt as to why the dancers changed their style. What conclusion do you think most readers would come to?
What do you notice about the rhymes of this poem?
Where does the rhythm appear to quicken?

6. RETOUR

Salut ! qui que tu sois, toi dont la blanche voile
De ce large horizon accourt en palpitant !
Heureux, quand tu reviens, si ton errante étoile
T'a fait aimer la rive ! heureux si l'on t'attend !

D'où viens-tu, beau navire ? à quel lointain rivage,
Léviathan superbe, as-tu lavé tes flancs ?
Es-tu blessé, guerrier ? Viens-tu d'un long voyage ?
C'est une chose à voir, quand tout un équipage,
Monté jeune à la mer, revient en cheveux blancs.
Es-tu riche ? Viens-tu de l'Inde ou du Mexique ?
Ta quille est-elle lourde, ou si les vents du nord

T'ont pris, pour ta rançon, le poids de ton trésor,
As-tu bravé la foudre et passé le tropique?
T'es-tu, pendant deux ans, promené sur la mort,
Couvant d'un œil hagard ta boussole tremblante,
Pour qu'une Européenne, une pâle indolente,
Puisse embaumer son bain des parfums du sérail
Et froisser dans la valse un collier de corail?

Comme le cœur bondit quand la terre natale,
Au moment du retour, commence à s'approcher,
Et du vaste Océan sort avec son clocher!
Et quel tourment divin dans ce court intervalle,
Où l'on sent qu'elle arrive et qu'on va la toucher!

Ô patrie! ô patrie! ineffable mystère!
Mot sublime et terrible! inconcevable amour!
L'homme n'est-il donc né que pour un coin de terre,
Pour y bâtir son nid, et pour y vivre un jour?

ALFRED DE MUSSET, *Poésies posthumes*

What does the home-coming ship symbolize for the poet?
Is there anything in these lines that makes you sure they are not the work of a contemporary poet?
The style is rhetorical. Show that this is so, giving examples of apostrophe, rhetorical questions, periphrasis.
Examine the epithets, especially those in the concluding lines. What characterizes them all?

7. AVEC TON PARAPLUIE...

Avec ton parapluie bleu et tes brebis sales,
Avec tes vêtements qui sentent le fromage,
Tu t'en vas vers le ciel du coteau, appuyée
Sur ton bâton de houx, de chêne ou de néflier.
Tu suis le chien au poil dur et l'âne portant
Les bidons ternes sur son dos saillant.
Tu passeras devant les forgerons des villages,
Puis tu regagneras la balsamique montagne
Où ton troupeau paîtra comme des buissons blancs.
Là, des vapeurs cachent les pics en se traînant.
Là, volent des vautours au col pelé et s'allument
Des fumées rouges dans les brumes nocturnes.

FRANCIS JAMMES, *De l'Angélus de l'aube à l'Angélus du soir*
(Mercure de France)

There have been many poems, often highly conventional, about
  shepherdesses. How does this escape the conventional?
 Mon Dieu, j'ai parlé avec la voix que vous m'avez donnée.
  J'ai écrit avec les mots que vous avez enseignés à ma mère
  et à mon père», wrote Jammes. Consider the vocabulary in
  the light of this claim.
Is the treatment entirely realistic?
Is the rhyming in accordance with conventional rules?
Note any example of assonance.

8. L'Homme et la Mer

Homme libre, toujours tu chériras la mer!
La mer est ton miroir; tu contemples ton âme
Dans le déroulement infini de sa lame,
Et ton esprit n'est pas un gouffre moins amer.

Tu te plais à plonger au sein de ton image;
Tu l'embrasses des yeux et des bras, et ton cœur
Se distrait quelquefois de sa propre rumeur
Au bruit de cette plainte indomptable et sauvage.

Vous êtes tous les deux ténébreux et discrets:
Homme, nul n'a sondé le fond de tes abîmes;
Ô mer, nul ne connaît tes richesses intimes,
Tant vous êtes jaloux de garder vos secrets!

Et cependant voilà des siècles innombrables
Que vous vous combattez sans pitié ni remord,
Tellement vous aimez le carnage et la mort,
Ô lutteurs éternels, ô frères implacables!

Charles Baudelaire, Les Fleurs du mal

What parallel does Baudelaire draw between man and the sea?
  Show in this connection the force of the words *libre*, *infini*,
  rumeur, *ténébreux*, *discret*.
What lines give you particular satisfaction as you read the poem
  aloud? Try to explain why, considering for example the
  rhythm of the third line, and the effect throughout the poem
  of certain vowel sounds.

9. VILLULA

Oui, c'est au vieux Gallus qu'appartient l'héritage
Que tu vois se penchant du coteau cisalpin;
La maison tout entière est à l'abri d'un pin
Et le chaume du toit couvre à peine un étage.

Il suffit pour qu'un hôte avec lui le partage.
Il a sa vigne, un four à cuire plus d'un pain,
Et dans son potager foisonne le lupin.
C'est peu? Gallus n'a pas désiré davantage.

Son bois donne un fagot ou deux tous les hivers,
Et de l'ombre, l'été, sous les feuillages verts;
À l'automne on y prend quelque grive au passage.

C'est là que, satisfait de son destin borné,
Gallus finit de vivre où jadis il est né.
Va, tu sais à présent que Gallus est un sage.

J.-M. DE HEREDIA, *Les Trophées*
(Lemerre)

This sonnet belongs to the section entitled «Rome et les Barbares» in Heredia's volume *Les Trophées*. Does the poet succeed in making his picture of the past live? How?
Most of Heredia's sonnets are characterized by conciseness of expression, accuracy of detail, power of evocation, and last lines that open up wide fields for the imagination. How many of these qualities do you find here?
What gives the poem a tone of familiarity?
Is the treatment entirely objective?
Are there any rhymes that are not rich?

10. L'ALLÉE EST DROITE ET LONGUE...

L'allée est droite et longue, et sur le ciel d'hiver
Se dressent hardiment les grands arbres de fer,
Vieux ormes dépouillés dont le sommet se touche.
Tout au bout, le soleil, large et rouge, se couche.
À l'horizon il va plonger dans un moment.
Pas un oiseau. Parfois un lointain craquement
Dans les taillis déserts de la forêt muette;

Et là-bas, cheminant, la noire silhouette,
Sur le globe empourpré qui fond comme un lingot,
D'une vieille à bâton, ployant sous son fagot.

FRANÇOIS COPPÉE, *Promenades et Intérieurs*
(Lemerre)

What is the only detail in this poem that could not be reproduced in a picture? Does it remind you of any picture by a French artist contemporary with the poet? (F. Coppée, 1842-1908).
One human figure alone appears in the poem. Does it harmonize with the scene?

11. Vers le Passé

Sur l'étang endormi palpitent les roseaux;
Et l'on entend passer en subites bouffées,
Comme le vol craintif d'invisibles oiseaux,
Le léger tremblement de brises étouffées;

La lune fait tomber sa divine pâleur
Sur le déroulement infini des prairies
D'où le vent, par instants, apporte la senteur
Des buissons verdoyants et des herbes fleuries;

Mais voici que, tout bas, chuchote la chanson
Que chantent, dans la nuit, les plaintives fontaines.
Dans le cœur secoué d'un intime frisson
S'éveille le regret des tendresses lointaines,

Et, du fond du passé, monte le souvenir
Triste et délicieux de pareilles soirées,
Et de bien loin on sent aux lèvres revenir
Les paroles d'amour en l'ombre murmurées.

HENRI DE RÉGNIER, *Les Lendemains*
(Mercure de France)

What is it that evokes the past for the poet, and what memories does it stir?
What in the poem contributes to give an effect of silence?
Are the rhymes rich or sufficient?
What use has the poet made of liquid sounds?

12. Sonnez, sonnez toujours...

Sonnez, sonnez toujours, clairons de la pensée.

Quand Josué rêveur, la tête aux cieux dressée,
Suivi des siens, marchait, et, prophète irrité,
Sonnait de la trompette autour de la cité,
Au premier tour qu'il fit le roi se mit à rire;
Au second tour, riant toujours, il lui fit dire:
— Crois-tu donc renverser ma ville avec du vent?
À la troisième fois l'arche allait en avant,
Puis les trompettes, puis toute l'armée en marche,
Et les petits enfants venaient cracher sur l'arche,
Et, soufflant dans leur trompe, imitaient le clairon;
Au quatrième tour, bravant les fils d'Aaron,
Entre les vieux créneaux tout brunis par la rouille,
Leurs femmes s'asseyaient en filant leur quenouille,
Et se moquaient, jetant des pierres aux hébreux;
À la cinquième fois, sur ces murs ténébreux,
Aveugles et boiteux vinrent, et leurs huées
Raillaient le noir clairon sonnant sous les nuées;
À la sixième fois, sur sa tour de granit
Si haute qu'au sommet l'aigle faisait son nid,
Si dure que l'éclair l'eût en vain foudroyée,
Le roi revint, riant à gorge déployée,
Et cria: — Ces hébreux sont bons musiciens! —
Autour du roi joyeux, riaient tous les anciens
Qui le soir sont assis au temple et délibèrent.

À la septième fois, les murailles tombèrent.

Victor Hugo, Les Châtiments

Compare the poem with its source, Joshua vi. What details are due to Hugo's invention?

Analyse the composition of the poem, showing how strongly marked are the transitions and stressing the cumulative effect obtained by the poet.

What "epic" details does the poem contain?

Comment on the language. How does Hugo use the adjectives *noir* and *ténébreux*?

Scan line 6.

What do you notice about the rhymes?

13. LES RIVIÈRES

Te rappelles-tu nos calmes rivières
Qui se répandaient, limpides et fières,
À travers les champs fleuris de houblons,
Dans le beau pays où les toits sont blonds?
Te rappelles-tu nos rivières lentes
Qui traînaient au loin leurs eaux indolentes,
Tristes de quitter un si doux climat?
À peine une barque avec un long mât
Troublait le sommeil des rivières calmes,
Où les nénuphars allongeaient leurs palmes,
Les nénuphars blancs qui semblaient des lys.
Oh! les noms charmants: la Dendre et la Lys,
Qui, venant de voir quelques villes proches,
Conservaient encore un adieu de cloches,
Et dans la campagne apaisant leurs eaux,
Chuchotaient tout bas aux jeunes roseaux
Qu'il est beau de voir sous des ciels maussades,
Le gothique noir des vieilles façades!

GEORGES RODENBACH, *La Jeunesse blanche*
(Mercure de France)

Rodenbach is a Belgian poet. To what extent is the scene described here characteristically Belgian?

14. POINT DE VUE

Au premier plan — un orme au tronc couvert de mousse,
Dans la brume hochant sa tête chauve et rousse;
— Une mare d'eau sale où plongent les canards,
Assourdissant l'écho de leurs cris nasillards;
— Quelques rares buissons où pendent des fruits aigres,
Comme un pauvre la main, tendant leurs branches maigres;
— Une vieille maison, dont les murs mal fardés
Bâillent de toutes parts largement lézardés.
Au second — des moulins dressant leurs longues ailes,
Et découpant en noir leurs linéaments frêles
Comme un fil d'araignée à l'horizon brumeux;
Puis — tout au fond Paris, Paris sombre et fumeux,
Où déjà, points brillants au front des maisons ternes,
Luisent comme des yeux des milliers de lanternes;

Paris avec ses toits déchiquetés, ses tours
Qui ressemblent de loin à des cous de vautours,
Et ses clochers aigus à flèche dentelée,
Comme un peigne mordant la nuit échevelée.

Théophile Gautier

Gautier has been described as "un peintre fourvoyé dans la littérature". Show how this poem justifies the description. Where does the painter give way to the poet?
Which of the similes strikes you as the most original?
Are there any lines that are not "classical" alexandrines?
Gautier liked rich rhyme. Is there any evidence of it here?

15. Pastel

J'aime à vous voir en vos cadres ovales,
Portraits jaunis des belles du vieux temps,
Tenant en main des roses un peu pâles,
Comme il convient à des fleurs de cent ans.

Le vent d'hiver en vous touchant la joue
A fait mourir vos œillets et vos lis,
Vous n'avez plus que des mouches de boue
Et sur les quais vous gisez tout salis.

Il est passé le doux règne des belles;
La Parabère avec la Pompadour
Ne trouveraient que des sujets rebelles,
Et sous leur tombe est enterré l'amour.

Vous, cependant, vieux portraits qu'on oublie,
Vous respirez vos bouquets sans parfums,
Et souriez avec mélancolie
Au souvenir de vos galants défunts.

Théophile Gautier

To what epoch do the "belles du vieux temps" belong? When did their reign come to an end?
Three kinds of flower are mentioned—roses, pinks, and lilies. In what connection?
Gautier, an exponent of "art for art's sake", has sometimes been reproached with exercising mere virtuosity on trifling subjects. Consider the poem—its subject-matter and style, from this point of view.

16. Matin sur le Port

Le soleil, par degrés, de la brume émergeant,
Dore la vieille tour et le haut des mâtures;
Et, jetant son filet sur les vagues obscures,
Fait scintiller la mer dans ses mailles d'argent.

Voici surgir, touchés par un rayon lointain,
Des portiques de marbre et des architectures;
Et le vent épicé fait rêver d'aventures
Dans la clarté limpide et fine du matin.

L'étendard déployé sur l'Arsenal palpite;
Et de petits enfants, qu'un jeu frivole excite,
Font sonner en courant les anneaux du vieux mur,

Pendant qu'un beau vaisseau, peint de pourpre et d'azur,
Bondissant et léger sur l'écume sonore,
S'en va, tout frissonnant de voiles, dans l'aurore.

Albert Samain, Le Chariot d'or
(Mercure de France)

The sun comes up out of the mist. What are the successive stages
in the scene that follows?
What struck the poet's eyes? his ears? his sense of smell?
Is any emotion expressed, or implied?
How is the metaphor of the sun casting its net continued?
Pick out any "Romantic" alexandrines and scan them, marking
the caesural pauses.

17. La Vache

Devant la blanche ferme où parfois vers midi
Un vieillard vient s'asseoir sur le seuil attiédi,
Où cent poules gaîment mêlent leurs crêtes rouges,
Où, gardiens du sommeil, les dogues dans leurs bouges
Écoutent les chansons du gardien du réveil,
Du beau coq vernissé qui reluit au soleil,
Une vache était là, tout à l'heure arrêtée.
Superbe, énorme, rousse et de blanc tachetée,
Douce comme une biche avec ses jeunes faons,
Elle avait sous le ventre un beau groupe d'enfants,
D'enfants aux dents de marbre, aux cheveux en broussailles,
Frais, et plus charbonnés que de vieilles murailles,

Qui, bruyants, tous ensemble, à grands cris appelant
D'autres qui, tout petits, se hâtaient en tremblant,
Dérobant sans pitié quelque laitière absente,
Sous leur bouche joyeuse et peut-être blessante,
Et sous leurs doigts pressant le lait par mille trous,
Tiraient le pis fécond de la mère au poil roux.
Elle, bonne et puissante et de son trésor pleine,
Sous leurs mains par moments faisant frémir à peine
Son beau flanc plus ombré qu'un flanc de léopard,
Distraite, regardait vaguement quelque part.

Ainsi, Nature! abri de toute créature!
Ô mère universelle! indulgente Nature!
Ainsi, tous à la fois, mystiques et charnels,
Cherchant l'ombre et le lait sous tes flancs éternels,
Nous sommes là, savants, poètes, pêle-mêle,
Pendus de toutes parts à ta forte mamelle!
Et tandis qu'affamés, avec des cris vainqueurs,
À tes sources sans fin désaltérant nos cœurs,
Pour en faire plus tard notre sang et notre âme,
Nous aspirons à flots ta lumière et ta flamme,
Les feuillages, les monts, les prés verts, le ciel bleu,
Toi, sans te déranger, tu rêves à ton Dieu!

Victor Hugo, Les Voix intérieures

Is the scene described in the first 20 lines easy to visualize? Why? Is there any hint in these lines that the cow is to be used as a symbol?
Contrast the way in which the symbol is used here with Baudelaire's treatment of the symbol in "L'Homme et la Mer".
What is Hugo's attitude to Nature, as revealed in the poem? Could it be called pantheistic? Contrast the epithets used in the first section of the poem with those used in the concluding part.
Examine the rhyme words. Are there any obvious pairs?
What example of *enjambement* do you notice? What is its effect?
What words form the climax of the poem?

18. Le Pot de Fleurs

Parfois un enfant trouve une petite graine,
Et tout d'abord, charmé de ses vives couleurs,
Pour la planter il prend un pot de porcelaine
Orné de dragons bleus et de bizarres fleurs.

Il s'en va. La racine en couleuvres s'allonge,
Sort de terre, fleurit et devient arbrisseau;
Chaque jour, plus avant son pied chevelu plonge,
Tant qu'il fasse éclater le ventre du vaisseau.

L'enfant revient; surpris, il voit la plante grasse
Sur les débris du pot brandir ses verts poignards;
Il la veut arracher, mais la tige est tenace;
Il s'obstine, et ses doigts s'ensanglantent aux dards.

Ainsi germa l'amour dans mon âme surprise:
Je croyais ne semer qu'une fleur de printemps;
C'est un grand aloès dont la racine brise
Le pot de porcelaine aux dessins éclatants.

THÉOPHILE GAUTIER, *Émaux et Camées*

What *does* the child plant, and where is its name first mentioned? What does the "pot de fleurs" symbolize? Does Gautier develop the parallel very closely?

Baudelaire called Gautier "le poète impeccable". Examine the form of this poem in the light of this judgment. Compare it with Sully Prudhomme's "Le Vase brisé" and try to account for the greater popularity enjoyed by the latter.

19. LA JEUNE TARENTINE

Pleurez, doux alcyons! ô vous, oiseaux sacrés!
Oiseaux chers à Thétis, doux alcyons, pleurez!

Elle a vécu, Myrto, la jeune Tarentine!
Un vaisseau la portait aux bords de Camarine:
Là, l'hymen, les chansons, les flûtes, lentement
Devaient la reconduire au seuil de son amant.
Une clef vigilante a, pour cette journée,
Dans le cèdre enfermé sa robe d'hyménée,
Et l'or dont au festin ses bras seraient parés,
Et pour ses blonds cheveux les parfums préparés.
Mais, seule sur la proue, invoquant les étoiles,
Le vent impétueux qui soufflait dans les voiles
L'enveloppe. — Étonnée et loin des matelots,
Elle crie, elle tombe, elle est au sein des flots.

Elle est au sein des flots, la jeune Tarentine !
Son beau corps a roulé sous la vague marine.
Thétis, les yeux en pleurs, dans le creux d'un rocher
Aux monstres dévorants eut soin de le cacher.
Par ses ordres bientôt les belles Néréides
L'élèvent au-dessus des demeures humides,
Le portent au rivage, et dans ce monument
L'ont au cap du Zéphyr déposé mollement ;
Puis de loin, à grands cris appelant leurs compagnes,
Et les nymphes des bois, des sources, des montagnes,
Toutes, frappant leur sein et traînant un long deuil,
Répétèrent, hélas ! autour de son cercueil :

« Hélas ! chez ton amant tu n'es point ramenée,
Tu n'as point revêtu ta robe d'hyménée,
L'or autour de tes bras n'a point serré de nœuds,
Les doux parfums n'ont point coulé sur tes cheveux. »

ANDRÉ CHÉNIER

An idyll in the classical manner, famous for its beauty, its Hellenic grace and harmony. Try to determine what features of the poem constitute this beauty.

What traces of classical language, "mots nobles", do you find? What examples of such figures of speech as metonymy, chiasmus, periphrasis? What euphemism does the poet employ? What repetitions? What allusions to Greek mythology?

What lines would you pick out as particularly melodious?

Show how the treatment is purely classical, emphasizing the plastic beauty of the form, and the lack of Romantic colour.

Is the poem moving? Is it moving in the way it might have been if a Romantic poet had handled the theme?

Chénier used to be looked upon as a forerunner of the Romantics on account of his use of *enjambement* and a dislocated alexandrine. Can you find any example of either here? Mark the caesural pause or pauses in the last line.

20. NOTRE-DAME DE PARIS

Notre-Dame est bien vieille ; on la verra peut-être
Enterrer cependant Paris qu'elle a vu naître.
Mais, dans quelque mille ans, le temps fera broncher,
Comme un loup fait un bœuf, cette carcasse lourde,
Tordra ses nerfs de fer, et puis d'une dent sourde
Rongera tristement ses vieux os de rocher.

Bien des hommes de tous les pays de la terre
Viendront pour contempler cette ruine austère,
Rêveurs, en relisant le livre de Victor...
— Alors ils croiront voir la vieille basilique,
Toute ainsi qu'elle était, puissante et magnifique,
Se lever devant eux comme l'ombre d'un mort.

GÉRARD DE NERVAL, *Poésies diverses*

Victor Hugo's novel "Notre-Dame de Paris" appeared in the same year (1831) as this poem was written.
Does any line in the poem strike you as rather weak?

21. LE DÉSASTRE DE LISBONNE
[Extrait]

Ô malheureux mortels! ô terre déplorable!
Ô de tous les mortels assemblage effroyable!
D'inutiles douleurs éternel entretien:
Philosophes trompés qui criez, «Tout est bien»,
Accourez, contemplez ces ruines affreuses,
Ces débris, ces lambeaux, ces cendres malheureuses,
Ces femmes, ces enfants l'un sur l'autre entassés,
Sous ces marbres rompus ces membres dispersés;
Cent mille infortunés que la terre dévore,
Qui, sanglants, déchirés, et palpitants encore,
Enterrés sous leurs toits, terminent sans secours
Dans l'horreur du tourment leurs lamentables jours!
Aux cris demi-formés de leurs voix expirantes,
Au spectacle effrayant de leurs cendres fumantes,
Direz-vous: «C'est l'effet des éternelles lois
Qui d'un Dieu libre et bon nécessitent le choix»?
Direz-vous en voyant cet amas de victimes:
«Dieu s'est vengé, leur mort est le prix de leurs crimes»?
Quel crime, quelle faute ont commis ces enfants
Sur le sein maternel écrasés et sanglants?
Lisbonne, qui n'est plus, eut-elle plus de vices
Que Londres, que Paris, plongés dans les délices?
Lisbonne est abîmée, et l'on danse à Paris!

VOLTAIRE

Thousands of people lost their lives when the town of Lisbon was partially destroyed by an earthquake in November 1755. Voltaire used the occasion to write a poem attacking the optimistic belief, fashionable enough at the time, that all was for the best in the best of possible worlds.

Whom does he call upon to contemplate the spectacle? What views held by these people does he show to be false? How does he rebut the possible argument that the victims' death is the fruit of their wrong-doing?

What examples do you find of antithesis, apostrophe, inversion; of lines made up of noun and epithet plus noun and epithet? Do all the lines conform to the laws of Boileau? Are they smooth and regular? Is there any line without a caesural pause at the sixth syllable? Any *enjambement*? Any rich rhyme? Would it be fair to characterize these lines as mechanical and mediocre, epithets often applied to eighteenth-century French poetry? Could they be called eloquent? Can you find any lines a French critic might praise as "bien frappés"?

22 Un Vieillard

J'ai fui les flots mouvants pour ce calme vallon.
Il est fertile. Un bois y est tout l'horizon
Et sa rumeur imite à l'oreille incertaine
Le bruit aérien de quelque mer lointaine
Qui m'apporte l'écho de mon passé marin;
Et, quand l'orme gémit et que tremble le pin,
Je crois entendre encore en leur glauque murmure
Se plaindre le cordage et craquer la mâture,
Et l'oblique sillon que je trace en marchant
Derrière ma charrue au travers de mon champ
Me semble, dans la glèbe épaisse, grasse et brune,
Quelque vague immobile, inerte et sans écume
Qui se gonfle, s'allonge et ne déferle pas.
Car, vieillard, j'ai quitté la mer et ses combats
Pour la tâche tranquille où mon labeur s'applique.
Et mon houleux matin s'achève en soir rustique.
Et, dans mes noirs filets tant de fois recousus,
J'ai fait une besace où je ne porte plus
En ses mailles, mêlés à quelques feuilles sèches,
Que les fruits qu'offre l'herbe à ma terrestre pêche.

Henri de Régnier, *Les Médailles d'argile*
(Mercure de France)

The subject is announced in the first line. Show how the two elements, "les flots mouvants" and "le calme vallon," are developed in the remainder of the poem.

Examine the rhymes carefully. Are they such as Heredia, for example, might have used?

23. Le Lac

[Extrait]

«Ô temps, suspends ton vol! et vous, heures propices,
    Suspendez votre cours!
Laissez-nous savourer les rapides délices
    Des plus beaux de nos jours!

«Aimons donc, aimons donc! de l'heure fugitive,
    Hâtons-nous, jouissons!
L'homme n'a point de port, le temps n'a point de rive;
    Il coule, et nous passons!»

Temps jaloux, se peut-il que ces moments d'ivresse
Où l'amour à longs flots nous verse le bonheur,
S'envolent loin de nous de la même vitesse
    Que les jours de malheur?

Ô lac! rochers muets! grottes! forêt obscure!
Vous que le temps épargne ou qu'il peut rajeunir,
Gardez de cette nuit, gardez, belle nature,
    Au moins le souvenir!

Qu'il soit dans ton repos, qu'il soit dans tes orages,
Beau lac, et dans l'aspect de tes riants coteaux,
Et dans ces noirs sapins, et dans ces rocs sauvages
    Qui pendent sur tes eaux!

Qu'il soit dans le zéphyr qui frémit et qui passe,
Dans les bruits de tes bords par tes bords répétés,
Dans l'astre au front d'argent qui blanchit ta surface
    De ses molles clartés!

Que le vent qui gémit, le roseau qui soupire,
Que les parfums légers de ton air embaumé,
Que tout ce qu'on entend, l'on voit ou l'on respire,
    Tout dise: «Ils ont aimé»!

                         ALPHONSE DE LAMARTINE

What is the theme of these stanzas? Is it a common one in lyric poetry? How does the poet give it freshness and beauty? What is meant when Lamartine is praised for spontaneity? How would you characterize the rhythm of these lines? Where do you notice a sudden change of rhythm? What lines strike you by their word music? In what way is the stanza form chosen by the poet particularly appropriate?

Examine the imagery. Is it original? What do you notice about the epithets used? What periphrasis is used for the moon?

Wherein does the poet's strength lie, in the power to evoke a scene, or the power of rendering feeling?

24. Dans la Grange...

Dans la grange, sur le sol dur, bossué, battu,
le char dormait avec des rameaux de chêne cassés
dans les joints de son bois boueux et fendu.
La batteuse au ronflement qui s'enfle avait cessé
de tourner au milieu des bœufs patients,
et des tas de débris minces jonchaient la terre.

Les poules du bon Dieu qui sont les hirondelles,
et qui avaient leur nid sur la poutre, tombèrent.

Alors deux métayers, lents et adroits, sautèrent
sur d'autres et, avec des clous, fixèrent
au plafond un morceau de fer-blanc retroussé.
Ils l'emplirent de paille et y mirent les petits tombés.
Alors on vit la mère des petits oiseaux
glisser craintivement dans l'azur en réseaux
allongés.

    Peu à peu, elle arriva au nid.
Je m'étais assis près des herses et du soc qui luit,
et j'avais dans le cœur une tristesse tendre
comme si j'avais eu dans le fond de mon âme
un rayon de soleil où vole un peu de cendre.

Vinrent huit petits cochons extrêmement si jolis
qu'on eût pu les offrir à de petites filles.
Ils n'avaient pas plus de trois semaines,
ils luttaient entre eux, arc-boutés comme des chèvres,
et leurs très petits pas étaient précipités.

La truie aux mamelles flasques et ridées
aux soies rudes grognait vers le sol, embouée.

La vie pauvre, par ce beau jour d'été,
m'a paru revêtir toute sa dignité.
Et lorsque sont passés, près de mon escabeau,
les paysans tristes, silencieux et beaux,
faisant rouler les roues dans l'ombre noire et fraîche,
je ne leur ai rien dit et j'ai baissé la tête.

> FRANCIS JAMMES, *De l'Angélus de l'aube à l'Angélus du soir*
> (Mercure de France)

Henri de Régnier describes Jammes' style as "un mélange de précision et de gaucherie, l'une naturelle, l'autre voulue", and goes on to speak of the charm of his "langage à la fois maladroit et exquis". What in this poem could be described as natural "précision", and what as intentional "gaucherie"?

Show how the poet's humbleness, his simplicity and freshness, are revealed in the poem.

Where are the caesural pauses in the first line?

What examples of assonance instead of full rhyme does the poem contain?

Can you detect any peculiarities of syntax?

25. HERCULE SUR L'ŒTA

— Œta, mont ennobli par cette nuit ardente,
Quand l'infidèle époux d'une épouse imprudente
Reçut de son amour un présent trop jaloux,
Victime du Centaure immolé par ses coups;
Il brise tes forêts: ta cime épaisse et sombre
En un bûcher immense amoncelle sans nombre
Les sapins résineux que son bras a ployés.
Il y porte la flamme. Il monte; sous ses pieds
Étend du vieux lion la dépouille héroïque,
Et l'œil au ciel, la main sur sa massue antique,
Attend sa récompense et l'heure d'être un dieu.
Le vent souffle et mugit. Le bûcher tout en feu
Brille autour du héros; et la flamme rapide
Porte aux palais divins l'âme du grand Alcide.

> ANDRÉ CHÉNIER

Deianira, the wife of Hercules, had sent her husband a tunic steeped in the blood of the centaur Nessus who had been shot by Hercules with a poisoned arrow. When Hercules put on the tunic, the poison entered his body, causing excruciating agony. He went to Mount Œta, raised thereon a funeral pyre, and burnt himself alive.

The subject is taken from Greek and Latin sources. The language is that used in the classical style. Give examples of "noble" words. How many expressions made up of noun and epithet (*infidèle époux*) can you find? Which lines are made up of noun and epithet plus noun and epithet? What periphrases does the poem contain? What inversions? How many rich rhymes?

26. Bièvre

Oui, c'est bien le vallon! le vallon calme et sombre!
Ici l'été plus frais s'épanouit à l'ombre;
Ici durent longtemps les fleurs qui durent peu;
Ici l'âme contemple, écoute, adore, aspire,
Et prend pitié du monde, étroit et fol empire
Où l'homme tous les jours fait moins de place à Dieu.

Une rivière au fond, des bois sur les deux pentes;
Là, des ormeaux, brodés de cent vignes grimpantes,
Des prés, où le faucheur brunit son bras nerveux;
Là, des saules pensifs qui pleurent sur la rive,
Et, comme une baigneuse indolente et naïve,
Laissent tremper dans l'eau le bout de leurs cheveux.

Là-bas, un gué bruyant dans les eaux poissonneuses
Qui montrent aux passants les jambes des faneuses;
Des carrés de blé d'or; des étangs au flot clair;
Dans l'ombre, un mur de craie et des toits noirs de suie;
Les ocres des ravins, déchirés par la pluie;
Et l'aqueduc au loin qui semble un pont de l'air.

Et, pour couronnement à ces collines vertes
Les profondeurs du ciel toutes grandes ouvertes,
Le ciel, bleu pavillon par Dieu même construit,
Qui, le jour, emplissant de plis d'azur l'espace,
Semble un dais suspendu sur le soleil qui passe,
Et dont on ne peut voir les clous d'or que la nuit.

Oui, c'est un de ces lieux où notre cœur sent vivre
Quelque chose des cieux qui flotte et qui l'enivre;
Un de ces lieux qu'enfant j'aimais et je rêvais,
Dont la beauté sereine, inépuisable, intime,
Verse à l'âme un oubli sérieux et sublime
De tout ce que la terre et l'homme ont de mauvais.

Victor Hugo, Les Feuilles d'Automne

These stanzas form the opening part of a longer poem. The Bièvre is a small river.

Which stanzas are devoted to description, and which indicate the poet's feelings? What are these feelings and how far are they induced by the scene?

What is the attitude of the poet to man and the universe?

In the description, how does the poet show his sense of colour and form?

Hugo loved antithesis, especially the antithesis of light and shade. What examples can you find here?

What part do simile and metaphor play in the poem?

Consider the appropriateness of the rhythm and the stanza form to the mood of the lyric.

27. Sonnet

Mon âme a son secret, ma vie a son mystère :
Un amour éternel en un moment conçu.
Le mal est sans espoir, aussi j'ai dû le taire,
Et celle qui l'a fait n'en a jamais rien su.

Hélas ! j'aurai passé près d'elle inaperçu,
Toujours à ses côtés, et pourtant solitaire,
Et j'aurai jusqu'au bout fait mon temps sur la terre,
N'osant rien demander et n'ayant rien reçu.

Pour elle, quoique Dieu l'ait faite douce et tendre,
Elle ira son chemin, distraite, et sans entendre
Ce murmure d'amour élevé sur ses pas ;

À l'austère devoir pieusement fidèle,
Elle dira, lisant ces vers tout remplis d'elle :
« Quelle est donc cette femme ? » et ne comprendra pas.

Félix Arvers

This is the only poem by its author now well known. Can you account for its lasting popularity? Is it due to the flawlessness of the poet's execution, the nature of the theme (unrequited love), or what? Is the experience a common one, such as every reader can understand? What is the character of the woman loved?

Examine the vocabulary. Are there any words that are not simple and common?

Consider the rhymes. Are there any that are not rich?

28. Les Téméraires

Du pôle il va tenter les merveilleux hivers,
Il part, le grand navire! Une puissante enflure
Au souffle d'un bon vent lève et tend la voilure
Sur trois beaux mâts portant neuf vergues en travers.

Il est parti. Là-bas, au soleil, dans les airs
Traînant son pavillon comme une chevelure,
Il a pris sa superbe et gracieuse allure,
Et du côté du Nord gagne les hautes mers.

D'un œil triste je suis au loin son blanc sillage.
Il va sombrer peut-être au bout de son voyage,
Par des géants de glace étreint de toutes parts!

Et près de moi, debout, l'enfant du capitaine,
Dans la brise ravi vers la brume lointaine,
Agite dans son cœur d'aventureux départs.

SULLY PRUDHOMME, *Les Épreuves*
(Lemerre)

Into how many clear-cut parts can this sonnet be divided?
What is the part played by pure description? What by the poet's sensibility?
At what point does the poet introduce himself? What pessimistic prognostication does he make?
Do you think the sonnet keeps up to the end the promise of the first two quatrains? Are there any signs of "padding"?
What do you think of the quality of the rhymes?

29. Verdun

Le silence revêt le plus grand nom du monde;
Un lendemain sans borne enveloppe Verdun.
Là, les hommes français sont venus un à un,
Pas à pas, jour par jour, seconde par seconde,
Témoigner du plus fier et plus stoïque amour.

Ils se sont endormis dans la funèbre épreuve.

Verdun, leur immortelle et pantelante veuve,
Comme pour implorer leur céleste retour,
Tient levés les deux bras de ses deux hautes tours.

— Passant, ne cherche pas à donner de louanges
À la cité qui fut couverte par des anges
Jaillis de tous les points du sol français : le sang
Est si nombreux ici que nulle voix humaine
N'a le droit de mêler sa plainte faible et vaine
Aux effluves sans fin de ce terrestre encens.
Reconnais, dans la plaine entaillée et meurtrie,
Le pouvoir insondable et saint de la Patrie
Pour qui les plus beaux cœurs sont sous le sol, gisants.

En ces lieux l'on ne sait comment mourir se nomme,
Tant ce fut une offrande à quoi chacun consent.
À force d'engloutir, la terre s'est faite homme.
Passant, sois de récits et de geste économe,
Contemple, adore, prie, et tais ce que tu sens.

Comtesse de Noailles, Les Forces éternelles
(Fayard)

Many thousands of Frenchmen lost their lives in the fighting round Verdun in 1916. Why is Verdun likened to a widow and how is the comparison developed? Why should no individual voice be raised to express its grief? Why does the poetess feel that the sacrifice was not in vain? What attitude does she recommend to the "passer-by"? Wherein lies the appropriateness of the appeal to the "passant"?
Study the rhythm of the poem.

30. Veni, Vidi, Vixi

J'ai bien assez vécu, puisque dans mes douleurs
Je marche sans trouver de bras qui me secourent,
Puisque je ris à peine aux enfants qui m'entourent,
Puisque je ne suis plus réjoui par les fleurs ;

Puisqu'au printemps, quand Dieu met la nature en fête,
J'assiste, esprit sans joie, à ce splendide amour ;
Puisque je suis à l'heure où l'homme fuit le jour,
Hélas ! et sent de tout la tristesse secrète ;

Puisque l'espoir serein dans mon âme est vaincu ;
Puisqu'en cette saison des parfums et des roses,
Ô ma fille ! j'aspire à l'ombre où tu reposes,
Puisque mon cœur est mort, j'ai bien assez vécu.

Je n'ai pas refusé ma tâche sur la terre.
Mon sillon? Le voilà. Ma gerbe? La voici.
J'ai vécu souriant, toujours plus adouci,
Debout, mais incliné du côté du mystère.

J'ai fait ce que j'ai pu; j'ai servi, j'ai veillé,
Et j'ai vu bien souvent qu'on riait de ma peine.
Je me suis étonné d'être un objet de haine,
Ayant beaucoup souffert et beaucoup travaillé.

Dans ce bagne terrestre où ne s'ouvre aucune aile,
Sans me plaindre, saignant, et tombant sur les mains,
Morne, épuisé, raillé par les forçats humains,
J'ai porté mon chaînon de la chaîne éternelle.

Maintenant, mon regard ne s'ouvre qu'à demi;
Je ne me tourne plus même quand on me nomme;
Je suis plein de stupeur et d'ennui, comme un homme
Qui se lève avant l'aube et qui n'a pas dormi.

Je ne daigne plus même, en ma sombre paresse,
Répondre à l'envieux dont la bouche me nuit.
Ô seigneur! ouvrez-moi les portes de la nuit,
Afin que je m'en aille et que je disparaisse!
                              VICTOR HUGO, *Les Contemplations*

This poem was written under the influence of Hugo's grief for the death of a much-loved daughter. Like Job, the poet felt he had lived long enough. Does he manage to contain his grief? Is he dignified in his sorrow? What effect does the simplicity of the poem have on the reader? What reasons does he give for being tired of life? Which stanza reveals the deepest pessimism? Do you detect a note of egotism and conceit anywhere in the poem?

Hugo loved the concrete image, even for describing his inmost feelings. What example of this can you find here?

What is the part played by repetition in the poem, and with what effect? Note the suitability of the quatrains of regular alexandrines to the theme.

31. LA CUISINE

Dans la cuisine où flotte une senteur de thym,
Au retour du marché, comme un soir de butin,
S'entassent pêle-mêle avec les lourdes viandes

Les poireaux, les radis, les oignons en guirlandes,
Les grands choux violets, le rouge potiron,
La tomate vernie et le pâle citron.
Comme un grand cerf-volant la raie énorme et plate
Gît fouillée au couteau d'une plaie écarlate.
Un lièvre au poil rougi traîne sur les pavés
Avec des yeux pareils à des raisins crevés.
D'un tas d'huîtres vidé d'un panier couvert d'algues
Monte l'odeur du large et la fraîcheur des vagues.
Les cailles, les perdreaux au doux ventre ardoisé
Laissent, du sang au bec, pendre leur cou brisé;
C'est un étal vibrant de fruits verts, de légumes,
De nacre, d'argent clair, d'écailles et de plumes.
Un tronçon de saumon saigne et, vivant encor,
Un grand homard de bronze, acheté sur le port,
Parmi la victuaille au hasard entassée,
Agite, agonisant, une antenne cassée.

ALBERT SAMAIN, *Le Chariot d'or*
(Mercure de France)

What senses does the poet appeal to in this description? What colour predominates? Does the description remind you of any particular school of painting?

Has the writer succeeded in making poetical what might at first seem better rendered by a prose description or a still life painting?

32. VILLE MORTE

Vague, perdue au fond des sables monotones,
La ville d'autrefois, sans tour et sans remparts,
Dort le sommeil dernier des vieilles Babylones
Sous le suaire blanc de ses marbres épars.

Jadis elle régnait: sur ses murailles fortes
La Victoire étendait ses deux ailes de fer.
Tous les peuples d'Asie assiégeaient ses cent portes;
Et ses grands escaliers descendaient vers la mer...

Vide à présent, et pour jamais silencieuse,
Pierre à pierre, elle meurt, sous la lune pieuse,
Auprès de son vieux fleuve ainsi qu'elle épuisé.

Et, seul, un éléphant de bronze, en ces désastres,
Droit encore au sommet d'un portique brisé,
Lève tragiquement sa trompe vers les astres.

ALBERT SAMAIN, *Au Jardin de l'Infante*
(Mercure de France)

Does the subject-matter of this poem recall any painting? Does it reveal any emotion or attitude of mind?
Which alexandrines are irregular? Do you see any artistic advantage in the irregularity?
Heredia's sonnets are often admired for their last lines that open up wide vistas to the reader's imagination. Is Samain aiming at a similar effect here?

33. LE DORMEUR DU VAL

C'est un trou de verdure, où chante une rivière
Accrochant follement aux herbes des haillons
D'argent, où le soleil, de la montagne fière,
Luit: c'est un petit val qui mousse de rayons.

Un soldat jeune, bouche ouverte, tête nue
Et la nuque baignant dans le frais cresson bleu,
Dort; il est étendu dans l'herbe, sous la nue,
Pâle dans son lit vert où la lumière pleut.

Les pieds dans les glaïeuls, il dort. Souriant comme
Sourirait un enfant malade, il fait un somme.
Nature, berce-le chaudement: il a froid!

Les parfums ne font pas frissonner sa narine;
Il dort dans le soleil, la main sur sa poitrine,
Tranquille. Il a deux trous rouges au côté droit.

ARTHUR RIMBAUD, *Œuvres*
(Mercure de France)

Rimbaud was a boy of sixteen when this sonnet was first published.
What part does the element of (1) surprise, (2) contrast, play in the poem?
What colours are mentioned?
What examples of *enjambement* does the poem contain?

34. LA HAINE D'HERNANI POUR DON CARLOS

Oui, de ta suite, ô roi! de ta suite! — J'en suis.
Nuit et jour, en effet, pas à pas, je te suis.
Un poignard à la main, l'œil fixé sur ta trace,
Je vais. Ma race en moi poursuit en toi ta race.
Et puis, te voilà donc mon rival! Un instant,
Entre aimer et haïr je suis resté flottant;
Mon cœur pour elle et toi n'était point assez large,
J'oubliais en l'aimant ta haine qui me charge;
Mais puisque tu le veux, puisque c'est toi qui viens
Me faire souvenir, c'est bon, je me souviens!
Mon amour fait pencher la balance incertaine
Et tombe tout entier du côté de ma haine.
Oui, je suis de ta suite, et c'est toi qui l'as dit!
Va, jamais courtisan de ton lever maudit,
Jamais seigneur baisant ton ombre, ou majordome
Ayant à te servir abjuré son cœur d'homme,
Jamais chiens de palais dressés à suivre un roi
Ne seront sur tes pas plus assidus que moi!
Ce qu'ils veulent de toi, tous ces grands de Castille,
C'est quelque titre creux, quelque hochet qui brille,
C'est quelque mouton d'or qu'on se va pendre au cou.
Moi, pour vouloir si peu, je ne suis pas si fou!
Ce que je veux de toi, ce n'est point faveurs vaines,
C'est l'âme de ton corps, c'est le sang de tes veines,
C'est tout ce qu'un poignard, furieux et vainqueur,
En y fouillant longtemps peut prendre au fond d'un cœur.
Va devant! je te suis. Ma vengeance qui veille
Avec moi toujours marche et me parle à l'oreille.
Va! je suis là, j'épie et j'écoute, et sans bruit
Mon pas cherche ton pas et le presse et le suit.
Le jour tu ne pourras, ô roi, tourner la tête
Sans me voir immobile et sombre dans ta fête;
La nuit tu ne pourras tourner les yeux, ô roi,
Sans voir mes yeux ardents luire derrière toi!

VICTOR HUGO, Hernani

Hernani, the outlaw of noble birth, has discovered that Don
 Carlos (King Charles V of Spain) is his rival for the love of
 Doña Sol.

Show how in this monologue Hugo amplifies a theme, the
 substance of which could be expressed in a few words.

Explain why the speech is lyrical rather than dramatic.
Why are the last eight lines sometimes cut when the play is acted?
How are the words "nuit et jour" in line 2 later developed?

35. Le Deuil

Le soleil est tombé dans les flots; une barre
De lourds nuages gris qui pèsent sur la mer
S'allonge à l'horizon, et lentement s'empare
Du ciel où disparaît un reflet pâle et vert.

Un âpre vent se lève, annonçant que l'hiver
Avec ses ouragans et ses froids se prépare;
La houle dure a pris une teinte de fer,
Sauf où blanchit un flot qui se dresse et s'effare.

Sur l'immense surface où tombe la nuit froide,
Égaré, seul, perdu, flotte un canard sauvage;
Tantôt, battant de l'aile, il lève son cou roide

Comme pour voir au loin, puis inquiet il nage,
Ou plonge et reparaît pour se dresser encore;
Les siens l'ont oublié; la mer se décolore.

Auguste Angellier, À l'Amie perdue
(Hachette)

Note the title of the poem, one of a volume entitled "À l'Amie perdue". How does the poet contrive to suggest his grief without mentioning himself?
What are the successive stages of the picture drawn?
Examine the form of the poem—language, rhythm, rhymes. Do they all combine with the scene evoked to render the prevailing sentiment?

36. La Panthère noire

La reine de Java, la noire chasseresse,
Avec l'aube, revient au gîte où ses petits
Parmi les os luisants miaulent de détresse,
    Les uns sous les autres blottis.

Inquiète, les yeux aigus comme des flèches,
Elle ondule, épiant l'ombre des rameaux lourds.
Quelques taches de sang, éparses, toutes fraîches,
    Mouillent sa robe de velours.

Elle traîne après elle un reste de sa chasse,
Un quartier du beau cerf qu'elle a mangé la nuit;
Et sur la mousse en fleur une effroyable trace
    Rouge, et chaude encore, la suit.

Autour, les papillons et les fauves abeilles
Effleurent à l'envi son dos souple du vol;
Les feuillages joyeux de leurs mille corbeilles
    Sur ses pas parfument le sol.

Le python, du milieu d'un cactus écarlate,
Déroule son écaille, et, curieux témoin,
Par-dessus les buissons dressant sa tête plate,
    La regarde passer de loin.

Sous la haute fougère elle glisse en silence,
Parmi les troncs moussus s'enfonce et disparaît.
Les bruits cessent, l'air brûle, et la lumière immense
    Endort le ciel et la forêt.

                    LECONTE DE LISLE, *Poèmes barbares*
                              (Lemerre)

Into how many parts may the poem be divided?

What periphrases are used for the panther? If no title had been given, would the poet's description have enabled you to identify the animal?

What part does external nature play in the scene evoked? Is there any contrast with the animal life? Does the introduction of the python add to the force of the poem? How is an impression of silence given? Is the scene easy to visualize?

What do you think of the appropriateness of the stanza form chosen?

Examine the part played by (1) alliteration, (2) the *e*'s which have syllabic value, in the beauty of the poem.

Does the poet express any emotion? What emotions does the poem arouse in you?

37. L'Automne

L'azur n'est plus égal comme un rideau sans pli.
La feuille, à tout moment, tressaille, vole et tombe;
Au bois, dans les sentiers où le taillis surplombe,
Les taches de soleil, plus larges, ont pâli.

Mais l'œuvre de la sève est partout accompli:
La grappe autour du cep se colore et se bombe,
Dans le verger la branche au poids des fruits succombe,
Et l'été meurt, content de son devoir rempli.

Dans l'été de ta vie enrichis-en l'automne,
Ô mortel, sois docile à l'exemple que donne,
Depuis des milliers d'ans, la terre au genre humain;

Vois: le front, lisse hier, n'est déjà plus sans rides,
Et les cheveux épais seront rares demain:
Fuis la honte et l'horreur de vieillir les mains vides.

SULLY PRUDHOMME, *Les Vaines Tendresses*
(Lemerre)

In this sonnet there is a clear-cut division into two parts. How would you characterize them? What is the connection between them?
Which line summarizes the poet's lesson? Do you consider he would have done better not to have pointed the moral?
As you read the sonnet, which line do you feel is the most memorable?

38. L'Albatros

Souvent, pour s'amuser, les hommes d'équipage
Prennent des albatros, vastes oiseaux des mers,
Qui suivent, indolents compagnons de voyage,
Le navire glissant sur les gouffres amers.

À peine les ont-ils déposés sur les planches,
Que ces rois de l'azur, maladroits et honteux,
Laissent piteusement leurs grandes ailes blanches
Comme des avirons traîner à côté d'eux.

Ce voyageur ailé, comme il est gauche et veule!
Lui, naguère si beau, qu'il est comique et laid!
L'un agace son bec avec un brûle-gueule,
L'autre mime, en boitant, l'infirme qui volait!

Le poète est semblable au prince des nuées
Qui hante la tempête et se rit de l'archer;
Exilé sur le sol au milieu des huées,
Ses ailes de géant l'empêchent de marcher.

            CHARLES BAUDELAIRE, *Les Fleurs du mal*

For what is the albatross here a symbol? What characteristics of the bird are recalled, and how are they used in drawing the parallel? How can the contrast in stanza 3 be applied to the poet? Does the symbol chosen really illuminate the poet's thought?

Baudelaire's poetry is noted for its beauty of form and impeccable versification. Is there any line in the poem whose meaning is not perfectly clear? Any redundant word?

What periphrases are used for the albatross?

Baudelaire's style is often praised for its "ampleur". How many sentences does each of the first two stanzas contain? Which line by its rhythm expresses the awkwardness of the bird?

39. JE SUIS UN HABITANT DE MA VILLE...

Je suis un habitant de ma ville; un de ceux
Qui s'assoient au théâtre et qui vont par les rues;
Une voix qu'on entend, une face aperçue
Dont certains ont gardé la forme dans leurs yeux.

Mon vouloir que jadis je vénérais n'est rien
Qu'un éphémère élan du vouloir unanime;
Je méprise mon cœur et ma pensée intime:
Le rêve de la ville est plus beau que le mien.

Je n'ai pas le désir enfantin d'être libre;
Mon idéal usé pend après de vieux clous.
Je disparais. Et l'adorable vie de tous
Me chasse de mon corps et conquiert chaque fibre.

Et tandis que j'avais naguère mal au bras
De porter mon paquet d'angoisse, gros et dense,
Avec ce qui me reste encor de conscience,
Je connais le bonheur de n'être presque pas.

            JULES ROMAINS
            (Nouvelle Revue Française)

Note the word "unanime" in line 6. The poem illustrates Romains' theory of "unanimisme"—the mystic union of groups of men who think and feel in the same way. How has this doctrine changed the poet? What benefit has he derived from the change?

What sorts of rhyme are used in the different verses?

Comment on the imagery used in the last two verses.

40. La Nature et l'Homme

[Extrait de «La Maison du Berger»]

Elle me dit: «Je suis l'impassible théâtre
Que ne peut remuer le pied de ses acteurs;
Mes marches d'émeraude et mes parvis d'albâtre,
Mes colonnes de marbre ont les dieux pour sculpteurs.
Je n'entends ni vos cris ni vos soupirs; à peine
Je sens passer sur moi la comédie humaine
Qui cherche en vain au ciel ses muets spectateurs.

«Je roule avec dédain, sans voir et sans entendre,
À côté des fourmis les populations;
Je ne distingue pas leur terrier de leur cendre,
J'ignore en les portant les noms des nations.
On me dit une mère, et je suis une tombe.
Mon hiver prend vos morts comme son hécatombe,
Mon printemps ne sent pas vos adorations.»

C'est là ce que me dit sa voix triste et superbe,
Et dans mon cœur alors je la hais, et je vois
Notre sang dans son onde et nos morts sous son herbe
Nourrissant de leurs sucs la racine des bois.
Et je dis à mes yeux qui lui trouvaient des charmes:
«Ailleurs tous vos regards, ailleurs toutes vos larmes,
Aimez ce que jamais on ne verra deux fois.»

Vivez, froide Nature, et revivez sans cesse
Sur nos pieds, sur nos fronts, puisque c'est votre loi;
Vivez, et dédaignez, si vous êtes déesse,
L'homme, humble passager, qui dut vous être un roi;
Plus que tout votre règne et que ses splendeurs vaines,
J'aime la majesté des souffrances humaines;
Vous ne recevrez pas un cri d'amour de moi.

Alfred de Vigny, Les Destinées

The theme of this passage is the duel between Man and Nature. How does Vigny render his thought dramatic? Which lines express most strikingly the indifference and hostility of Nature to Man? What is the reason for the bitterness of Man's reply? How is the reply ennobled? Which line expresses the poet's humanity? What does the poet mean by "Aimez ce que jamais on ne verra deux fois"?

Re-read Hugo's "La Vache" and contrast the attitude of the two poets to Nature.

41. LA TREBBIA

L'aube d'un jour sinistre a blanchi les hauteurs.
Le camp s'éveille. En bas roule et gronde le fleuve
Où l'escadron léger des Numides s'abreuve.
Partout sonne l'appel clair des buccinateurs.

Car malgré Scipion, les augures menteurs,
La Trebbia débordée, et qu'il vente et qu'il pleuve,
Sempronius Consul, fier de sa gloire neuve,
A fait lever la hache et marcher les licteurs.

Rougissant le ciel noir de flamboîments lugubres,
À l'horizon, brûlaient les villages Insubres;
On entendait au loin barrir un éléphant.

Et là-bas, sous le pont, adossé contre une arche,
Hannibal écoutait, pensif et triomphant,
Le piétinement sourd des légions en marche.

J.-M. DE HEREDIA, *Les Trophées*
(Lemerre)

Show how in the 14 lines of a sonnet Heredia, by careful choice of details, each one significant, has achieved a striking resuscitation of the past. Is the poem anything more than a reconstruction? Does it express any emotion or point of view?

Which lines are most remarkable for their sonority?

What phrases reveal the poet's gift for conciseness?

How is his love of "le mot juste" exemplified here?

Comment on (1) the use of proper names, (2) the effect of the last line.

42. Le Moulin

Le moulin tourne au fond du soir, très lentement,
Sur un ciel de tristesse et de mélancolie,
Il tourne et tourne, et sa voile, couleur de lie,
Est triste et faible, et lourde, et lasse, infiniment.

Depuis l'aube, ses bras, comme des bras de plainte,
Se sont tendus et sont tombés; et les voici
Qui retombent encor, là-bas, dans l'air noirci
Et le silence entier de la nature éteinte.

Un jour souffrant d'hiver parmi les loins s'endort,
Les nuages sont las de leurs voyages sombres,
Et le long des taillis qui ramassent leurs ombres,
Les ornières s'en vont vers un horizon mort.

Sous un ourlet de sol, quelques huttes de hêtre
Très misérablement sont assises en rond;
Une lampe de cuivre est pendue au plafond
Et patine de feu le mur et la fenêtre.

Et dans la plaine immense et le vide dormeur
Elles fixent, — les très souffreteuses bicoques! —
Avec les pauvres yeux de leurs carreaux en loques,
Le vieux moulin qui tourne et, las, qui tourne et meurt.

ÉMILE VERHAEREN, *Poèmes*
(Mercure de France)

How is the feeling of utter weariness and melancholy rendered in the first three stanzas? What details make the scene so depressing? What use is made of alliteration and repetition? Give an example of *enjambement*, noting its effect.

43. Recueillement

Sois sage, ô ma Douleur, et tiens-toi plus tranquille.
Tu réclamais le Soir; il descend; le voici:
Une atmosphère obscure enveloppe la ville,
Aux uns portant la paix, aux autres le souci.

Pendant que des mortels la multitude vile,
Sous le fouet du Plaisir, ce bourreau sans merci,
Va cueillir des remords dans la fête servile,
Ma Douleur, donne-moi la main; viens par ici,

Loin d'eux. Vois se pencher les défuntes Années,
Sur les balcons du ciel, en robes surannées;
Surgir du fond des eaux le Regret souriant;

Le Soleil moribond s'endormir sous une arche,
Et, comme un long linceul traînant à l'Orient,
Entends, ma chère, entends la douce Nuit qui marche.

          CHARLES BAUDELAIRE, *Les Fleurs du mal*

Suggest an English title to correspond to the French title.
Show how *forme* and *fond* blend to produce the mood indicated by the title.
Comment on the imagery of the second quatrain and the second tercet. Show how the words *fouet, bourreau, servile* are linked together—and *défuntes, moribond, linceul*.
What part does personification play in the poem?

44. LA BULLE

Bathylle, dans la cour où glousse la volaille,
Sur l'écuelle penché, souffle dans une paille;
L'eau savonneuse mousse et bouillonne à grand bruit,
Et déborde. L'enfant qui s'épuise sans fruit
Sent venir à sa bouche une âcreté saline.
Plus heureuse, une bulle à la fin se dessine,
Et, conduite avec art, s'allonge, se distend
Et s'arrondit enfin en un globe éclatant.
L'enfant souffle toujours; elle s'accroît encore;
Elle a les cent couleurs du prisme et de l'aurore,
Et reflète aux parois de son mince cristal
Les arbres, la maison, la route et le cheval.
Prête à se détacher, merveilleuse, elle brille!
L'enfant retient son souffle, et voici qu'elle oscille,
Et monte doucement, vert pâle et rose clair,
Comme un frêle prodige étincelant dans l'air!
Elle monte.... Et soudain, l'âme encore éblouie,
Bathylle cherche en vain sa gloire évanouie....

          ALBERT SAMAIN, *Au Jardin de l'Infante*
              (Mercure de France)

Wherein lies the appeal of this poem?
Is the picture intended as an allegory? What use have poets often made of the "bubble" symbol?

What sort of vocabulary does Samain use?
Does the rhythm indicate the successive stages in the history of the bubble? What is the effect of the *enjambement* from line 3 to line 4?

45. L'Heure du Berger

La lune est rouge au brumeux horizon;
Dans un brouillard qui danse, la prairie
S'endort fumeuse et la grenouille crie
Par les joncs verts où circule un frisson;

Les fleurs des eaux referment leurs corolles;
Des peupliers profilent aux lointains,
Droits et serrés, leurs spectres incertains;
Vers les buissons errent les lucioles;

Les chats-huants s'éveillent, et sans bruit
Rament l'air noir avec leurs ailes lourdes,
Et le zénith s'emplit de lueurs sourdes.
Blanche, Vénus émerge, et c'est la nuit.

Paul Verlaine, *Poèmes saturniens*
(Messein)

What is the title a periphrasis for?
What three impressions are given in each of the three stanzas?
What details in the description are due to the mist?
What part does alliteration play in the beauty of the poem?
Which line strikes you most as you read the poem aloud? Why is it so striking?

46. Les Embarras de Paris

[Extrait]

Qui frappe l'air, bon Dieu! de ces lugubres cris?
Est-ce donc pour veiller qu'on se couche à Paris?
Et quel fâcheux démon, durant les nuits entières,
Rassemble ici les chats de toutes les gouttières?
J'ai beau sauter du lit, plein de trouble et d'effroi,
Je pense qu'avec eux tout l'enfer est chez moi:
L'un miaule en grondant comme un tigre en furie;
L'autre roule sa voix comme un enfant qui crie.
Ce n'est pas tout encor: les souris et les rats
Semblent, pour m'éveiller, s'entendre avec les chats,

Plus importuns pour moi, durant la nuit obscure,
Que jamais, en plein jour, ne fut l'abbé de Pure.
  Tout conspire à la fois à troubler mon repos,
Et je me plains ici du moindre de mes maux :
Car à peine les coqs, commençant leur ramage,
Auront de cris aigus frappé le voisinage
Qu'un affreux serrurier, laborieux Vulcain,
Qu'éveillera bientôt l'ardente soif du gain,
Avec un fer maudit, qu'à grand bruit il apprête,
De cent coups de marteau me va fendre la tête.
J'entends déjà partout les charrettes courir,
Les maçons travailler, les boutiques s'ouvrir ;
Tandis que dans les airs mille cloches émues
D'un funèbre concert font retentir les nues ;
Et, se mêlant au bruit de la grêle et des vents,
Pour honorer les morts font mourir les vivants !

BOILEAU, *Satire VI*

Enumerate the details that contribute to the realism of this extract.

Note, as you read them aloud, the regularity of the lines. Is there any line in which the sense is not complete in itself? Any line in which the caesural pause is not at the sixth syllable?

How many lines where the *coupe* is 3+3+3+3?

Examine the epithets and comment on them, contrasting with a piece from Victor Hugo.

Give examples of (1) inversion; (2) antithesis; (3) periphrasis.

47. L'Oasis

Voici ton heure, ô roi du Sennaar, ô chef
Dont le soleil endort le rugissement bref.
Sous la roche concave et pleine d'os qui luisent,
Contre l'âpre granit tes ongles durs s'aiguisent.
Arquant tes souples reins fatigués du repos,
Et ta crinière jaune éparse sur le dos,
Tu te lèves, tu viens d'un pas mélancolique
Aspirer l'air du soir sur ton seuil famélique,
Et, le front haut, les yeux à l'horizon dormant,
Tu regardes l'espace et rugis sourdement.
Sur la lividité du ciel la lune froide
De la proche oasis découpe l'ombre roide,
Où, las d'avoir marché par les terrains bourbeux,

Les hommes du Darfour font halte avec leurs bœufs.
Ils sont couchés là-bas auprès de la citerne
Dont un rayon de lune argente l'onde terne.
Les uns, ayant mangé le mil et le maïs,
S'endorment en parlant du retour au pays;
Ceux-ci, pleins de langueur, rêvant de grasses herbes
Et le mufle enfoui dans les fanons superbes,
Ruminent lentement sur leur lit de graviers.
À toi la chair des bœufs ou la chair des bouviers!
Le vent a consumé leurs feux de ronce sèche,
Ta narine s'emplit d'une odeur vive et fraîche,
Ton ventre bat, la faim hérisse tes cheveux,
Et tu plonges dans l'ombre en quelques bonds nerveux.

LECONTE DE LISLE, *Poèmes barbares*
(Lemerre)

What are the different parts that make up this picture? What makes each so easy to visualize? How are the parts rounded into a whole?

Introduced by means of a periphrasis, the king of the animals is never actually named. Could we be in any doubt as to its identity?

What use is made of local colour?

Does the poet succeed in rendering the attitudes as well as the appearance of the animals?

How many common words are coupled with uncommon ones to achieve rich rhyme?

Which lines render by their rhythm the movement of the animal?

Scan the first line, marking the caesural pause or pauses.

48. LA LEÇON D'ARNOLPHE À AGNÈS

Le mariage, Agnès, n'est pas un badinage:
À d'austères devoirs le rang de femme engage,
Et vous n'y montez pas, à ce que je prétends,
Pour être libertine et prendre du bon temps.
Votre sexe n'est là que pour la dépendance:
Du côté de la barbe est la toute-puissance.
Bien qu'on soit deux moitiés de la société,
Ces deux moitiés pourtant n'ont point d'égalité;
L'une est moitié suprême et l'autre subalterne;
L'une en tout est soumise à l'autre, qui gouverne;
Et ce que le soldat, dans son devoir instruit,

Montre d'obéissance au chef qui le conduit,
Le valet à son maître, un enfant à son père,
À son supérieur le moindre petit Frère,
N'approche point encor de la docilité,
Et de l'obéissance, et de l'humilité,
Et du profond respect où la femme doit être
Pour son mari, son chef, son seigneur, et son maître.
Lorsqu'il jette sur elle un regard sérieux,
Son devoir aussitôt est de baisser les yeux,
Et de n'oser jamais le regarder en face
Que quand d'un doux regard il lui veut faire grâce.
C'est ce qu'entendent mal les femmes d'aujourd'hui.
Mais ne vous gâtez pas sur l'exemple d'autrui :
Gardez-vous d'imiter ces coquettes vilaines
Dont par toute la ville on chante les fredaines,
Et de vous laisser prendre aux assauts du malin,
C'est-à-dire d'ouïr aucun jeune blondin.
Songez qu'en vous faisant moitié de ma personne
C'est mon honneur, Agnès, que je vous abandonne ;
Que cet honneur est tendre et se blesse de peu ;
Que sur un tel sujet il ne faut point de jeu ;
Et qu'il est aux Enfers des chaudières bouillantes
Où l'on plonge à jamais les femmes mal vivantes.
Ce que je vous dis là ne sont pas des chansons,
Et vous devez du cœur dévorer ces leçons.
Si votre âme les suit, et fuit d'être coquette,
Elle sera toujours comme un lis blanche et nette ;
Mais s'il faut qu'à l'honneur elle fasse un faux bond,
Elle deviendra lors noire comme un charbon ;
Vous paroîtrez à tous un objet effroyable ;
Et vous irez un jour, vrai partage du diable,
Bouillir dans les enfers à toute éternité,
Dont vous veuille garder la céleste bonté !

MOLIÈRE, *L'École des femmes*

What are Arnolphe's views on the position of (1) the wife, (2) the husband, in married life?

What sort of person do you guess Agnès to be, considering the nature of Arnolphe's recommendations?

Molière was the apostle of nature and common sense. Do you think it likely that he shared Arnolphe's views?

Is there anything in the speech to indicate that Arnolphe is a figure of fun?

49. Jeunesse

Pourtant tu t'en iras un jour de moi, Jeunesse,
Tu t'en iras, tenant l'Amour entre tes bras.
Je souffrirai, je pleurerai, tu t'en iras,
Jusqu'à ce que plus rien de toi ne m'apparaisse.

Pauvre Amour, triste et beau, serait-ce bien possible
Que vous ayant aimé d'un si profond souci,
On pût encor marcher sur le chemin durci
Où l'ombre de vos pieds ne sera plus visible?

Revoir sans vous l'éveil douloureux du printemps,
Les dimanches de mars, l'orgue de Barbarie,
La foule heureuse, l'air doré, le jour qui crie,
La musique d'ardeur qu'Yseult dit à Tristan.

Sans vous, connaître encor le bruit sourd des voyages,
Le sifflement des trains, leur hâte et leur arrêt,
Comme au temps juvénile, abondant et secret,
Où dans vos yeux clignés riaient des paysages.

Amour, loin de vos yeux revoir le bord des eaux
Où trempent, azurés et blancs, des quais de pierre,
Pareils à ceux qu'un jour, dans l'Hellas printanière,
Parcoururent Léandre et la belle Héro.

Et quand l'automne roux effeuille les charmilles
Où s'asseyait le soir l'amante de Rousseau,
Être une vieille, avec sa laine et son fuseau,
Qui s'irrite et qui jette un sort aux jeunes filles....

— Ah! Jeunesse, qu'un jour vous ne soyez plus là,
Vous, vos rêves, vos pleurs, vos rires et vos roses,
Les Plaisirs et l'Amour vous tenant, — quelle chose,
Pour ceux qui n'ont vraiment désiré que cela!...

Comtesse de Noailles, L'Ombre des jours
(Calmann-Lévy)

What does the poetess associate above all with youth? What scenes does she call up to suggest what will be most missed when youth has gone?

What literary allusions does the poem contain? Wherein lies their appropriateness?

The theme is a hackneyed one. How does the Comtesse de Noailles give it freshness?

What other poems in these pages have the same stanza form?

Mark the caesural pauses in the first four lines, and comment on the rhymes.

50. Le Coche et la Mouche

Dans un chemin montant, sablonneux, malaisé,
Et de tous les côtés au soleil exposé,
Six forts chevaux tiraient un coche.
Femmes, moine, vieillards, tout était descendu;
L'attelage suait, soufflait, était rendu.
Une mouche survient et des chevaux s'approche,
Prétend les animer par son bourdonnement;
Pique l'un, pique l'autre, et pense à tout moment
    Qu'elle fait aller la machine;
S'assied sur le timon, sur le nez du cocher.
    Aussitôt que le char chemine,
    Et qu'elle voit les gens marcher,
Elle s'en attribue uniquement la gloire,
Va, vient, fait l'empressée: il semble que ce soit
Un sergent de bataille allant en chaque endroit
Faire avancer ses gens et hâter la victoire.
    La mouche, en ce commun besoin,
Se plaint qu'elle agit seule, et qu'elle a tout le soin;
Qu'aucun n'aide aux chevaux à se tirer d'affaire.
    Le moine disait son bréviaire:
Il prenait bien son temps! Une femme chantait:
C'était bien de chansons qu'alors il s'agissait!
Dame mouche s'en va chanter à leurs oreilles,
    Et fait cent sottises pareilles.
Après bien du travail, le coche arrive au haut:
«Respirons maintenant, dit la mouche aussitôt.
J'ai tant fait que nos gens sont enfin dans la plaine.
Çà, messieurs les chevaux, payez-moi de ma peine.»

Ainsi certaines gens, faisant les empressés,
    S'introduisent dans les affaires;
    Ils font partout les nécessaires,
Et, partout importuns, devraient être chassés.

La Fontaine, *Fables*

The fable is notable for its dramatic quality. What are the different scenes of the drama? What details make them so picturesque? How is the chief character made to seem so much alive? What makes the fable a little comedy? How is it made to seem so natural?

What is the effect of the accumulation of adjectives in line 1, of nouns in line 4, of verbs in line 5? What is the effect of the change of tense in line 6? of the hiatus in line 25? of the alliteration in *p* in line 8? Which lines are noticeable for their imitative rhythm?

What is the meaning of the expression *la mouche du coche*?

51. L'Émeute
[Extrait]

On fusille par tas, là-bas.

La mort, avec des doigts précis et mécaniques,
Au tir rapide et sec des fusils lourds,
Abat, le long des murs du carrefour,
Des corps debout jetant des gestes tétaniques.
Des rangs entiers tombent comme des barres;
Des silences de plomb pèsent dans les bagarres.
Des cadavres, dont les balles ont fait des loques,
Le torse à nu, montrent leurs chairs baroques;
Et le reflet dansant des lanternes fantasques
Crispe en rire le cri dernier sur tous ces masques.
Et lourds, les bourdons noirs tanguent dans l'air;
Une bataille rauque et féroce de sons
S'en va pleurant l'angoisse aux horizons
Hagards comme la mer.
Tapant et haletant, le tocsin bat,
Comme un cœur dans un combat,
Quand, tout à coup, pareille aux voix asphyxiées,
Telle cloche qui âprement tintait,
Dans sa tourelle incendiée,
Se tait.

ÉMILE VERHAEREN
(Mercure de France)

What feelings are aroused by these lines? What details contribute to heighten these feelings?

What words in the poem arrest your attention, perhaps because you would not expect to meet them in a poem?

What is the effect of mixing alexandrines with lines of different length?

What consonant sounds continually recur and with what effect?

52. ÉCOLE ALLEMANDE

J'aime les vieux tableaux de l'école allemande :
Les vierges sur fond d'or aux doux yeux en amande,
Pâles comme le lis, blondes comme le miel,
Les genoux sur la terre et le regard au ciel,
Sainte Agnès, sainte Ursule et sainte Catherine,
Croisant leurs blanches mains sur leur blanche poitrine ;
Les chérubins joufflus au plumage d'azur,
Nageant dans l'outremer sur un filet d'or pur ;
Les grands anges tenant la couronne et la palme ;
Tout ce peuple mystique au front grave, à l'œil calme,
Qui prie incessamment dans les missels ouverts,
Et rayonne au milieu des loins bleus et verts.
Oui, le dessin est sec et la couleur mauvaise,
Et ce n'est pas ainsi que peint Paul Véronèse :
Oui, le Sanzio pourrait plus gracieusement
Arrondir cette forme et ce linéament ;
Mais il ne mettrait pas dans un si chaste ovale
Tant de simplicité pieuse et virginale ;
Mais il ne prendrait pas, pour peindre ces beaux yeux,
Plus d'amour dans son cœur et plus d'azur aux cieux ;
Mais il ne ferait pas sur ces tempes en ondes
Couler plus doucement l'or de ces tresses blondes.
Ses madones n'ont pas, empreint sur leur beauté,
Ce cachet de candeur et de sérénité...

THÉOPHILE GAUTIER

Which is more in evidence here, the poet or the connoisseur?
What does Gautier find to appreciate in the pictures mentioned?
What is their weakness when compared with the paintings of Veronese?

53. RAPPELLE-TOI

Rappelle-toi, quand l'Aurore craintive
Ouvre au Soleil son palais enchanté ;
Rappelle-toi, lorsque la nuit pensive
Passe en rêvant sous son voile argenté ;
À l'appel du plaisir lorsque ton sein palpite,
Aux doux songes du soir lorsque l'ombre t'invite,
Écoute au fond des bois
Murmurer une voix :
Rappelle-toi.

Rappelle-toi, lorsque les destinées
M'auront de toi pour jamais séparé,
Quand le chagrin, l'exil et les années
Auront flétri ce cœur désespéré;
Songe à mon triste amour, songe à l'adieu suprême!
L'absence ni le temps ne sont rien quand on aime.
    Tant que mon cœur battra,
    Toujours il te dira:
    Rappelle-toi.

Rappelle-toi, quand sous la froide terre
Mon cœur brisé pour toujours dormira;
Rappelle-toi, quand la fleur solitaire
Sur mon tombeau doucement s'ouvrira.
Je ne te verrai plus; mais mon âme immortelle
Reviendra près de toi comme une sœur fidèle.
    Écoute, dans la nuit,
    Une voix qui gémit:
    Rappelle-toi.

ALFRED DE MUSSET, Poésies nouvelles

These stanzas were written to be sung to an air by Mozart.

54. LA MORT DE CAMILLE

CAMILLE

Tigre altéré de sang, qui me défend les larmes,
Qui veut que dans sa mort je trouve encor des charmes,
Et que jusques au ciel élevant tes exploits,
Moi-même je le tue une seconde fois!
Puissent tant de malheurs accompagner ta vie,
Que tu tombes au point de me porter envie;
Et toi, bientôt souiller par quelque lâcheté
Cette gloire si chère à ta brutalité!

HORACE

Ô ciel! qui vit jamais une pareille rage!
Crois-tu donc que je sois insensible à l'outrage,
Que je souffre en mon sang ce mortel déshonneur?
Aime, aime cette mort qui fait notre bonheur,
Et préfère du moins au souvenir d'un homme
Ce que doit ta naissance aux intérêts de Rome.

CAMILLE

Rome, l'unique objet de mon ressentiment !
Rome, à qui vient ton bras d'immoler mon amant !
Rome qui t'a vu naître, et que ton cœur adore !
Rome enfin que je hais parce qu'elle t'honore !
Puissent tous ses voisins ensemble conjurés
Saper ses fondements encor mal assurés !
Et si ce n'est assez de toute l'Italie,
Que l'Orient contre elle à l'Occident s'allie ;
Que cent peuples unis des bouts de l'univers
Passent pour la détruire et les monts et les mers !
Qu'elle-même sur soi renverse ses murailles,
Et de ses propres mains déchire ses entrailles !
Que le courroux du ciel allumé par mes vœux
Fasse pleuvoir sur elle un déluge de feux !
Puissé-je de mes yeux y voir tomber ce foudre,
Voir ces maisons en cendre, et tes lauriers en poudre,
Voir le dernier Romain à son dernier soupir,
Moi seule en être cause, et mourir de plaisir !

HORACE
(*mettant la main à l'épée, et poursuivant sa sœur qui s'enfuit*)
C'est trop, ma patience à la raison fait place ;
Va dedans les enfers plaindre ton Curiace.

CAMILLE
(*blessée, derrière le théâtre*)

Ah ! traître !

HORACE
(*revenant sur le théâtre*)
Ainsi reçoive un châtiment soudain
Quiconque ose pleurer un ennemi romain.
PIERRE CORNEILLE, Horace

Horace and his two brothers have fought as champions of Rome against three brothers representing Alba. Horace is victorious but one of his victims is his sister Camille's lover. He has just come from the field flushed with triumph and patriotic pride.

The extract is characteristic of Corneille's rhetorical style. Of what stylistic elements does this rhetoric consist? What use is made of antithesis?

What words in the passage have changed their sense since Corneille's day?
Contrast the treatment of emotion with Racine's in No. 60. Which seems the more natural?

55. Nuit de Paris

Le ciel des nuits d'été fait à Paris dormant
Un dais de velours bleu piqué de blanches nues,
Et les aspects nouveaux des ruelles connues
Flottent dans un magique et pâle enchantement.

L'angle, plus effilé, des noires avenues
Invite le regard, lointain vague et charmant.
Les derniers Philistins, qui marchent pesamment
Ont fait trêve aux éclats de leurs voix saugrenues.

Les yeux d'or de la Nuit, par eux effarouchés,
Brillent mieux, à présent que les voilà couchés...
— C'est l'heure unique et douce où vaguent, de fortune,

Glissant d'un pas léger sur le pavé chanceux,
Les poètes, les fous, les buveurs, — et tous ceux
Dont le cerveau fêlé loge un rayon de lune.

Léon Valade

In what way does night change Paris, according to the poet? To whom does night belong?
What is the author's conception of the poet?
Does the description in the first stanza aim at preciseness or at suggestion?
Is the imagery original?
Note the rich rhymes. Is there any sign of "padding"?

56. Douceur du Soir

Douceur du soir! Douceur de la chambre sans lampe!
Le crépuscule est doux comme une bonne mort,
Et l'ombre lentement qui s'insinue et rampe
Se déroule en pensée au plafond. Tout s'endort.

Comme une bonne mort sourit le crépuscule,
Et dans le miroir terne, en un geste d'adieu,
Il semble doucement que soi-même on recule,
Qu'on s'en aille plus pâle et qu'on y meure un peu.

Sur les tableaux pendus aux murs, dans la mémoire
Où sont les souvenirs en leurs cadres déteints,
Paysages de l'âme et paysages peints,
On croit sentir tomber comme une neige noire.

Douceur du soir! Douceur qui fait qu'on s'habitue
À la sourdine, aux sons de viole assoupis;
L'amant entend songer l'amante qui s'est tue,
Et leurs yeux sont ensemble aux dessins du tapis.

Et langoureusement la clarté se retire;
Douceur! ne plus se voir distincts! N'être plus qu'un!
Silence! Deux senteurs en un même parfum!
Penser la même chose et ne pas se le dire.

GEORGES RODENBACH, Le Règne du silence
(Fasquelle)

What seems to be the cause of the poet's sentimentality? The last stanza suggests the banal phrases: "two hearts that beat as one", "two minds with but a single thought". Is there anything more in the poem than the sentimental treatment of a hackneyed theme?

57. Mors

Je vis cette faucheuse. Elle était dans son champ.
Elle allait à grands pas moissonnant et fauchant,
Noir squelette laissant passer le crépuscule.
Dans l'ombre où l'on dirait que tout tremble et recule,
L'homme suivait des yeux les lueurs de la faulx.
Et les triomphateurs sous les arcs triomphaux
Tombaient; elle changeait en désert Babylone,
Le trône en échafaud et l'échafaud en trône,
Les roses en fumier, les enfants en oiseaux,
L'or en cendre, et les yeux des mères en ruisseaux.
Et les femmes criaient: — Rends-nous ce petit être.
Pour le faire mourir, pourquoi l'avoir fait naître? —

Ce n'était qu'un sanglot sur terre, en haut, en bas;
Des mains aux doigts osseux sortaient des noirs grabats;
Un vent froid bruissait dans les linceuls sans nombre;
Les peuples éperdus semblaient sous la faulx sombre
Un troupeau frissonnant qui dans l'ombre s'enfuit;
Tout était sous ses pieds deuil, épouvante et nuit.
Derrière elle, le front baigné de douces flammes,
Un ange souriant portait la gerbe d'âmes.

VICTOR HUGO, *Les Contemplations*

The theme is announced by the title. Hugo was a poet of powerful imagination. What are the different stages of his vision?

Show how his love of the concrete prevails in his treatment of the theme. What use does he make of imagery?

Hugo loved the effects of anti-climax as of antithesis. What examples of both does this poem contain?

How many rich rhymes are there? How many dislocated alexandrines? What example of *enjambement* is there and what is its effect?

58. LA DEMOISELLE

Sur la bruyère arrosée
    De rosée,
Sur le buisson d'églantier,
Sur les ombreuses futaies,
    Sur les haies
Croissant au bord du sentier;

Sur la modeste et petite
    Marguerite,
Qui penche son front rêvant;
Sur le seigle, verte houle
    Que déroule
Le caprice ailé du vent;

Sur les prés, sur la colline
    Qui incline
Vers le champ bariolé
De pittoresques guirlandes;
    Sur les landes,
Sur le grand orme isolé,

La demoiselle se berce,
    Et s'il perce
Dans la brume, au bord du ciel,
Un rayon d'or qui scintille,
    Elle brille
Comme un regard d'Ariel.

Bois qui chantent, fraîches plaines,
    D'odeurs pleines,
Lacs de moire, coteaux bleus,
Ciel où le nuage passe,
    Large espace,
Monts aux rochers anguleux;

Voilà l'immense domaine
    Où promène
Ses caprices, fleur des airs,
La demoiselle nacrée,
    Diaprée
De reflets roses et verts.

Dans son étroite famille
    Quelle fille
N'a pas vingt fois souhaité,
Rêveuse, d'être comme elle,
    Demoiselle,
Demoiselle en liberté?

        THÉOPHILE GAUTIER, *Poésies diverses*

Examine the language, imagery, rhythm, and rhyming of this poem. Show how all combine to give an effect of airy lightness and fancy.

How is the poem brought to an end?

59. CHANSON DE VILLE

Lorsque la ville est triste et qu'elle sent pleurer
Plus d'hommes dans son cœur que les jours ordinaires,
Quand les camelots gèlent aux portes cochères,
Quand les fers des chevaux glissent sur les pavés,
Quand, par petits coups, les pelles des cimetières

Sapant sa grande joie tâchent de l'effondrer;
La ville fait semblant d'être joyeuse, et chante.
Elle crie au soleil: «Vois, je suis bien contente;
Je me fatigue, j'ai sué tout ce brouillard;
Mais j'épargne du temps et des forces pour rire.»

De sa voix populeuse elle se met à dire
Une chanson qu'un de ses hommes a trouvée
En regardant un soir la lune se lever.
Un air naïf, une très pauvre mélodie,
Juste de quoi souffler sur la chair refroidie
Une gaîté pareille à l'haleine d'avril.
Car le cœur de la ville est un cœur puéril;
La ville a la candeur d'une petite fille.

Quelques notes en habit simple qui sautillent,
Et reprennent leur danse autant de fois qu'on veut;
Une brave chanson, sans parure, en cheveux,
Et la ville est heureuse et joue à la poupée.
Pendant une semaine elle reste occupée
À ranger dans son cœur la chanson qui lui plaît.
La ville est gauche, elle se trompe de couplet,
Tord les sons par mégarde et casse la mesure.

Mais elle recommence; et, quand elle est bien sûre
De la tenir, dans sa mémoire, emprisonnée,
La ville chante sa chanson toute l'année.

JULES ROMAINS, La Vie unanime
(Nouvelle Revue Française)

How is the city made to seem a living entity? How does the writer show his affection for it?

What bearing has the poem on his theory of "unanimisme" (see No. 39)?

In which lines does the caesural pause not fall after the sixth syllable?

Comment on the rhyme.

60. HERMIONE JALOUSE

Où suis-je? Qu'ai-je fait? Que dois-je faire encore?
Quel transport me saisit? Quel chagrin me dévore?
Errante, et sans dessein, je cours dans ce palais.
Ah! ne puis-je savoir si j'aime, ou si je hais?

Le cruel! de quel œil il m'a congédiée!
Sans pitié, sans douleur, au moins étudiée.
L'ai-je vu se troubler et me plaindre un moment?
En ai-je pu tirer un seul gémissement?
Muet à mes soupirs, tranquille à mes alarmes,
Semblait-il seulement qu'il eût part à mes larmes?
Et je le plains encore? Et pour comble d'ennui,
Mon cœur, mon lâche cœur s'intéresse pour lui?
Je tremble au seul penser du coup qui le menace?
Et prête à me venger, je lui fais déjà grâce?
Non, ne révoquons point l'arrêt de mon courroux;
Qu'il périsse! Aussi bien il ne vit plus pour nous.
Le perfide triomphe, et se rit de ma rage;
Il pense voir en pleurs dissiper cet orage;
Il croit que toujours faible et d'un cœur incertain,
Je parerai d'un bras les coups de l'autre main.
Il juge encor de moi par mes bontés passées.
Mais plutôt le perfide a bien d'autres pensées.
Triomphant dans le temple, il ne s'informe pas
Si l'on souhaite ailleurs sa vie ou son trépas.
Il me laisse, l'ingrat! cet embarras funeste.
Non, non, encore un coup, laissons agir Oreste.
Qu'il meure, puisqu'enfin il a dû le prévoir,
Et puisqu'il m'a forcée enfin à le vouloir;
À le vouloir? Hé quoi? c'est donc moi qui l'ordonne?
Sa mort sera l'effet de l'amour d'Hermione?
Ce prince, dont mon cœur se faisait autrefois
Avec tant de plaisir redire les exploits,
À qui même en secret je m'étais destinée,
Avant qu'on eût conclu ce fatal hyménée,
Je n'ai donc traversé tant de mers, tant d'États,
Que pour venir si loin préparer son trépas?

RACINE, *Andromaque*

Hermione, forsaken by Pyrrhus, who is about to marry Andromaque (l. 23), is resolved upon vengeance. Oreste is to be the agent of her revenge (l. 26). But she is torn between love and hatred. In these breathless feverish lines Racine portrays with great art her fluctuating emotions. Analyse the movement of her feelings—detestation softened by pity, but whipped up again as she remembers her wrongs, then weakening.

Contrast the language (noting the "mots nobles"), the rhythm (how many lines where the measure is 3+3+3+3?), and

the rhyming with those of the extract from Victor Hugo's
"Hernani" (No. 34). Which words of Hermione might occur
in every-day language?

61. Écrit sur la Vitre d'une Fenêtre flamande

J'aime le carillon dans tes cités antiques,
Ô vieux pays gardien de tes mœurs domestiques,
Noble Flandre où le nord se réchauffe engourdi
Au soleil de Castille et s'accouple au midi!
Le carillon, c'est l'heure inattendue et folle
Que l'œil croit voir, vêtue en danseuse espagnole,
Apparaître soudain par le trou vif et clair
Que ferait en s'ouvrant une porte de l'air.
Elle vient, secouant sur les toits léthargiques
Son tablier d'argent plein de notes magiques;
Réveillant sans pitié les dormeurs ennuyeux,
Sautant à petits pas comme un oiseau joyeux,
Vibrante, ainsi qu'un dard qui tremble dans la cible;
Par un frêle escalier de cristal invisible,
Effarée et dansante, elle descend des cieux;
Et l'esprit, ce veilleur fait d'oreilles et d'yeux,
Tandis qu'elle va, vient, monte et descend encore,
Entend de marche en marche errer son pied sonore!

Victor Hugo, Les Rayons et les Ombres

The auditory impression received from the ringing of the bells is
  here transposed into a visual one. How is this impression
  represented?
Show how the image of the dancer (why Spanish?) is developed
  so as to mark the progressive stages in the sensations of the
  awakened sleepers.
How is Hugo's gift for imparting life to inanimate things displayed here?
In what way do the language, rhythm, and rhyme contribute to
  the total effect?

62. Heureux celui qui tombe...

Heureux celui qui tombe avec Dieu dans son cœur!
Sa foi joyeusement le dévoue au martyre.
En quittant cette vie, il est deux fois vainqueur;
Il voit au fond du ciel un ange lui sourire
Et deux palmes pour lui naître de ses douleurs!

Mais bien plus grand celui qui ne croit ni n'espère,
Et n'ayant que la gloire et l'honneur pour tous dieux,
Pour tout bien que la vie et ses dons éphémères,
Donne spontanément, victime volontaire,
Souffle et vie, en sachant qu'il n'est rien après eux !

Il sait que c'est son être entier qu'il sacrifie ;
Il sait que tout est dit au delà des tombeaux...
Mais toute sa vertu venant de sa patrie,
Stoïque, il s'offre à elle et tient pour rien la vie,
Car tout est dans la flamme et non dans le flambeau.

ÉMILE HENRIOT, *Fumées*
(Plon)

What differences of outlook in those about to die are referred to in these stanzas? Why are those mentioned in the second verse especially praised?
What doctrine would the idea behind the last three lines seem to lead to?
Which line seems to you the most striking? Why?

PART III

PRACTICE SENTENCES FOR TRANSLATION INTO FRENCH

[The numbers at the head of each Exercise refer to the paragraphs of the Grammar (Part VI)]

1. THE ARTICLE
(§§ 1–5)

1. It is an event of great importance. 2. His father is an Irishman and his mother is Spanish. 3. Most French people are Catholics. 4. This young man will some day be a Deputy. 5. I have been elected a councillor. 6. Your boss is a scoundrel. 7. His brother is a very clever lawyer. 8. Mr. Thomas, a member of the Central Committee, made a speech. 9. He was very absent-minded, a common failing with scholars. 10. He raised his head. 11. The old lady wiped her eyes. 12. Lucie pinched my ear. 13. You have saved our lives. 14. They had all brought their umbrellas. 15. Have you noticed his little pink hands? 16. Her hair is beginning to go grey. 17. She has a very broad forehead. 18. He had sores on his feet. 19. She came towards me with outstretched arms. 20. It is the house with green curtains. 21. Do you see the red-haired boy with the snub nose? 22. He always wore a broad-brimmed felt hat. 23. Little Peter has gone to Dr. Martin's. 24. Clients are requested not to smoke in the waiting-room. 25. The Prime Minister has had an interview with Lord Crewe, His Britannic Majesty's Ambassador in Paris. 26. We arrived yesterday at Saint-**Louis**, the capital of French West Africa. 27. Workmen, clerks, typists, all wanted to see what was going on.

2. THE ARTICLE (*cont.*)
(§§ 6–8)

1. He will soon be returning from France; next month he will go to America. 2. The Bank of France has enormous reserves. 3. The coasts of England are often wrapped in mists. 4. The King of England has been to Canada and the

United States. 5. The central regions of Africa. 6. We went from London to Paris by air. We arrived at Le Bourget at 2 o'clock. 7. You speak French very well. Few Englishmen know French as well as you do. 8. Doubtless you have good reasons for believing it. 9. Here are a few glasses; there are others in the kitchen. 10. Have you many roses this year?—Oh yes, a lot, and I have some very fine ones. 11. There were some young fellows and girls playing tennis. 12. Have some of this sausage; it is very good. 13. Have you any shrimps?—No, madam, we have no shrimps to-day; we never have shrimps on Mondays. 14. It is raining, and I haven't an umbrella. 15. He didn't say a word. 16. I smoke only English cigarettes. 17. This isn't petrol, it's paraffin. 18. Most men desire wealth. 19. Most of the visitors gave me a tip. 20. Listen, I have something amusing to tell you. 21. I have just been listening to the wireless.—Is there anything fresh?—No, there is nothing fresh.

3. Nouns
(§§ 9–11)

1. The cage was broken. 2. He sold the calf's skin to the tanner. 3. The duty of the police is to suppress vice. 4. Let us take a stroll as far as the Eiffel Tower. 5. This afternoon we visited the museum. 6. In the cemetery there reigned deep silence. 7. We could see the glow of a conflagration. 8. In the caves they found a skeleton. 9. On the lorry there was the fuselage of an aeroplane. 10. One could hear the murmur of a brook. 11. He was the victim of a plot. 12. He was not duped by this ruse. 13. I did not see a single person. 14. At half-time we had already scored four goals. 15. In comedies they often make jokes about mothers-in-law. 16. In the ante-room he found a few gentlemen of the court. 17. Nearly all these pictures are masterpieces. 18. Last night we went to the Robinsons'. 19. After a few weeks his strength returned. 20. No light pierced the gloom. 21. At the approach of winter. 22. He has made remarkable progress. 23. I could hear shouting and laughter. 24. On either side stretched yellowing cornlands. 25. As soon as he woke up, he telephoned to his parents. 26. He stayed there until he died. 27. As the hearse went by, the men took off their hats. 28. When dawn broke, the column moved off again. 29. He was always certain of success.

4. ADJECTIVES
(§§ 12–16)

1. Suddenly he felt a sharp pain. 2. Most towns have a public garden. 3. Yes, he is a handsome man. 4. He displayed surprising energy and courage. 5. The natives go about barefooted. 6. I am going to buy that dark green tie. 7. Here is Marie; she looks pleased. 8. This house has an abandoned look. 9. Rich people usually despise the unfortunate. 10. The top of the column; at the bottom of the hill. 11. It was a bitter disappointment for her. 12. The vast hall was empty. 13. Have you seen Notre-Dame? It is a huge structure. 14. These endless speeches finally bored me. 15. This frightful struggle went on for months. 16. A vast plain stretched as far as eye could see. 17. The luckless Duke of Monmouth was beheaded. 18. And what is this charming girl's name? 19. During the short summer nights, the birds hardly sleep. 20. He reached London on a dark winter afternoon. 21. We went into an old Spanish church. 22. He was carrying a long flexible stick. 23. After a certain time; certain death. 24. I saw him last week. 25. It is the last house in the street. 26. These stories are pure inventions. 27. My secretary is discretion itself. 28. There is somebody asking for you.—What is he like?—He is a very tall gentleman. 29. Those are your own words. 30. His clothes were in a sorry state. 31. Beyond the lagoons stretched the open sea.

5. ADJECTIVES (*cont.*)
(§§ 17–19)

1. Which watch do you like best?—I like the smallest one. 2. Without the slightest difficulty. 3. The worst corruption. 4. I have the worst room. 5. She put on her prettiest frock. 6. His wittiest remarks. 7. It is the finest house in the street. 8. This is the place where the water is deepest. 9. He is a most charming fellow. 10. She is a few months older than I. 11. I think he gets lazier and lazier. 12. He is as strong as an ox. 13. This task is infinitely more difficult. 14. His conduct is none the less deplorable. 15. His children are quite small. 16. The little girl set out all alone. 17. She was quite happy to come home. 18. In her youth, she had known misery and hunger. 19. He was about to withdraw in confusion.

20. In the present situation it would be unwise to refuse this offer. 21. I don't like his little foxy face. 22. He was funny, with his old sailor's rolling gait. 23. She was chatting with the neighbour opposite. 24. The giraffe strikes with its fore-feet. 25. We are talking about yesterday's happenings.

6. Numbers, Dates, Time
(§§ 20–25)

1. I paid four thousand francs for it. 2. From London to Birmingham it is more than a hundred miles. 3. A loan of several million francs. 4. The firm has thousands of customers. 5. She was over forty. 6. Nine times out of ten I succeed. 7. We have read the first four chapters. 8. How many brothers have you?—One. 9. Ah, you have your glasses! How much did you pay for them?—They charged me 58 francs. 10. What have you done with your car?—I have sold it for 3,000 francs.—What! I offered you 4,000 for it! 11. The train was travelling at 90 kilometres an hour. 12. It is a little town about 8 miles from here. 13. Do you see the little wood half-way up the hill? 14. He idles about the street three-quarters of the time. 15. He left a third of his fortune to her. 16. We shall get there at about 10 o'clock. —Oh! but you must be there at exactly ten o'clock. 17. We shall start in an hour's time. 18. It isn't very far. You can get there in two hours. 19. I am in Paris for a few days. 20. He lived in London for ten years. 21. He thought for a long time before answering. 22. This castle was built in the fifteenth century. 23. She died on December 15. 24. The next meeting takes place on Wednesday, June 9. 25. I will come on Thursday. 26. We go to the cinema on Sundays. 27. We called on them the day before yesterday. They will be coming here the day after to-morrow. 28. They set off again the next morning. 29. They reached Orleans on the evening of September 16. 30. We shall set out early in the morning. 31. They have done nothing all day.

7. Pronouns
(§§ 26–32)

1. I wish to keep them. 2. We have sent for them. 3. Send it to me. 4. Do not show it to them. 5. Do not tire yourself;

sit down. 6. Do not go away without me. 7. It appears that no one has seen him.—Yes, I have. 8. He doesn't blame *me*. 9. It is they who have cheated. 10. He and his sister are both very clever. 11. He alone can save them. 12. They, too, have beaten us. 13. He, who made so many promises, has done nothing. 14. One of them came towards us. 15. Several of them speak Spanish. 16. Some of them have already been to France. 17. He ran to her and lifted her up. 18. Come to me, my child. 19. She kept thinking of him. 20. I am still thinking about it. 21. There is the manager; you must address yourself to him. 22. One is usually pleased with what one does oneself. 23. At what time did you come out of the cinema?—We came out at a quarter past ten. 24. If he tries to get out, I shall do my best to stop him. 25. I opened all the windows, as she had requested. 26. I am very annoyed about it. 27. Will you help me to get dinner ready?—Yes, I'll help you. 28. You know that they are ruined?—Yes, I know. 29. As I have already told you, Father will never consent to it. 30. I think it necessary to warn them. 31. We find it impossible to believe you. 32. You told me so yesterday.

8. Pronouns (*cont.*)
(§§ 33–37)

1. To whom was he speaking? 2. It is a question of who can run fastest. 3. I have a friend whose son is in Africa. 4. He went towards the stable, the door of which was open. 5. They found a big chest, the lock of which they broke with a hammer. 6. They are words I shall always remember. 7. Did you notice the way in which he was looking at you? 8. Show me the card you are writing on. 9. This is the factory in which I work. 10. This is the table on which he used to write. 11. The soldiers among whom I found myself were good fellows. 12. Bring me my suit-case.—Which one? 13. Which of us has never known sorrow? 14. I knew what he was going to say. 15. Give him what he needs. 16. All you say is true. 17. What is curious is that he has never mentioned it. 18. She began to play the piano, which always annoyed my husband. 19. He chopped some wood, after which he swept the yard. 20. They haven't the wherewithal to buy food. 21. What are they going to fight with? 22. What is the use of worrying?

9. PRONOUNS (*cont.*)
(§§ **38–42**)

1. Which lady?—The one who lives opposite; the one whose daughter is a school-teacher. 2. I like your hat better than Lucille's. 3. All who were listening applauded. 4. Here are two shirts. This one is a better quality than that one. 5. John and Michael were sitting by the fire. The latter turned round to see who had opened the door. 6. This took place last week. 7. Listen to this: "Dear Mother, I am short of money." 8. He is a very clever boy. 9. Why don't you smoke?—The fact is I've no tobacco. 10. It is impossible to do that now.—Yes, it is impossible. 11. It is obvious that they will refuse.—Yes, it is obvious. 12. It bores me to go to their house. 13. It amuses me to listen to their arguments. 14. What has happened? 15. I have lost my wallet. What am I to do? 16. What has become of old Charles? 17. A friend of ours was there. 18. A doctor friend of mine told me the same thing. 19. She caught sight of a ring. She picked it up: it was her own ring! 20. What did they tell you about him? 21. I wish to speak to you.—What about? 22. They had gone to meet her. 23. Have you heard from them? 24. What are those soldiers? They are not our men.

10. INDEFINITE ADJECTIVES AND PRONOUNS
(§§ **43–56**)

1. Without offending anybody. 2. Did you ever see anything more exquisite? 3. Merely to hear his footsteps on the stairs, the children trembled. 4. No candidate presented himself. 5. We shall be able to do it without any difficulty. 6. We are in no way responsible for this loss. 7. Not one moved. 8. He was seen to open the safe. 9. On the boat an officer gives one a card. 10. He had spent all. 11. There is no lovelier view in the whole world. 12. They all make the same mistakes. 13. Do you know his daughters?—Yes, they are both very pretty. 14. Every well-bred man knows those things. 15. They have such fine furniture. 16. I see six of them. Where are the rest? 17. I spent most of my money in Paris. I spent the rest in London. 18. I saw nobody else. 19. He has given it to someone else. 20. You must buy something else. 21. He looked for the two walnut trees; both had been cut down. 22. I have two tents. You may borrow either. 23. He

called on two friends. Neither would help him. 24. I haven't read either of them. 25. The boys were chasing one another. 26. Have you read his novels?—I have read a few of them. 27. He didn't say much. 28. Have you the same maid?—Yes, we still have the same one. 29. The very moment he entered the room, somebody put out the electric light. 30. Whoever refused to take the oath lost his post. 31. Anybody can sign that. 32. They eat anything. 33. You can consult a railway time-table in any café. 34. Which newspaper do you want?—Any one. 35. Where shall we go?—Anywhere. 36. Someone or other told me. 37. She muttered something or other. 38. We dined in some hotel or other. 39. He escaped somehow or other.

11. VERB FORMS
(excluding the Subjunctive)
(§§ 57–58)

Give the forms indicated:

[*imper.* = imperative; *pres. part.* = present participle; *perf.* = perfect; *pres.* = present indicative; *imperf.* = imperfect indicative; *p. hist.* = past historic; *fut.* = future.]

Avoir, *imper.*
Être, *imper.*
S'asseoir, *pres., fut., perf., p. hist.*
Battre, *pres., perf., p. hist.*
Boire, *pres., p. hist.*
Conduire, *pres., perf., p. hist.*
Courir, *fut.*
Craindre, *pres., perf., p. hist.*
Croire, *p. hist.*
Cueillir, *fut.*
Envoyer, *fut.*
Finir, *pres., p. hist.*
Lire, *p. hist.*
Mourir, *pres., p. hist., fut.*
Naître, *pres., perf., p. hist.*
Plaire, *pres., p. hist.*
Pleuvoir, *p. hist., fut.*
Rire, *pres., perf., p. hist.*
Rompre, *pres.*
Savoir, *pres. part., imper.*
Suivre, *p. hist.*
Se taire, *imper., perf., p. hist.*
Tenir, *p. hist.*
Vivre, *pres., perf., p. hist.*
Acquérir, *pres., perf., p. hist., fut.*
Assaillir, *pres., p. hist.*
Bouillir, *pres., imperf.*
Conclure, *pres., perf., p. hist.*
Coudre, *pres., imperf., p. hist.*
Croître, *pres. part., pres., perf., p. hist.*
Faillir, *perf., p. hist.*
Gésir, *pres. part., pres.*
   (3rd sing. and plur. and 1st and 2nd plur.), *imperf.*
Haïr, *pres., imperf., perf., p. hist.*
Luire, *pres., perf., imperf.*
Maudire, *pres. part., imperf., perf.*
Moudre, *pres., perf.*
Nuire, *pres., perf., p. hist.*
Pourvoir, *pres., fut.*
Suffire, *pres. part., pres., perf., p. hist.*
Traire, *pres., imperf., past part.*
Vaincre, *pres. part., pres., perf., p. hist.*
Vêtir, *pres., perf., p. hist.*

12. Verbs conjugated with *être*. Reflexive Verbs. French Past Participles translating English Present Participles
(§§ 59–63)

1. I will telephone when he has gone out. 2. He said he would receive him as soon as the Minister had gone. 3. The removers had brought down all the furniture 4. She had taken out a small revolver. 5. She will come down when she has rested a little. 6. They said they would write to me when they had got settled in their flat. 7. Don't hurry, we have time. 8. Didn't you bathe? 9. Are you sure they didn't see each other? 10. They have said unpardonable things to each other. 11. She had wondered several times if they were still there. 12. She had remembered their address. 13. They have blackened their faces. 14. She thought of all the promises they had made each other. 15. Slowly the church emptied. 16. Does the 'bus stop here? 17. The word is not used in this sense. 18. How is that said in English? 19. There was a net hanging on the wall. 20. She was leaning at the window. 21. He was kneeling by his bed. 22. They were leaning against the wall. 23. She fell fainting in my arms. 24. A lamp was hanging from the ceiling.

13. The Passive. Past Participle. Present Participle
(§§ 64–66)

1. The building was demolished in 1910. 2. War was declared on September 3rd, 1939. 3. The King was surrounded by his generals. 4. We have been promised seats. 5. He was told to wait outside. 6. They were allowed to write to their relatives. 7. They are forbidden to speak to strangers. 8. He willingly forgave him. 9. These crimes will never be forgiven. 10. Children should obey their parents. 11. It is thought that he was drowned. 12. When called, the boy used to hide behind the hedge. 13. She used to blush when spoken to. 14. A little bay overhung by tall cliffs. 15. When lessons were over he went home. 16. When this was done, he closed his desk. 17. When she had finished her work, she sat down to rest. 18. How many French films have you seen?—I have seen three. 19. We met them this morning. They asked us if Marie had come back. 20. He won a brilliant victory. 21. They were in the

kitchen, talking quietly. 22. I could hear him chopping wood. 23. As he could no longer read, he closed his book. 24. On opening the newspaper, he saw his son's name. 25. By taking this road, you will get there more quickly. 26. While washing up, she broke a cup. 27. As he talked, he distributed cards. 28. While I wish to oblige him, I cannot lend him all this money.

14. IMPERSONAL VERBS. INVERSION
(§§ 67–68)

1. It would be better to write to them at once. 2. It was a question of removing a fallen tree. 3. I seem to have met him before. 4. It appears that his parents already know. 5. Then something extraordinary happened. 6. Violent scenes took place between them. 7. About thirty people came. 8. In August a crisis came about. 9. There still exist a few of these old crosses. 10. He had nothing left. 11. I have only two pounds left. 12. "Do not leave me," he whispered. 13. Perhaps we shall know to-morrow. 14. Never will I consent to it. 15. Not only is he ignorant, but he is stupid too. 16. Did you hear what Madeleine was singing? 17. I wonder what those people are doing? 18. Her parents are very poor, it appears.

15. USE OF TENSES
(§§ 69–72)

1. I am just counting my money. 2. Good morning; I have come to enquire about your daughter's health. 3. It was there that the armistice was signed. 4. How long have they been playing?—They have been playing for half an hour. 5. How long had he been working there?—For three years. 6. She was gathering the little blue flowers that grew there in abundance. 7. He usually came home at six o'clock. 8. The cart moved away, and soon the countryside was quiet again. 9. When everything was ready, they got into the car. 10. Then I understood my mistake. 11. When he reached the age of twelve, he was sent to the secondary school. 12. On seeing them, he experienced a feeling of pity. 13. He had the misfortune to lose his only son. 14. The king managed to get rid of his enemies. 15. Voltaire lived in the eighteenth

century. 16. At last he was able to get out. 17. He stayed there several years. 18. In her letter she said that the weather was awful. 19. When they had gone, he resumed his work. 20. As soon as the ambassador had withdrawn, the king summoned his ministers. 21. Scarcely had they got out of the factory when the roof fell in. 22. The shop is closed.—Well, what did I tell you?

16. Use of Tenses (*cont.*)
(§§ 73-74)

1. Come and see me when you are in London. 2. They won't do anything as long as you are here. 3. When shall I come?—When you like. 4. I will show you his letter when I have read it. 5. He said he would do it when he had time. 6. He told him to come back when he had seen the master. 7. If he wrote to me ten times, I should not answer. 8. Charles did not come home at mid-day. He probably had lunch at a restaurant. 9. The body was found in the middle of the road. The unfortunate man had apparently been run over by a motor-car. 10. Another moment and the car would have knocked her down. 11. Won't you come with me?—No, I won't. 12. You will take the second road on the left. 13. I was about to cross the road. 14. Shall we throw him out?—Yes, do. 15. If he comes, tell him to wait. 16. Should you wish to see me, send me a card. 17. If you called on them, they would be delighted to see you. 18. If they had come earlier, we should have gone to the theatre. 19. If you get back late and the door is closed, you must ring. 20. I wonder if they will do it. 21. We did not know if they would bring the children or not.

17. The Infinitive
(§§ 75-78)

1. Why go on writing to her? 2. I settle his debts? Oh, no! 3. Apply to the station-master. 4. Go and see him at once. 5. We were watching them play. 6. I can hear somebody walking in the passage. 7. He declares that he saw the assailant. 8. We hope we shall come again next year. 9. She nearly fainted. 10. He was quick to take advantage of the situation. 11. These words were scarcely calculated to encourage them. 12. He was the first to notice it. 13. This

plan will be difficult to execute. 14. He is not a man to do foolish things. 15. The poor woman is much to be pitied. 16. They are people to be watched. 17. You won't have any difficulty in getting rid of them. 18. He has a few letters to sign, that is all. 19. I am happy to render you this little service. 20. I should never have thought her capable of writing that. 21. Have you ever felt the desire to write a novel? 22. We shall have the opportunity of seeing this film some other day. 23. I haven't time to do it now.

18. THE INFINITIVE (*cont.*)
(§ 79)

1. Help me to lift this slab. 2. I was not expecting to see him. 3. He was afraid to displease them. 4. Hurry up and get dressed. 5. At last a little rabbit ventured out. 6. They were getting ready to start. 7. He attempted to escape. 8. Try to persuade them. 9. Do not fail to inform us. 10. She has finished cleaning the windows. 11. They stopped talking. 12. I shall be satisfied with sending them a complaint. 13. They prefer to dine at home. 14. I regret to tell you that...15. He seemed to think I was wrong. 16. Confine yourself to answering my questions. 17. He swore to have his revenge. 18. I hesitate to accept it. 19. She pretended to be asleep. 20. He refused to surrender. 21. We succeeded in beating them. 22. At last they managed to agree. 23. I have forgotten to post my letter. 24. Be careful you don't fall into the ditch. 25. Promise to write to me often. 26. We have undertaken to build it. 27. He consented to receive them. 28. They offered to pay. 29. I don't encourage you to repeat it. 30. He deserves to lose his job. 31. They invited me to have tea at their house. 32. She avoided meeting them.

19. THE INFINITIVE (*cont.*)
(§§ 80–82)

1. I like to go for a walk in the evening. 2. We should like to see our old house again. 3. I would sooner stay here than go over there. 4. They decided to rent a flat. 5. We have made up our minds to go to Brittany. 6. She is quite decided to leave them. 7. I shall be obliged to leave

earlier. 8. They forced him to drive the car. 9. She was beginning to get anxious. 10. It began to rain. 11. They continued to quarrel daily. 12. She went on singing. 13. He asked me to lend him my bicycle. 14. They asked to examine my luggage. 15. He has just telephoned. 16. They had just gone to bed. 17. Just then a car happened to pass. 18. They were too weak to walk. 19. He isn't strong enough to carry it. 20. He began by denying the facts. 21. They finally agreed. 22. By working from morning till night, she earned enough money to keep her family. 23. After reading the article he smiled. 24. I forgave her for breaking my vase. 25. He apologized for not coming earlier. 26. They thanked the doctor for curing their child.

20. The Infinitive (*cont.*)
(§§ 83-84)

1. Don't keep me waiting. 2. The hunters lit a fire and cooked some meat. 3. Bring the witnesses in. 4. He remarked that the work was not well done. 5. Bring the caretaker. 6. Show your permit. 7. This uproar made us start. 8. The teacher made him repeat the sentence. 9. I made the lady understand that the porter found his tip insufficient. 10. We have had the old barn demolished. 11. Father has had his moustache shaved off. 12. I will get this paper signed by the clerk. 13. He made himself detested by the workpeople. 14. His conceit makes him unbearable. 15. I shall make this small room my study. 16. We have seen the farmers at home do that. 17. I heard that tune played by a Spanish orchestra. 18. I have heard many French people say that. 19. Don't let yourself be robbed by those rogues. 20. Let him out.

21. Modal Auxiliaries
(§§ 85-90)

1. I wish I knew their address. 2. We should like to have gone with them. 3. Will you tell me where Mr. Thomas lives? 4. Kindly let us know as soon as possible. 5. What do you mean? 6. Can you dance?—Yes, but I can't dance to-night, I've got blisters on my feet. 7. We can't understand why they refused. 8. May I trouble you for a moment?

9. If we hurry we may catch the 5 o'clock train. 10. When it was fine, the children were able to go out. 11. If we had the car, we could get there in two hours. 12. He said he might return earlier. 13. All the same they might have thanked us. 14. If Father had been here, he could have told you. 15. The young man might have been nineteen or twenty. 16. He has had to give up his plan. 17. She must have written this yesterday. 18. He wasn't there; he must have gone out. 19. They had to work ten hours a day. 20. He was to catch the first train. 21. You ought to make them a present. 22. They ought to have started earlier. 23. My child, you mustn't say those things. 24. We must buy some new curtains. 25. To do that, he would have to get his parents' permission. 26. Finally he had to sell his pictures. 27. She could see the farm, but to get to it she had to cross several fields.

22. GOVERNMENT OF VERBS

(§§ 91–95)

1. We don't approve of his conduct. 2. I don't trust his promises. 3. This will not harm our interests. 4. Citizens must obey the laws. 5. We shall resist all attacks. 6. You are very much like your sister. 7. A long drought succeeded that wet Spring. 8. She outlived her husband. 9. She told me she likes you. 10. The officer teaches them fencing. 11. I envy him his happiness. 12. He supplies them with wood. 13. These words inspired them with enthusiasm. 14. He forgave him for his rudeness. 15. They have refused us permission. 16. The man snatched her handbag from her. 17. He has borrowed all sorts of things from them. 18. They stole her jewelry from her. 19. Suddenly the book was wrenched out of his hands. 20. Tell them to wait. 21. I have advised him to confess everything. 22. The officer ordered his men to fire. 23. We will allow him to write to his relatives. 24. I did my best to persuade them. 25. At last he persuaded them to go home. 26. His father is teaching him to swim. 27. She begged them to wait a few moments. 28. Nothing prevents his staying here.

23. GOVERNMENT OF VERBS (*cont.*)
(§§ **96–98**)

1. He went up to the inn-keeper. He went up to him.
2. Will you undertake this work? 3. We did not suspect his presence. Nobody suspected it. 4. They took possession of the country. They took possession of it. 5. She inherited a great fortune. 6. The liberty which we enjoy. 7. He seemed to distrust me. 8. You have mistaken the number. 9. There are many things which we could do without. 10. He apologized for his mistake. 11. Everything depends on his answer. 12. We must take advantage of this opportunity. 13. The King rewarded them for their services. 14. I thank you for your good advice. 15. Are they laughing at my car? 16. He triumphed over the obstacles. 17. One cannot live on fresh water. 18. She took a pot of jam out of the cupboard. 19. I have got some useful information out of this book. 20. The little girls were dressed in white. 21. The King disguised himself as a shepherd. 22. He took ship for Africa. 23. They made for the exit. 24. I shall pass the cinema on my way home. 25. We recognized you by your walk. 26. She entered the service of a rich old lady.

24. GOVERNMENT OF VERBS (*cont.*)
(§ **99**)

1. He caught sight of a black speck in the distance. 2. I noticed that he had gone very pale. 3. They were nearing the city. 4. Bring up your armchair. 5. They have changed the time of the train. 6. I must change my shoes. 7. Does that suit you? 8. They have agreed to part. 9. I don't believe in miracles. 10. We very much doubt it. 11. He escaped the clutches of the secret police. 12. They succeeded in escaping from the fortress. 13. I understand nothing about business. 14. We have heard that he has a good post. 15. We have heard of him before. 16. We don't intend that you shall spend your money like that. 17. What do you mean by that expression? 18. He has married a French girl. 19. He lacks patience. 20. She narrowly missed falling under the wheels of a lorry. 21. The man mingled with the crowd and disappeared. 22. He was thinking of his family. 23. What do you think of this novel? 24. They delight in teasing her. 25. I can't answer for his actions.

26. He felt downhearted. 27. This cupboard smells musty. 28. This stone will serve as a hammer. 29. These posts serve to hold up the roof. 30. To cut cardboard I use an old razor. 31. They will not be long sending their answer. 32. He was longing to get back to his native village. 33. I am anxious to find that letter. 34. She was standing by the window.

25. THE SUBJUNCTIVE
(§§ 100–103)

(A) *The Form of the Subjunctive:*

Give the First Person singular and plural, and the Third Person plural of the Present Subjunctive of porter, bâtir, entendre, écrire, aller, avoir, être, faire, pouvoir, savoir, valoir, vouloir, boire, croire, venir, voir, apercevoir, devoir, employer, prendre, appeler, mourir, fuir, tenir, acquérir.

Give in full the Imperfect Subjunctive of aller, faire, savoir, être, avoir, venir.

Give in full the Perfect Subjunctive and Pluperfect Subjunctive of prendre, sortir, se dépêcher.

(B) *Translate:*

1. Let him say what he proposes to do. 2. May he profit by your good advice. 3. May you get there safe and sound. 4. Would to God he had never gone. 5. Although you have failed, you must not be discouraged. 6. Their house, although small, is very pretty. 7. I will leave my card, so that he may know I came. 8. We must get out before he sees us. 9. We must call on our friends before we go away. 10. They often went there before their uncle died. 11. Yes, provided the children don't make too much noise. 12. I got in without his hearing me. 13. We will buy the goods on condition they make a reduction. 14. I will undertake it, on condition I receive a part of the profits. 15. Supposing one made concessions, what would they do afterwards? 16. Whether he apologizes or not, it is all over. 17. We will wait a few minutes, unless you are very pressed for time. 18. You can't do those things unless you are very rich. 19. He took refuge abroad, for fear the Government might accuse him of complicity. 20. I shan't go into their room, for fear I waken them. 21. You must tie the rope so that it can be undone quickly. 22. They write every day, so that I

always know where they are. 23. Wait until he has finished speaking. 24. He stays there until he is told to go away. 25. We shan't pick those apples until they are nice and ripe.

26. THE SUBJUNCTIVE (*cont.*)
(§§ 104–108)

1. We want him to come here at once. 2. King Midas desired that all he touched might be changed into gold. 3. I prefer to be told clearly what I am to do. 4. We are sorry he has not succeeded. 5. I am surprised that they have never come back. 6. They are pleased that their daughter is engaged. 7. It is a pity he is so short-sighted. 8. We are afraid he may say something unwise. 9. I doubt that he ever said it. 10. I don't doubt that you are perfectly sincere. 11. We doubt if they are as well-to-do as they say. 12. It was possible that the boat had capsized. 13. I don't believe it is true. 14. Do you think they have already gone? 15. It isn't that I fear his anger. 16. It seems that he stole something. 17. It was time he went to bed. 18. It is better that he should go there at once. 19. He ordered the men to be set at liberty. 20. I forbid anybody to beat my child. 21. See that the garage is locked. 22. They expect the Cabinet to be constituted to-day. 23. Is it certain that she is married?—Yes, I am sure she is married. 24. It was the first elephant he had ever seen. 25. He is the wittiest man I know. 26. We don't know anybody who does that kind of work. 27. I must find somebody who knows the district. 28. We are looking for a school where we can send our son. 29. Whoever he is, I don't like him. 30. Whatever I do, my father always grumbles at me. 31. We shall accomplish our task, whatever the consequences may be. 32. However gifted teachers may be, they can do nothing with stupid pupils.

27. ADVERBS
(§§ 109–113)

1. He hasn't written?—Yes, he has! 2. Will they accept? —I think not. 3. We want actions, not speeches. 4. He made his way without fortune or influence. 5. I shan't go out to-night either.—Nor I. 6. You are annoyed?—Not at all. 7. It certainly isn't here. 8. I don't even know them.

9. They don't live there now. 10. I went back for my walking stick; it wasn't there. 11. We didn't embark until eleven o'clock. 12. I didn't hear about it until last week. 13. He merely shrugged his shoulders. 14. Have you ever seen it? 15. If he ever tries to persuade you ... 16. I can't hear anything now. 17. She has never given the children anything. 18. He swears he didn't do it. 19. They asked me if I had met anybody on the road. 20. I dare not believe in this good fortune. 21. I don't know if he likes me. 22. The crowd did not cease shouting. 23. It is a long time since they wrote to us. 24. She is not so simple as people think. 25. I have more blankets than I need. 26. Be careful he doesn't see you. 27. He says he loves her to distraction. 28. He walked rapidly away. 29. Yes, sir, go straight on. 30. This smells nice. 31. Our men stood firm. 32. Speak more quietly, please.

28. ADVERBS (*cont.*)
(§§ **114–115**)

1. How stupid that woman is! 2. What a lot of mistakes! 3. He came forward as though to shake hands with me. 4. They heard what sounded like a rumble of thunder. 5. What! no milk? 6. You don't know how I admire you. 7. He was so tired that he couldn't walk any more. 8. I quite think he will realize it. 9. It is quite fifty miles. 10. That American girl is very nice-looking. 11. The water is shallow here. 12. He has few friends. 13. It is pretty well the same thing. 14. All noses are equal.—Yes, within a few centimetres! 15. Just tell me what you were doing a moment ago. 16. He has a rather sullen expression. 17. I have spent more than you. I have spent more than a thousand francs. 18. Bring some more champagne, please. 19. At least that is what I read in the newspaper. 20. That will cost at least fifty francs. 21. The less you do, the less you want to do. 22. You must save more, my boy. 23. Poitiers is quiet, but Saumur is more so. 24. I have bought a lot of presents, but Mary has bought more. 25. He had suffered so much. 26. I was counting the hours, I so much wanted to get home. 27. You see what they have done; we will do the same. 28. It is all the more absurd as the young man has no situation.

29. ADVERBS (*cont.*)
(§ 116)

1. A moment later the door opened. 2. The next moment, I heard a cry. 3. We will get over the wall.—And what then? 4. You spoke too soon. 5. Why have you come back so soon? 6. He went to bed very early. 7. Sometimes they die, sometimes they survive. 8. They will do that work on the spot. 9. We will try afresh. 10. They finally surrendered. 11. In a word, you oppose this plan? 12. It was too late. 13. Hurry up, we shall be late. 14. Sooner or later, they will be caught. 15. Whenever he called, he made them a present. 16. He is both selfish and sentimental. 17. We occasionally saw a ship go by. 18. He was then twenty-two. 19. Thereupon he took leave of his hosts. 20. We usually stay at home on Sundays. 21. I had met him two years before. 22. It was a town I had never visited before. 23. We have written to them before. 24. Now and again he looked up. 25. Henceforth we shall know with whom we have to deal. 26. Up till then he had never suspected them. 27. Up till now they have paid regularly. 28. Until then you will continue your service here. 29. She was here just now. 30. I'll do it presently. 31. His horse collapsed all of a sudden.

30. ADVERBS (*cont.*), CONJUNCTIONS
(§§ 117–120)

1. The day they came to our house. 2. One evening, when he was working in the yard ... 3. Wherever one goes, one meets English tourists. 4. Where I live, there are a lot of vines. 5. They live somewhere in the South. 6. That does not exist anywhere. 7. On all sides rose high mountains. 8. There were wrongs on both sides. 9. On the other hand, they owe us certain guarantees. 10. Where is John?—He is downstairs. 11. We will have dinner somewhere else. 12. Who is in there? 13. In the distance the mountains stood out against the sky. 14. It is asking a great deal. 15. She opened the door a little, the better to hear what they were saying. 16. And yet he has a good position. 17. So he wrote to the Company. 18. Now the King had a daughter. 19. You can wait for me here, or else I'll see you at the Library. 20. Sailors, as well as soldiers, are

exposed to great perils. 21. He is mean, like the rest of his family. 22. When I wake up and hear the clock strike ... 23. What a nice man Mr. Brown is! 24. Since he is unwell, we will not trouble him. 25. Since I have been here, it hasn't rained once. 26. He came to London, while his brother found a job in Paris. 27. While I am eating, my dog watches me closely. 28. These men claim to be giving liberty to their peoples, whereas they are leading them to slavery. 29. As a child grows, his faculties develop. 30. Come now, what are we going to do? 31. Come, the match is about to start. 32. Good heavens, she is going to faint!

31. PREPOSITIONS
(§§ 121-125)

1. You must not translate word for word. 2. On his return, he bought a small estate. 3. She is a girl of sixteen or eighteen. 4. You can rent the villas by the week or the month. 5. In the shade of a big tree. 6. He left them with regret. 7. From what we hear, he has a good salary. 8. You take the London road. 9. They live in the direction of the church. 10. The noise came from the direction of the barn. 11. In our day the streets are better kept. 12. Do you know her?—Only by sight. 13. He clapped his hands and called out "Waiter!" 14. They have oak furniture. 15. Did anyone come in my absence? 16. Are you going into town? 17. On sale at all bookshops. 18. A young soldier on leave. 19. At the same time he put on his glasses. 20. The mansion was transformed into a hotel. 21. He always speaks as a reasonable man. 22. The guide has fallen down a crevasse. 23. I shan't have finished till ten o'clock. 24. They were arguing among themselves. 25. The documents are now in the hands of the police. 26. Many of those who enlist are exiles. 27. They were slowly advancing through the woods. 28. The enemy had put up a barrier across the road. 29. He turned to me and smiled. 30. The boy is not respectful towards his parents. 31. You have been very kind to us.

32. Prepositions (*cont.*)
(§§ **126–129**)

1. He was then nearly seventy. 2. It is just by the Post Office. 3. He had a great deal of influence with the King. 4. In his case it is simply weakness. 5. From the Place de la Concorde to the Arc de Triomphe. 6. Dresses from 60 francs. 7. Immediately upon his entry. 8. You must do it here and now. 9. From then on he played no more. 10. As early as eight o'clock a large crowd had gathered. 11. But for him, we should have escaped. 12. They went along the stream for some distance. 13. Everybody speaks English there, even the saleswomen in the shops. 14. From next Monday, the Gardens will be closed at 6 o'clock. 15. After three weeks she began to recover. 16. Have you finished mowing the meadow?—No, it will take me another three hours. 17. They were walking along the highway. 18. They questioned him about his past life. 19. At a sign from the officer, the band began to play. 20. She slowly retraced her steps. 21. In the reign of Henry IV. 22. I like walking in the rain. 23. This is preferable in all respects. 24. Above the uproar. 25. Sums below a thousand francs. 26. I was wearing a raincoat over my uniform.

33. Prepositions (*cont.*)
(§§ **130–132**)

1. He was followed there by two of our agents. 2. He was followed by a band of youngsters. 3. You did that out of carelessness. 4. The ceremony took place on a cold wet day. 5. A hotel renowned for its cheeses. 6. As a result of these disturbances, the leaders were imprisoned. 7. From her balcony she could see the whole of the garden. 8. At the back they have a greenhouse. 9. Beyond the seas. 10. He exchanged his mule for a camel. 11. She is very vexed with you. 12. As for your request... 13. A message from the King. 14. He wasn't equal to bearing these privations. 15. You know the hotel quite close to the lake? 16. At Versailles you see foreigners from all countries. 17. They were looking at the statue in the middle of the square.

PART IV

ENGLISH PROSE PASSAGES FOR TRANSLATION

[The numbers in the footnotes refer to the paragraphs of the Grammar—Part VI]

1. On First Going to France

When you[1] leave England for France, the last thing you see is[2] the White Cliffs of Dover or Beachy Head, and the first thing you sight on approaching France are[2] similar white cliffs, whether[3] it be those of Boulogne or Dieppe.

This means that in prehistoric times England and France were one[4] country. To-day they are separated by a channel which in its narrowest part is only eighteen miles across, though Channel swimmers find it much more![5]

And yet those eighteen miles—less[6] than London to Gravesend—have proved, in spite of eighteen centuries of mutual invasion and intercourse, such[7] an effective barrier between the two countries that when you land in France you find yourself among a people whose architecture, language, and even dress are different from our own. And so my first word of warning to you[8] is that while you will see all sorts of differences and different ways of doing things, do not therefore think they are wrong or even funny.[9] As a matter of fact they do some things better in France than we do. They were the first people after the Romans to make national roads as far back as the seventeenth century, when[10] long-distance travel[11] by carriage was often impossible in England. Thus it was easier in winter to drive from Calais to Paris (180 miles) than from Paddington to London (4).

CLOUDESLEY BRERETON, *France: a Bird's-eye View*
(Heffer)

1. *vous* or *on*? 2. *ce sont*. 3. *que* + subjunctive. 4. Stress: *n'étaient qu'un seul et même pays*. 5. Say: 'though this distance seems much greater to ...' 6. Say: 'a distance (§ 1c) less than that which separates L. from G.' 7. §49. 8. Say: 'the first ... I give you.' 9. Say: 'that there is something (§8) **wrong** ... in them (*là*)'. 10. *à une époque où*. 11. Say: 'long journeys'.

2. DISMISSED AGAIN

The first person Lucy saw on entering was Tomkin, the butler. He had just come out of the dining-room and was carrying a tray on which were some cups and saucers. "Oh, Miss Lucy!" he exclaimed, opening his eyes wide, "what happened to you last night? The master is very worried. He is in a very bad temper this morning; he has just dismissed me." "Oh! dear me," said Lucy, "and why has he dismissed you this time?" "Well, miss," answered Tomkin, "he said his egg was hard and the tea was cold. I have been[1] in[2] his service for[3] twenty-two years, miss, and he has dismissed me at least fifteen times." "And you're still here!" said Lucy, laughing heartily. "Once more doesn't matter, does it? At lunch-time uncle will have forgotten what he said at breakfast." "I hope so, miss," answered the old servant, "but you must slip away before the master comes.[4] It will be[5] better to explain things to him later on."

Lucy thought it would be prudent to follow this advice, and at once went up to her room. She had hardly gone out[6] when[7] the dining-room door opened and Mr. Rossard, a short stout man with[8] a red face and white hair, appeared. "Tomkin," he said sharply, "what are you doing there with your tray still in your hand? Come here." Tomkin went up to him. Mr. Rossard put his[9] hand on the old man's shoulder. "Tomkin," he said in[10] a gentle tone, "you didn't take what I said just now seriously, did you?"

"Oh! not at all, sir," was the reply.

1. Tense? §69 (c). 2. Preposition? 3. §24. 4. Mood? §103. 5. *être* will not do (see §67). 6. §71. 7. Care! 8. §3. 9. §2. 10. §122.

3. THE OLD FOLK

During the holidays my mother often sent me to my grandparents' house. This house, built of[1] grey stone, was situated on a hill. As[2] you came up from the town, you[3] saw on the left of the road a long grey wall, in the middle of which there was a door. You opened this door and saw before you[4] a steep path leading to the house, lined in summer with clumps of flowers. I used to run quickly up this path because I was afraid of the bees and other insects which buzzed round the flowers in[5] thousands. I was usually quite out of breath when I reached the house.

I found my grandparents a strange couple. My grandmother was a tall and slender woman with white hair and a shrivelled yellow skin, who spoke little. When she addressed my grandfather it was in[6] a sharp, hard voice. He invariably replied in a quiet, rather sullen tone. He was short and thickset. He had a grey beard and very small eyes, and always wore a cap, even indoors. I used to wonder whether he went to bed with his cap on.[7] I noticed, however, that whereas my grandmother rarely went out or talked with neighbours, my grandfather loved other people's company. In the evening he would lean[8] on the wall by[9] the road and gossip with all sorts of people who came by. I know now that he was a lovable, intelligent man and that he had a great deal to put up with from[10] his wife, who was very hard to please.

1. §122, Note. 2. §66 (*b*). 3. Use *on*. 4. Pronoun? §47. 5. *par*. 6. Preposition? §122. 7. Add: 'his head'. 8. Tense? 9. *près de*. 10. *de la part de* (§131).

4. Laughter and Tears

Once upon a time there was a little chimney-sweep and his name was Tom. He lived in a great town in the North[1] where there was plenty of money to earn. He could[2] not read nor[3] write, and he never washed himself, for there was no water up[4] the court where he lived. He had never been taught[5] to say his prayers. He cried half his time, and laughed the other half. He cried when he had to climb the dark flues; and when the soot got into his[6] eyes; and when his master beat him, which[7] he did every day in the week; and when he had not enough to eat, which happened every day in the week likewise. And he laughed the other half of the day, when he was tossing halfpennies with the other boys, or playing leap-frog, or bowling stones at[8] the horses' legs.

One day a smart little groom rode into the court, and halloed to Tom to know[9] where Mr. Grimes, the chimney-sweep, lived. Mr. Grimes was to come up next morning to Sir John Harthover's, for his old chimney-sweep was going to prison,[10] and the chimneys wanted[11] sweeping.

CHARLES KINGSLEY, *The Water Babies*
(Adapted).

1. Add: 'of England'. 2. *pouvoir* or *savoir*? 3. §109 (*d*). 4. *dans*.
5. Avoid the passive (see §64). 6. §2 (*c*). 7. §36. 8. *dans*. 9. Say:
'to ask if he knew'. 10. Say: 'to be put in prison'. 11. Meaning?

5. The Unexpected Prize[1]

Then came[2] the distribution of the prizes: happiness for all, but shame for me and my relatives. The big boys came[2] first. One of them named Marcel Robinier, a fifth-form boy,[3] was awarded seven prizes.[4] How he was applauded! I remember that he could recite by heart twelve pages of the *De viris illustribus urbis Romae*. That boy is now a hairdresser. After the big boys came[2] the little ones. It was already four o'clock. How swiftly the time had passed! In the twinkling of an eye, it seemed,[5] they had reached the first form—my form, as usual. Geography, drawing, mathematics, history[6]—they went through the list.[7] One after the other, my classmates rose, crossed the room, mounted to the platform. Each received his gilt-edged book, while the gentleman who presided smiled at[8] his confusion and embraced him. Suddenly—oh, miracle!—oh, incredible marvel!—my name! I had heard my name! I couldn't breathe! It wasn't possible! Yet it was,[9] for my classmates confirmed it[10] by their amazement. And for the second time I heard "Sacha Guitry: second prize for[11] gymnastics!"

They had finally found me something. A prize for gymnastics, though it was only the second prize, was certainly unexpected. It was my turn to walk[12] the interminable length of the room. On the way I passed one of the boys who had just received his prizes and was weeping with joy. His emotion was contagious,[13] and by the time I reached the platform my knees were shaking and I thought I was about to faint.

"Come, my boy," said the chairman, holding out his[14] arms. "Come; you have won the second prize for gymnastics." I went up the first three steps easily; but when I tried the next two my foot slipped, I lost my balance, and I went tumbling down to the foot of the platform. Shrieks, shouts, laughter, pandemonium:[6] all in all, a[15] deplorable way of justifying an undeserved second prize for gymnastics!

Sacha Guitry, *If I Remember Right*
(Methuen)

1. In translating this passage use the present tense instead of the past to give greater liveliness. The pluperfect tense will become the perfect. §69 (*a*). 2. *c'est*, etc. 3. Note the apposition. (§5). 4. 'to be awarded a prize' = *être nommé*. 5. §68 (*d*). 6. §5. 7. *tout y passe*. 8. Preposition? 9. Say: 'yet it was true'. 10. Say: 'the news'. 11. *de*. 12. Say: 'walk across the interminable room'. 13. Use *gagner* and an object pronoun. 14. §2 (*c*). 15. Omit.

6. THE NEWCOMER

John was anxious to know who the girl was that his father had brought to the house. He searched for a pretext to go and[1] see her. "I'll say I have left some books up there," he said to himself. Accordingly he mounted the narrow stairs and knocked at the bedroom door. There was a moment's silence, then a girl's voice said "Come in." He quietly opened the door and began: "Please excuse me . . ." But he said no more;[2] he stood speechless, scarcely able to believe his eyes,[2] for the girl before him was Marcelle Godin, whom he had seen in the Assize Court[3] a few days before, accused of the murder of her lover.[4]

The girl looked at him steadily, without any embarrassment; there was a slight smile in her eyes.[5] John felt confused; he wanted to beat a retreat, to get back to some quiet spot where he could[6] think. "I am sorry," he stammered, "I have made a mistake . . . I thought. . . ." But the girl, still smiling, came towards him and held out her hand, saying, "You are Mr. Raimu's son, aren't you? I have heard of[7] you already. I am sorry[8] to have taken your room; you will forgive me, won't you?"

"Oh, don't mention it,"[9] said John, taking her hand. "I thought I had left some books up here, that's all . . . I must be going . . . Good-bye."

1. §76 (*a*). 2. Use a phrase containing *en*. 3. *en cour d'assises*. 4. *son amant*. 5. *dans son regard*. 6. Tense? §87. 7. Care! §99. 8. *Excusez-moi de* . . . 9. *Oh, je vous en prie*.

7. "ORPHEUS WITH HIS LUTE . . ."

In the pleasant valleys of a country which was called Thessaly, there lived a man whose name was Orpheus. Every day he made[1] soft music with[2] his golden harp and sang beautiful songs such as no one had ever heard before.[3] And whenever Orpheus sang, everything[4] came to listen to him. It was[5] strange to watch the beasts that came and stood all round him. Cows came, and sheep, and dogs, and horses, and with them came bears and wolves; but the wild beasts did not hurt the cows and sheep, for they forgot their old cruel ways as they heard the songs of Orpheus. The high hills listened to him also, and I think that even the clouds sailed along more gently and brightly in the sky when he sang; and the stream which ran close to his feet made a softer noise[6] to show how glad[7] his music made[8] it.

G. W. Cox, *Tales of the Gods and Heroes*

1. Say: 'played', followed by an indefinite article. 2. *sur*. 3. Part of speech? 4. Say: 'all the animals'. 5. Say: 'It was (*il était* or *c'était* ?) a strange thing', followed by *que de*. §40. 6. Use *murmurer*. 7. Word order? 8. Not *faire*. §83 (*e*).

8. ARRIVAL OF MARY STUART IN SCOTLAND

Although she was afraid she would[1] be overtaken by the vessels Elizabeth had sent out to sea, she reached the Firth of Forth without mishap, after a voyage that had lasted five days. A thick fog which had come up the night before[2] her arrival had prevented anyone seeing[1] the tiny fleet that was bringing her back to[3] her kingdom, and the ships had anchored some distance from the shore. The fog having lifted in the morning, when Mary Stuart entered Leith harbour there was no one to receive her. As soon as it was known that she had landed, people hastened from all directions to meet her,[4] and the noblemen came to escort her to the palace of her fathers in Edinburgh. She could not help comparing sadly the poverty of the wild country to which she was returning after thirteen years of absence with[5] the splendours of the court in which the happy days of her childhood and youth had been spent.[6] A horse had been got ready for her, but for the lords and ladies of her suite there were only mountain ponies. When she saw them[7] the Queen began to weep. With this humble equipage she made her way to Holyrood.

FRANÇOIS MIGNET, *Histoire de Marie Stuart*
(Adapted)

1. Avoid a subjunctive by using an infinitive construction. 2. One word will translate 'night before'. 3. *dans*. 4. *à sa rencontre*. 5. Preposition? 6. Use *s'écouler*. Word order? §68. 7. §66 (*b*).

9. An Eerie Sound

He got up and[1] went to his brother's room, and[1] was cheered to find a light burning; he came softly in and[1] called "Cuthbert!"

"Who is there?" asked he, with a sudden start.[2]

"It's I," said Charles; "can you sleep?"

"Not I," said Cuthbert, sitting up. "I can hear people talking in the wind. Come into[3] bed; I'm so glad you've come."[4]

Charles lay down by his brother, and they talked about ghosts for[5] a long time. Once their father came in with[6] a light from his bedroom next door,[7] and[1] sat on the bed talking, as if he, too, was glad of company,[8] and after that they dozed off and slept.[9]

It was in the grey light of morning that they awoke together and started up.[10] The wind was as bad as ever,[11] but the whole house was still,[12] and they stared terrified at one another.

"What was it?" whispered Charles.

Cuthbert shook his head, and listened again. As he was opening his mouth to speak it[13] came again, and they knew it[13] was that which awoke them. A sound like[14] a single footstep on the floor[15] above, light enough, but which shook the room. Cuthbert was[16] out of bed in an instant, tearing on his clothes. Charles jumped out too, and asked him, "What is it?"

"A gun!"

HENRY KINGSLEY, *Ravenshoe*

1. Avoid using *et* each time. 2. Use a verb. 3. *au*. 4. Mood? §104. 5. §24. 6. Say: 'He was carrying a light which he had taken.' 7. Add: 'to theirs'. 8. Say: 'glad not to be alone'. 9. Say: 'and then fell fast asleep'. 10. Say: 'awoke ... with a start'. 11. Paraphrase: 'the wind was blowing', etc. 12. Say: 'stillness reigned ...' 13. Make the meaning clear. 14. Add: 'that of'. 15. Add: 'of the room'. 16. Say 'jumped'.

10. The Faithful Swallow

Then the snow came, and after the snow came the frost. The streets looked as if[1] they were made of silver, they were so[2] bright and glistening; long icicles like crystal daggers hung down from[3] the eaves of the houses,[4] everybody went about in furs, and the little boys wore scarlet caps and skated on the ice.

The poor little swallow grew colder and colder, but he would[5] not leave the Prince, he loved him too well. He picked up crumbs outside[6] the baker's door when the baker was not looking, and tried to keep himself warm by flapping his wings.

But at last he knew[7] that he was going to die. He had just[8] strength to fly up to the Prince's shoulder once more. "Good-bye, dear Prince!" he murmured, "will you let me kiss your hand?"

"I am glad that you are going to Egypt at last, little Swallow," said the Prince, "you have stayed too long here; but you must kiss me on the lips, for I love you."

"It is not to Egypt that I am going," said the Swallow. "I am going to the House of Death. Death is the brother[9] of Sleep, is he not?"

And[10] he kissed the Happy Prince on the lips, and[10] fell down dead at his feet.

OSCAR WILDE, *The Happy Prince*

1. Say: 'You would have said the streets were of...' 2. See §115 (*tant*), and be careful of the word order. 3. Preposition? 4. Omit 'of the houses'. 5. Care! §73 (*d*). 6. *devant*. 7. Tense? §70. 8. Add: 'enough'. 9. Why will *le frère* not do? 10. Avoid one of these 'and's.

11. HAMLET

On the sudden death of the King of Denmark, Claudius, his brother, succeeds, and immediately marries Gertrude, the widow. Prince Hamlet, her[1] son, sees the Ghost of his father, and learns that he[1] was murdered by Claudius. To discover the truth he pretends to be mad. Polonius the old Councillor orders[2] his daughter Ophelia to reject Hamlet's advances. The King and Polonius plot to test Hamlet's madness. Hamlet[3] causes[4] a play resembling[5] the murder of his father to be acted before Claudius, who betrays his guilt. Hamlet goes to see his mother and kills Polonius who is eavesdropping.[6] Hamlet is then sent to England, with[7] secret instructions[8] that he shall be put[9] to death. Ophelia goes mad with grief for[10] the loss of her father and lover. Meanwhile Laertes, her brother, comes to the Court demanding vengeance on[11] Hamlet. Hamlet[3] returns, having discovered the plot against[12] him. Claudius and Laertes plot to murder him in a fencing bout with a poisoned rapier. In fencing[13] Hamlet and Laertes exchange rapiers and both are wounded with[14] the poisoned foil. The Queen is accidentally poisoned. Laertes reveals the plot and Hamlet kills his uncle before[15] he too is overcome by the poison.

Synopsis on the dust cover of the 'Penguin'
Edition of *Hamlet*

1. Make the meaning clear. 2. Construction? §79 and §95. 3. Avoid repeating the name. 4. §83 (*d*). 5. *rappelant*. 6. *écouter aux portes* will not do. Why? 7. Say: 'the bearer of'. 8. Add: 'ordering that'. 9. Mood? §105. 10. Say: 'at'. 11. *contre*. 12. §132. Expand: 'the plot that had been hatched'. 13. *Au cours du duel*. 14. *par*. 15. Avoid a subjunctive. §103, Note 4.

12. DREYFUS ACQUITTED

It was in[1] the autumn of 1899. I had been a year[2] at[3] my private school. The boys in the big schoolroom were allowed[4] *The Daily Graphic*, and I had followed with feverish interest the progress of that famous trial by which[5] Captain Dreyfus was vindicated. The paper would arrive about eight-thirty, at the very moment when[6] we were released,[7] after morning prayers, for a ten-minutes' run[7] in the playground. I would linger behind, watching the little wooden rack near the green baize door of the headmaster's study. In a minute, I knew,[8] the door would open, and the arm of the headmaster would appear stretching out[9] to drop *The Daily Graphic* into the rack. On the day when the Rennes verdict was to be announced I watched that door with bated breath. I could hear the cries of the other boys from[10] the playground. I was alone. I hid behind a desk so as not to be seen by[11] the headmaster. The door opened, the arm appeared, *The Daily Graphic* dropped folded into its rack, the door closed again. I rushed for[12] the paper. He had been acquitted; there was something about[13] extenuating circumstances which I did not understand; but it was quite clear from[14] *The Daily Graphic* that he had been acquitted. Wild with joy, I dashed into the playground, waving the paper above my head. "He's free! He's free!" I yelled.

HAROLD NICOLSON, *Small Talk*
(Constable)

1. *à*. 2. §69 (*c*). 3. *dans*. 4. See §64—avoidance of passive; and for construction of *permettre*, §95. 5. *à la suite duquel*. 6. §53. 7. Say: 'we were granted (§64) ... a ten-minutes' run.' 8. §32. 9. §63. 10. *dans*. 11. §130. 12. Use a verb. 13. *au sujet de*. 14. *d'après*; §126.

13. A French Boy comes to London

It was November 1925 when I left Offranville as usual to spend a month in London. As I was showing my passport at Newhaven, I noticed a boy shedding tears, unable to make himself understood.[1] He was one of the many children whom their parents exchange and send abroad to learn the language.

This little fellow no doubt came from one of the crowded parts of Paris. He told me he was not on holiday, but that he was going to a baker's to work and to learn English. His mother was a war widow[2] who had[3] a confectioner's shop at Vaugirard. His elder brother and sister helped her as a rule, but now the sister was in Vienna learning how to make pastry for Austrian cakes.[4]

Jean Dubois, poor boy, seemed to foresee the struggle he would have[5] when he reached[6] Victoria and was turned out[7] on to the platform. He asked[8] me innumerable artless questions in his native[9] Paris slang. I promised to help him and told him that I should see[10] him later on. But he seemed so puzzled that I made[11] him get into my compartment; he did not know a word of English.

JACQUES-ÉMILE BLANCHE, *Portraits of a Lifetime*
(Dent)

1. §83 (*d*); Note. 2. §19 (*b*). 3. Use *tenir*. 4. *la pâtisserie viennoise*.
5. Say: 'the difficulties he would have to overcome'. 6. Use *en* + a present participle. 7. Use *débarquer*. 8. See Vocabulary. 9. Omit.
10. Use *aller retrouver*. 11. §83 (*b*).

14. The Enchantress

Now the sailors of Odysseus felt so weak and tired after their long voyage that they thought they could have nothing happier[1] than to stay in the house of the lady[2] Circe, who sang so sweetly as she sat on her golden throne. So they knocked at the door, and the lady Circe herself came out and[3] spoke to them kindly, and[3] asked them to come in. Then, as fast as they could, the three-and-twenty men hurried into the great hall, without thinking what the lady Circe[4] might be able to do to them. But Eurylochus would[5] not go in, for he remembered the strange things which he had seen, and he said: "I am afraid to trust myself with[6] the lady Circe, for if she can make even wolves and lions as gentle as a dog, how can I tell⁷ what she may do to⁸ me and my companions?" So he stayed outside, while the three-and-twenty sailors sat down at the long tables full of good things to eat and drink⁹ which were spread out¹⁰ in the great hall of Circe's palace. But they did not know that she had mixed strange things in¹¹ all the food and in all the wine, and that if they tasted any of it, she would be able to do to them whatever she liked.¹²

G. W. Cox, *Tales of Ancient Greece*

1. Say: 'there would be no greater happiness for them', followed by *que de*. 2. Omit. 3. Avoid one of these 'and's ('and, with kind words..') 4. Say: 'without thinking of the harm this lady...' 5. Care! §73 (*d*). 6. Preposition? §92. 7. Say: 'who knows...' 8. *de*. 9. *couvertes de boissons et de mets délicats*. 10. Use *dressé* and place, with the words that follow, after 'tables'. 11. Preposition? 12. Tense? §73 (*a*).

15. A TACTFUL HOST

A young Englishman, having been invited¹ to a fancy-dress ball by some neighbours in² the country, decided to dress up as³ a court jester. He ordered a red and green satin costume, with short breeches, one red and one green stocking, and a pointed parti-coloured cap. On the evening of the ball he drove to his friends' house. When he arrived¹ at⁴ their door he sent away the chauffeur; then, a little surprised at⁵ not⁶ finding the door open and the house lit up, he rang the bell.

The butler opened the door, looked at the guest (whom he knew well), and without saying a word, showed him into the library where the family, dressed in the usual everyday clothes,⁷ were reading,⁸ playing chess, in fact spending a quiet evening without any visible sign of a party.⁹ When the young man came in, they got up to welcome him. No one seemed to notice his odd get-up, and the ensuing conversation was so natural and agreeable that the newcomer himself soon forgot that he wore a green and red doublet.

Towards midnight the lady of the house said to him, "I know you have sent away your motor; perhaps you would like us to give you a bed for the night?... My son is about your size and will lend you pyjamas."

This¹⁰ was done. The next morning, when the guest, still dressed in³ red satin, took his leave, his host went with him to the car. Then he leant over and said in a low voice,

"Good-bye... We are very glad to have seen you, but don't forget to come back in[11] a week; next Monday we are giving our fancy-dress ball."

ANDRÉ MAUROIS, *Three Letters on the English*
(Chatto & Windus)

1. A past participle is sufficient. See §19 (a). 2. §132. 3. Preposition? §98. 4. *devant*. 5. Preposition? 6. §109 (f). 7. *habillé comme tous les jours*. 8. Stress the continuous form. §69 (b). 9. Say: 'without anything showing that there was a party', and see §103 and §107. 10. §39. 11. §24.

16. A SOLDIER SEPARATED FROM HIS REGIMENT

At the next farm, looking through[1] a window, I saw some people in a room. I rushed in[2]—they were terrified reviving themselves with brandy. "Quickly," I said, "which is my best way out[3] of the village? Have you seen many German troops?—how long[4] have the English been gone?" They all talked at once. One little fellow, a hunchback, caught hold of my arm[5] and said, "Follow me," and I followed him. After much dodging about[6] we came to a wall—I peeped over and saw an expanse of country that looked like the whole of France spread in[7] the sunlight. The trees of two main roads divided the landscape. One led to St. Quentin. I shook the hand of my guide, who said, "Good luck; get away quickly." Hiding the best way[8] I could,[9] I crept towards the road, shuffling noisily through a wet cabbage patch that soaked me to the skin. After a short run I flung myself headlong into the ditch bordering the road. Carefully I looked round—not a soul could be seen[10] anywhere. I put my ear to the ground, but detected no sound. I got up and ran, dodging from tree to tree, which[11] happily were thick and not far apart, stopping only to recover my breath. I watched every haystack, keeping all the time my eyes[12] on a village[13] to my right.

PAUL MAZE, *A Frenchman in Khaki*
(Heinemann)

1. §130. 2. §31. 3. Say: 'the best way to get out of'. 4. §69 (c). 5. §2 (c). 6. *après beaucoup de détours*. 7. §121. 8. *du mieux que*. 9. Complete the sense (§32). Tense? §70. 10. Say: 'Nowhere could I see (French does not require inversion) a living soul' (*âme qui vive*). 11. Say: 'Happily the trees were thick and not far apart (*serré*)'. 12. Add: 'fixed'. 13. What must be added? §132.

17. A Coincidence

"You can scarcely[1] expect[2] me to believe that," said the inspector. "You cross together on the same boat; you land at the same moment; you stand one behind the other when you present your passports; and then you expect[2] us to believe that you were complete[3] strangers to each other and have not met[4] for[5] a quarter of a century." Madame Pinon, for[5] a minute or so, lay back against the wall with an expression of complete bewilderment. And then a slow inquisitive smile spread slowly over her chubby face. "Is he here?" she asked shyly. "Could I see him? You must allow me to peep through the door." That look[6] of complete amazement followed by that sudden look[6] of amused interest, of shy curiosity, convinced the inspector that the woman was telling the truth. He escorted Madame Pinon into the room where her husband was standing between two policemen. They leered at each other without speaking. The expression in[7] Madame Pinon's face was at the same time inquisitive and shy. She turned back towards the door and the inspector followed her. "Yes," she said, "that is my husband. I recognized him by[8] his hands."

HAROLD NICOLSON, *Small Talk*
(Constable)

1. *ne... tout de même pas*. 2. Use *demander*. 3. Use an adverb. 4. Say: 'seen each other'. 5. Preposition? §24. 6. Find two different nouns. 7. *de*. 8. §121.

18. Small French Towns

There is in no[1] other country a[2] small town like the French small town. The small towns of the world outside France are an intermediate product of the ceaseless evolution from[3] rusticity to urbanity. They were villages yesterday; they will be cities to-morrow. The life of their inhabitants flows irresistibly like a stream, growing[4] in volume, in rapidity, in strength as[5] it nears the sea. They are not proud of their past, only of the future. The present is but a fleeting halt in their progress. They will not[6]—you read in their assured[7] gaze and the casualness of their architecture—remain small towns for ever.

The French small town alone[8] is content to remain small. It is frequently smaller to-day than it was[9] a century or even five centuries ago, and it is curiously proud[10] of that tranquil decadence. History has dwelt within its walls awhile, and[11] departed, and the walls themselves seem to have shrunk in a gesture of protection[12] around that sacred memory.

GEORGE SLOCOMBE, *The Heart of France*
(Selwyn & Blount)

1. §45. 2. Care! §7 (*b*). 3. *qui va*... 4. Say: 'whose volume... grows.' 5. *à mesure que* (§119). 6. Recast the sentence: 'They will not remain for ever—you read (§32) . . . small towns.' 7. Use a noun ('the assurance of their gaze') to balance 'casualness'. 8. Place at the head of the sentence. 9. Remember you have just used a comparative. §111. 10. Say: 'it feels a curious pride in (*de*)'. 11. *puis*. 12. *un geste protecteur*.

19. A QUESTION OF PASSPORTS

As I was putting my passport back into my pocket Lili whipped it swiftly out of my hand and began to examine it carefully.

"It is an English passport," said he.

"British," said I—"what of that?"[1]

"It must be grand to have one[2] like that in your pocket when you get to Ellis Island. If one of us had[3] it he could walk into America as if he owned[4] the country."

"You can get a passport of your own[5] which will do just as well," said I.

"Not on your life, brother. That is why many of[6] us can't get out there to-day. If we had good, honest-looking passports we could be admitted[7] and not have to eat out our[8] hearts over here. Come, brother, do me a favour."

"What can I do for you?"

"Lend me your passport for[9] a few days."

"What for?" said I, grasping it tightly in my pocket.

Pavo then looked at me with a[10] sardonic smile on his face, saying: "Do you know why he wants it?"

"I haven't the least idea."

"He wants to take it away and get[11] it copied. With a forged passport he would be able to get into the United States."

"God forbid," said I. "I won't be a party to such a business."

WALTER STARKIE, *Don Gypsy*
(John Murray)

1. *Et après?* 2. Care! 3. Tense? §74. 4. Say: 'as if the country belonged to him'. 5. §42. 6. See §27, Note. 7. Avoid the passive (§64). Translate the following 'and not' by *sans*. 8. §2 (*b*). 9. §24. 10. § 3. 11. §83 (*d*).

20. A MALAY PREPARES TO RUN AMOK

Our young obstinate, crouching[1] in his corner, was busily preparing himself to run amok at the slightest provocation from[2] his enemies. The six policemen, the deck passengers, the crew, the officers—all knew it. The officers, indeed, had reasons[3] for knowing it particularly well. For it was only a short time before that,[4] on a ship belonging to the same company as ours, a Malay seaman had run amok and killed upwards of a dozen people, including the Captain of the vessel. The Captain, it seems,[5] was a kindly old gentleman with a snowy beard and Christian principles. He was sent for when the trouble began, and found the Malay, knife in hand and bloody. Instead of his revolver, he used persuasion. He remonstrated, he begged the Malay to be reasonable and give up his knife. The Malay replied by sticking it into his[6] body. The deck looked like[7] the last act of an Elizabethan tragedy before[8] he was finally shot down.

We had not heard[9] this story at the time. Ignorance is bliss,[10] and we regarded our obstinate Malay[11] as a rather[12] tiresome joke and wondered why everyone else took him so[12] seriously.

ALDOUS HUXLEY, *Jesting Pilate*
(Chatto & Windus)

1. §63. 2. *de la part de*; §131. 3. Say: 'had their reasons'. 4. Say: 'For, quite recently . . .' 5. §68 (*d*). 6. §2(*c*). 7. Add: 'the setting (*le décor*) of —'. 8. Say 'when'. 9. Use the verb *ignorer*. 10. Say: 'In our blissful ignorance, we . . .' 11. Say: 'the obstinacy of our Malay'. 12. See §114.

21. THE RIF

When my cigarette was lighted I walked on. I glanced back, as[1] I made the turn of the *suk*, but there was nobody in the doorway now. After a leisurely stroll[2] through the crowded market I came back to where[3] I had heard the voice, ducked into a narrow courtyard, went along to[4] the third door on the left and turned in. There was a hall, two steps, and then a small room filled with smoke—an Arab café. In one corner two Arabs were sitting quietly smoking. In another corner Ali was installed, cross-legged, in front of a low table with coffee. I joined him.

"Don't be afraid," I said. "I won't get you into trouble if I can help it. I want to go to the Rif. How can I do it?" He took off his tarboosh and scratched his[5] head.

"Wallahi!" he said. "It is not so easy . . . People go in and out[6] all the time. Arabs, that is.[7] But it is harder than it used to be.[8] The Spaniards have more forts, many searchlights. Every time people go through the line now, many are killed. Things are not the same."[9]

"Anyway, I have to go," I said. "Can you find a Riffi—a real Riffi, not an Arab—in Tangier, who is going out[10] one of these nights, and who will take[10] me with him?"

"I will talk[6] to my mother-in-law," said Ali. "She has more to do with[11] these things than I have. I am afraid just now; I have had trouble with the Spaniards. My mother-in-law is different;[12] she can go anywhere, and they never know.[13] You will pay her if she finds somebody for you?"

VINCENT SHEEAN, *Riffian Adventure*
(Hamish Hamilton)

1. §66 (*b*). 2. Say: 'After strolling (§82) at leisure through . . .' 3. An antecedent is necessary: 'the place where'. 4. *jusqu'à*. 5. §2 (*b*). 6. Complete the sense. See §30 and §31. 7. *je veux dire*. 8. Say: 'than formerly'. 9. Say: 'Things have changed'. 10. Mood? §107. 11. Use *s'occuper de*. 12. ...*c'est autre chose*. 13. Add: 'anything about it.' See §109 (*f*).

22. PLANNING A VISIT

"Meg, I wish you'd go and see[1] the Hummels; you know Mother told us not to forget them," said Beth, two days after Mrs. March's departure.

"I'm too tired to go this afternoon," replied Meg, rocking comfortably as she sewed.

"Can't you go, Jo?" asked Beth.

"Too stormy for me[2] with my cold."

"I thought it was almost well."

"It's well enough for me to go out with Laurie, but not well enough to go to the Hummels," said Jo, laughing, but looking a little ashamed of her inconsistency.

ENGLISH PROSE PASSAGES 183

"Why don't you go yourself?" asked Meg.

"I *have*[3] been every day, but[4] the baby is sick, and I don't know what to do for it.[5] Mrs. Hummel goes away to work, and Lottchen[6] takes care of it; but it gets sicker and sicker, and I think you or Hannah ought[7] to go."

Beth spoke[8] earnestly, and Meg promised she would go to-morrow.

"Ask Hannah for some nice little mess, and take it round,[9] Beth; the air will do you good," said Jo, adding apologetically, "I'd go, but I want to finish my writing."

"My head aches and I'm tired, so I thought maybe some of you would go," said Beth.

"Amy will be in presently, and she will run down[10] for us," suggested Meg.

"Well, I'll rest a little and wait for her."

LOUISA M. ALCOTT, *Little Women*

1. Use *passer chez*. 2. Say: 'The weather is too bad for me to go out.' 3. An introductory *mais* will render the emphasis. 4. *seulement*. 5. Say: 'how to look after it'. 6. Stress. §40. 7. Care! What person of the verb is required? 8. Tense? 9. *y*. 10. Say: 'run round and visit them for us (*en notre nom*)'.

23. A DANGEROUS MOMENT

There was nothing for me to do[1] but run. I looked in every direction first, and crawled[2] to the other side of the road, seeing[3] as I did so the dog, away in front,[4] still running for all it was worth.

What[5] saved me was the depth of the ditch and the bank on[6] both sides of the road; by bending down, I could run along[4] nearly sure that I could not be seen from the fields. What distance I covered I don't know,[7] when[8] two shots rang out ahead on my right, echoing[9] from wood to wood.[10] I felt the atmosphere relapse into a tense silence as I lay with my face to the ground, expecting[11] to hear more firing. Nothing more happened. I got up again, looking intently to the right. I was[12] inwardly so anxious and excited that I could hardly see; the light was also[13] too bright. I was now nearing the line of trees along[6] a road crossing mine, and as the ground rose slightly towards it[14] on my left I couldn't actually see all of it,[15] so I crawled back[2] to the other side. No sooner had[16] I done so than a few more shots were fired, and distinctly I located[17] the report coming from a bushy belt of trees, where for a second I imagined seeing the khaki of our uniforms.[18] The light was so dazzling I dared not yet believe[19] my eyes. But at that moment, unmistakably, two of our cavalry strode across the road away in front.[4]

PAUL MAZE, *A Frenchman in Khaki*
(Heinemann)

1. Use *rester* (§67) with *ne...plus qu'à*. 2. Use a verb of motion accompanied by *en rampant*. 3. Start a new sentence: 'As I did so (*ce faisant*) I saw...' 4. Complete the sense. 5. §36. 6. See §132. Bring in the verb *border*. 7. 'not to know' often = *ignorer*. 8. Say: 'but suddenly'. 9. Say: 'the echo of which (§34) resounded...' 10. *d'un bois à l'autre*. 11. Say: 'waiting until (§103, Note 1) the firing should begin again' (use *reprendre*). 12. Say: 'I felt inwardly such anxiety', etc. 13. *d'ailleurs*. 14. *de ce côté-là*. 15. Make the meaning clear. 16. §71. 17. Say: 'I realized that the reports came (*provenir*)...' 18. Say: 'the khaki uniforms of our men (§42)'. 19. *Croire* alone is not enough.

24. CHANGING PARIS

The reproach that[1] Paris is not the industrial capital of France is, of course, without foundation. It is, with its rapidly growing suburbs, the largest industrial city in the country and the centre of the largest agglomeration of manufacturing enterprises. The modern industrialized France has its nerve centre in Paris, and the changing aspect of the city, its architecture, furniture, dress and manners reflect[2] this profound fact. The old leisurely[3] France—the France of the scholar and the artist, the politician and the pamphleteer, a[4] France passionately interested in[5] the conflict of ideas—is vanishing,[6] or has vanished.[7] It has been replaced by a France of[8] a brusque realism, of men like André Tardieu and Pierre Laval in politics, and André Citroën in industry, preoccupied with the growth of economic forces, the search for markets, the struggle for raw materials and the ultimate transformation of France into a huge workshop.

The peasant in the fields is vaguely aware of the change, and it causes[9] him to hate Paris with a new ferocity—the astonishing Paris which regards even his fierce, suspicious hatred as a kind of reluctant[10] pride.

GEORGE SLOCOMBE, *The Heart of France*
(Selwyn & Blount)

1. Say: 'brought (*faire*) against Paris of not being', etc. 2. Say: 'are the reflection (*la manifestation*) of'. 3. Say: 'The old France, a country of leisure'. 4. *cette*. 5. Preposition? 6. Translate the continuous form. §69 (*b*). 7. Needs amplifying: 'if indeed it has not already vanished'. 8. *animée de*. 9. Say: 'because of this he hates...' 10. *qui n'ose s'avouer*.

25. ACCOMPLICES

Tita showed her white teeth, and touched the dagger which hung by the Intendant's side.

"I dare not!" said the rascal, with a shudder.[1]

"I[2] dare!" said she. "He whipt my mother, because she would[3] not give me up to him to be taught[4] in his schools when she went to the mines.[5] And she went to the mines, and died there in three months. I saw her go, with a chain round her neck; but she never came back again. Yes; I dare kill him! I will[3] kill him! I will!"

The Señor felt his mind[6] much relieved. He had no wish, of course, to commit the murder himself; for he was a good Catholic,[7] and feared the devil. But Tita was an Indian,[7] and her being lost[8] did not matter so much. Indians' souls were cheap,[9] like their bodies. So he answered, "But we shall be discovered."

"I will leap out of[10] the window with the casket, and swim ashore. They will never suspect you, and they will fancy I am drowned."

"The sharks may[11] seize you, Tita. You had better[12] give me the casket."

Tita smiled. "You would not like to lose that, eh? though you care little[13] about losing me. And yet you told me that you loved me!"

CHARLES KINGSLEY, *Westward Ho!*

1. Use a verb. 2. Stress; §27. 3. §73 (*d*). 4. Say: 'in order that he should have me taught'. §83 (*d*). 5. Say: 'while she went (Care! §73 *a*) to work in the mines (*à la mine*)'. 6. Omit 'his mind'. 7. §1 (*b*). 8. Say: 'that she should be lost' (*que* + subjunctive). 9. Say: 'had no great value'. 10. Preposition? §130. 11. *Il se pourrait que* + subjunctive. 12. Say: 'you would do better to'. 13. You care little = *cela ne te fait rien (de...)*.

26. ON BOARD THE *ÎLE DE FRANCE*

I shall cross, I think, by[1] the *Île de France*. A pretty name, I feel, and a pretty steamer. There is a gymnasium on board with electric horses and swimming-bath, and one is allowed[2] Médoc for luncheon free of charge.[3] Besides, I like the French, their cooking, their exotic flavour,[4] and the way[5] they allow one to break all the rules. Yes, I shall cross by the *Île de France*, embarking at Cherbourg, I suppose, and thus avoiding any[6] very abrupt severance from[7] my native island. The prow of the steamer will point westwards,[8] north-westwards. It will plough its way through[9] large dark waves, carefully avoiding icebergs. There will be a wireless from which one will pick up[10] French propaganda for a while; and then English folk-tunes; and then—an exciting moment this—the first notes of American uplift. I shall read German novels to annoy the Captain, and French novels to annoy my fellow-countrymen, and American novels to enlarge my mind. I shall sleep and eat, and ride on the electric horse. I shall walk round the deck in[11] rubber shoes, and in rubber shoes I shall walk back again. And then again around. I shall tap French barometers. I shall have Dubonnet before dinner, and after dinner I shall have Cordial Médoc. The click of my typewriter will be heard in the saloon.

HAROLD NICOLSON, *Small Talk*
(Constable)

1. *sur.* 2. Say: 'one drinks'. 3. *sans payer de supplément.* 4. *leur pointe d'exotisme.* 5. §34. 6. Indefinite article. 7. *avec.* 8. Add: 'or rather'. 9. Use *fendre* for 'plough its way through'. 10. Say: 'a wireless which will broadcast...' 11. *chaussé de.*

27. NEWS

I went out of the courtyard and turned down the street towards the British telegraph office. Here I asked[1] to see the manager, and showed him my card.

"I have[2] to ask you a peculiar thing," I said, "but I hope you will be able to oblige me. I am going away from here, but some telegrams will come from me. They will be written in pen and ink,[3] or in pencil, on any kind of paper I may happen to have.[4] They will be delivered to you by Arabs, country people, perhaps sometimes by women. I will give you my signature now, and any telegram that comes[5] in, in whatever[6] form, signed[7] with that signature, I want you to send off to London to the registered address of the N.A.N.A., receiver to pay."[8]

The British manager smiled and stroked his chin.

"I believe I know[9] what you mean," he said. "I believe you sent a number of dispatches through[10] this office six months ago. I remember them. I will give instructions to accept anything that comes[5] from you."

"The people who bring these messages," I said, "will undoubtedly be very frightened. They will probably drop the messages in front of you and run. But don't say anything to them or ask them any questions. They're all afraid of their lives[11] nowadays anyway."

"Very well," he said, "everything will go through[12] and no questions asked."

Vincent Sheean, *Riffian Adventure*
(Hamish Hamilton)

1. §80. 2. §90. 3. Say simply: 'in ink'. Also see §121. 4. *qui me tombera sous la main.* 5. Tense? §73. 6. §108. 7. Say: 'if it is signed'. 8. New sentence: 'The receiver will be responsible for payment.' 9. §76 (c). 10. *par l'intermédiaire de.* 11. Say: 'They all think their lives are in danger'. 12. *On fera tout ce que vous demandez.*

28. Brother Desiderio, deceased

I afterwards went to the beautiful cemetery of Bologna, beyond the walls,[1] and found, besides[2] the superb burial-ground, an original of a Custode, who reminded me of the grave-digger in[3] Hamlet. He has a collection of capuchins' skulls, labelled on the forehead, and taking down one of them, said, "This was brother Desiderio Berro, who died at forty—one of my best friends. I begged his head of his brethren[4] after his decease, and they gave it me. I put it in lime, and then boiled[5] it. Here it is, teeth and all, in excellent[6] preservation. He was[7] the merriest, cleverest fellow I ever knew.[8] Wherever he went, he brought joy; and whenever anyone was melancholy, the sight of him[9] was enough to make[10] him cheerful again. He walked so actively, you might have[11] taken him for a dancer—he joked—he laughed—oh! he was[7] such a Frate as I never saw before,[12] nor ever shall again!"

From a Letter of Byron to Mr. Murray

1. *hors les murs.* 2. Say: 'not only', adding later 'but also'. 3. *de.* 4. Say: 'I begged his brethren to give me ...' 5. §83. 6. Add: 'state of'. 7. *c'était* or *il était?* §40. 8. Mood? §106. 9. Say: 'of Desiderio'. 10. §83 (e). 11. §87. 12. Omit 'before'.

29. A Fugitive

I then wished Kathleen good-bye,[1] and she allowed[2] me to kiss her without any resistance; but the tears were coursing down her cheeks as I left the room with her mother. Mrs. M'Shane looked carefully out of the windows, holding the light[3] to ascertain if there was anybody near,[4] and,[5] satisfied with her scrutiny, she then opened the door, and calling down[6] the saints to protect me, shook hands with me, and I quitted the house. It was a dark, cloudy night, and[7] when I first[8] went out I was obliged to grope, for I could distinguish nothing. I walked along, with a pistol loaded in each hand, and gained, as I thought,[9] the high road to[10] E——, but I made a sad mistake; and[7] puzzled by the utter darkness and turnings, I took, on the contrary, the road to Mount Castle. As soon as I was clear[11] of the houses and the enclosure, there was more light,[12] and I could distinguish[13] the road. I had proceeded about four or five miles, when I heard the sound of horses' hoofs, and shortly afterwards two men rode by me.[14] I inquired if that was the way to E——. A pause ensued,[15] and a whisper. "All's right!" replied a deep voice.

CAPTAIN MARRYAT, *Japhet in Search of a Father*

1. Say: 'said good-bye to'. 2. Use *se laisser*, and see §84. 3. Say: 'with the lamp in her hand, seeking to ascertain'. 4. Say: 'if anybody was prowling nearby (*alentour*)'. 5. Omit and start a new sentence: 'Having made sure there was no one.' 6. Say: 'calling down (*invoquer*) for me the protection of the saints'. 7. Omit. 8. *au moment de*. 9. *à ce qu'il me sembla*. 10. Preposition? §122. 11. Tense? §71. 12. Say: 'I saw more clearly'; §113. 13. Add: 'clearly'. 14. Say: 'two men on horseback went by me'. 15. Say: 'After a pause'.

30. A Difficult Choice

Whether,[1] had I the money, I would retire to a fishing village or the country, I am not sure. If I chose[2] the country, it would certainly be[3] somewhere near the sea—a small house, perhaps, with a lawn reaching to the water and a garden path leading to steps where[4] a boat was moored. Not that I am[5] an enthusiast for boating, but I like the idea of[6] a boat and even an occasional ten minutes row.[7] I think I could be happy there,[8] if it were far enough from London and, at the same time, near enough London. That is the chief problem of the man who retires to the country—

to be far enough from London and near enough London at the same time.

Obviously, if one goes to live in the country, one does so[9] because one longs to be able to forget at times that London exists. One dreams of living in a world of shepherds and streams and wild birds, where statesmen and their problems seem of less interest[10] than the appearance of the first snowdrop. The world forgetting, by the world forgot—how agreeable a day-dream! An enervating day-dream, we are told, but are the actions of the great men of the world so fine that we have[11] much to gain from contemplating them? Alas, we cannot escape from[12] contemplating them. Even if we hide ourselves in some isolated island in the Hebrides, rumours of the public antics of mankind will reach us through the wireless.

ROBERT LYND (Article in *The New Statesman and Nation*)

1. Recast the whole sentence. 2. §74. Use *opter pour*. 3. Add: 'a place'. 4. Say: 'at the bottom of which'. 5. Mood? §103. 6. Say: 'of owning'. 7. Recast: 'even enjoy rowing for ten minutes occasionally'. 8. Make the meaning clear. 9. §32. 10. Say: 'would have less importance'. 11. Mood? §107. 12. Say: 'it is impossible for us not to...'

31. A TURKISH TALE (I)

We are told that the Sultan Mahmoud, by his perpetual wars abroad[1] and his tyranny at home,[2] had filled[3] his dominions with ruin and desolation, and half unpeopled the Persian empire. The vizier to[4] this great sultan pretended to have learnt of a certain dervis to understand the language of birds, so that[5] there was not a bird that could open his mouth but[6] the vizier knew what it was he said. As he was one evening with the sultan, on their return from hunting, they saw a couple of owls upon[7] a tree that grew near an old wall out of[8] a heap of rubbish. "I would fain[9] know," says the sultan, "what those two owls are saying to one another; listen to their conversation and give me an account of it." The vizier approached the tree, pretending to be very attentive to the two owls. Upon his return to the sultan: "Sir," says he, "I have heard part of their conversation, but dare not tell you what it is."[10]

ADDISON, *Spectator*

1. *au dehors*. 2. *au dedans*. 3. Say: 'had sown ruin, etc., in ... ' 4. *de*. 5. *si bien que*. 6. *sans que*, etc. 7. §132. Add: 'perched'. 8. *sur*. 9. Use *vouloir bien*. 10. Say: 'what they are talking about'.

32. A Turkish Tale (II)

The sultan would[1] not be satisfied with such an answer, but forced him to repeat, word for word, everything the owls had said. "You must know then," said the vizier, "that one of these owls has a son and the other a daughter, between whom they are now upon a treaty of marriage![2] The father of the son said to the father of the daughter, in my hearing,[3] 'Brother, I consent to this marriage, provided[4] you will settle[5] upon your daughter fifty ruined villages for her portion.'[5] To which the father of the daughter replied, 'Instead of fifty, I will give her five hundred, if you please. God grant a long life to Sultan Mahmoud; whilst he reigns[6] over us we shall never want[7] ruined villages.'"

The story says,[8] the sultan was so touched with[9] the fable that he rebuilt the towns and villages which had been destroyed, and from that time forward consulted the good of his people.

ADDISON, *Spectator*

1. Care! 2. Paraphrase: 'whom they wish to unite, and they are now discussing the terms of the treaty of marriage'. 3. Say: 'loud enough for me to hear'. 4. §103. 5. Say: 'give as a dowry'. 6. Care! §73 (*a*). 7. Meaning? 8. *On dit*. 9. Preposition?

33. The Working-Girls of Paris

But the night comes, and they are free. There is no[1] prince in disguise, no millionaire lover waiting for them at the street corner in a chariot of silver and ebony. But the Bal Bullier, with its immense shining floor, and in summer the green trees and cool shadows of its garden, is open to them on three nights a[2] week. The band strikes up in the bright immensity as only does[3] the music of the dance in a young life[4] full of hardship and insecurity. Questing eyes seek their own.[5] The dance hall glitters with[6] the promise of adventure. Out in the night the trees of the boulevard make[7] heavy shadows. The Luxembourg and its gardens, where starlight and moonlight fall lightly on the stone figures of nymphs and dryads, sleep in[8] the drugged sleep of summer. Sunday promises a day in the woods at Meudon or Vincennes, with dinner under the trees of the forest or the old vines of a bosquet in an inn garden, vines that have garlanded many a youthful love. And in[9] this heady fancy the dancers go sleepily[10] to their attic beds, to turn and turn again in dreams[11] of the lover who became a prince, and the prince who became a lover.

> GEORGE SLOCOMBE, *The Heart of France*
> (Selwyn & Blount)

1. Say: 'No prince ... waits' (§45). 2. Preposition? §130. 3. Complete the sense. (§32). What does 'only' modify? 4. Say: 'when one is young and life is ...' 5. *Çà et là les regards se recherchent.* 6. *chargé de.* 7. Use *jeter*. 8. *de.* 9. Say: 'with their heads full of'. 10. Use an adjective. 11. Say: 'and dream of'.

34. DEATH OF GORDON

He had been[1] on the roof, in his dressing-gown, when the attack began; and he had only time to hurry to his bedroom, to slip on a white uniform, and to seize a sword and a revolver before the foremost of his assailants were in the palace. The crowd was led by four of the fiercest of the Mahdi's followers—tall and swarthy Dervishes, splendid in[2] their many-coloured jibbehs, their great swords drawn from their scabbards of brass and velvet, their spears flourishing[3] above their heads. Gordon met them at the top of the staircase. For a moment, there was a deathly pause,[4] while he stood in silence, surveying his antagonists. Then it is said that Taha Shahin, the Dongolawi, cried in a loud voice, "Mala 'oun el yom yomek!" (O cursèd one,[5] your time is come), and plunged his spear into the Englishman's body. His only reply was[6] a gesture of contempt. Another spear transfixed him; he fell, and the swords of the three other Dervishes instantly hacked[7] him to death.

> LYTTON STRACHEY, *Eminent Victorians*
> (Chatto & Windus, London.
> Harcourt, Brace, New York)

1. *Il était.* 2. *sous.* 3. Say: 'flourishing their spears'. 4. *il s'écoula un moment d'angoisse mortelle.* 5. *chien maudit.* 6. Say: 'For sole reply he made (*avoir*)'. 7. Say: 'and died beneath the sword-thrusts of the three other Dervishes'.

35. Conversation with a Stranger

"Excuse me, sir," he said, "but could you oblige me with a match?"

"Certainly."

He sat down beside me and while I put my hand in my pocket for[1] matches he hunted for his cigarettes. He took out a small packet of Gold-flakes and his face fell.

"Dear, dear, how very annoying! I haven't got a cigarette left."[2]

"Let me offer you one," I replied, smiling.

I took out my case and he helped himself.

"Gold?"[3] he asked, giving the case a tap as I closed it. "Gold? That's a thing I never could keep. I've had three. All stolen."

His eyes rested in a melancholy way[4] on his boots which were sadly[5] in need of repair. He was a wizened little man with a long thin nose and pale blue[6] eyes. His skin was sallow and he was much lined. I could[7] not tell what his age was; he might have been[8] five-and-thirty or he might have been sixty. There was nothing remarkable about him[9] except his insignificance. But though evidently poor he was neat and clean.

"Are you making a long stay, sir?" he asked me.

"Ten days or a fortnight."

"Is this your first visit to Elsom, sir?"

"I have been here before."

"I know it well, sir. I flatter myself there are very few seaside resorts that I have not been to at one time or another. Elsom is hard to beat, sir. You get[10] a very nice class of people here. There's nothing noisy or vulgar about[11] Elsom if you understand what I mean. Elsom has very pleasant recollections for me, sir. I knew Elsom well in bygone days. I was married in St. Martin's Church, sir."

W. Somerset Maugham, *First Person Singular*
(Heinemann)

1. Use a verb. 2. Use *rester* (§67). 3. §122, Note. 4. Say simply: 'sadly'. 5. Use *grand* with the verb. 6. §13 (*b*). 7. Not *pouvoir*. Tense? 8. §87. 9. *Sa personne n'avait rien de remarquable.* 10. Say: 'The people who come here are a very nice class of people (*des gens bien*).' 11. *à*.

36. A Tall Story

Tired, I alighted, and fastened my horse to something like[1] a pointed stump of a tree, which appeared above the snow; for the sake of safety,[2] I placed my pistols under my arm, and lay down on[3] the snow, where I slept so soundly that I did not open my eyes[4] till full daylight. It is not easy to conceive my astonishment[5] to find myself in the midst of a village, lying[6] in a churchyard; nor was my horse to be seen, but I heard him soon after neigh somewhere above me. On looking upwards, I beheld him hanging[6] by his bridle to the weathercock of the steeple. Matters[7] were now very plain to me; the village had been covered with snow overnight; a sudden change of weather had taken place; I had sunk down to[8] the churchyard whilst asleep, gently, and[9] in the same proportion as the snow had melted away; and what in the dark I had taken to be a stump of a little tree appearing above the snow, to which I had tied my horse, proved to have been[10] the cross or weathercock of the steeple!

RUDOLF ERIC RASPE, *Travels of Baron Munchausen*

1. = resembling. 2. *par précaution*. 3. *dans*. 4. Say: 'that it was full daylight when I opened my eyes'. 5. Say: 'how astonished I was', and see §114. 6. §63. 7. *la chose*. 8. Add: 'the level of'. 9. Omit, rendering 'in the same proportion as' by *à mesure que*. 10. Use *se trouver* with *être*.

37. An Interview with Clemenceau

A moment later Clemenceau received me in his bedroom. He was dressed, shod, gloved, and wearing that astonishing little hat. Seated in a deep armchair, he seemed to be dozing. But as soon as he heard me come in he opened his eyes and held out his[1] hand. He had not changed at all since my last visit, except that he seemed to be breathing less easily. Indeed, the first thing he said was that it was hard for him to breathe. Then he spoke of my play, remembering perfectly all I had told him about the dialogue in which he and Monet figured and which he himself had supplied. I tried to tell him what an effect his entrance[2] produced night after night;[3] but I could not, of course, go on[4] to say that the more alarming[5] the news of his health the greater the applause of the house. He asked if he might[6] have a photograph of that scene, whereupon I suggested[7] that he come round one evening to look at it. I knew that was out of the question, which was precisely why I proposed it.

He said, "I may do so on Sunday afternoon; but you must promise not to let[8] the audience know I am there." He stressed this point so strongly that I smiled and said, "Are you afraid that you will not be[9] applauded enough?"

I[10] could have bitten my tongue out as soon as I spoke, so sadly did my little jest make him smile. I went on to[11] tell him how[12] we had all been saddened by the rumour that his life was in danger, and I said that France trembled lest it lose him.[9] He looked at me sceptically and I saw that I had touched his soft spot: the Tiger needed to be stroked.

SACHA GUITRY, *If I Remember Right*
(Methuen)

1. §2 (*c*). 2. *son entrée en scène*. 3. Say: 'each night'. 4. *aller jusqu'au bout*. 5. Say: 'the more alarming the news... was, the more the house (*le public*) applauded'. See §115, *plus*. 6. Tense? §74. 7. Say: 'I suggested to him', and follow with an infinitive construction (§79). 8. Say: 'promise that the audience shall not know'. 9. You can avoid a subjunctive (see §103, Special Notes). 10. Recast the sentence thus: 'My little jest made him smile so sadly that I would have ... as soon as I had spoken.' (§71). 11. *en* + present participle. 12. See §114.

38. GHOST STORY

There was another story which never failed to fill me with terror. He told it me as if it had happened to himself. In the late[1] summer of 1849, when the court had gone[2] to Balmoral, he made a tour in western Ireland. He arrived one afternoon at a large house in County Mayo and was invited to dine and sleep. Having said good-night to his host and hostess he retired to his bedroom and lit a number of candles for he had much work to do. The writing table was placed near the window, which, since the night was close and still, he had left open. Soon after midnight he was surprised to hear the[3] sound of wheels on the gravel outside and in the beam[4] of light cast by his candles he saw a large hearse with[5] two horses drive up to the front door. The driver of the hearse glanced up at the open window and his face[6] shone in the beam of light. Lord Dufferin rose from his chair in cold panic;[7] the face[8] below him, the eyes that had met his, were the most sinister that he had[9] ever seen. It was a foreign face, unshaven and sulky. He felt a cold sweat upon his forehead and drew the curtains hurriedly. A few moments later he heard the hearse drive off into the night. The face of the driver for ever[10] haunted his memory.

Forty years later he was in Paris and was visiting a friend at the Continental Hotel. The hotel clerk bowed him towards the lift which at that date was a modern innovation. He was about to enter when the face of the lift-man chilled him with horror. It was the face of the man who had driven that hearse in County Mayo forty years before. Lord Dufferin stepped back with a gesture of refusal. He would prefer, he said, to walk up[11] the staircase.

"And what happened," I would ask, "to the lift-man, Uncle Dufferin?"

"The lift fell" (and he accompanied these words with a downward sweep of the hand).[12] "He was *killed*."

HAROLD NICOLSON, *Helen's Tower*
(Constable)

1. Say: 'Towards the end of'. 2. Say: 'was at'. 3. Indefinite article. 4. Say: 'by the light of his candles'. 5. §132. *attelé de*. 6. Say: 'the beam ... lit up his face'. 7. Say: 'trembling with fear'. 8. Add a verb (§132). 9. Care! §106. 10. Say: 'for ever after (*par la suite*) did not cease to haunt ...' 11. *prendre*. 12. Paraphrase.

39. THE FRENCH MIDDLE CLASS

Following the model of England, the bourgeoisie has acquired the habit of visits to the seaside and travelling for pleasure;[1] it has taken pains to adopt English games and athletic sports, hygiene, cleanliness, and even comfort, which were[2] quite foreign to the French tradition. But it has not succeeded in acquiring a taste for the country; country-house life (the *vie de château*), which is[3] so much sought after in England, has remained in France a tradition peculiar to the nobility.

The most profound changes[4] are those that have taken place in the life of young girls of the middle classes, who are now allowed[5] to go out alone, without the escort of a servant or female relative, and to choose their own[6] husbands, while it has even become possible for them to marry without a marriage portion—in other words,[7] they have come to be allowed[8] the same liberty as girls of the lower classes. They have even begun to acquire a certain economic independence. To the occupation of governess, the only one previously open to them, have been added[9] not only that of teacher in secondary schools, but also a growing number of positions[10] as secretaries, accountants in commercial offices and banks, and even the professional careers of medicine and the bar, since the faculties of medicine and law at the universities have been thrown open to women.[11]

> CHARLES SEIGNOBOS, *A History of the French People*
> (Jonathan Cape)

1. *les voyages d'agrément.* 2. Say: 'things quite foreign ... ' 3. It will be neater to omit the words 'which is'. 4. Say: 'What has most profoundly changed is the life ... ' 5. §64. 6. Use the phrase: *choisir à son gré.* 7. *c'est-à-dire que.* 8. Say: 'they have been allowed', using *laisser.* 9. §62. 10. Say: 'positions more and more numerous'. 11. Say: 'since women have been admitted to ... '

40. VAN GOGH

He and Paul Gauguin were in the South of France together, and they occupied the same bedroom—since they were neither of them rich, though the latter had started as a stockbroker. And at last one night Gauguin was woken by hearing his room-mate prowling about in the dark without good cause.[1] He called out to him, and immediately the other scuttled back to his bed. But later on he was again woken up, and he found Van Gogh in a crouching position, not a yard[2] away from him, with his eyes fixed upon his face.

"What is it, Vincent?" he shouted out angrily, as he[3] did not move. "Go back to your bed, Vincent!" And Vincent obeyed him at once and returned to his bed without speaking. A third time however he[3] was disturbed. And on this occasion he saw Vincent approaching with an open razor. He drove him off with a few massive French curses.[4] But this was enough[5] for Monsieur Paul Gauguin, and next morning he changed[6] his hotel. A few days later he received a small postal packet, and discovered inside, carefully wrapped up, a human ear. It was a present from his friend. For Vincent had cut it off and sent it to him as[7] a little surprise.

WYNDHAM LEWIS, *The Revenge for Love*
(Cassell)

1. *sans motif plausible*. 2. Say: 'less than a yard' (§22). 3. Avoid ambiguity. 4. *en lâchant une bordée de jurons français*. 5. Use *suffire à*. 6. §99. 7. Say: 'to give him' (*faire*).

41. WALKING EARLY

In the cart were two nuns, each with[1] a scythe; they were going out[2] mowing, and were up the first in the village, as Religious always are.[3] Cheered by this happy omen, but not yet heartened, I next met a very old man leading out a horse, and asked him if there was anywhere[4] where I could find coffee and bread at that hour; but he shook his head mournfully and wished me good-morning in[5] a strong accent, for he was deaf and probably thought I was begging. So I went on still more despondent[6] till[7] I came to a really merry man of about middle age who was going to the fields, singing, with[1] a very large rake over his shoulder. When I had asked[8] him the same question he stared at me a little[9] and said of course coffee and bread could be had[10] at the baker's, and[2] when I asked him how I should know the baker's[11] he was still more surprised at my ignorance, and said, "By[12] the smoke coming from the large chimney." This I saw[13] rising a short way off on my right, so I thanked him and went and found there a youth of about nineteen, who sat at a fine oak table and had coffee, rum, and a loaf before him. He was waiting for the bread in the oven to be[14] ready; and meanwhile he was very courteous, poured out coffee and rum for me and offered me bread.

HILAIRE BELLOC, *The Path to Rome*
(Allen & Unwin)

1. Say: 'carrying'. 2. Omit. 3. Say: 'according to the habit of Religious'. 4. Say: 'any place'. 5. *avec*. 6. Say: 'more despondent than ever' and place these words at the head of the sentence. 7. Say: 'and at last . . .', avoiding a subjunctive. 8. Tense? §71. 9. *pendant un petit moment*. 10. Use *se trouver*. 11. Say: 'the bakery'. 12. Preposition? §121. 13. Say: 'I indeed saw some smoke'. 14. §103, Note 1.

42. THE MURDERS IN THE RUE MORGUE

The apartment was in the wildest disorder—the furniture broken and thrown about in all directions. There was only one bedstead; and from this the bed[1] had been removed, and thrown into the middle of the floor. On a chair lay[2] a razor, besmeared with blood. On the hearth were two or three long and thick tresses of grey human[3] hair, also dabbled in blood, and seeming to have been pulled out by the roots. Upon the floor were found four Napoleons, an ear-ring of[4] topaz, three large silver spoons, three smaller of[4] *métal d'Alger*, and two bags containing nearly four thousand francs in gold. The drawers of a *bureau*, which stood in one corner, were open, and had been, apparently, rifled, although many articles still remained[2] in them. A small iron[4] safe was discovered under the *bed*[5] (not[6] under the bedstead). It was open, with the key still in the door.[7] It had no contents beyond[8] a few old letters, and other papers of little consequence.

Of Madame L'Espanaye, no traces were here seen; but an unusual quantity of soot being observed in the fireplace, a search was made in the chimney, and (horrible to relate!)[9] the corpse of the daughter, head-downwards, was dragged therefrom. The body was quite warm.

E. A. POE, *Tales of Mystery and Imagination*

1. Say: 'the mattress'. 2. Use *se trouver*. 3. Omit. 4. §122, Note. 5. *la literie*. 6. §109 (a). 7. Say: 'in the lock'. 8. Say: 'It contained only'. 9. *chose horrible à dire!*

43. TWELFTH NIGHT

Orsino, Duke of Illyria, has long and wearily wooed[1] the Countess Olivia. Viola, shipwrecked on the Illyrian coast, supposing her beloved twin brother is drowned, disguises herself as[2] a page, takes the name of "Cesario", and enters[2] Orsino's service. She is sent[3] to woo Olivia for him, much against her will,[4] as she has herself fallen in love with the Duke. Olivia falls in love with Viola, thinking her to be a man. Sebastian, Viola's twin, also saved[5] from the wreck, enters Illyria and the likeness of the twins causes much confusion. Olivia encounters him and, thinking him to be "Cesario", betroths herself to him. Meanwhile the strictness of Olivia's steward Malvolio has made him hated by other members of the household who successfully plot[6] his discomfiture. When next Olivia meets "Cesario" with the Duke, and claims[7] her as her husband, Viola denies it,[8] but the Duke is very angry, thinking that his page has betrayed him, until Sebastian appears,[9] and all is explained. The Duke, realizing the depths of Viola's devotion, marries her, and all ends happily.[10]

> Synopsis on the dust cover of the 'Penguin'
> edition of *Twelfth Night*

1. Say: 'For a long time Orsino .. has been consumed with love for.' 2. §98. 3. Say: 'The latter charges her ...' 4. Say: 'a mission she fulfils much against ...' 5. Say: 'who has also escaped' (*échapper à* or *de*? See §99). 6. Say: 'who, having plotted against him, succeed in bringing about his disgrace.' 7. Say: 'and reminds her of her promise to marry her'. 8. *Viola se récuse.* 9. Say: 'until the arrival of Sebastian removes the misunderstanding' (*lève l'équivoque*). 10. *pour le mieux.*

44. Reflections on the Battle of Agincourt

War is a dreadful thing; and it is appalling to know[1] how the English were obliged, next morning, to kill those prisoners mortally wounded who yet writhed in agony upon the ground; how the dead upon the[2] French side were stripped by their own countrymen and countrywomen,[3] and afterwards buried in great pits; how the dead upon the English side were piled up in a great barn, and how their bodies and the barn were all burned together. It is in such things,[4] and in many more much too horrible to relate,[5] that the real desolation and wickedness of war consist.[6] Nothing can make war otherwise than horrible.[7] But the dark side of it was little thought[8] of and soon[9] forgotten;[8] and it cast no shade of trouble on[10] the English people, except on[11] those who had lost friends or relations in the fight. They welcomed their King home[12] with shouts of rejoicing, and plunged into the water to bear him ashore on their shoulders, and flocked out in crowds to welcome him in every town through which he passed, and hung rich carpets and tapestries out[13] of the windows, and strewed the streets with flowers, and made[14] the fountains run with wine, as the great field of Agincourt had run with blood.

DICKENS, *A Child's History of England*

1. *on frémit en apprenant.* 2. *du.* 3. Turn by adding *hommes et femmes*. 4. *faits.* 5. Say: 'for one to be able to relate them'. 6. Say: 'are shown'. §62. Position? §68 (*c*). 7. Neatly turned by using *racheter l'horreur de la guerre.* 8. Avoid the passive. 9. Use *tarder à.* 10. *dans l'âme de.* 11. *chez.* 12. Say: 'When the King returned to England they welcomed him.' 13. See Vocabulary (*out*). 14. Say: 'and made wine run in ... as streams of blood had run on ...'

45. A DIPLOMAT

Presently I finished my dinner and went into[1] the lounge. He was sitting in a large armchair and when he saw me he called a waiter. I sat down. The waiter came up and he ordered coffee and liqueurs. He spoke Italian very well.[2] I was wondering by what means I could find out who he was without offending him. People are always a little disconcerted when you do not recognize them, they are so important to themselves,[3] it is a shock[4] to discover of what small importance they are to others. The excellence of his Italian recalled him to me. I remembered who he was and remembered at the same time that I did not like him. His name was Humphrey Carruthers. He was in the Foreign Office and he had[5] a position of some importance. He was in charge of I know not what department. He had been attached to various embassies and I supposed that a sojourn in Rome accounted for his idiomatic[6] Italian. It was stupid of me[7] not to have seen at once that he was connected with[8] the diplomatic service. I had known[9] Carruthers for a good many years, but had met him infrequently, at luncheon parties where I said no more[10] than how do you do to him and at the opera where he gave me a cool[11] nod. He was generally thought intelligent; he was certainly cultured. He could talk of all the right things.[12] It was inexcusable of me[13] not to have remembered him, for he had lately acquired a very considerable reputation as[14] a writer of short stories.

W. SOMERSET MAUGHAM, *First Person Singular*
(Heinemann)

1. Use *passer à.* 2. §6 (*d*). 3. *imbus de leur propre importance.* 4. 'It is a shock to me' = *cela me porte un véritable coup.* 5. Use *occuper.* 6. Say: 'his excellent knowledge'. 7. *de ma part.* §131. 8. Say simply 'was in'. 9. Care! §69 (*c*). 10. *pas autre chose que.* 11. Use an adverb. 12. *les sujets admis.* 13. Say: 'I was truly inexcusable ...' 14. *en tant que.*

46. Books

I do not like books. I believe I have the smallest library of any literary man in London,[1] and I have no wish to increase it. I keep my books[2] at the British Museum and at Mudie's, and it makes me very angry if anyone gives me one for my private[3] library. I once heard two ladies disputing[4] in a railway carriage as to whether[5] one of them had or had not been wasting money. "I spent it on[6] books," said the accused "and it's not wasting money to[7] buy books." "Indeed, my dear, I think it is,"[8] was the rejoinder, and in practice I agree with it.[9] *Webster's Dictionary*, *Whitaker's Almanac*, and *Bradshaw's Railway Guide* should be sufficient for any ordinary library; it will be time enough to go beyond these[10] when the mass[11] of useful and entertaining matter they provide has[12] been mastered. Nevertheless, I admit that sometimes, if not particularly busy, I stop at[13] a second-hand bookstall and turn over a book or two from mere[14] force of habit.

SAMUEL BUTLER, *Selected Essays*

1. Say: 'Of (*parmi*) all the ... I am the one who owns ... ' 2. Say: 'My books are'. 3. Omit. 4. Use a noun: 'a dispute between two ladies'. 5. Start a new sentence: 'The question was whether' (*il s'agissait de savoir si*). 6. Say: 'on buying'. 7. *que de*; §40. 8. *je crois que si*. 9. Say: 'with this opinion'. 10. Say: 'soon enough to add other volumes than these'. 11. Use the adjective *abondant*. 12. Tense? §73 (*a*). 13. *devant*. 14. *simplement par*.

47. Avignon

I know of no human work which more impresses[1] the mind with a sensation of towering height than does[2] this same Palace of the Popes overhanging the very deep, narrow lane which skirts the southern side of the building. What it is[3] which thus produces the effect of height in any human thing,[4] I have often sought[5] but never discovered. Beauvais,[6] from[7] the inside, looks so high that it seems a creation beyond human power, but the Eiffel Tower does not look high And so this unbroken wall above that Avignon alley, which is but a tenth of the height[8] of the Eiffel Tower, tells you as you pass that it is the highest wall in[9] the world.

Yet another thing about[7] Avignon is the mark set upon it by the Black Death. That is a mark[10] which has been set upon[11] innumerable places in Christendom; that Beauvais which I have just mentioned, and here in England, the church of Great Yarmouth and in the south,[12] Narbonne. In each case men began to make a thing[13] on[14] a certain scale and then were suddenly pulled up sharp by an awful, a complete, a universal disaster—and what they had begun was never finished.

HILAIRE BELLOC, Article in *The Sunday Times*

1. Say: 'leaves in (*à*) the mind a more striking impression of height'. 2. §111 and §32. 3. Turn into a question: 'What produces . . .?' 4. *dans les choses issues de la main des hommes*. 5. Add 'to know'. 6. Say: 'The cathedral of Beauvais'. 7. §132. 8. Say: 'ten times less high than'. 9. Preposition? §17 (*a*). 10. For neatness, use a noun in apposition. 11. Say: 'which is found again in'. 12. Not *le sud*. 13. Say: 'to conceive a work'. 14. *à*.

48. ALAS, POOR YORKE!

Mr. Hunsden gave him a mastiff cub, which he called Yorke, after the donor[1]; it grew to a superb dog, whose fierceness, however, was much modified by the companionship and caresses of its young master. He would go nowhere, do nothing without Yorke; Yorke lay at his feet while he learned his lesson, played with him in the garden, walked with him in the lane and wood, sat near his chair at meals, was fed always by[2] his own[3] hand, was the first thing he sought in the morning, the last he left at night. Yorke accompanied Mr. Hunsden one day to X——, and was bitten in the street by[2] a dog in a rabid state. As soon as Hunsden had brought[4] him home, and had informed me of the circumstance,[5] I went into the yard and shot him where[6] he lay licking his wound: he was dead in an instant; he had not seen me level the gun; I stood behind him. I had scarcely been ten minutes in the house, when my ear was struck[7] with sounds of anguish; I repaired to the yard once more, for they proceeded thence. Victor was kneeling beside his dead mastiff, bent over it, embracing its bull-like neck,[8] and lost in a passion of the wildest woe[9]: he saw me.

"Oh, papa, I'll never forgive you! I'll never forgive you!" was his exclamation.[10] "You shot Yorke—I saw it from the window. I never believed[11] you could be so cruel—I can love you no more!"

I had much ado to explain to him, with a steady voice, the

stern necessity of the deed; he still, with that inconsolate and bitter accent, which I cannot render, but which pierced my[12] heart, repeated—"He might have been[13] cured—you should have[14] tried—you should have burnt the wound with a[15] hot iron, or covered it with caustic. You gave[16] no time; and now it is too late—he is dead!"

CHARLOTTE BRONTË, *The Professor*

1. *d'après le nom du donateur.* 2. §130. 3. Omit. 4. Tense? §71. 5. *l'accident.* 6. *où* requires an antecedent here; §117. 7. Say: 'I heard groans of anguish'. 8. §19 (*b*). 9. *égaré par la douleur.* 10. Use a verb. 11. Say: 'I would never have believed', and see §105. 12. §2 (*b*). 13. §87. 14. §88. 15. *au.* 16. Use *laisser.*

49. RANK VERSUS MERIT

Rousseau's treatise on the inequality of mankind was at this time a fashionable topic.[1] It gave rise[2] to an observation by Mr. Dempster that the advantages of fortune and rank were[3] nothing to[4] a wise man, who ought[3] to value only merit.

Johnson: "If a man were a savage,[5] living in the woods by himself, this might be true; but in civilized society we all depend upon[6] each other, and our happiness is very much[7] owing to the good opinion of mankind.[8] Now, sir, in civilized society, external advantages make us much more respected.[9] A man with a good coat[10] upon his back meets with a better reception than he who has a bad one.[10] Sir, you may analyse this,[11] and say, 'What is there in it?'[12] But that will avail you nothing,[13] for it is part of a general system. Pound St. Paul's Church into atoms, and consider any single[14] atom; it is, to be sure, good for nothing: but, put all these atoms together, and you have St. Paul's Church. So it is with human felicity, which is made up of many ingredients, each of which[15] may be shown to be very insignificant.

"In civilized society, personal merit will not serve you so much as money will. Sir, you may make the experiment. Go into the street, and give one man a lecture on morality, and another a shilling, and see which will respect you most."

BOSWELL, *Life of Johnson*

1. Say: 'was ... much talked of among fashionable people'. 2. Say: 'In this connection Mr. Dempster observed'. 3. Present tense. 4. Say:

'in the eyes of'. 5. Say: 'For a man in (à) the savage state'. 6. §97. 7. *pour une large part*. 8. Say: 'that mankind has of us'. 9. For 'respected' put *digne de considération* and see §83 (*e*). 10. Find a suitable antithesis. 11. Say: 'this thought'. 12. *Qu'est-ce que cela prouve?* 13. *cela ne changera rien.* 14. Say: 'consider each atom singly'. 15. Add: 'taken separately'.

50. The New Forest

In reality, it was like any other forest.[1] In the spring, the green leaves broke out of the buds; in the summer, flourished heartily, and made deep shades; in the winter, shrivelled and blew down,[2] and lay in brown heaps on the moss. Some[3] trees were stately, and grew high and strong; some[3] had fallen of themselves; some[3] were felled by the forester's axe; some were hollow, and the rabbits burrowed at[4] their roots; some few were[5] struck by[6] lightning, and stood white and bare. There were hill-sides covered with rich fern, on which the morning dew so beautifully[7] sparkled; there were brooks, where the deer went down to drink, or over which the whole herd bounded, flying from[8] the arrows of the huntsmen; there were sunny glades, and solemn places where but little light[9] came through the rustling leaves. The songs of the birds in the New Forest were pleasanter to hear than the shouts of fighting men outside;[10] and even when the Red King and his Court came hunting through[11] its solitudes, cursing loud and riding hard, with a jingling of stirrups and bridles and knives and daggers, they did much less harm there than among the English or Normans, and the stags died (as they lived) far easier than the people.

Dickens, *A Child's History of England*

1. Say: 'a forest like any other (*comme les autres*)'. 2. 'to blow down' here must be rendered by some such phrase as '*tomber, arraché par le vent*'. 3. Do not use the same words each time. 4. *entre*. 5. Logical tense? 6. §130. 7. *avec splendeur*. 8. *devant*. 9. *une lumière avare*, translating 'come' by *filtrer*. 10. Add 'its borders'. 11. *dans*.

51. Cairo and the Plague

As soon as I had seen[1] all that interested me in Cairo and its neighbourhood, I wished to make my escape from a city that lay under the terrible curse of the Plague; but Mysseri fell ill in consequence, I believe, of the hardships which he had been suffering in my service; after a while he recovered sufficiently to undertake a journey, but then there was some difficulty in procuring beasts of burthen, and[2] it was not till the nineteenth day[3] of my sojourn that I quitted the city.

During all this time the power[4] of the Plague was rapidly increasing. When I first arrived,[5] it was said that the daily number of "accidents" by[6] Plague out of[7] a population of about 200,000 did not exceed four or five hundred, but before I went away[8] the deaths were reckoned[9] at twelve hundred a day. I had no means of knowing whether the numbers (given out, as I believed they were, by officials)[10] were at all[11] correct, but I could not help knowing[12] that from day to day the number of dead was increasing.

KINGLAKE, Eothen

1. Use *visiter*. 2. It would be neater to begin a new sentence with '*Bref*'. 3. Say: 'I had been nineteen days in the city when I finally...' 4. Say: 'The Plague was rapidly increasing its power (*ses ravages*)'. 5. Use *lors de* and a noun. 6. §132. 7. 'one out of ten' = *un sur dix*. 8. Use a noun. 9. Say: 'they reckoned twelve hundred deaths...' 10. Express neatly as: 'official, I believed'. 11. *vraiment*. 12. Say: 'I could not be unaware' (*ne pas savoir*).

52. ARRIVAL IN ATHENS

But what most attracted the eye[1] was the superb young officer who was engaged in conversation with the conductor of the wagon-lit. He was the first (and almost the last) Greek I ever saw who gave one the impression of a statue come to life.[2] And how smart he was! How his sword glistened in the sunlight, how his leather[3] shone and his buttons sparkled!

Suddenly he turned, pointed in my direction, and started walking towards me. I hurriedly adjusted my tie, and wished[4] that I had shaved. It didn't seem to make much difference, but it made one feel[5] somehow undressed.[6] However, there was little time for regret. The officer was already by my side.

"Monsieur Nichols?"

"Oui."

He saluted, turned, and shouted to the soldiers. They ceased talking. Shouted again. They sprang to attention. Shouted again. They sloped arms.

This was terrifying. I also endeavoured to put a few

inches on my height, and frowned severely, which is reputed to have an effect of making[7] one look older.

"I come from[8] the Military Commander of Macedonia," he informed me. "You are to be under his special protection."

"Thank you," I said, in as deep and resonant a voice as possible. "It is very gracious of him."

"I have also," he remarked, "to present you these documents." He handed me some papers decorated with heavy seals. I took them, glanced at them, and placed them inside my pocket.

"You will have no difficulty," added this excellent young man, "in such things as customs.[9] Athens has been informed[10] of your arrival. Everything will be done to ensure your comfort."

BEVERLEY NICHOLS, *Twenty-five*
(Jonathan Cape)

1. *les regards.* 2. 'which had come to life'. Mood? §107. 3. 'the leather (*plural*) of his equipment' 4. Conditional perfect. 5. Use *avoir l'impression de.* 6. *négligé.* 7. Say: 'is reputed to make . . .' 8. Not *de*; §131. 9. *pour la douane et le reste.* 10. Say: 'your arrival has been announced . . .'

53. A SECRET CORRESPONDENCE

One day, Mr. Gibson came home unexpectedly. He was crossing the hall, having come in by the garden-door—the garden communicated with the stable-yard, where he had left his horse—when the kitchen door opened, and a girl came quickly into the hall[1] with a note in her hand, and made as if she was taking it upstairs; but on seeing her master she gave a little start, and turned back as if to hide herself in the kitchen. If she had not made this movement, Mr. Gibson, who was anything but[2] suspicious, would never have taken any notice of her. As it was,[3] he stepped quickly forwards, opened the kitchen door, and called out "Bethia!" so sharply that she could not delay[4] coming forwards.

"Give me that note," he said. She hesitated a little.

"It's for Miss Molly," she stammered out.

"Give it to me!" he repeated more quickly than before.[5] She looked as if[6] she would cry; but still she kept the note tight held behind her back.[7]

MRS. GASKELL, *Wives and Daughters*
(Adapted)

1. Say: 'came quickly in', omitting 'the hall' and begin a new sentence: 'She had a note...' 2. Use *ignorer* and a noun. 3. *Mais le fait est que.* 4. Say: 'she was obliged to come forward at once'. 5. Say: 'the first time'. 6. Turn simply by: 'seemed ready to'. 7. Say: 'she none the less concealed (*elle n'en cachait pas moins*) behind her back the note she held tight in her hand'.

54. AMUSING PASSENGERS

When I was a small boy, we used often to go and stay in the country with an aunt. Sunk in one corner of the garden was a large tank, perhaps six or eight feet deep, with vertical walls of cement, and more or less full of rainwater and duckweed. In the spring, this used to be occupied by[1] quantities of frogs and toads. These set up a fine chorus[2] of croaking (though[3] why the soft pretty cooing of the toad should be called a croak I do not know), and we often came down to look at them as they lay suspended in the water, eyes and nose just emerging,[4] forelegs spread, and body and hind-legs trailing diagonally down.

Somehow or other we discovered the fact[5] that they liked to scramble on to any floating piece of wood in[6] the water; and we used to spend hours giving the frogs a ride.[7] We took a straight log from[8] the wood-pile, and, quite illegally,[9] hurled it in the water. The frogs (I can see them now)[10] swam from all sides and climbed out upon it. Then with long hazel sticks we propelled the log from one end of the tank to the other. It would rotate a little, and spill the less skilful of its passengers; and it was our amusement[11] to see them try to mount again in mid-course. Some of them, however, were very expert, and would stick[12] on for long journeys.

JULIAN HUXLEY, *Essays in Popular Science*
(Chatto & Windus, London.
Knopf, New York)

1. Use *donner asile à*. 2. Use *exécuter en chœur*, transferring the epithet 'fine' to 'croaking'. 3. *au fait*. 4. Use *affleurer à la surface*. 5. Omit 'the fact'. 6. *sur*. 7. *une promenade en radeau*. 8. §98. 9. *et, grave délit*. 10. Say: 'I seem to see them still'. 11. Use *s'amuser*. 12. Say: 'would make long journeys without falling off'.

55. THE BOSS

My employer awoke. I should like, at this point, to give an exact description of him, showing him as[1] impartial people saw him every day, without[2] impatience or malice or indignation or anger; in fact,[3] without my own personal opinion of him affecting my description. Our customers regarded Monsieur Ernest as a rather fine-looking man. Broadly built and above middle height, in his clothes he was all the more[4] imposing in appearance because he was somewhat slow in his movements. He either[5] stood on his doorstep, nodding carelessly when an acquaintance greeted him, or[5] else, seated at his desk with clasped hands, back bent and his knees apart, he would gaze fixedly before him until he fell into a sort of trance. Sometimes after his meals his motionlessness became terrifying, and I hardly dare say what I hoped, though perhaps I shall come back to that later. At this time he was nearing his fiftieth year,[6] and his hair, cut *en brosse*, was just beginning to turn grey over his large ears, but not[7] a line was visible on his forehead. His cheeks were indecently large and forced[8] his small mouth, surmounted by a military moustache, into a sort of pout. Like myself, he dressed in[9] black, but there was this difference between us, that he[10] never wore a collar and his clothes were always covered with stains. Finally, to complete the description, which I consider to be as accurate, as honest and as moderate as possible, I should add that his whole day was nothing but one long period of digestion, for he ate the whole time, and his complexion betrayed the continual efforts of his over-taxed stomach.

JULIAN GREEN, *The Dreamer*
(Heinemann)

1. *tel que.* 2. *sans me laisser aller à.* 3. *bref.* 4. 'all the more ... because' = *d'autant plus .. que.* 5. *tantôt ... tantôt.* 6. §20. 7. *sans que,* etc. 8. For 'force into' use *faire faire à.* 9. Preposition? 10. Stress. §27.

56. A SPANISH GOATHERD

Next morning I continued my journey through[1] the mountains. At one moment[2] I would see a smiling panorama beneath[3] me, at another[2] I wandered through a wilderness of[4] beetling crags. From time to time a snowy ridge of the Sierra Nevada would emerge into view, only[5] to disappear in a moment behind gables of rock. The earth below me was a pattern of[4] the most fantastic colours—purple, orange, brown. At the tiny village of Diezma, where to my surprise[6] the inn was called "Venta de Bretana" (Inn of Britain), I made a short halt. On my way I chatted with a goatherd who was driving his goats towards Darro, a village which lay some kilometres off our road. The goatherd was most talkative: I suppose long days of lonely wandering[7] after his goats in the mountains made[8] him as eager to converse as a Carthusian who has been allowed to break his silence[9]. We exhausted a host of topics—religious, political, economic—whether[10] the church still had power in Andalusia, whether Gil Robles would become dictator of Spain like Primo de Rivera, whether the Government would let the unemployed starve in the towns. The goatherd was not a socialist: "No, Señor, the people are like mountain goats: they frisk and butt and jump from rock to rock, nibbling a bit[11] here and a bit there, but they need a shepherd with a crook to count them and drive them home."[12]

WALTER STARKIE, *Don Gypsy*
(John Murray)

1. *dans.* 2. *tantôt . . . tantôt.* 3. §132. Say: 'spread out at my feet' 4. *aux.* 5. Omit. 6. Say: 'where I was surprised to see that'. 7. Say 'long days spent wandering alone with'. 8. Tense? 9. *qu'on a relevé de son vœu de silence.* 10. Say: 'was the church still all-powerful?', etc. 11. *un brin.* 12. Say: 'bring them back to the fold'.

57. FAMILIAR OBJECTS

Only the other day,[1] coming home from his afternoon's walk, he had stopped to admire his house. The long shadow[2] of its familiar trees[3] had awakened an extraordinary love in him, and[4] when he had crossed the threshold and[4] sat down in his armchair, his love for his house had surprised him,[5] and he sat like one enchanted[6] by his own fireside, lost in admiration of the old mahogany bookcase with the inlaid panels, that he had bought at an auction. How sombre and quaint it had looked, furnished with his books[7] that he had had[8] bound in Dublin, and what pleasure it always was to[9] him to see a ray lighting up the parchment bindings! He had hung some engravings on[10] his walls, and these had become very dear to him;[11] and there were some spoons that he had bought at an auction some time ago—old, worn Georgian spoons—and[4] his hands had become accustomed to them; and[4] there was an old tea-service, with flowers painted inside the cups, and his eyes had become accustomed to these flowers. He was leaving these things, and[4] he didn't know exactly why he was leaving them.

GEORGE MOORE, *The Lake*
(Heinemann)

1. *L'autre jour encore*. 2. Plural. 3. Say: 'the familiar trees which surrounded it'. 4. Do not translate by *et* each time. In the last sentence *sans que* might be used. 5. Say: 'surprised to see how much he loved his house', avoiding the following 'and'. 6. Say: 'had remained seated as though (*comme*) enchanted'. 7. Say: 'with its rows of books'. 8. §83 (*d*). 9. *pour*. 10. Preposition? 11. Say: 'and now he was much attached to them'.

58. COLONIAL ADMINISTRATION

Such a combination of circumstances—too much work with inadequate pay, too much power with too little responsibility, would be trying for any man, whatever his abilities,[1] and French West Africa does not on the whole get able men: there is nothing to take them there.[2] The climate, though extremely varied, is almost universally unpleasant for Europeans—the chief exception is French Guinea, which is[3] mountainous and has an almost European climate—it is a very isolated colony and is notoriously a haven for people with influence—and people who enter the colonial service naturally prefer if possible to work in the pleasanter colonies. French tropical Africa gets the candidates at the bottom[4] of the list.

There is[5] a great deal to be said against a ruling caste founded on money and birth, such as we possess;[6] it[7] is obviously unfair and excludes a great number of competent people; but it has many advantages over the French system founded on examinations and influence. Men who are trained in the belief that they are born to command may lack many qualifications, but they are unlikely to lose their head when they do get authority in the same way that people who have lived their lives in subordinate and mediocre positions do. They are so certain that they are the salt[8] of the earth that they take it for granted[9] and presume that everyone they deal with will also do so; consequently they can treat subordinates with the same consideration and impersonal politeness with which they treat servants; they do not have to insist on their superiority and prestige.

GEOFFREY GORER, *Africa Dances*
(Faber & Faber)

1. Say: 'however able he was', and see § 108. 2. Say: 'it has nothing to attract them'. 3. Omit 'which is' and say: 'a mountainous country (§1c) which has ...' 4. *les tout derniers candidats.* 5. *il y aurait.* 6. Say: 'founded like ours...' 7. Make the meaning clear. 8. *les élus.* 9. Say: 'it appears quite natural to them'.

59. PACHMANN

Arrived at Queen's Hall in time for Pachmann's Recital at 3.15 ... As usual he kept us waiting[1] for 10 minutes. Then a short, fat, middle-aged man strolled casually on to the platform and everyone clapped violently. So it was[2] Pachmann: a dirty greasy-looking fellow with long hair of dirty grey[3] colour, reaching down to his shoulders, and an ugly face. He beamed on us and then shrugged his shoulders and went on shrugging them[4] until his eye caught the music stool, which seemed to fill him with amazement. He stalked it carefully, held out one[5] hand to it caressingly, and finding all was well, went two steps backwards, clasping his hands before him and always gazing at the little stool in[6] mute admiration, his eyes sparkling with pleasure, like Mr. Pickwick's on the discovery of the archaeological treasure. He approached once more, and ever so gently moved it about seven-eighths of an inch nearer the piano. He then gave it a final pat[7] with[8] his right hand and sat down.

W. P. N. BARBELLION, *The Journal of a Disappointed Man*
(Chatto & Windus, London.
Doubleday, Doran, New York)

1. Use *se faire attendre.* 2. *C'était donc là.* 3. §13 (*b*). 4. Say: 'continued this gesture until he had caught sight of...' 5. Definite article. 6. *plongé dans.* 7. Say: 'patted it one last time'. 8. Preposition?

60. THE IMPORTANCE OF PLEASURE

I believe[1] that wisdom should be our goal, but that, in the absence of wisdom, we are wise to fall back on enjoyment.

To my mind one of the most appalling things that could[2] happen to the world would be to be ruled by unwise men who did not know[3] how to enjoy themselves. Enjoyment on the whole makes for mutual tolerance, and those who stand aloof from all the common pleasures—who regard cricket and eating and drinking and cinema-going[4] and novel-reading as a waste of time—have a way of making life very disagreeable for other people. How often an abstemious ruler becomes a tyrant! I am sure that Europe would be a far happier continent to-day if the head of every State had been taught[5] in his youth the art of wasting time. Unfortunately, we have several rulers to-day who are[6] themselves so indifferent to enjoyment that they are sincerely convinced that enjoyment is a disease[7] from which their fellow-citizens must at all costs be saved. They live in a frenzy of seriousness[8] for sixteen hours a day, and hold that the noblest work that any man can do is to[9] prepare for the day when millions of human beings will bomb each other to pieces.[10] If this[11] is work, then I hold, as Adam did, that work is a curse. If I were a philosopher, I would say: "Learn to waste your time wisely and you will at least have the satisfaction of knowing that you will do comparatively little harm."

ROBERT LYND (Article in *The New Statesman and Nation*)

1. Say: 'For my part, I believe we should aim at wisdom'. 2. Mood? §106. 3. Tense? §73 (*a*). 4. Say simply: 'the cinema'. 5. Simplify by saying: 'had learnt'. 6. 'who are' is better omitted. 7. *un mal*. 8. *au paroxysme de la gravité*. 9. Use *consister à*. 10. *se pulvériseront mutuellement à grand renfort de bombes*. 11. Stress.

61. CLIVE BEFORE THE BATTLE OF PLASSEY

Clive was in a painfully anxious situation.[1] He could place[2] no confidence in the sincerity or[3] in the courage of his confederate; and, whatever[4] confidence he might place in his own military talents,[5] and in the valour and discipline of his troops, it was no light[6] thing to engage an army twenty times as numerous as his own. Before him lay a river over which it was easy to advance, but over which, if things went ill, not one[7] of his little band would ever return. On this occasion, for the first and for the last time, his dauntless spirit, during a few hours, shrank from the fearful[8] responsibility of making a decision. He called a council of war. The majority pronounced against fighting;[9] and Clive declared his concurrence[10] with the majority. Long afterwards, he said that he had never called but one council of war, and that, if he had taken the advice of that council, the British would never have been masters of Bengal. But scarcely had the meeting broken up when he was himself again. He retired alone under[11] the shade of some trees, and passed near an hour there in thought. He came back determined to[12] put everything to the hazard, and gave orders that all should be[13] in readiness for passing the river on the morrow.

MACAULAY, *Essay on Lord Clive*

1. Say: 'state of painful anxiety', and see §15 (*c*). 2. Say: 'have'. 3. *ni*. 4. Say: 'whatever might be (§108) the confidence he could place'. 5. Singular. 6. Say: 'small'. 7. Add a noun. 8. §15 (*c*). 9. Use *être d'avis de ne pas engager le combat*. 10. Say: 'that he was in agreement with'. 11. Preposition? §121. 12. §80, *décider*. 13. Mood? §105.

62. MY FIRST EMPLOYER

Mr. Steighton, a man of about thirty-five, with a face at once sly and heavy, hastened to execute this order; he laid the letters on the desk, and I[1] was soon seated at it, and engaged in rendering the English answers into German. A sentiment of keen pleasure accompanied this first effort to earn my own living—a sentiment[2] neither poisoned nor weakened by the presence of the taskmaster, who stood and[3] watched me for some time as I wrote. I thought he was trying to read[4] my character, but I felt as secure against his scrutiny as if I had on a casque with the visor down—or rather I showed him my countenance with the confidence that one would show[5] an unlearned man a letter written in Greek; he might see lines, and trace characters, but he could make[6] nothing of them; my nature was not his nature, and its signs[7] were to[8] him like the words of an unknown tongue. Ere long he turned away abruptly, as if baffled, and left the counting-house; he returned to it but twice in the course of that day; each time he mixed and swallowed[9] a glass of brandy and water, the materials for making which he extracted from a cupboard on[10] one side of the fireplace; having glanced at my translations—he could read both French and German—he went out again in silence.

CHARLOTTE BRONTË, *The Professor*

1. The narrator is a man. 2. Add 'which was', and note the apposition. 3. Use *rester à*. 4. Add 'in'. 5. Say: 'one would have in showing'. 6. Say: 'would understand'. 7. Say: 'the signs that expressed it'. 8. Preposition? 9. Say: 'swallowed a mixture . . . which he prepared in a glass after extracting . . .' 10. §132.

63. A Lonely Farm

Doves Hut Farm lay[1] hid amongst the downs, that grew more high and more barren as[2] they approached the sea.

But though[3] the downs rose slowly to seawards,[4] until[3] they reached the mighty face of the great cliff, they hardly gave any shelter to the house that,[5] except for the barn—a ruinous building—received the full force of[6] the wild[7] west wind, that[5] blew through most of[8] the winter.

The look of the place was desolate and dreary, a mere feeding-ground for the gulls and a refuge for the curlew, a habitation to be passed by[9] and then utterly forgotten.

Whoever moved in these fields must,[10] of necessity, move slowly. Children had no wish to play there, and though the summer warmth might bring out a mottled snake to[11] bask in the sun, yet no one who lived there could forget, in the warmer months,[12] the wet winds of autumn and winter, and the bleak frosts of spring.

T. F. Powys, *In good Earth*
(Chatto & Windus, London.
Viking Press, New York)

1. Say 'was'. 2. Not *comme*. See §119. 3. Avoid a subjunctive. For 'though' in the second sentence use *si*. 4. Say: 'in this direction'. Why? 5. Avoid repeating *qui*; 'and it received . . .' 6. 'receive the full force of' = *recevoir en plein les coups furieux de*. 7. §15 (*b*). 8. Say: 'nearly all'. 9. Expand: 'which it was advisable to pass by (§98), then to forget utterly'. 10. §88. 11. *qui venait*. 12. *à la saison chaude*.

64. Last Instructions

It was between seven and eight o'clock when we quitted the ship together; Captain Cook in the pinnace, having[1] Mr. Phillips and nine mariners with him, and myself in the small boat. The last orders I received from him were,[2] to quiet the minds of the natives on[3] our side of the bay, by assuring them they should not be hurt; to[4] keep my people together, and to be on my guard. We then parted; the

Captain went towards Kowrowa, where the king resided,[5] and I proceeded to the beach. My first care on going ashore was,[2] to give strict orders to the mariners to remain within the tent, to[4] load their pieces with ball, and not to quit their arms. Afterwards I took a walk to the huts of old Kaoo and the priests, and explained to them as well as I could the object of the hostile preparations, which had exceedingly alarmed them. I found that they had already heard[6] of the cutter's being stolen,[7] and I assured them, that though Captain Cook was resolved to[8] recover it, and to punish the authors of the theft, yet[9] that they, and the people of the village on[3] our side, need not be under the smallest apprehension[10] of suffering any evil from us.[11]

JAMES COOK, *Voyages of Discovery*

1. Say: 'and with him'. 2. Tense? 3. §132. 4. Repeat the preposition. 5. Word order? §68 (*c*). 6. Care! 7. Use a noun. 8. Preposition? Compare §80; *décider*. 9. Place after 'that they' (stress the pronoun!). 10. Use *avoir à craindre*, and *le moins du monde*. 11. Say: 'that we should do them any harm'; (§104).

65. EARLY MEMORIES

All that I remember of my early life at this place comes between the ages of three and four and five;[1] a period[2] which, to the eye[3] of memory, appears like a wide plain blurred over with a low-lying mist, with here and there a group of trees, a house, a hill, or[4] other large object, standing out in the clear air with marvellous[5] distinctness. The picture that most often presents itself[6] is[7] of the cattle coming home[8] in the evening; the green quiet plain extending away from the gate to the horizon; the western sky flushed with sunset hues, and the herd of four or five hundred cattle[9] trotting homewards with loud lowings[10] and bellowings,[10] raising a great cloud of dust with their hoofs, while behind gallop the herdsmen urging them on with wild cries. Another picture is[7] of my mother at the close of day, when we children, after our supper of bread and milk, join in a last grand frolic on a green before the house. I see her sitting out of doors watching our sport with a smile, her book lying[11] in her lap, and the last rays of the setting sun shining on her face.

W. H. HUDSON, *Far Away and Long Ago*
(Dent)

1. Say 'my third and fourth ... year'. 2. §1 (c). 3. Plural. 4. Add: 'some'. 5. §1 (a). 6. Add: 'to me'. 7. What must be added? 8. Use a noun to translate the words 'coming home'. 9. Say: 'heads of cattle'. 10. Use verbs with *puissamment*. 11. Use *poser*, and see §63.

66. Ann

She fixed her eyes upon me earnestly; and I said to her at length, "So, then, I have found you at last." I waited; but she answered me not a word. Her face was the same as when I saw it last; the same, and yet, again[1], how[2] different! Seventeen years ago,[3] when the lamp-light of mighty London fell upon her face, as for the last time I kissed her lips (lips, Ann, that to[4] me were not polluted!), her eyes were streaming with tears. The tears were now no longer seen. Sometimes she seemed altered; yet again sometimes *not* altered; and hardly older. Her looks were tranquil, but with[5] unusual solemnity of expression, and I now gazed upon her with some[6] awe. Suddenly her countenance grew dim; and, turning to the mountains, I perceived vapours rolling between us: in a moment, all had vanished; thick darkness came on; and in the twinkling of an eye I was[7] far away from mountains, and by[8] lamp-light in London, walking again with Ann—just as we had walked, when both children, eighteen years before, along the endless terraces of Oxford Street.

DE QUINCEY, *Confessions of an English Opium Eater*

1. Omit. 2. §114. 3. Say 'before', and see §116. 4. Preposition? 5. *doué de*. 6. Say: 'with a kind of'. 7. Use *se trouver*. 8. Preposition?

67. The Bourgeoisie

What a relief to return to the boat! What comfort[1] and reassurance in the spectacle of the English upper middle class, the pro-Consuls, the Canons, the Headmasters and their wives dressing for dinner, taking their baths,[2] wondering whether to take their mackintoshes, deciding not to take the dog. Revolutions may come and dictators may go. Fascism and Communism may tear the continent in twain, Europe may be visibly preparing for suicide, but the hot baths, the mackintoshes, the dogs continue to be taken[3] or not taken, as the case may be. And they[4] will continue, one feels, for eternity. For these people are immovable. They are part of the cosmic furniture of the universe. For them stokers will sweat in torrid stoke-holes and stewards sleep in ill-ventilated cubby-holes[5] in order that, unto the very end of time,[6] their ships may cruise[7] pleasantly in the Mediterranean and their tables be spread punctually with food four times a day. A[8] superficial observer might regard them merely as mechanisms for[9] turning high-grade nourishment into low-grade manure, but to a deeper view[10] they symbolize the essential stability of things. One feels it to be inconceivable that anything[11] could[12] occur to upset their equanimity. To[13] one whose ears had been deafened by the chatter of excited foreigners, whose paper is full[14] of wars and rumours of wars, who is daily informed that Capitalism is tottering amid revolution[15] to its fall, they were indeed reassuring.[16]

C. E. M. JOAD (Article in *The New Statesman and Nation*)

1. Say: 'What a comforting ... spectacle is that of ... ' 2. Singular or plural? §2, Note 1. 3. Avoid the passive. 4. *cela*. 5. *des trous étouffants*. 6. *jusqu'à la fin des temps*. 7. Say: 'may take them for pleasant cruises'. 8. Definite article. 9. *propres à*. 10. *pour un œil plus pénétrant*. 11. §44. 12. Mood? §107. 13. Preposition? 14. Say: 'tells only of'. 15. Plural noun. 16. Say: 'it was indeed reassuring to see these people'.

68. AN AUTHOR IN A FIX

"I received one morning a message from poor Goldsmith that[1] he was in great[2] distress, and as it was not in his power to come to me,[3] begging that I would come to him[3] as soon as possible. I sent him a guinea, and promised to come to him[3] directly. I accordingly went as soon as I was drest, and found that his landlady had arrested him for[4] his rent, at which he was in[5] a violent passion. I perceived that he had already changed my guinea, and had got a bottle of Madeira and a glass before him. I put the cork into the bottle, desired he would be[6] calm, and began to talk to him of the means by which he might be extricated. He then told me that he had a novel ready for the press,[7] which[8] he produced to me. I looked into it, and saw its[9] merit; told the landlady I should soon return, and having gone to a bookseller, sold it[10] for sixty pounds. I brought Goldsmith the money and he discharged his rent, not without rating his landlady in a high tone for having used him so ill."

BOSWELL, *Life of Johnson*

1. Meaning? 2. §1 (a). 3. You can use *venir trouver*, but not three times! 4. *pour non-paiement de*. 5. Say: 'which had put him in'. 6. *rester*. 7. Say: 'to be printed'. 8. Avoid *que*. Why? 9. Not *son*. (§30). 10. Use a noun.

69. IMPRESSIONS OF BELGRADE

A word about Belgrade, the capital of Yugo-Slavia, because it is, of all the cities I have ever seen, the most sinister and the most melancholy. We arrived at about dawn, and I woke up to look out[1] on a dreary, broken-down station, snow-bound, and to hear the monotonous echo of some soldiers singing round a little fire which they had built on the platform to keep them warm. I dressed and went outside with some Greeks, who spoke bad French. We were all terribly hungry and were determined to[2] eat some breakfast or die in the attempt.[3]

What a sight when we stepped outside the station. You must imagine a background[4] of leaden skies,[5] and long almost empty streets along which an occasional[6] bullock cart silently plodded. In the foreground, however, all was colour and noise and animation, for it was market day, and the peasants from the outlying districts had all come in to sell their cattle. Never can there have been[7] such a picturesque crew of rascals—rather like[8] a chorus in the Chauve-Souris. The men with black beards, and stockings brightly worked in[9] blue and crimson wools,[5] the women with green aprons and yellow jackets, and odd-looking belts that seemed to be made of dyed leather. And they were all stamping about in the snow, shouting out in that dark, stinging language which sounds like[10] Russian spoken by a devil. At least three fights were in progress, and the way[11] they treated their animals made me feel that, unless[12] I went straight into Belgrade, there would be a fourth.

BEVERLEY NICHOLS, *Twenty-five*
(Jonathan Cape)

1. Meaning? 2. Preposition? §80. 3. *dût-il nous en coûter la vie*. 4 Say: 'Imagine (*Figurez-vous*) in the background . . .' 5. Singular.

6. Say: 'along which one occasionally saw . . .' 7. Use *se rencontrer*. 8. *on aurait dit*. 9. *bariolés de*. 10. Use *ressembler*. 11. Say: 'to see the way (§34) . . . I felt'. 12. Avoid a conjunction requiring the subjunctive.

70. THE JEW

Darkness had now fallen over land and sea; not a sound was heard[1] save occasionally the distant barking of a dog from[2] the shore, or some plaintive[3] Genoese ditty, which arose from a neighbouring bark. The town seemed buried in silence and gloom, no light, not even that of a taper, could be descried.[1] Turning our eyes in the direction of Spain, however, we perceived a magnificent[3] conflagration, seemingly enveloping the side and head of one of the lofty mountains northwards of Tarifa; the blaze was redly reflected in the waters of the strait; either the brushwood was burning or the Carboneros were plying their dusky toil. The Jews now complained of weariness, and the younger, uncording a small mattress, spread it on the deck and sought repose. The sage descended into the cabin, but he had scarcely[4] time to lie down ere[5] the old mate, darting forward, dived in after[6] him, and pulled him out by the heels, for it was very shallow, and the descent was effected[7] by not more than two or three steps. After accomplishing this,[8] he called him many opprobrious names,[9] and threatened him with his foot, as he lay sprawling on the deck. "Think you,"[10] said he, "who are[11] a dog and a Jew, and pay as a dog and a Jew; think you to sleep in the cabin? Undeceive yourself, beast: that cabin shall be slept in[1] by none to-night but this Christian cavallero." The sage made no reply, but arose from the deck and stroked his beard. Had the Jew been disposed, he could have strangled the insulter in a moment, or crushed him to death in[12] his brawny arms, as I never remember to have seen a[13] figure so powerful and muscular; but he was evidently slow to anger, and long-suffering; not a[14] resentful word escaped him, and his features retained their usual expression of benignant placidity.

G. BORROW, *The Bible in Spain*

1. Avoid the passive (§64). 2. *sur*. 3. Position of adjective? §15 (*c*). 4. Add: 'had'. 5. What is required to translate 'ere' or 'when' after *à peine*? 6. *derrière*. 7. Say: 'you descended'. 8. Find a neat phrase (§64). 9. 'call opprobrious names' = *couvrir d'injures*. 10. *tu* or *vous*? 11. Care! 12. Say: 'by gripping him in' 13 §7(*b*). 14. §45.

71. THE FRENCH CHARACTER

It was[1] during the first half of the seventeenth century, too, that the French language became fixed,[2] the French art of conversation took shape,[2] and French classical literature was created.[2] Henceforth intellectual life became centralized in Paris.

From this time onwards, in spite of very great individual diversities, the essential features of the average Frenchman's character are plainly apparent[3]—a peasant, artisan, and bourgeois type of character,[4] prudent, distrustful, and economical, greatly inclined to vanity, very sociable, though not very[5] hospitable, endowed with a swift, clear, and precise intelligence, prone to mockery rather than to enthusiasm, ready of speech and fond of talking, skilled in psychological observation, more circumspect and calculating than its easy flow of words[6] and frequent gestures would lead[7] foreigners to suppose, inured by a very long tradition to a regular life, greatly attached to its everyday habits, and better suited[8] to individual work than to collective enterprises. This French type, which is indeed very different from the idea formed of it by foreigners, has shown itself capable of making good soldiers when forced to do so, but has no taste for war. France has never been a country in which volunteers have been recruited,[9] and the warlike element has always been of foreign origin.

CHARLES SEIGNOBOS, *A History of the French People*
(Jonathan Cape)

1. §69 (*b*). 2. Use reflexive verbs. Word order? See §68 (*c*).
3. Say: 'appear plainly'. 4. *caractère de paysan*, etc. 5. See §114: *peu*.
6. *sa parole abondante*. 7. Remember you have just used a comparative.
§111. 8. *plus apte*. 9. Avoid the passive. Mood? See §107.

72. CRITICAL READERS

I was sitting one morning at work upon[1] the novel at the end of the long drawing-room of the Athenæum Club—as was then my wont when I had slept[2] the previous night in London. As I was there, two clergymen, each with a magazine in his hand, seated themselves, one on one side of the fire and one on the other, close to me. They soon began to abuse what they were reading, and each was reading some part of some novel of mine. The gravamen[3] of their complaint lay in the fact that I reintroduced⁴ the same characters so often! "Here," said one, "is that archdeacon whom we have had⁵ in every novel he has ever written." "And here," said the other, "is the old duke whom he has talked about till⁶ everybody is tired of him. If I could not invent new characters, I would not write novels at all." Then one of them fell foul of Mrs. Proudie. It was impossible for me not to hear their words, and almost impossible to hear them and be quiet. I got up, and standing between them, I acknowledged myself to be the culprit. "As to Mrs. Proudie," I said, "I will go home and kill her before the week is over."⁷ And so I did. The two gentlemen were utterly confounded, and one of them begged me to forget his frivolous observations.

ANTHONY TROLLOPE, *Autobiography*

1. Say: 'working at my novel'. 2. Say: 'spent'. 3. Say: 'the most serious fault they complained of was that . . . ' 4. Subjunctive. 5. Use *trouver*. 6. Avoid *jusqu'à ce que*. 7. Use a noun and so avoid a subjunctive. See §11.

73. THE SOUTH OF FRANCE

The English traveller bound for Cannes or Monte Carlo or India, as his *Rapide* thunders through Tarascon,¹ remembers perhaps for a moment the illustrious² Tartarin; glances, it may be, across³ the bushy green islands of the Rhone towards towered⁴ Beaucaire, where once Aucassin loved the white² Nicolette; but never notices the grotesque² little train that stands snuffling⁵ at his feet below the proud² viaduct of the P.L.M.—ready at its own good leisure to clatter⁶ down⁷ its branch-line into⁸ the quiet heart of Provence, where⁹ the monuments of the Romans still stand beneath those bleached Alpilles which in days still older the Greek settlers of Marseilles must have found so like the limestone hills of home.¹⁰ That heart of Provence this book reveals.

Such is its first, its most direct appeal—the human comedy of lives still close to the simple strength of the soil in a land that still remembers the robust realism of the Latin¹¹ and the pagan gaiety of Greece, still hides amid its grey olives the wisdom of Athene, still hears the lurking laugh of Pan in the pine-shadows of its thyme-clad hills; that still remembers also, a little bitterly, how even in the Middle Ages, when the Popes seemed to have succeeded in using the Keys of St. Peter to turn the lock upon the human mind itself and Kings grew pale before Innocent III, this Midi still dared to live and think in its own way, while its troubadours sang the European lyric back[12] to its second birth; until[13] the Church let loose upon Provence from the greyer, harsher North that so-called Albigensian "Crusade", which slew on so stoutly[14] in[15] the simple faith that "God would know his own." Yet the Midi, though conquered, was not crushed.

F. L. LUCAS, Introduction to *Mount Peacock* by Marie Mauron
(Cambridge University Press)

1. Work in a phrase such as *traverser dans le fracas du rapide*. 2. Position of adjective? 3. *au delà de*. 4. Say: 'the towers of'. 5. Say: 'stands (*stationne*) and snuffles'. 6. *s'en aller, en secouant sa ferraille*. 7. Say: 'along'. 8. §132. Add: 'to plunge'. 9. Begin a new sentence with *Là*. 10. Find a suitable phrase. 11. Plural. 12. Say: 'brought back with their songs a second birth of...' 13. Start a new sentence with *Mais à la fin*. 14. Use *provoquer de furieux massacres*. 15. *au nom de*.

74. THE ENGAGEMENT

"Oh, dear!" she cried at last. "I'm very unhappy!"

"A pity," observed I. "You're hard to please: so many friends and so few cares, and can't make yourself[1] content!"

"Nelly, will you keep a secret for me?" she pursued, kneeling down by me, and lifting her winsome eyes to my face with that sort of look which turns off bad temper, even when one has all the right[2] in the world to indulge it.

"Is it worth keeping?" I inquired, less sulkily.

"Yes, and it worries me, and I must let it out! I want to know what I should do. To-day, Edgar Linton has asked me to marry him, and I've given him an answer. Now, before I tell you whether it was a consent or denial, you tell me which it ought to have been."[3]

"Really, Miss Catherine, how can I know?" I replied. "To be sure, considering the exhibition you performed in[4] his presence this afternoon, I might say it would be wise to refuse him; since he asked[5] you after that, he must be either hopelessly stupid[6] or a venturesome fool."

"If you talk so, I won't tell you any more,"[7] she returned, peevishly, rising to her feet. "I accepted him, Nelly. Be quick, and say whether I was wrong!"

"You accepted him! then what good is it discussing the matter?"

EMILY BRONTË, *Wuthering Heights*

1. Say: 'be'. 2. *toutes les raisons*. 3. Say: 'what I should have replied'. 4. *en*. 5. to ask in marriage = *faire une demande*. 6. Use an adjective and noun to balance 'venturesome fool'. 7. *je ne vous en dirai pas plus long*.

75. THE MORAL OF CORIOLANUS

The whole dramatic moral of Coriolanus is that those who have little shall have less, and that those who have much shall take all that others have left. The people are poor; therefore they ought to be starved. They are slaves; therefore they ought to be beaten. They work hard; therefore they ought to be treated like beasts of burden. They are ignorant; therefore they ought not to be allowed[1] to feel that they want[2] food, or clothing, or rest, that they are enslaved, oppressed, and miserable. This is the logic of the imagination and the passions; which[3] seek to aggrandize what[3] excites admiration and to heap contempt on misery, to raise power into[4] tyranny, and to make[5] tyranny absolute; to thrust down that which is low still lower, and to make wretches desperate: to exalt magistrates into[6] kings, kings into[6] gods; to degrade subjects to the rank of slaves, and slaves to the condition of brutes. The history of mankind is a romance, a mask, a tragedy, constructed upon the principle of *poetical justice*; it is a noble or royal hunt, in which what is sport to the few is[7] death to the many, and in which the spectators halloo[8] and encourage the strong to set upon the weak, and cry havoc in the chase though they do not share in the spoil.

HAZLITT, *Characters of Shakespear's Plays*

1. Care! §64. 2. Meaning? 3. Avoid repeating *qui*. 4. *jusqu'à*. 5. §83 (*e*). 6. *jusqu'à en faire*. 7. Use *signifier*. 8. Say: 'with their shouting encourage...'

76. VERLAINE

We inquired at the concierge's bureau for M. Verlaine. I must admit that the young woman, when she told us he had not yet returned, looked sour at the mention of his name.

We strolled along the Boulevard and soon saw the poet jovially approaching us, as with lame leg and stick[1] he noisily clumped along the pavement,[2] accompanied by an insignificant little man who seemed an attached friend. We returned to the hotel and Verlaine led us to his room, where we were soon joined by a tall pale youth. As ever, Verlaine played the part of genial host in his bare and sordid abode. He drew forth a purse, produced from it a two-franc piece—all it contained, I fear—saying in English, in honour of his guests: "I have—*money*; I—will have—*pleasure*!" The little[3] man was sent out, again, in compliment to supposed English tastes, for a small[3] bottle of rum and glasses, and on his return I handed round my cigarette case. At first, I think,[4] the conversation was[5] of Verlaine's experiences, some twenty years earlier in England, and then we talked of poetry; Verlaine dismissed rather[6] summarily most of the French classics, but when Racine's name was mentioned his tone suddenly changed to deep appreciation.[7] There was no call for more drink. It is[8] a subject with which Verlaine's name is often (no doubt too correctly)[9] associated, but though he usually had a glass in front of him, he seemed to me as abstemious over it as most Frenchmen; in my early days[10] in Paris I constantly wondered at the ability of the Frenchman to spend an hour over[11] a *bock* which an Englishman would swallow at a draught.

HAVELOCK ELLIS, *From Rousseau to Proust*
(Constable)

1. Say: 'and who, dragging his leg and leaning (§63) on a stick'. 2. Put a semi-colon and begin a new clause. 3. Avoid repeating *petit*. For 'little man' you can use *homoncule*. 4. *si je me rappelle bien*. 5. Use *rouler sur*. 6. §114. 7. Say: 'his voice suddenly changed and took on a note of . . .' 8. *c'est là*. 9. *et sans doute, ce n'est que trop justifié*. 10. Find an equivalent phrase. 11. *devant*.

77. LOVE OF THE COUNTRYSIDE

My greenhouse is never so pleasant as when we are just on the point of being turned out of it. The gentleness of the autumnal suns, and the calmness of this latter season, make it a much more agreeable retreat than we ever find it in summer; when,[1] the winds being generally brisk, we cannot cool it by admitting a sufficient quantity of air, without being

at the same time incommoded by it. But now I sit[2] with all
the windows and the door wide open, and am regaled with
the scent of every flower in a garden as full of flowers as I
have known how to make it.[3] We keep no[4] bees, but if I
lived in[5] a hive I should hardly hear more of[6] their music.
All the bees in the neighbourhood resort to a bed of mignonette, opposite to the window, and pay me for the honey
they get out of it by a hum, which though rather monotonous, is as agreeable to my ear as the whistling of my
linnets. All the sounds that nature utters[7] are delightful—
at least in this country. I should not perhaps find the
roaring of lions in Africa, or of bears in Russia, very pleasing;
but I know no beast in England whose voice I do not account
musical, save and except always the braying of an ass.

COWPER, *Letter to the Rev. John Newton*

1. Say: 'a season when'. 2. Care! 3. Say: 'a garden I have filled
with flowers to the fullest possible extent' (*dans toute la mesure où je l'ai pu*).
4. Emphatic negative. 5. §91. 6. Do not translate 'of', and see § 115,
davantage. 7. Word order? §68 (*c*).

78. TOM TOSS-POT

Tom Toss-pot[1] the drunkard of the house has not yet made
his entry.

I await his coming with trepidation. If he were murdered
or run over by a car I should mourn his demise, for then I
should be defrauded of the grand finale to the night's[2]
symphony. But no: there he is! First of all a terrific bang,
followed by a volley of blasphemous imprecations. There goes[3]
the iron hatstand in the hall. The crash[4] would awaken the
dead. A pause: then a series[5] of bumps, stumblings and ratt-
ling of handles, as[6] he gropes his way along the dark passage, trying door after door. In his inebriated state it would
be easier for him to find a needle in a bundle of hay than his
own door. Alas, my door has no key and he kicks it open.
Lurching into the room he staggers towards the bed and
falls prone across it,[7] crushing me by his weight, for he is a
squat, big-bellied lout of a man. Bottling up my curses I
wrestle with him in the dark, but I am no match,[8] and besides
his alcoholic breath wellnigh[9] asphyxiates me. Then the
inevitable happens. The low camp-bed collapses beneath
us and we crash to the ground. Still preserving a stoical

silence I spring to my feet and push the drunken fellow to the door and out into the passage.

After three nights of such wrestling bouts I resigned myself to the intrusion.[10] Once I had pushed him out into the passage he would move on, seeking fresh territory[11] to conquer.

At last in the grey dawn[12] a strange stillness would come upon the house and I could at last float away[13] in peaceful slumber.

WALTER STARKIE, *Don Gypsy*
(John Murray)

1. *Tom la Dalle-en-Pente*. 2. Use an adjective. 3. Use *voilà* and a verb that renders the meaning. 4. Say: 'the noise of the fall'. 5. *ce sont*. 6. *au fur et à mesure que*. 7. *s'y abat de tout son long*. 8. *la lutte est inégale*. 9. Use *manquer de*. 10. Say: 'these nocturnal intrusions'. 11. Plural noun. 12. Say: 'the grey light of dawn'. 13. Use *s'abandonner à*.

79. THE CATHOLIC CHURCH

The Catholic Church is still sending forth to the farthest ends of the world missionaries as zealous as those who landed in[1] Kent with Augustin, and still confronting hostile kings with the[2] same spirit with which she[3] confronted Attila. The number of her children is greater than in any former age. Her acquisitions in the New World have more than compensated for what she has lost in the Old.[4] Her spiritual ascendency extends over the vast countries which lie[5] between the plains of the Missouri and Cape Horn, countries which a century hence, may not improbably[6] contain a population as large as that which now inhabits Europe. The members of her communion are certainly not fewer than a hundred and fifty millions; and it will be difficult to show that all other Christian sects united amount to a hundred and twenty millions. Nor do we see any sign which indicates that the term of her long dominion is approaching.[7] She saw the commencement of all the governments and of all the ecclesiastical establishments that now exist in the world; and we feel no assurance that she is not destined to see the end of them all.[8] She was great and respected before the Saxon had set foot on Britain, before the Frank had passed the Rhine, when Grecian eloquence still flourished at Antioch, when idols were still worshipped in the temple of Mecca. And she may still exist in undiminished vigour[9] when some traveller from[10] New Zealand shall,[11] in the midst of a vast solitude, take his stand on a broken arch of London Bridge to sketch the ruins of St. Paul's.

MACAULAY, *Essay on Von Ranke*

1. Say: 'in the county of'. 2. Demonstrative adjective. 3. Add: 'formerly'. 4. *le vieux continent*. 5. To avoid using *s'étendre* again, say: 'are situated'. 6. Translate 'not improbably' by *bien*. 7. Use *être proche*. Mood? 8. Say: 'their end'. 9. Say: 'as vigorous as ever'. 10. § 132. 11. Use *venir*.

80. THE EMBANKMENT

At half-past seven he dressed, and went down[1] to the club. Surbiton was there with a party of young men, and he was obliged to dine with them. Their trivial conversation and idle jests did not interest him, and as soon as coffee was brought he left them, inventing some engagement in order to get away. As he was going out of the Club, the hall-porter handed him a letter. It was from Herr Winckelkopf, asking him to call down[2] the next evening, and[3] look at an explosive umbrella, that went off as soon as it was opened. It was the very latest invention,[4] and had just arrived from Geneva. He tore the letter up into fragments. He had made up his mind not to try any more experiments. Then he wandered down to the Thames Embankment, and sat[5] for hours by the river. The moon peered through a mane of tawny clouds,[6] as if it were a lion's eye, and innumerable stars spangled the hollow vault, like gold-dust powdered on a purple dome. Now and then a barge swung out into[7] the turbid stream, and floated away with[8] the tide, and the railway signals changed from green to scarlet[9] as the trains ran shrieking[10] across the bridge. After some time, twelve o'clock boomed from[11] the tall tower at Westminster, and at each stroke of the sonorous bell the night seemed to tremble. Then the railway lights went out, one solitary lamp left[12] gleaming like a large ruby on a giant mast, and the roar of the city became fainter.

OSCAR WILDE, *Lord Arthur Savile's Crime*

1. Meaning? 2. Say: 'call on him'. 3. Not *et*. § 76 (*a*). 4. *le dernier mot dans le domaine de l'invention*. 5. Not *s'asseoir*. Why? 6. Avoid a

literal rendering. 7. Say: 'left the bank to get into the stream'. 8. *poussé par*; §132. 9. Use *passer du vert au rouge*. 10. Use *franchir*, adding adverbial phrases. 11. *à*. 12. Alter the construction.

81. The "Fête de la Victoire"

It was ten o'clock. The bands ceased suddenly to play the "Chant du Départ". A hush descended[1] upon that gigantic[2] amphitheatre, and three tiny little figures outlined themselves suddenly upon that immense[2] coffin-lid which forms the summit of the Arc de Triomphe. A rocket soared like magnesium[3] into the morning air. A flag, tiny but supreme, waved down towards the Avenue de la Grande Armée. Somewhere[4] distantly the procession had begun. A million people held their breath expectantly: a train whistled over there at Asnières: our eyes[5] were fixed in tensity upon that diagonal patch of sun and shade which formed the triumphant archway. Three figures, in sky blue, emerged suddenly into the sunlight, stalking tiny but superb. The sun struck their blue helmets and the medals on their breasts, it broke into[6] a thousand flashing lights upon the breastplates[7] of the cuirassiers who followed: it paused in[8] silent awe upon the succeeding figures of Joffre and Foch. Delicately[9] their horses, side by side, paced from shadow into sunlight under the soaring height[10] of the arch. The cheers rose up to us, released suddenly[11] like the thunder of bells upon[12] a cathedral belfry. And thus for a whole hour the victors held[13] their triumph.

Harold Nicolson, *Small Talk*
(Constable)

1. Use *planer*. 2. Position of adjective? §15 (*b*). 3. *comme une traînée de magnésium*. 4. *Là-bas*. 5. *tous les regards*. 6. Work in the verb *miroiter*. 7. *Cuirasses* cannot be used. Why? 8. *en signe de*. 9. *à pas mesurés*. 10. *la voûte imposante*. 11. The word occurs four times in this passage. Do not render it by the same French word each time. 12. Meaning? 13. Use *étreindre*.

82. Skulls

One sweet evening[1], in the latter part of summer, our mother took her two little boys by the hand, for a wander about the fields. In the course of our strolls we came to the village church; an old grey-headed sexton stood in[2] the porch, who,[3] perceiving that we were strangers, invited us to enter. We were presently in the interior, wandering about the aisles, looking on the walls, and inspecting the monuments of the notable dead. I can scarcely state what we saw; how should I? I was a child not yet four years old, and yet I think I remember the evening sun streaming in through a stained window upon the dingy[4] mahogany pulpit, and flinging a rich[4] lustre upon the faded tints of an ancient banner. And now once more we were outside the building, where, against the wall, stood a low-eaved pent-house, into which we looked. It was half-filled with substances of some kind,[5] which at first looked like large grey stones. The greater part were lying in layers; some, however, were seen[6] in confused and mouldering heaps, and two or three, which had perhaps rolled down from the rest, lay separately on the floor.

G. BORROW, *Lavengro*

1. What preposition often introduces such a phrase? See §130. 2. *sous*. 3. Avoid a *qui* away from its antecedent. 4. Position of adjective? 5. See §56. 6. Say: 'appeared'.

83. FADED BEAUTY

The younger woman[1] had her back turned to me and at first I could see only that she had a slim and youthful figure. She had a great deal of brown hair which seemed to be elaborately arranged. She wore a grey dress. The three of them were chatting in low tones and presently she turned her head so that[2] I saw her profile. It was astonishingly beautiful. The nose was straight and delicate, the line of the cheek exquisitely modelled;[3] I saw then that she wore her hair after the manner of Queen Alexandra. The dinner proceeded to its close and the party[4] got up. The old lady sailed out of the room, looking neither to the right nor to the left, and the young one followed. Then I saw with a shock that she was old. Her frock was simple enough, the skirt was longer than was at that time worn, and there was something slightly old-fashioned in the cut. I dare say the waist was more clearly indicated than was then usual,[5] but it was a girl's frock. She was tall, like a heroine of Tennyson's, slight, with long legs and a graceful carriage. I had seen the nose before,[4] it was the nose of a Greek goddess; her mouth was beautiful, and her eyes were large and blue. Her skin was of course a little tight⁶ on the bones and there were wrinkles on her forehead and about her eyes, but in youth it must have been⁷ lovely. She reminded you of those Roman ladies with features of an exquisite regularity whom Alma Tadema used to paint, but who, notwithstanding their antique dress, were⁸ so stubbornly English.

W. SOMERSET MAUGHAM, First Person Singular
(Heinemann)

1. Say: 'The younger of the two women'. 2. *si bien que*. 3. Use the noun *contour* (*m.*). 4. Meaning? 5. Say: 'than the fashion then demanded'. 6. *tendu*. 7. §88. 8. Say: 'looked nevertheless'.

84. CHATEAUBRIAND

"René," I cannot but feel,¹ is still less likely to be read in the England of 1902 than it was² in the already distant days of 1865; but memoirs abound and are greatly in favour.³ Quite apart from his greatness as an author, and notwithstanding his⁴ devouring sense of his⁴ own importance, Chateaubriand had⁵ a keen interest in the men he met, and records with the true zest of a⁶ memoir writer the details of his eventful life. He did not like missing a sight, even going so far as to⁷ regret that, owing to temporary indisposition, he did not see Talleyrand say Mass in the Champ de Mars on July 14th, 1790. To⁸ us Londoners these memoirs are particularly interesting, for their author is one of the shadows who still haunt Kensington Gardens, for there it was the poor emigrant devised the loves of "Atala" and jotted down in pencil the passions of René.

There are many illuminating passages and striking pages in the *Mémoires d'Outre-Tombe* which, once read, for ever haunt the memory and make⁹ a picture gallery of¹⁰ historic scenes and astounding events. It is not often that a poet, a rhetorician, a sentimentalist, and a politician finds himself so near the centre of things as was the author of *Les Martyrs* and *De Bonaparte et des Bourbons*. Chateaubriand's sensitive spirit quivered and shook in⁸ every wind that produced both the Revolution and the Restoration in France.

AUGUSTINE BIRRELL, More Obiter Dicta
(Heinemann)

1. *je le sens bien.* 2. Omit 'it was'. 3. Say: 'in great favour'. 4. Avoid two possessive adjectives. 5. Use *porter.* 6. Definite article. 7. *au point même que* ... 8. Preposition? 9. *composer.* 10. Expand.

85. LIBERTY

Ariosto tells a pretty story of a fairy, who, by some mysterious law of her nature, was condemned to appear at certain seasons in[1] the form of a foul and poisonous snake. Those who injured her during the period of her disguise[2] were for ever excluded from[3] participation in the blessings which she bestowed. But to those who, in spite of her loathsome aspect, pitied and protected her, she afterwards revealed herself in the beautiful and celestial form which was natural to her, accompanied their steps, granted all their wishes, filling their houses with wealth, made them happy in love and victorious in war. Such a spirit is Liberty.[4] At times she takes the form of a hateful reptile. She grovels, she hisses, she stings. But woe to those who in disgust shall venture to crush her! And happy are those who, having dared to receive her in her degraded and frightful shape, shall at length be rewarded by her in the time of[5] her beauty and her glory.

MACAULAY, *Essay on Milton*

1. Preposition? 2. Say: 'the time her transformation lasted'. 3. Add 'all'. 4. Say: 'Liberty is a spirit of this kind'. 5. Say: 'When the time of ... comes'.

PART V

FREE COMPOSITION

SPECIMEN ESSAYS

[These Essays are the work of French schoolboys of about fifteen years of age]

Un Déménagement—I

Un déménagement! Quelle affaire! Quel branle-bas dans une maison!

De bon matin, le camion arrive. Les déménageurs quittent leur veste, la suspendent à l'espagnolette d'une fenêtre et avant de se mettre à l'ouvrage ils se rendent compte, d'un coup d'œil circulaire, de ce qu'ils ont à faire. Ce sont de grands gaillards aux muscles durcis et éprouvés. «Vite, vite, à l'œuvre!» semble être leur mot d'ordre. L'un emballe soigneusement la vaisselle dans des caisses; il entoure chaque objet avec du papier frisé ou de la paille. Un autre démonte une armoire, tandis qu'un troisième décroche les tableaux des murs et les place dans une caisse où sont déjà amassés les bibelots. Ils chantent et sifflent en sourdine tout en emballant. À leur front perlent et coulent des gouttes de sueur. Ils s'essuient lentement avec leur mouchoir, en contemplant le travail fait et en évaluant le temps qu'il faudra pour le reste. Tandis que les uns démontent et emballent, d'autres chargent le camion. Maintenant ils transportent à deux un divan; ils marchent lentement pour ne rien abîmer. Les muscles saillants, ils vont vers le camion; ils y arrivent, déchargent lentement, puis reviennent prendre un nouveau fardeau. Titubant parfois un instant sous la charge, ils se ressaisissent vite. Et c'est maintenant un continuel va-et-vient. Les différentes parties démontées des buffets, des armoires, des lits, des tables, sont rangées dans le camion.... Bientôt il ne reste plus que quelques caisses, vite emportées d'ailleurs....

Maintenant les pièces sont vides. Je les contemple, triste et pensif, une dernière fois et il me semble que des brigands rapaces ont tout emporté, laissant seulement traîner sur le sol un peu de paille et un calendrier, dernier vestige de la maison que je quittais.

Un Déménagement—II

Depuis quelques jours la maison a changé d'aspect. La vaisselle, les verres et tous les objets fragiles ont été enfermés dans des caisses. Sur les meubles il n'y a plus de bibelots, ni de vases; la bibliothèque a été dégarnie de ses livres. Aux murs, plus de tableaux: tous ont été décrochés. Les lustres ont été soigneusement empaquetés. Les fenêtres sont nues: tous les rideaux ont été enlevés. Sans ses ornements habituels, la maison semble vide et trop grande. Dans les coins s'empilent des caisses, des sacs; de la paille jonche le sol. Et aujourd'hui c'est un grand remue-ménage: c'est le jour du déménagement. Depuis ce matin deux gros fourgons stationnent devant la maison. Les déménageurs sont là. Ce sont des hommes robustes, au cou épais, aux épaules larges, aux muscles saillants sous leur chemise entre-bâillée. D'un coup d'œil ils se rendent compte des meubles qu'ils ont à descendre; puis, presque sans parler, ils se mettent au travail. Ils enlèvent les portes des armoires, démontent les lits. Bientôt quelques meubles sont réduits à l'état de simples panneaux. L'un des hommes, le dos courbé sous le poids d'une table, descend l'escalier d'un pas pesant. Il dépose la table sur la voiture où elle sera soigneusement rangée. Les uns après les autres, tous les meubles, les chaises, les fauteuils sont ainsi descendus et prennent place dans le fourgon. Les hommes remontent encore. De grosses gouttes de sueur perlent à leur front. Il ne reste plus que les caisses contenant les objets fragiles. Ce n'est qu'un jeu pour les déménageurs de les descendre, et peu à peu la maison se vide.

On ferme les volets, les fourgons s'en vont, et il ne reste plus qu'un peu de paille sur le trottoir.

Promenade sur le Port—I

Le long des quais, toutes les scènes sont également pittoresques, depuis le déchargement d'une barque de pêche, où chaque écaille de poisson semble une perle qui brille, jusqu'à l'arrivée d'un paquebot. On y coudoie une foule grouillante d'ouvriers, de portefaix, de camionneurs, au brouhaha de laquelle se mêlent les mugissements des sirènes, les coups de marteau d'un chantier voisin, les halètements des remorqueurs, le cliquetis des grues, et les coups de klaxon impérieux des voitures. Les balles de peaux, de coton, voisinent avec les barriques d'huile, les foudres de vin, les sacs de blé, d'arachides, les tonnes de sucre brut, les tas de liège ou de charbon, les caisses de phosphate ou d'engrais chimiques. Le long des quais s'étendent d'immenses hangars où s'affairent, autour des marchandises, tout un peuple de marchands, de courtiers, et d'acheteurs. Des vapeurs s'évanouissent dans le lointain ou accostent en crachant des torrents de fumée noire. Des grues lèvent ou abaissent leurs bras démesurés avec des gestes saccadés et précis, comme des monstres dont la force brutale aurait été domptée et asservie. Dans le port règne une animation intense: cargos, paquebots, remorqueurs, péniches, barques, vedettes, et de-ci de-là, la voile blanche de quelque tartane ou goélette, circulent en tous sens sur l'eau glauque, où flotte du mazout qui l'irise de mille reflets. Dans l'air âcre et salé flottent des odeurs de goudron, de vin, de peaux, de savon, d'huile....

Et devant l'inlassable activité de cette ruche humaine, devant les bateaux sans nombre, dont quelques-uns ne reviendront peut-être pas, l'on accorde un souvenir ému au marin de jadis, à sa lutte farouche contre la tempête, à sa quiétude lorsque, sous la brise légère, les voiles du bateau se balançaient comme des albatros.

Promenade sur le port—II

Autour des bateaux et des grues règnent l'animation et le pittoresque que donnent aux ports des étrangers de toutes races et de toutes nations. Les Nègres, les Chinois, les Arabes, vêtus à l'européenne bavardent entre eux dans leur langue maternelle. Les grues, en chargeant ou en déchargeant les navires, font entendre leur grognement monotone. Les dockers, le dos courbé sous le poids des colis, se faufilent à travers les tonneaux, les caisses, les cordages qui encombrent les quais. D'immenses hangars renferment les produits périssables. Quelques marchands de coquillages étalent aux promeneurs le produit de leur pêche: oursins, huîtres et moules sont couchés sur des lits d'herbe marine.

Le vent du large, chargé de sel, apporte aux sédentaires un goût de voyage et d'aventure.

De petites vagues, venant se briser avec un doux clapotis contre les jetées, font trembler les barques et les remorqueurs. Le mugissement lointain d'une sirène annonce le départ d'un bateau. Quelques navires ancrés dans les bassins de carénage subissent des réparations avant de reprendre la mer.

Sur des jetées sont assis des pêcheurs; la ligne à la main, ils attendent que les poissons viennent mordre leur appât et se prendre à l'hameçon. À côté des gros navires, de gracieux bateaux de plaisance, à la ligne fine, sautillent sur l'eau. Sur les quais, parmi les marchandises, des bateleurs montrent leurs exercices aux badauds qui leur jettent de la menue monnaie; des cartomanciennes prédisent l'avenir; des romanichels font travailler des animaux exotiques; des acrobates exécutent des sauts périlleux.

Cette foule d'étrangers, ces bateleurs de toutes sortes, cet air marin donnent à notre grand port le cachet pittoresque qui lui est propre.

ESSAY SUBJECTS

[A few useful words or phrases are provided with most of the subjects. Their meanings have not been entered in the French-English Vocabulary at the end of the book. It is preferable that the student should consult an all-French dictionary and see the word or phrase used in a context.]

Simple Accounts

1. Deux collégiens trouvent dans la rue un billet de 100 francs. Racontez la scène et imaginez la conversation.

   une trouvaille.
   une aubaine.
   une action louche.
   réclamer.
   soupçonner.
   les soupçons se portent sur.
   appartenir de droit.
   récompenser de.
   l'honnêteté.
   être écroué.

2. Une demi-heure chez un coiffeur fort bavard.

   les bouts seulement.
   un brûlage.
   jouer des ciseaux.
   la tondeuse.
   passer une serviette autour du cou.
   la grippe.
   les courses de chevaux.
   les tuyaux.
   la calvitie.
   prédire.

3. Un pêcheur est bien installé dans un coin tranquille au bord d'une rivière. Arrive un importun qui le dérange et le fait décamper. Décrivez cette scène.

   la canne à pêche.
   l'appât.
   le flotteur.
   le poisson mord.
   «ça mord?»
   faire une belle pêche.
   la friture.
   avoir horreur de.
   fourrer son nez partout.
   laisser tranquille.

4. Racontez l'arrivée inattendue d'un visiteur dans une maison à l'heure du repas, et l'accueil qu'il reçoit.

   se mettre à table.
   se lever de table.
   ne vous dérangez pas.
   à l'improviste.
   je vous en prie.
   mettre un couvert de plus.
   vous êtes bien aimable.
   puis-je vous offrir?
   se sentir en famille.
   s'informer de.

5. Vous allez en ville pour faire des emplettes. Dans un magasin vous vous trouvez vis-à-vis d'un commerçant poli et obligeant; dans un autre vous avez affaire à un

commerçant bourru. Rapportez votre conversation avec ces marchands.

>   un rayon.
>   à l'étalage.
>   dans la vitrine.
>   qu'y a-t-il pour votre service?
>   vous désirez, monsieur?
>
>   courir la ville.
>   le dernier cri.
>   empaqueter.
>   c'est moi qui vous remercie.

6. Vous sortez avec des camarades, ne rentrant chez vous qu'à minuit. Imaginez une belle scène de famille.

>   prendre son air le plus important.
>   une verte semonce.
>   hausser la voix.
>
>   il est inadmissible que.
>   être privé de.
>   quelles mœurs!
>   avoir l'air penaud.

7. Une dame remarque dans son jardin un merle qui apporte la becquée à ses petits. Elle en parle à sa femme de ménage. Celle-ci, mère d'une nombreuse famille, profite de l'occasion pour demander une augmentation de gages.

>   vaquer aux soins du ménage.
>   laver le linge.
>   avoir sur les bras.
>   le loyer.
>   la vie chère.
>   chômer.
>   vivre au jour le jour.
>
>   avoir toutes les peines du monde.
>   être à court d'argent.
>   marcher comme sur des roulettes.
>   épousseter.
>   raccommoder.

8. Racontez une histoire dont le dénouement montre que le mensonge est tôt ou tard découvert.

>   une pure invention.
>   menteur que vous êtes!
>   dissimuler.
>   la vérité se fait jour.
>
>   se contredire.
>   se trahir.
>   de fil en aiguille.

9. Racontez une scène où un médiateur met fin à une dispute et réconcilie les adversaires.

>   taper.
>   une bonne claque.
>   voyons donc!
>   être raisonnable.
>
>   qui n'entend qu'une partie n'entend rien.
>   entendre le pour et le contre.
>   en appeler à.

10. Un employé, qui habite la banlieue, se trompe de train et se rend compte, trop tard, qu'il est monté dans un rapide. Imaginez ce qu'il fait et comment sa femme l'accueille quand il arrive enfin chez lui.

>   s'installer.
>   filer à toute vitesse.
>   regarder défiler.
>
>   quand part le prochain train?
>   manquer une correspondance.
>   lui dire son fait.

brûler une gare.
à destination de.
le contrôleur.

allons donc!
maussade.
je t'en fais mon compliment!

11. Racontez une bonne farce dont vous avez été l'auteur ou le témoin.

pour rire.
faire une niche.
rire à pleine gorge.
pouffer de rire.

rire aux éclats.
suffoquer de colère.
se fâcher tout rouge.

Letters

[See Note on Letter-writing, page 249].

1. Vous proposez de passer une quinzaine de jours dans une ville d'eaux. On vous a signalé un hôtel convenable. Écrivez une lettre au propriétaire de l'hôtel pour lui demander tous les renseignements nécessaires et pour lui indiquer l'époque de votre visite.

recommander en termes chaleureux.
le prix de pension.
le tarif.
avoir vue sur.

faire savoir.
je vous serais reconnaissant de...
joindre un coupon-réponse.
dans l'attente d'une réponse.

2. Un(e) ami(e) qui habite assez loin est venu(e) chez vous en votre absence. Dans une lettre exprimez vos regrets de ne l'avoir pas vu(e), et proposez-lui un rendez-vous pour samedi prochain.

regretter vivement.
passer chez quelqu'un.
se déranger pour rien.
être privé du plaisir de.
si par malheur.

par retour du courrier.
préciser l'heure d'arrivée.
avoir plus de chance.
à samedi alors.

3. Écrivez une lettre à un(e) ami(e) parti(e) depuis quelque temps, pour lui demander de ses nouvelles et pour le (la) mettre au courant de ce qui se passe chez vous et au collège.

depuis de longs mois.
très peu de loisirs.
pris par le travail.
préparer un examen.
être reçu à un examen.

aller en excursion à.
continuer comme par le passé.
joindre une photo.
passer de bonnes vacances.
être en bonne santé.

4. Écrivez une lettre aux parents d'un(e) ami(e), chez qui vous venez de passer un séjour agréable, pour les

remercier de leur hospitalité et pour leur annoncer votre arrivée chez vous.

 envoyer un petit mot.   se débrouiller tout seul.
 faire bon voyage.   remercier de tout son cœur.
 arriver sain et sauf.   une heure de retard.

5. Un(e) ami(e), qui a été gravement malade, est en convalescence à la campagne. Écrivez-lui une lettre pour l'égayer un peu et pour lui recommander des lectures divertissantes.

 être désolé.   lire du Daudet.
 être bientôt remis.   vient de paraître.
 des nouvelles encourageantes.   un succès fou.
 ménager.   le gros succès de la saison.
 des livres de chevet.   broyer du noir.
 rattraper le temps perdu.   reprendre la gaieté.
 un roman d'aventures.   être plein d'entrain.
 un roman policier.

6. Vous êtes allé(e) dernièrement au bal. Un(e) ami(e), que vous aimez beaucoup, vous a froissé(e) par sa conduite. Écrivez-lui une lettre de reproches.

 entre camarades.   une injure.
 prendre au sérieux.   une indignité.
 agacer.   boire un affront.
 je vous en veux.   blesser.
 une amitié à toute épreuve.   dire tout ce qu'on a sur le cœur.

Descriptions

1. Décrivez un paysage familier à deux différentes saisons de l'année.

 les teintes.   renaître.
 une physionomie.   les attraits.
 présenter un aspect.   la perspective.
 se dépouiller.   adoucir.
 sous la neige.   les contours.
 se détacher nettement.   brouiller.
 naguère.

2. Décrivez la maison de vos parents. Mêlez à cette description les sentiments et les souvenirs que vous inspire cette maison.

 revenir à l'esprit.   se terminer par.
 il me souvient de.   une pièce minuscule.
 s'écouler.   le vestibule.
 visiter dans tous ses recoins.   le palier.
 communiquer avec.   la porte-fenêtre.
 ouvrir sur.   jadis.

3. Faites le portrait d'une personne timide que vous connaissez. Faites agir et parler cette personne.

>gêné.
>farouche.
>se sentir mal à l'aise.
>rentrer dans sa coquille.
>la contrainte.
>rougir.
>balbutier.
>clignoter.
>se contracter nerveusement.
>sympathique.

4. Racontez une promenade solitaire en forêt, ou dans un bois.

>le bruissement.
>la rumeur.
>murmurer.
>frémir.
>la ramure.
>la cime.
>séculaire.
>touffu.
>profiler.
>la clairière.
>désert.
>fouler aux pieds.
>le roucoulement.
>gazouiller.

5. Faites le portrait de quelques-uns de vos professeurs saisis dans une attitude typique.

>le professeur d'histoire
> (de mathématiques).
>un air bonhomme.
>être tout rasé.
>un regard désapprobateur.
>un pensum.
>sévère.
>froncer le sourcil.
>renfrogné.
>une singularité.
>se lever d'un bond.

6. Dans le train (ou dans l'autobus) vous observez plusieurs voyageurs. À quels détails de leur costume, à quels gestes pouvez-vous distinguer la profession de chacun d'eux?

7. Vous vous promenez au bord de la mer par un beau soir d'été. Le soleil se couche; peu à peu le paysage s'assombrit. Décrivez cette scène.

>se voiler.
>s'éteindre.
>s'effacer.
>se découper.
>la voûte du ciel.
>argenter.
>dorer.
>une étoile.
>la silhouette.
>se détacher en noir.
>crépusculaire.
>baigner.

8. Faites le portrait d'un animal domestique. Décrivez ses attitudes, ses allées et venues dans la maison et le jardin.

>étendu de tout son long.
>remuer la queue.
>flairer.
>le museau.
>soyeux.
>griffer.
>faire le gros dos.
>ronronner.
>dresser les oreilles.
>flatter.
>câlin.

9. Décrivez un marché avec ses marchands, ses différents étals (fruiterie, boucherie, poissonnerie, charcuterie, etc.), la foule des acheteurs.

  les halles couvertes.   la ménagère.
  le camion.   se bousculer.
  la bâche.   se coudoyer.
  déballer.   battre son plein.
  les denrées.   en plein vent.
  les camelots.   grouiller.
  le maraîcher.   se frayer un passage.

10. Faites la description d'un port de mer que vous avez visité.

  tortueux.   être en partance.
  encombré.   la grue.
  la rade.   le chantier.
  l'embouchure d'un fleuve.   le tonneau.
  un entrepôt.   la cargaison.
  le paquebot.   le remorqueur.
  le cargo.   amasser.
  faire escale.   la passerelle volante.

Easy General Questions

1. Chaque saison offre ses occupations et ses plaisirs.

  au plus fort de l'été.   pratiquer les sports.
  en plein hiver.   la soirée en famille.
  la nature s'épanouit.   jouer aux cartes.
  la belle saison.   le patinage.

2. L'enfant gâté.

  choyer.   causer bien des ennuis à.
  les caprices.   la tenue.
  les friandises.   la conduite.
  querelleur.   «Qui aime bien châtie bien.»

3. Aurez-vous des regrets quand vous quitterez le collège pour la dernière fois?

  emporter de bons souvenirs.   les bulletins trimestriels.
  éprouver de la joie.   les appréciations des professeurs.
  l'avenir.   se faire de bons amis.
  les heures de retenue.   gagner sa vie.

4. Les jours de fête.

  à Pâques.   avoir congé.
  à la Pentecôte.   la foire.
  mardi gras.   les forains.
  vendredi saint.   les manèges.
  le jour férié.   un bal costumé.

5. Les pourboires.

un système.
un pourcentage.
10 pour cent du total.
donner comme pourboire.
le garçon de café.
le maître d'hôtel.
le chauffeur de taxi.

la femme de chambre.
le chasseur.
l'ouvreuse.
la note.
l'addition se monte à.
le pourboire y est compris.

6. La natation.

la piscine.
les divers styles.
nager la brasse.
la nage sur le dos.

la nage sur le côté.
le caleçon de bain.
le plongeon.
lutter de vitesse.

7. Les cadeaux d'anniversaire.

à l'occasion de.
en cachette.
économiser.
combler de cadeaux.
s'extasier sur.

souhaiter un heureux anniversaire.
couper les ficelles.
déplier les papiers.

8. Les pêcheurs disent-ils toujours la vérité?

un pêcheur enragé.
une histoire extravagante.
en conter d'incroyables.
un franc hâbleur.

gros comme le bras.
laisser les auditeurs bouche bée.

9. Les villes d'eaux.

le casino.
le kiosque de musique.
la salle de danse.
l'eau minérale.

le pliant.
la chaise-longue.
la municipalité.
les agréments.

10. Les jardins.

la plate-bande.
la corbeille.
le potager.
une allée sablée.

tiré au cordeau.
la serre.
prendre le frais.
les mauvaises herbes.

11. La Noël.

à l'approche de.
les étrennes.

la dinde truffée.
réveillonner.

12. Les plaisirs du «camping».

coucher à la belle étoile.
sous la tente.
faire du «camping».
dresser une tente.

un emplacement.
allumer un feu.
faire cuire.
un réchaud.

13. Les souris.

    la gent trotte-menu.
    se multiplier.
    ronger.
    grignoter.
    guetter.
    tendre une souricière.

14. Les romans policiers.

    dépister.
    être sur la piste.
    une enquête.
    un indice.
    le complice.
    contrôler un fait.
    sensationnel.
    passionnant.

15. Quelle est votre distraction préférée? Montrez que cette distraction convient à votre tempérament et à votre caractère.
16. Les phares.
17. Les importuns.
18. Les vedettes de l'écran.

    les amateurs du ciné.
    le courrier des admirateurs.
    un(e) artiste.
    passer au second plan.
    de courte durée.
    du jour au lendemain.

19. Quels gens savent le mieux prévoir le temps qu'il va faire?
20. La T.S.F. (télégraphie sans fil).

    un poste à 3 lampes.
    tourner le bouton.
    être à l'écoute.
    les auditeurs.
    le signal horaire.
    les prévisions du temps.
    le bulletin d'informations.
    diffuser.
    la causerie.
    le disque.

Discussions

1. Dialogue sur la chasse. Un des interlocuteurs est un chasseur passionné, l'autre considère la chasse comme un sport barbare et cruel.
2. Est-ce qu'on voit mieux un pays en voyageant à bicyclette ou en automobile?

    rouler à une allure folle.
    d'un train d'enfer.
    une vitesse vertigineuse.
    en panne.
    dévaler les pentes.
    faire une randonnée.
    une échappée de vue.

3. Les vrais campeurs et les faux campeurs.

    faire du tapage.
    le désordre.
    la saleté.
    une conduite déplorable.
    profiter de.
    la bonne tenue.

4. Quel jour préférez-vous, le samedi ou le dimanche?
5. Lequel est à préférer, un séjour au bord de la mer ou un séjour à la campagne?
6. Discussion entre un amateur de pêche à la ligne et un fervent de sports plus actifs.

    jouer au tennis (au golf).   rester tranquille.
    un enragé.   un délassement.
    s'échauffer.   paisible.
    s'ennuyer ferme.   soulager.

7. Les pensionnats sont-ils supérieurs comme établissements d'enseignement aux collèges où tous les élèves sont externes?

    la surveillance.   le dortoir.
    la camaraderie.   avoir un cachet.
    le code d'honneur.   la vie de famille.
    l'étude.   les loisirs.
    le réfectoire.   les heures de récréation.

8. Votre mère, qui trouve la maison trop petite, voudrait déménager. Votre père au contraire aime toujours la maison et ne veut pas se déranger. Imaginez une discussion entre eux à ce sujet.

    le pour et le contre.   avoir de la place.
    je ne demande pas mieux.   faire les choses en grand.
    entendu!   les gens bien.
    s'accommoder de.   la dépense.

9. « Je crois qu'un Anglais qui a bien vu la France et un Français qui a bien vu l'Angleterre en valent mieux l'un et l'autre. » — (Voltaire). Développez cette pensée.

    l'esprit large.   nos voisins d'outre-Manche.
    élargir l'horizon.   l'esprit borné.
    casanier.   la conception de la vie.
    sous un jour nouveau.   apprécier à sa juste valeur.
    les mœurs.

Proverbs and Sayings to develop and illustrate

1. Il ne faut jamais remettre au lendemain ce qu'on peut faire le jour même.
2. Nous avons tous besoin les uns des autres.
3. Une place pour chaque chose et chaque chose à sa place.
4. Contentement passe richesse.
5. Nul bien sans peine.
6. L'union fait la force.
7. Aide-toi, le ciel t'aidera.

8. La raison du plus fort est toujours la meilleure.
9. Tout comprendre, c'est tout pardonner.
10. La grande question dans la vie c'est la douleur qu'on cause aux autres.

Travel. Geographical. Historical.

1. Traversée à bord d'un grand paquebot.

le pont.	le hublot.
la passerelle.	en rade.
la cabine.	descendre à terre.
la couchette.	faire escale.

2. L'avion comme moyen de transport.

l'appareil.	atterrir.
la carlingue.	survoler.
le pilote.	une panne de moteur.
le champ d'aviation.	une étape.
décoller.	s'écraser sur le sol.

3. Si vous deviez quitter votre pays natal, quel pays voudriez-vous habiter? Donnez les raisons de votre choix.
4. Il y a ceux qui disent que les quatre coins du monde se ressemblent et qu'il n'y a plus rien à voir nulle part. Croyez-vous que ce soit vrai?
5. La vie et la mort de Jeanne d'Arc.

faire la guerre à.	remporter une victoire.
un conflit.	le sacre d'un roi.
dévaster.	le procès.
assiéger.	le jugement.
lever le siège.	être brûlé vif.

6. La chute de Napoléon.

une campagne.	conclure la paix.
se porter en avant.	s'embarquer.
battre en retraite.	se réfugier.
la défaite.	capituler.

7. L'influence du climat sur le caractère et les habitudes d'un peuple.
8. Une hirondelle, qui arrive au printemps, parle de son séjour d'hiver, et raconte le voyage du retour.

survoler.	une demeure.
planer.	en bande.
se poser.	reprendre notre vol.
la compagne.	se diriger vers.

9. Dans quel siècle auriez-vous aimé naître si vous aviez pu choisir?

    au XVIe siècle.   aventureux.
    alors que.   la société.
    jouir de.   énergique.

More Difficult General Questions

1. La politesse.
    les bonnes manières.   complaisant.
    le savoir-vivre.   d'une politesse exquise.
    un vernis de politesse.   se découvrir.
    courtois.   le beau monde.

2. Le problème de la circulation.
    les artères.   sens unique.
    le carrefour.   s'entre-croiser dans tous les sens.
    le système automatique des feux de couleur.   une file de voitures.
    le passage clouté.   se faire écraser.
    les boules orange.   un refuge.
    rouler.   passer à vive allure.
    un encombrement.

3. Il y a ceux qui affirment que l'argent est la clef qui ouvre toutes les portes. Discutez cette opinion.
    être sans le sou.   être cousu d'or.
    les succès mondains.   parvenir à une haute position.
    les richards.   se laisser corrompre.
    un parvenu.   les fonctions publiques.
    aspirer à.   les concours.
    arriver aux honneurs et à la fortune.   au-dessus des préoccupations d'argent.

4. L'esprit de corps.
5. Pourquoi y a-t-il si peu de bons films?
6. L'espionnage.
7. L'idéal du «gentleman».
8. Faut-il nous contenter de notre position?
9. Le chauvinisme.
10. Les modes.
    une modiste.   une étoffe.
    une couturière.   le tissu.
    réputé dans le monde.   mince.
    créer des modèles nouveaux.   svelte.
    élégant.   souligner.
    chic.   accentuer.

11. Discutez l'opinion suivante: «La vie de famille est au XXᵉ siècle un anachronisme.»

    la vie familiale.
    les familles nombreuses.
    surveiller l'éducation des enfants.
    abandonner aux soins de.
    se désagréger.
    un bienfait inestimable.
    mener une vie indépendante.
    briser les liens.
    ébranler les traditions.

12. Discutez l'opinion suivante: «Dans le monde moderne, les Universités n'ont aucune raison d'être.»

13. «La tradition a plus fait pour le bonheur du genre humain que l'idée du progrès.» Discutez cette opinion.

Commerce and Industry

1. Les voyageurs de commerce.

    représenter une maison.
    enlever des commandes.
    un échantillon.
    avoir la langue bien pendue.

2. Les travailleurs manuels.

    les petits métiers.
    une usine.
    l'outillage moderne.
    les outils.
    l'amour du beau travail.
    l'habileté.
    faire partie d'un syndicat.

3. La presse quotidienne.

    viser au fort tirage.
    tirer à deux million.
    attirer une large clientèle.
    exercer une influence.
    tenir ses lecteurs au courant de.
    s'adresser au grand public.
    l'article de fond.
    les grands reportages.
    les romans-feuilletons.
    les cours de la Bourse.
    les faits-divers.
    les petites annonces.
    le rédacteur.
    les abonnés.
    les faire-part de mariage et de décès.

4. La «houille blanche».

    en montagne.
    la chute d'eau.
    l'usine hydro-électrique.
    le barrage.
    la fonte des neiges.
    la force motrice.
    actionner.
    faire marcher.
    un atelier.
    les industries locales.
    la filature.

5. Les grèves industrielles.

    les meneurs de grèves.
    les griefs.
    réclamer.
    les revendications ouvrières.
    une augmentation.
    des salaires plus élevés.
    recevoir l'approbation de.
    la grève avec occupation d'usine.

6. La publicité.
7. Les matières premières.
8. Le mécanisme du système postal.
9. La fabrique en série.
10. Les grandes Expositions.

Sociological. Political. Finance.

1. Que fait la société pour les pauvres et les infirmes?

   au déclin de la vie.
   la retraite.
   économiser pour ses vieux jours.
   sans moyens de subsistance.
   l'assistance publique.
   les secours de chômage.

   les hospices de vieillards.
   les caisses d'épargne.
   les vacances payées.
   les pensions pour les veuves.
   distribuer à domicile.
   un régime d'assurances sociales.

2. La vie des classes ouvrières.

   mettre de côté.
   vivre au jour le jour.
   acheter à crédit.
   le chômage.
   une situation stable.

   posséder sa maisonnette.
   la cité ouvrière.
   les dépenses du ménage.
   l'embourgeoisement.

3. Les bibliothèques municipales.

   le goût de la lecture se répand.
   renfermer 5000 volumes.
   prêter gratuitement.
   une durée maximum.
   le personnel.

   le bibliothécaire.
   le classement des livres.
   les rayons.
   la salle de lecture.
   à la portée de tout le monde.

4. L'influence des riches sur le gouvernement d'un pays.

   exercer une influence.
   jouer un rôle prépondérant.
   le régime capitaliste.
   les gros capitaux.
   les milieux financiers.
   un cartel.

   les grands industriels.
   posséder des valeurs de Bourse.
   les propriétaires foncés.
   renverser un gouvernement.
   la politique.

5. Les impôts.

   le budget.
   les recettes et les dépenses.
   L'État prélève des droits sur...
   percevoir.
   le percepteur.
   l'impôt sur le revenu.

   l'impôt sur les successions.
   les contribuables.
   des articles fortement imposés.
   les droits de douane.
   les contributions directes.
   les contributions indirectes.
   les monopoles d'État.

6. La répartition de l'Afrique par les États européens.

    l'expansion coloniale.
    la pénétration économique.
    occuper des territoires.
    créer des débouchés.
    les indigènes.
    tirer parti des ressources d'un pays.
    la mise en valeur d'un pays.
    la concurrence.

7. Les limites appliquées par la loi à la liberté du citoyen.
8. «L'existence des voisins est la seule défense contre une perpétuelle guerre civile.» Discutez cette opinion.
9. La propagande.
10. Discutez l'opinion suivante: «La politique est l'art d'empêcher les gens de se mêler de ce qui les regarde.»

Note on Letter-writing

The French are distinguished among modern peoples for their meticulous observance of formal politeness, a heritage of an ancient and courtly civilization, and nowhere is this sense of the correct *nuance* more clearly shown than in letter-writing. It is possible for an Englishman to begin with "Dear Mr. X", and end with "Yours sincerely", when writing to a man from whom he has received one letter and whom he has never seen. But the French rarely make use of such familiar and friendly style until acquaintance is very much riper. It is as well then, when writing to French people, to keep to recognized observances until you have good reason to believe that a less formal tone would be appreciated.

The following hints will prove adequate for normal correspondence:

The Envelope

Write in full *Monsieur*, *Madame*, or *Mademoiselle*, as the case may be (not the abbreviations *M.*, *Mme*, *Mlle*).

Beginnings

To a stranger: *Monsieur* (or *Madame*).

To an acquaintance or to an older person, such as the mother or father of a friend:
    Cher Monsieur Roche. Chère Madame Dupont.

To friends:
    Cher (or *Mon cher*) *Jean. Chère* (or *Ma chère*) *Henriette. Cher ami. Chère amie.*

Formal endings

When writing to strangers or business firms, one ends with one of the accepted polite formulae, which may be considered as roughly equivalent to *Yours truly* or *Yours faithfully*:

Veuillez agréer, Monsieur, l'expression de mes sentiments distingués (*or* très distingués, *or* les plus distingués).

or Veuillez agréer, Monsieur, mes (nos) salutations empressées.

or Je vous prie de croire, Monsieur, à mes sentiments distingués.

When writing formally to a lady, one ends with a courteous expression such as:

Veuillez agréer, Madame, l'expression de mes hommages respectueux (*or* l'expression de mes hommages les plus respectueux, *or* l'expression de mon profond respect).

Familiar endings

Girls or women writing to each other end with phrases like:

À vous de tout cœur.

or Bien affectueusement à vous.

or Je vous embrasse de tout cœur.

Boys or men end with phrases like:

Bien cordialement à vous.
Bien amicalement.
Bien à vous.
Une bonne poignée de main.
Je vous serre cordialement la main.

After the concluding phrase, one merely puts one's signature.

The following are also useful:

Veuillez me rappeler au bon souvenir de vos parents (= *Remember me kindly to your parents*).

Bien des choses de ma part à vos parents (= *Give my kind regards to your parents*).

Veuillez donner (souhaiter) le bonjour de ma part à vos parents (= *Give my kind regards to your parents*).

En attendant le plaisir de vous lire (= *Hoping to hear from you soon*).

PART VI
GRAMMAR
THE ARTICLE

1. The Indefinite Article.

(a) Regularly used with an abstract noun qualified by an adjective.

> Avec une parfaite sincérité, *with perfect sincerity*.
> Un acier d'une dureté extraordinaire, *a steel of extraordinary hardness*.

(b) Omitted when plainly stating a person's occupation, rank, religion or nationality:

> Il est banquier (Or one may say: C'est un banquier).
> Je suis catholique.
> Sa femme est française.

Similarly after verbs like *devenir, naître, mourir, nommer, élire, créer, rester*:

> Il devint général.
> Mon père a été élu maire de la commune.
> Je suis resté simple soldat.

NOTE 1. The article is not omitted in cases like the following:
> Cet homme est un avare (un voleur, un vaurien, un menteur, un héros, etc.). Nouns like *voleur, avare*, etc., do not denote regular occupation, but refer to specific actions or conduct.

NOTE 2. One says: Son frère est musicien, *but*: Son frère est un musicien célèbre, *i.e.* the article is used when the noun is qualified.

(c) The article is usually omitted before a noun in apposition:

> Levallois-Perret, quartier ouvrier situé au nord de Paris (*a working-class district*).
> M. Lacremond, député radical-socialiste, a pris la parole (*a radical-socialist deputy*).
> Il était fort expansif, qualité rare chez les Anglais (*a rare quality*).

The Definite Article.
2. Parts of the Body.

The main trend of French usage is as follows:

(a) Movement of a part of one's person, article alone required:
> Il ouvrit les yeux.
> Elle leva les bras.

(*b*) Action done to a part of one's own person: reflexive pronoun introduced to show possessor:

>Je me lave les mains.
>Il se frotta la jambe.

(*c*) Action done to another person: dative pronoun introduced to show possessor:

>Je lui saisis le bras.
>Le bâton me fut arraché des mains.

NOTE 1. One should observe that the French usually adhere to the singular when speaking of *la tête, la vie, le chapeau*, etc., of which each person possesses only one:

>Il leur sauva la vie, *he saved their lives*.
>Ils secouèrent la tête, *they shook their heads*.
>Les messieurs ôtèrent leur chapeau, *the gentlemen took off their hats*.

NOTE 2. The possessive (*mon, ton*, etc.) may be used when names of parts of the body stand as subject; also when such nouns are qualified:

>Ses pieds lui faisaient mal, *his feet hurt him*.
>Je regardai ses grosses mains rouges, *I looked at his big red hands*.

3. The Definite Article used in description:

>Elle a la bouche très grande, *she has a very large mouth*.
>Il avait une cicatrice au menton, *he had a scar on his chin*.
>Qu'est-ce que vous avez à la main? *What have you got in your hand?*
>Il marchait lentement, les mains derrière le dos, *he was walking slowly with his hands behind his back*.
>Elle avança, le sourire aux lèvres, *she came forward with a smile on her lips*.
>La vieille dame aux cheveux blancs, *the old lady with white hair*.
>Le monsieur au chapeau melon, *the gentleman in the bowler hat*.
>La maison à la porte rouge, *the house with the red door*.

NOTE. One usually associates *à* alone with a noun preceded by the indefinite article, although this does not amount to a hard-and-fast rule:

>Un homme à barbe noire.
>Une maison à contrevents verts.
>Un chapeau à larges bords.

4. The Definite Article is used before titles and qualified proper nouns.

>le général Weygand.   la petite Solange.

In polite address or reference, the French make frequent use of *monsieur, madame, mademoiselle*:

>Oui, monsieur le professeur...   Non, monsieur le comte...

Veuillez dire le bonjour de ma part à madame votre mère.
Mes hommages à mademoiselle votre fille.
MM. les voyageurs sont priés...

5. Like *un, une*, the definite article is usually omitted before a noun in apposition:

M. Daladier, président du conseil, a pris la parole.
Lille, chef-lieu du département du Nord...

Also in enumerations, particularly of the various elements forming a crowd:

Hommes, femmes, enfants, tous se mirent à courir vers le bâtiment incendié.

6. Geographical Names.

(*a*) **Feminine names of countries** (the vast majority).

Je vais en France. Ils sont en Angleterre.
Il est revenu d'Espagne.

Of presents more difficulty. In titles *de* is used alone:

Histoire de France; la reine d'Angleterre; Banque de France.

Also when *of* + name are equivalent to an adjective:

les vins d'Espagne; des tapis de Perse;
les côtes de France; une ville d'Italie.

But when one has clearly in mind the political or geographical entity of a country, one uses *de la*:

La force de la France.
Les régions industrielles de l'Allemagne.
La politique extérieure de l'Italie.

(*b*) **Masculine Names of countries.**

Il va au Canada (aux États-Unis).
Il revient du Japon (des États-Unis).
Note also *aux Indes* (*f.*), to (*or* in) India.

(*c*) **Names of Towns.**

Je m'en vais à Paris (à Londres).
Il arrive de Paris.

In a number of cases *le* forms part of the name of a town:

Le Havre: On arrivera au Havre à 6 heures.
Le Bourget: Je suis parti du Bourget à 8 heures.

(d) Languages.

Je parle français.
Vous connaissez bien le français.
J'apprends l'espagnol.

(e) Points of the Compass.

  le vent d'est (d'ouest).
but le vent du nord (du sud).

The Partitive Article

7. Remember the circumstances in which the full partitive (du, de la, des) is modified to **de**:

(a) When an adjective precedes the noun:

de belles maisons; de bons amis.

When the noun is understood, the rule holds good:

Prenez ces allumettes, j'en ai d'autres.
Avez-vous des poires? — Oui, j'en ai de très grosses.

NOTE. In a few common instances, where adjective and noun have come to form a single idea, it is customary to use *des* rather than *de*:

des jeunes gens; des jeunes filles; des petits enfants; des petits pois (*peas*).

Examples may be shown of the application of this rule to the singular:

Bois de ce vin. Donnez-moi de votre buvard (*some of your blotting-paper*).

However, the French readily say *du bon vin, de la bonne viande*, rather than the strictly correct *de bon vin, de bonne viande*.

(b) After a negative (except *ne...que*):

Je n'ai pas d'argent.
Nous n'avons plus d'allumettes.
but Je ne bois que de l'eau.

Not a is normally **pas de**:

Je n'ai pas de chapeau (de pardessus, *etc.*).

Pas un usually means *not a single one*:

Je n'ai pas un sou.

NOTE. Here is a special circumstance in which a negative is followed by the full partitive:

Ce n'est pas de l'or, c'est du cuivre.
Ce ne sont pas des Anglais, ce sont des Américains.

8. Other points.

La plupart takes a plural verb:
> La plupart des élèves sont sérieux.

Bien is often used to add emphasis to the partitive and thus gives the meaning of *much*, or *many*:
> Après bien des efforts ; avec bien de la peine
> (*but* après beaucoup d'efforts; avec beaucoup de peine).

Remember that the following are connected with an adjective by *de*: quelque chose, rien, quoi, ce que.
> Quelque chose d'intéressant.
> Quoi de nouveau?
> Ce qu'il y a de certain, c'est que...
> Rien de plus simple.

NOUNS

9. Gender.

Mistakes in gender are serious, and the student should make every effort to perfect his knowledge in this respect. Much effort of memory is saved if one observes and remembers certain characteristic masculine and feminine terminations. The following list will prove helpful:

Masculine.

-acle	-ège	-ment
-age	-eil	-oir
-ail	-ice	-our.
-eau	-ier	

Common exceptions:

Feminine in -*age*: la page, la cage, la plage, une image, la nage.
"   -*eau*: une eau, la peau.
"   -*ice*: la malice, la police.
"   -*ment*: la jument (*mare*).
"   -*our*: la tour (*tower*), la cour.

Feminine.

-ade	-esse	-ise
-aille	-ette	-çon, -son
-aison	-ie	-té, -tié
-ance	-ière	-tude
-ée	-ille	-ue
-elle	-ine	-ure
-ence	-ion	

Common exceptions:

Masculine in	-ée:	le musée, le lycée.
"	-ence:	le silence.
"	-ette:	le squelette.
"	-ie:	le génie, le parapluie, un incendie.
"	-ière:	le cimetière.
"	-ion:	le million, le camion (*lorry*), un avion (*aeroplane*).
"	-çon, -son:	le soupçon, le maçon, le poison, le poisson.
"	-té:	le côté, un été.
"	-ure:	le murmure.

NOTE. The following nouns are always feminine, even when they refer to a male person:

la personne   la dupe
la victime   la recrue (*recruit*)
la connaissance   la vedette (*leading player, star*)

Chose is feminine, but **quelque chose de** is followed by a masculine adjective:

quelque chose de méchant.

Remember the peculiarity of **gens**:

les bonnes (vieilles) gens.
but tous ces gens,
les gens instruits.

Compounds with **mi-** are feminine:

la mi-carême, *Mid-Lent*;
la mi-septembre, *mid-September*;
la mi-temps, *half-time*.

10. **Plurals to note:**

la belle-mère	les belles-mères.
le gentilhomme	les gentilshommes.
le bonhomme	les bonshommes.
le timbre-poste	les timbres-poste.
le chef-d'œuvre	les chefs-d'œuvre.
un(e) après-midi	des après-midi.

les aïeuls = *grandfathers*.
les aïeux = *ancestors*.

Remember that in French one does not add *s* to family names:

Nous sommes allés chez les Dupont.

11. **Examples useful for purposes of composition.**

Sometimes a French plural renders an English singular:

ses forces (*f.*), *his strength*.
les ténèbres (*f.*), *gloom, darkness*.

aux approches (*f.*) du printemps, *at the approach of Spring.*
Vous faites des progrès (*m.*), *you are making progress.*
des clameurs (*f.*) effroyables, *awful shrieking* (or *frightful uproar*).
des cris (*m.*), des rires (*m.*), *shouting, laughter.*

Note the use of plurals such as: les blés (*the cornfields, cornlands*), les labours (*the ploughlands*), les foins (*the hayfields*).

Sometimes a noun may be used to render an English verb:

Dès son réveil (son arrivée, son retour), *as soon as he wakes up* (*arrives, returns*).
Jusqu'à sa mort, *until he died.*
Après son départ, *after he went away.*
Au passage du convoi, *as the train goes* (*went*) *by.*
Au point du jour, *when dawn breaks* (*broke*).

Sometimes a verb will render an English noun:

Je suis certain de réussir, *I am certain of success.*
Il ne peut souffrir qu'on le contredise, *he cannot bear contradiction.*
On est sûr d'être payé, *one is sure of payment.*

ADJECTIVES

12. Feminine forms to be noted.

aigu, aiguë, *sharp.*
favori, favorite, *favourite.*
grec, grecque, *Greek.*
malin, maligne, *sly.*
public, publique, *public.*
roux, rousse, *russet, auburn.*

Remember the forms **bel, nouvel, vieil, fol,** required before a masculine noun beginning with a vowel or *h* mute:

un bel homme; le nouvel ordre; mon vieil oncle; un fol espoir.

13. Points concerning agreement.

(*a*) When an adjective qualifies nouns of mixed gender, it is put in the masculine plural; it is customary to let the adjective stand with the masculine noun:

une franchise et un courage étonnants.

(*b*) **Demi** and **nu** are invariable in compounds:

une demi-heure.   une heure et demie.
Ils étaient nu-tête et nu-jambes.
Il courait pieds nus le long de la voie ferrée.

Compound adjectives of colour are invariable.

    une robe gris clair, *a light grey dress.*
    une jupe vert foncé, *a dark green skirt.*

(*c*) **Avoir l'air** (*to look*).

The adjective is usually made to agree with the person or thing described:

    Cette fillette a l'air malheureuse.

When however the idea of mere appearance is stressed, the adjective is taken as describing *air* and is masculine singular:

    Cette bête a l'air méchant, *this animal looks vicious.*

14. Adjectives as Nouns.

The use of adjectives as nouns is extremely common:

    un pauvre, *a poor man.*
    un paresseux, *a lazy man* (*boy*).
    un malheureux, *an unfortunate man.*
    les riches, *rich people.*
    le haut de la rue, *the top of the street.*
    le bas de la figure, *the lower part of the face.*
    au plus fort de l'été, *at the height of summer.*
    au plus épais de la jungle, *in the densest part of the jungle.*

15. The Position of Adjectives.

The student knows already that the general tendency in French is to place the adjective after the noun. However, in the course of reading, he will have noticed numerous instances of adjectives other than *beau*, *bon*, *vilain*, etc. preceding nouns. Almost any adjective, in fact, may precede: it depends on the circumstances. Certain general rules may be laid down, but when we study French prose closely, we come to see that the placing of the adjective is a very flexible business, and that in the final resort it is a question of feeling and style: the writer places the adjective to secure the effect he desires in the particular instance. The student will thus readily understand that his best guide in this matter is the attentive study of French texts. However, we give here some useful indications.

(*a*) Adjectives used figuratively are usually placed before the noun.

Examples:

    des couloirs sombres, *but* de sombres réflexions.
    des nuages noirs, *but* de noirs soucis.
    un goût amer, *but* cet amer reproche.

(b) The position of the adjective often depends on which is uppermost in the mind, the idea of the thing itself, or the idea of its quality.

Example:
>   Dans la clairière il aperçut un énorme sanglier.

(Principal idea: it was a wild boar; accompanying idea: it was a very big one).

>   C'était une bête énorme. (Principal idea: the size of the creature).

This consideration decides the position of many adjectives, such as *épouvantable, interminable, sublime, terrible, immense, éclatant*.

(c) There is a strong tendency for the adjective to precede when noun and adjective are closely related in meaning, when the adjective expresses an idea implicit in the noun.

Examples:
>   une terrible catastrophe.   la rapide voiture.
>   le clair soleil.   la vaste mer.
>   le savant professeur.

This clearly exemplifies the basic principle that the adjective tends to stand in the stressed position (i.e. after the noun) when it expresses some special distinguishing quality.

(d) Adjectives accompanying names usually precede:
>   l'illustre Condé.   l'infortunée Marie Stuart.

Adjectives used in a complimentary sense precede:
>   Votre charmante mère.
>   Votre dévoué secrétaire.
>   Vos respectables parents.

Note also such cases as these when the noun is further qualified:
>   les glaciales nuits d'hiver.
>   une grise après-midi de dimanche.

(e) Adjectives qualified by longer adverbs follow the noun:
>   une très jolie femme.
>   une femme remarquablement jolie.

(f) Remember that two adjectives qualifying a noun usually keep their normal position:
>   les longs étés chauds.
>   un petit garçon intelligent.

Two adjectives following are usually connected by *et*:
>   la route blanche et poudreuse.
>   une rue étroite et sale.

16. Common Adjectives whose meaning is affected by position:

certain	un certain temps, *a certain* (= *not accurately delimited*) *time*.
	une preuve certaine, *a certain* (= *indubitable*) *proof*.
pauvre	mon pauvre enfant, *my poor* (= *pitiable*) *child*.
	des paysans pauvres, *poor* (= *impecunious*) *peasants*.
dernier	la dernière fois, *the last time* (*last of a series*).
	la semaine dernière, *last week* (*the one just past*).
prochain	la prochaine fois, *the next time*.
	le mois prochain, *next month*; la semaine prochaine, *next week*.
cher	mon cher ami, *my dear friend*.
	des articles chers, *dear* (= *expensive*) *articles*.
pur	un ciel pur, *a pure* (or *cloudless*) *sky*.
	de pures légendes, *pure* (= *mere*) *legends*.

This dual meaning is still more marked in the following cases:

même	la même chose, *the same thing*.
	la bonté même, *kindness itself*.
ancien	un ancien soldat, *an old* (= *former*) *soldier*.
	une maison ancienne, *an ancient house*.
grand	un grand homme, *a great man*.
	un homme grand, *a tall man*.
honnête	un honnête homme, *a gentleman*.
	un homme honnête, *an honest man*.
méchant	de méchants vers, *worthless verse*.
	une femme méchante, *an ill-natured* (*spiteful*) *woman*.
propre	ses propres paroles, *his own words*.
	des draps propres, *clean sheets*.
triste	un triste spectacle, *a sorry sight*.
	un jour triste, *a sad day*.
mauvais	un mauvais chapeau, *a wretched hat*.
	un regard mauvais, *an evil look*
haut	la haute mer, *the high seas, the open sea*.
	la mer haute, *high tide*.

17. Comparative and Superlative.

(a) Typical Examples.

Son plus grand succès.

Ses amis les plus dévoués.

C'est le meilleur hôtel de la ville (**de** translates *in* after a superlative).

C'est l'endroit où la circulation est le plus intense (**le** invariable in a superlative of degree).

Un musée des plus intéressants, *a most interesting museum.*
Il est plus âgé que moi de deux ans, *he is two years older than I.*
De plus en plus difficile, *more and more difficult.*
Pâle comme la mort, *as pale as death.*
C'est fort intéressant.
C'est bien vrai.
Je vous serais infiniment obligé.
Il n'en est pas moins coupable, *he is none the less blameworthy.*
Il est on ne peut plus grossier, *he is as coarse as (anyone) can be.*

(*b*) **Le plus petit and le moindre.**

Le plus petit = *smallest (in size)*: C'est Raoul qui est le plus petit.
le moindre = $\begin{cases} least\ considerable: \\ slightest \end{cases}$ Cela n'a pas la moindre importance.

Note also that **pire** (*worse*), **le (la) pire** (*worst*) usually apply to actions or moral matters: la pire négligence; la guerre est pire.
Plus mauvais, le plus mauvais are generally used to denote material quality:

Ton chapeau est encore plus mauvais que le mien.

18. Agreement of the Adverbial *tout* (= *quite, altogether*).

The adverbial **tout** agrees only with a feminine adjective beginning with a consonant:

Masc.	tout petit	tout petits.
Fem.	toute petite	toutes petites.
Fem. (*vowel*)	tout étonnée	tout étonnées.

19. Special points regarding the Adjective in French composition.

(*a*) When the occasion arises, one should take the opportunity of imitating the neat French use of an adjective or past participle where in English we should use a phrase:

Examples:

Confus, il s'arrêta, *he halted in confusion.*
Toute joyeuse, elle rentra chez elle, *she went home full of joy.*
Étonné, il leva la tête, *he looked up in astonishment.*
Arrivé à la gare, il s'informa de l'heure des trains (*when he reached . . .*).
Jeune, il avait parcouru le monde, *in his youth he had travelled the world.*

Sometimes good French idiom prefers a phrase where we use an adjective:

> Dans l'état où ils sont, *in their present condition.*
> Le siècle où nous vivons, *the present age.*
> Dans les chapitres qu'on va lire, *in the ensuing chapters.*
> Des discours à n'en plus finir, *endless speeches.*

(*b*) Typical descriptive expressions to note:

> Son cou de taureau, *his bull-like neck.*
> Une figure de bonne congédiée, *a face like a dismissed servant's.*
> Sa finesse de vieux diplomate, *his old diplomat's shrewdness.*
> Le train de midi, *the twelve o'clock train.*
> Nos voisins d'en face, *our neighbours opposite.*
> Ses pattes de devant, *its forelegs;* ses pattes de derrière, *its hindlegs.*
> Le journal d'hier, *yesterday's newspaper.*

NUMBERS, DATES, TIME

20. Numbers.

80, quatre-vingts.	1,000, mille.
81, quatre-vingt-un.	10,000, dix mille.
300, trois cents.	(*Ten miles*, dix milles.)
310, trois cent dix.	1,000,000 francs, un million de francs.

Collectives.

une vingtaine (de).	une centaine (de).
une trentaine (de).	des (plusieurs, quelques) centaines (de).
une quarantaine (de).	
une cinquantaine (de).	un millier (de).
une soixantaine (de).	des (plusieurs, quelques) milliers (de).

Useful expressions.

> Un homme d'une quarantaine d'années, *a man of about forty.*
> Elle a passé la cinquantaine, *she is over fifty.*
> Neuf sur dix, *nine out of ten.*
> Les trois premiers jours, *the first three days.*
> Les deux derniers chapitres, *the last two chapters.*
> En premier lieu, en second lieu, *etc.*
> Combien en avez-vous? — Un seul.

21. Price.

> 2 francs le mètre (la douzaine, la bouteille, la pièce, *etc.*).
> Le prix de cet article est de 18 francs.

Ils m'en ont demandé (pris) 10 francs, *they charged me 10 francs for it.*
Je l'ai vendu (payé) 15 francs.
Il m'en offrit 100 francs, *he offered me 100 francs for it.*

22. (a) Distance.

Combien (*or* Quelle distance) y a-t-il d'ici à Lyon?
D'ici à Lyon il y a plus de 200 kilomètres.
Mon village se trouve à 5 kilomètres de Vichy.
60 kilomètres à l'heure.

(b) **Dimensions.**

Cette planche est longue de 3 mètres.
or Cette planche a 3 mètres de long.
Le salon a 5 mètres de long sur 6 de large.

23. Fractions.

la moitié de cette somme, *half this sum;* à moitié (*or* à demi) mort, *half dead.*
à mi-chemin, *half-way;* à mi-côte, *half-way up the hill.*
un quart de litre, *a quarter of a litre;* un quart de siècle.
les trois quarts du temps, *three quarters of the time.*
un tiers, *a third;* les deux tiers, *two thirds.*
un cinquième, trois huitièmes, neuf dixièmes, *etc.*

24. Time.

À sept heures du matin (du soir).
À neuf heures précises, *at exactly nine o'clock.*
Il est près de 11 heures.
Vers (les) huit heures.
À cinq heures environ.
Le train de 12 h. 36.
Nous partirons dans deux heures (*in 2 hours' time*).
Je l'ai fait en trois heures (*en expresses time taken*).

For in expressions of time:

Il habita Paris pendant un an.
Je suis ici pour trois jours (pre-arranged time limit).
Il travaille ici depuis six mois (existing condition dating back a certain time).

NOTE. *For* is often not translated:

Il marcha deux heures, *he walked for two hours.*
Nous y sommes restés six mois, *we stayed there (for) six months.*
Ils causèrent longtemps, *they chatted for a long time.*

25. Dates, Days, etc.

Au dix-neuvième siècle, *in the nineteenth century.*
Il arrivera le 12 décembre, *he will arrive on December 12.*
Le mercredi 26 septembre, *Wednesday September 26.*
Venez me voir lundi, *come and see me on Monday.*
Nous y allons le samedi, *we go there on Saturdays.*
Hier soir, *yesterday evening.*
Avant-hier, *the day before yesterday.*
Après-demain, *the day after to-morrow.*
Le lendemain matin, *next morning.*
Le surlendemain, *the next day but one.*
La veille, *the day before; the eve.*
La veille au soir, *on the previous evening.*
Le 26 août au matin (soir), *on the morning (evening) of August 26.*
De bon matin } *early in the morning.*
De grand matin
Je n'ai rien mangé de la journée, *I have eaten nothing all day.*
Il n'avait pas fermé l'œil de la nuit, *he hadn't slept a wink all night.*
La semaine prochaine, *next week* (i.e. *the one coming*).
La semaine suivante, *the next week* (i.e. *the one after*).

PRONOUNS

26. Position of Object Pronouns.

(a) With the Infinitive.

A pronoun governed by an infinitive stands before that infinitive:

Nous allons les voir demain.
Je vais lui parler.

NOTE. *Envoyer chercher* is taken as one verb, and the pronoun stands before *envoyer*.

Je l'ai envoyé chercher, *I have sent for him.*

(b) Position with the Imperative.

With the imperative affirmative pronouns follow; with the imperative negative pronouns precede. This applies equally to reflexive pronouns, which obey the same rules as other object pronouns:

Prêtez-le-lui,	Ne le lui prêtez pas.
Asseyez-vous,	Ne vous asseyez pas.
Allez-vous-en,	Ne vous en allez pas.

27. Examples of the chief uses of Disjunctive Pronouns.

Avec moi; sans lui; après eux.
Qui l'a fait? — Moi.
Moi, je n'en sais rien.
Lui n'a rien dit.
Ce n'est pas lui que je blâme, *I don't blame* him.
C'est à moi que vous avez donné cela, *you gave that to* me.
Nous sommes moins forts qu'eux.
C'est moi (toi, lui, elle, nous, vous); ce sont eux (elles).
Il n'y a que lui qui refuse.
Lui et son frère ont bien joué.
Eux seuls le savent.
Lui aussi nous aidera.
Lui, qui avait tant travaillé, a échoué.

Note the useful:

l'un d'eux, *one of them.*
plusieurs d'entre eux, *several of them.*
quelques-uns d'entre eux, *a few (some) of them.*
ils parlaient entre eux, *they were talking among themselves.*

28. Note particularly the use of the Disjunctive Pronoun in these cases:

(*a*) With verbs of motion.

Je courus à lui. Il vint à moi.

(*but* Il me vint une idée: *figurative use of* venir).

Penser and **songer** are included under "verbs of motion" for this purpose:

Je pense toujours à elle.

NOTE: With verbs of motion, *to it, to them,* referring to objects, is **y**.

Je vais au cinéma. J'y vais.
Je songeais (pensais) à ses paroles. J'y songeais (pensais).

(*b*) With the Reflexive:

Je me confie à lui.
Il se recommande à vous.

Also with verbs followed by **de**:

Il s'approcha de moi.
Elle se souvient de vous.

29. The use of *soi* (oneself).

Soi is usually associated with **on, chacun, personne, quiconque.**

Chacun pour soi.
Ce qu'on fait soi-même.
«On a souvent besoin d'un plus petit que soi.»

30. Note on the uses of the Pronoun *en*.

One must bear in mind that **en** always means **de** + something. Here are some less common uses of *en*:

> Il sort de la maison. Il en sort.
> Je m'en sers, *I use it* (*remember* se servir de).

So also: Je m'en souviens; je m'en aperçois; je vous en remercie, etc.

> Je n'essayai pas de l'en empêcher, *I did not try to stop him* (i.e. *from doing it*).
> Je lui ai envoyé la note, ainsi qu'il m'en avait prié, *I sent him the bill, as he had requested* (i.e. *me to do*).
> J'en suis fâché (affligé, désolé).

Its or *their*, referring to objects, is often rendered by *en*:

> Quelle action imprudente! Les conséquences en seront très graves.

Note also the use of *en* in this example:

> C'était un homme comme je n'en ai jamais vu.

31. Y.

> Je vais à Bordeaux. J'y vais.
> Je pense à l'examen. J'y pense.

Y is introduced in French where *there* is sometimes omitted in English:

> Je suis allé à Paris et j'y ai vu mon frère, *I went to Paris and saw my brother.*

Y often stands for **à** + infinitive, and completes the sense of a phrase:

> Il réussira à le faire. — Oui, il y réussira (*he will succeed*).
> Êtes-vous décidé à partir. — Oui, j'y suis bien décidé (*I am quite decided*).
> Voulez-vous m'aider à porter cette malle? — Oui, je vais vous y aider (*I will help you*).

32. Le.

Le occurs in some common phrases whose English equivalents do not contain *it*:

> Comme vous le savez déjà, *as you already know.*
> Comme je vous l'ai déjà dit, *as I have already told you.*
> Vous savez qu'il est malade? — Oui, je le sais (*Yes, I know*).
> Vous le savez? Eh bien, dites-le-moi. *You know? Well, tell me.*

On the other hand there is no *le* in French to correspond to *it* in expressions like the following:
>Je trouve impossible de... *I find it impossible to ...*
>Je crois (juge) nécessaire (prudent, inutile) de... *I think (judge) it necessary (wise, useless) to ...*

Le sometimes renders *so*:
>Il me l'a dit, *he told me so.*
>Je le crois, *I think so.*
>Si vous le désirez, *if you so desire.*

33. Relative Pronouns.

Qui (*whom*) is used with prepositions in relative clauses and in questions:
>L'employé à qui je me suis adressé.
>De qui parlez-vous?

A qui occurs in certain idioms expressing an idea of rivalry:
>C'est à qui prendra la part du lion, *it is a fight (tussle) as to who shall take the lion's share.*
>À qui mieux mieux, *each trying to outdo the other(s)*, e.g. Ils chantaient (criaient, mangeaient) à qui mieux mieux.

34. Dont.

Note the word order in cases like the following:
>C'est un jeune homme dont j'oublie le nom (*whose name I forget*).
>Ils s'enfermèrent dans une maison, dont ils barricadèrent les portes (*the doors of which*).

Remember that **dont** is the relative when one is using verbs followed by *de*:
>La chose dont je me sers (je m'aperçois, je me souviens, j'ai besoin, etc.).

Also: la façon (la manière) dont, *the way (manner) in which.*

35. Lequel, laquelle, etc.

Usually used with prepositions to refer to things:
>Le bâton avec lequel je le frappai.
>L'échelle au moyen de laquelle il était monté.

NOTE. *On which, in which,* etc., are often more neatly translated by **où**:
>La rue où je demeure (*in which*).
>La table où se trouvaient mes papiers (*on which*).

With parmi (*among*), lesquels (lesquelles) may refer to persons:
>Les indigènes parmi lesquels je vivais...

In questions **lequel**, etc., may mean *which one, which ones* (choice among persons or things):

>Sa sœur me plaît beaucoup. — Laquelle? (*which one?*)
>Voici deux raquettes. Laquelle préférez-vous? (*which one?*)
>Va chercher mes souliers. — Lesquels? (*which ones?*)

But note: Qui de nous n'a éprouvé de telles émotions? (*which of us?*)

36. Ce qui; ce que; ce dont.

>Je sais ce qui se passe.
>Je sais ce que vous allez dire.
>Ce dont vous parlez ne m'intéresse pas.
>Je mange tout ce qui est bon.
>Je sais tout ce que vous faites.
>Que fait-il? — Je ne sais pas ce qu'il fait.
>Ce qui me surprend, c'est qu'il n'est jamais revenu.

Note the use of **ce qui**, referring to the sense of a foregoing phrase:

>Il avait oublié ses lunettes, ce qui lui arrivait souvent.

37. **Quoi** does not refer to a noun:

>Sur quoi, il s'éloigna, *whereupon he walked away.*
>Après quoi, elle sortit, *after which she went out.*
>Donnez-moi de quoi écrire, *give me writing materials* (lit. *with what to write*).
>Avoir de quoi vivre, *to have the wherewithal to live.*

Quoi is also used in questions:

>Avec quoi peut-on ouvrir cette boîte?
>Sur quoi avez-vous déposé votre portefeuille?
>Quoi de plus précieux que... *What is more precious than...*
>À quoi bon continuer nos efforts? *What is the use of continuing our efforts?*
>*or* À quoi sert-il de continuer nos efforts?

38. Celui, ceux; celle, celles.

These are always followed by a relative (**qui, que, dont**) or by **de**:

>Quel homme? Celui qui parle. Celui que vous écoutez.
>Celui dont nous parlions tout à l'heure.
>Notre maison est plus grande que celle de mon oncle.

Tous ceux qui (**que**), **toutes celles qui** (**que**) are expressions frequently required:

>Tous ceux qui ont payé, *all (those) who have paid.*

(a) **Celui-ci, celui-là,** etc. These forms may stand alone as subject:

> Ces maisons sont jolies toutes les deux, mais je crois que j'aime mieux celle-ci que celle-là. Celle-ci est plus jolie.

Remember that when these pronouns are used in the sense of *the former, the latter,* celui-ci = *the latter,* celui-là = *the former.*

39. Ceci, cela.

Ceci usually refers to something which is to come:

> Écrivez ceci... Répétez ceci... Il a dit ceci...

This, referring to something past, is usually rendered by **cela.**

> Cela m'est déjà arrivé plusieurs fois, *this has happened to me several times before.*

40. Common constructions in which *ce* occurs.

(a) C'est un homme intelligent.
C'était Jean.
Ce sont des Américains.
C'est au mois de mai qu'il est parti (*emphasis*).
C'est moi qui le dis, *I say so.*

Note how *que* is introduced in this type of expression:

> C'est une chose étrange que de voir une lumière au milieu de la forêt.

Note the common use of **c'est que** meaning *the reason is because,* or *the fact is that:*

> Pourquoi ne sortez-vous pas? — C'est que je suis trop fatigué.

(b) When **être** + adjective is not followed by **a** phrase:

> C'est possible. Ce n'est pas difficile.

When the adjective is followed by **de** + infinitive or **que** introducing a clause, one begins with **il est:**

> Il est évident qu'ils ne céderont pas. — Oui, c'est évident.
> Il est facile de faire des promesses. — Oui, c'est facile.

(c) **Cela** translates *it* in a number of expressions, chiefly of feeling or emotion:

> Cela m'étonne que, *it surprises me that...*
> Cela l'amusait de, *it amused him to...*
> Cela lui fait plaisir de, *it gives him pleasure to...*
> Cela m'ennuie de, *it bores me to...*

41. The use of *que* in questions.

Que sont ces taches? *What are these stains?*
Que se passe-t-il? *What is going on?*
Que faire? — Je ne sais que faire.
Je ne savais que répondre.
Que vous faut-il? *What do you require?*
Que reste-t-il de tout cela? *What is left of all that?*
Qu'est-il devenu? *What has become of him?*

42. Possessives.

In the French army, soldiers addressing superior officers always say **mon** before a title:

Oui, mon capitaine (mon colonel, etc.).

Note the following:

Un de mes amis, *a friend of mine.*
Un avocat de mes amis, *a barrister friend of mine.*

Own may be translated by **propre,** but the emphatic *my* or *my own* is often expressed by a pronoun:

Ses propres mots, *his own words.*
C'est bien ma pipe à moi, *this is my pipe.*
Ses affaires à lui, *his own business,* his *business.*

Note the use of the possessive in these instances:

Au sujet de mon fils, *about my son.* À son sujet, *about him.*
Il est venu me voir hier. — À quel sujet? *What about?*
Avez-vous des nouvelles de Marguerite? Avez-vous de ses nouvelles?
Ils étaient allés à sa rencontre (*to meet him*).
À sa vue, *at the sight of him.*

Note the use of the possessive pronoun to express *our (your, their) people (men).*

Ils ont abattu trois des nôtres, *they laid low three of our men.*
Il n'est pas des nôtres, *he is not one of ours (our men, our people).*

Indefinite Adjectives and Pronouns.

43. Personne.

Personne n'est venu.
Je n'ai vu personne.
Qui veut essayer? — Personne.
Sans rencontrer personne, *without meeting anybody.*

44. Rien.

Rien ne paraît plus simple.
Il n'a rien dit.
Qu'a-t-il dit? — Rien.
Sans rien faire, *without doing anything.*
A-t-on rien vu de plus drôle? *Did you ever see anything funnier?*
Rien qu'à le voir, on ne pouvait s'empêcher de rire, *at the mere sight of him, you couldn't help laughing.*

45. Aucun(e), *none, not one.*

Aucun bruit ne se fait entendre, *no sound is heard.*
Je n'ai aucune confiance en lui, *I have no trust in him.*
Sans aucun espoir de réussir, *without any hope of succeeding.*
Quelle raison donne-t-il? — Aucune (*none*).
Aucun ennemi ne se montra, *no enemy showed himself.*

46. Nul (*none*).

Nul ne sait, *none knows.*
Cela n'existe nulle part, *that doesn't exist anywhere.*
Je n'en suis nullement responsable, *I am in no way responsible.*

Note also:

Pas un n'échappa, *not one escaped.*

47. On.

On is very often used to render an English passive:

On l'a vu hier, *he was seen yesterday.*
A-t-on mis mes lettres à la poste? *Have my letters been posted?*

In conversation **on** often = *we*:

Eh bien, on va déjeuner? *Well, shall we have lunch?*

One as object is expressed by **vous**:

Ce qui vous surprend, c'est que... *What surprises one is that...*
On vous donne une carte, *they give one a card.*

48. Tout.

Il veut tout voir, *he wants to see everything.*
J'ai tout vu, *I have seen everything.*
Tout le monde est parti, *everybody has gone.*
(*In the whole world,* dans le monde entier).
Ils le savent tous, *they all know it.*
Tous (les) deux, toutes (les) deux, *both.*
Tous les jours (mois, ans), *every day (month, year).*

When used in a generalization, **tout** may mean *every*:

Tout homme intelligent sait que...

49. Tel.

    Un tel homme; de telles femmes.
but Une si belle église, *such a fine church.*
    Monsieur un tel, *Mr. So and So.*

50. Autre.

    Où sont les autres? *Where are the rest? (rest meaning others).*
but Vous pouvez garder le reste, *you can keep the rest (rest meaning remaining portion).*
    Nous verrons d'autres monuments.
    Nous en verrons d'autres, *we shall see others.*
    Nous autres Français, *we French people.*
    Nous n'en savons rien, nous autres, we *know nothing about it.*
    Personne d'autre, *nobody else.* Quelqu'un d'autre, *somebody else.*
    Nous allons choisir autre chose, *we shall choose something else.*
    J'ai deux montres, mais elles sont cassées l'une et l'autre (*they are both broken*).
    Nous avons deux chambres; vous pouvez retenir l'une ou l'autre (*you can book either*).
    Ni l'un ni l'autre ne dit la vérité, *neither is telling the truth.*
    Je ne les connais ni l'un ni l'autre, *I don't know either of them.*
    Ils s'injuriaient l'un l'autre, *they were insulting each other.*
    Ils se taquinent les uns les autres, *they tease one another.*
    Nous avons tous besoin les uns des autres, *we all need one another.*
    Ils s'envoient des journaux les uns aux autres, *they send one another newspapers.*

51. Quelque.

    Quelque temps. Quelques fleurs.
    Quelque chose d'intéressant.
    Il y a quelqu'un à la porte.
    Quelques-unes des maisons sont très belles.

52. Chose.

    Je n'ai pas grand'chose à vous dire, *I haven't much to tell you.*
    Peu de chose me suffira pour vivre, *I shall require little to live.*

53. Même.

    Est-ce la même voiture? — Oui, c'est la même (*Yes, it is the same one*).
    À l'instant même où... *at the very moment when...*
    Ah! vous êtes de Londres même? *Oh, you come from London itself?*
    Tout le monde fut surpris, même ses amis les plus intimes (*even*).

54. Quiconque (*whoever*).

Quiconque lui résistait était mis à mort.

Whoever is often rendered by **celui qui**:

Celui qui ferait cela serait un imbécile.

55. N'importe qui, etc.

N'importe qui vous le dira, *anybody will tell you.*
Chantez n'importe quoi, *sing anything.*
On peut l'acheter dans n'importe quelle librairie (*at any bookshop*).
Quelle carte? — N'importe laquelle (*any one*).
Où faut-il le mettre? — N'importe où (*anywhere*).

56. Je ne sais qui, etc.

Je ne sais qui me l'a dit, *somebody or other told me.*
Il se plaignait de je ne sais quoi, *he was complaining of something or other.*
Je l'ai lu dans je ne sais quel livre, *I read it in some book or other.*
J'en suis sorti je ne sais comment, *I got out of it somehow or other.*

VERBS

Verb Forms.

(This is not a complete verb list. It draws attention to those forms which students often know imperfectly.

For convenience, where the complete tense is given the pronouns are omitted.)

57. Common Verbs.

Avoir.   *Pres. part.* ayant; *imper.* aie, ayons, ayez; *pres. subj.* aie, aies, ait, ayons, ayez, aient.

Être.   *Pres. part.* étant; *imper.* sois, soyons, soyez; *pres. subj.* sois, sois, soit, soyons, soyez, soient.

Donner.   *Imper.* donne, donnons, donnez.

Finir.   *Pres. ind.* je finis, nous finissons; *p. hist.* je finis, nous finîmes; *pres. subj.* je finisse.

Vendre.   *Pres. subj.* je vende.

Aller.   *Fut.* j'irai; *imper.* va (*but* vas-y), allons, allez; *pres. subj.* aille, -es, -e; allions, -iez, aillent.

S'asseoir.   *Pres. part.* asseyant; *p. part.* assis; *pres. ind.* je m'assieds, tu t'assieds, il s'assied, n. n. asseyons, v. v. asseyez, ils s'asseyent; *p. hist.* je m'assis; *fut.* je m'assiérai; *pres. subj.* je m'asseye.

Battre.	*Pres. ind.* je bats, nous battons; *p. part.* battu; *p. hist.* je battis; *pres. subj.* je batte.
Boire.	*Pres. part.* buvant; *p. part.* bu; *pres. ind.* je bois, nous buvons, ils boivent; *imperf.* je buvais; *p. hist.* je bus; *pres. subj.* boive, -es, -e, buvions, -iez, boivent.
Conduire.	*Pres. part.* conduisant; *p. part.* conduit; *pres. ind.* je conduis, nous conduisons; *p. hist.* je conduisis; *pres. subj.* je conduise.
Connaître.	*P. hist.* je connus; *pres. subj.* je connaisse.
Courir.	*P. part.* couru; *pres. ind.* je cours, nous courons; *p. hist.* je courus; *fut.* je courrai; *pres. subj.* je coure.
Couvrir.	*Pres. ind.* je couvre; *p. part.* couvert; *p. hist.* je couvris.
Craindre.	*Pres. part.* craignant; *p. part.* craint; *pres. ind.* crains, -s, -t, craignons, -ez, -ent; *imperf.* je craignais; *p. hist.* je craignis; *fut.* je craindrai; *pres. subj.* je craigne.
Croire.	*P. part.* cru; *p. hist.* je crus; *pres. subj.* croie, -es, -e, croyions, -iez, croient.
Cueillir.	*Pres. part.* cueillant; *p. part.* cueilli; *pres. ind.* cueille, -es, e, -ons, -ez, -ent; *p. hist.* je cueillis; *fut.* je cueillerai.
Devoir.	*P. part.* dû (*f.* due); *p. hist.* je dus; *fut.* je devrai; *pres. subj.* doive, -es, -e, devions, -iez, doivent.
Dire.	*P. part.* dit; *p. hist.* je dis; *pres. subj.* je dise.
Dormir.	*Pres. ind.* je dors, nous dormons; *pres. subj.* je dorme.
Écrire.	*P. part.* écrit; *p. hist.* j'écrivis; *pres. subj.* j'écrive.
Envoyer.	*Pres. ind.* j'envoie, nous envoyons; *fut.* j'enverrai; *pres. subj.* envoie, -es, -e, envoyions, -iez, envoient.
Faire.	*P. hist.* je fis; *fut.* je ferai; *pres. subj.* fasse, -es, -e, -ions, -iez, -ent.
Falloir.	*P. part.* fallu; *p. hist.* il fallut; *fut.* il faudra; *pres. subj.* il faille.
Fuir.	*Pres. part.* fuyant; *p. part.* fui; *pres. ind.* fuis, -s, -t, fuyons, -ez, fuient; *p. hist.* je fuis; *pres. subj.* fuie, -es, -e, fuyions, fuyiez, fuient.
Lire.	*P. part.* lu; *p. hist.* je lus; *pres. subj.* je lise.
Mettre.	*Pres. ind.* je mets, nous mettons; *pres. subj.* je mette.
Mourir.	*P. part.* mort; *pres. ind.* meurs, -s, -t, mourons, -ez, meurent, *p. hist.* je mourus; *fut.* je mourrai; *pres. subj.* je meure, -es, -e, mourions, -iez, meurent.
Naître.	*P. part.* né; *p. hist.* je naquis; *pres. subj.* je naisse.
Plaire.	*P. part.* plu; *p. hist.* je plus; *pres. subj.* je plaise.
Pleuvoir.	*P. part.* plu; *p. hist.* il plut; *fut.* il pleuvra; *pres. subj.* il pleuve.

Pouvoir.	*Fut.* je pourrai; *pres. subj.* puisse, -es, -e, -ions, -iez, -ent.
Prendre.	*Pres. subj.* prenne, -es, -e, prenions, -iez, prennent.
Recevoir.	*Pres. ind.* je reçois, nous recevons, ils reçoivent; *p. hist.* je reçus; *fut.* je recevrai; *pres. subj.* reçoive, es, -e, recevions, -iez, reçoivent.
Rire.	*P. part.* ri; *pres. ind.* je ris, nous rions, ils rient; *imperf.* je riais; *pres. subj.* je rie.
Rompre.	*P. part.* rompu; *pres. ind.* romps, -s, -t, rompons, -ez, -ent; *pres. subj.* je rompe.
Savoir.	*Pres. part.* sachant; *p. part.* su; *p. hist.* je sus; *fut.* je saurai; *pres. subj.* sache, -es, -e, -ions, -iez, -ent; *imper.* sache, sachons, sachez.
Suivre.	*P. hist.* je suivis; *pres. subj.* je suive.
Taire.	*P. part.* tu; *pres. ind.* tais, -s, -t, taisons, -ez, -ent.
Tenir.	*P. part.* tenu; *pres. ind.* tiens, -s, -t, tenons, -ez, tiennent; *p. hist.* tins, -s, -t, tînmes, tîntes, tinrent; *fut.* je tiendrai; *pres. subj.* tienne, -es, -e, tenions, -iez, tiennent; *imp. subj.* tinsse, -es, tînt, tinssions, -iez, -ent.
Valoir.	*P. part.* valu; *pres. ind.* vaux, -x, -t, valons, -ez, -ent; *p. hist.* je valus; *fut.* je vaudrai; *pres. subj.* vaille -es, -e, valions, -iez, vaillent.
Venir.	As Tenir.
Vivre.	*P. part.* vécu; *pres. ind.* vis, -s, -t, vivons, -ez, -ent; *p. hist.* je vécus; *pres. subj.* je vive.
Voir.	*Fut.* je verrai; *pres. subj.* voie, -es, -e, voyions, -iez, voient.
Vouloir.	*Fut.* je voudrai; *pres. subj.* veuille, -es, -e, voulions, -iez, veuillent; *imper.* veuille, veuillez.

58. List 2. Less Common Verbs.

Acquérir. *to acquire*	*P. part.* acquis; *pres. ind.* acquiers, -s, -t, acquérons, -ez, acquièrent; *p. hist.* j'acquis; *fut.* j'acquerrai; *pres. subj.* acquière, -es, -e, acquérions, -iez, acquièrent.
Assaillir. *to assail*	*Pres. part.* assaillant; *p. part.* assailli; *pres. ind.* assaille, -es, -e, assaillons, -ez, -ent; *imperf.* j'assaillais; *p. hist.* j'assaillis.
Bouillir. *to boil*	*Pres. part.* bouillant; *p. part.* bouilli; *pres. ind.* bous, -s, -t, bouillons, -ez, -ent; *p. hist.* je bouillis.
Conclure. *to conclude*	*Pres. part.* concluant; *p. part.* conclu; *pres. ind.* conclus, -s, -t, concluons, -ez, -ent; *p. hist.* je conclus.
Coudre. *to sew*	*Pres. part.* cousant; *p. part.* cousu; *pres. ind.* couds, -s, coud, cousons, -ez, -ent; *imperf.* je cousais; *p. hist.* je cousis.

Croître. *to grow*	*Pres. part.* croissant; *p. part.* crû; *pres. ind.* croîs, croîs, croît, croissons, -ez, -ent; *imperf.* croissais; *p. hist.* je crûs; *pres. subj.* je croisse.
Faillir. *to fail*	*P. part.* failli; *p. hist.* je faillis.
Gésir. *to lie*	Used only in these parts: *pres. part.* gisant; *pres. ind.* il gît, nous gisons, vous gisez, ils gisent; *imperf.* il gisait, etc.
Haïr. *to hate*	*Pres. part.* haïssant; *p. part.* haï; *pres. ind.* hais, -s, -t, haïssons, -ez, -ent; *imperf.* je haïssais; *p. hist.* je haïs; *fut.* je haïrai; *pres. subj.* je haïsse.
Luire. *to shine*	*Pres. part.* luisant; *p. part.* lui; *pres. ind.* luis, -s, -t, luisons, -ez, -ent; *imperf.* je luisais; *pres. subj.* je luise.
Maudire. *to curse*	*Pres. part.* maudissant; *p. part.* maudit; *pres. ind.* je maudis, nous maudissons; *imperf.* je maudissais; *p. hist.* je maudis; *pres. subj.* je maudisse.
Moudre. *to grind*	*P. part.* moulu; *pres. ind.* mouds, -s, moud, moulons, -ez, -ent; *p. hist.* je moulus.
Mouvoir. *to move*	*P. part.* mû (*f.* mue); *pres. ind.* meus, -s, -t, mouvons -ez, meuvent; *p. hist.* je mus.
Nuire. *to harm*	*P. part.* nui; *pres. ind.* nuis, -s, -t, nuisons, -ez, -ent; *p. hist.* je nuisis; *pres. subj.* je nuise.
Pourvoir. *to provide*	Like Voir except in future: je pourvoirai.
Suffire. *to suffice*	*Pres. part.* suffisant; *p. part.* suffi; *pres. ind.* suffis, -s, -t, suffisons, -ez, -ent; *p. hist.* je suffis; *pres. subj.* je suffise.
Traire. *to milk*	*Pres. part.* trayant; *p. part.* trait; *pres. ind.* je trais, -s, -t, trayons, -ez, -ent; *imperf.* je trayais.
Vaincre. *to vanquish*	*Pres. part.* vainquant; *p. part.* vaincu; *pres. ind.* vaincs, -s, vainc, vainquons, -ez, -ent; *p. hist.* je vainquis; *pres. subj.* je vainque.
Vêtir. *to clothe*	*P. part.* vêtu; *pres. ind.* vêts, -s, vêt, vêtons, -ez, -ent; *p. hist.* je vêtis.

59. Verbs conjugated with *être*.

Aller, arriver, descendre, entrer, rentrer, monter, mourir, naître, partir, rester, retourner, sortir, tomber, venir, and their compounds.

Compound tenses which often prove difficult:

Past Anterior: Quand il fut parti, *when he had gone.*
Future Perfect: Quand il sera revenu, *when he has* (= *will have*) *returned.*

Conditional Perfect: Dès qu'elle serait sortie, *as soon as she had* (= *would have*) *gone out.*

NOTE. Several of these verbs are also used transitively (with auxiliary *avoir*):

J'ai monté (descendu) les bagages, *I have taken up* (*brought down*) *the luggage.*
Elle avait sorti son mouchoir, *she had taken out her handkerchief.*
J'ai rentré votre bicyclette, *I have brought* (*taken*) *your bicycle in.*

60. Reflexive Verbs.

Compound tenses which often prove difficult:

Past Anterior: Quand il se fut assis, *when he had sat down.*
Future Perfect: Quand je me serai baigné, *when I have* (= *shall have*) *bathed.*
Conditional Perfect: Lorsqu'elle se serait reposée, *when she had* (= *would have*) *rested.*

The reflexive pronoun behaves exactly like any other object pronoun. In the following examples the reflexive pronoun is shown in heavy type.

Statement: Vous **vous** reposez. Vous ne **vous** reposez pas.
Question: **Vous** reposez-vous? Ne **vous** reposez-vous pas?
Imperative: Reposez-**vous**. Ne **vous** reposez pas.
Repose-**toi**. Ne **te** repose pas.
Reposons-**nous**. Ne **nous** reposons pas.

Statement: Vous **vous** êtes reposé. Vous ne **vous** êtes pas reposé.
Question: **Vous** êtes-vous reposé? Ne **vous** êtes-vous pas reposé?

61. Agreement or otherwise of the Past Participle in Reflexive Verbs.

The past participle agrees if the reflexive pronoun is direct object (*i.e.* in the accusative case), but not if it is indirect object (*i.e.* in the dative case).

Examples of agreement:

Elle s'est reposée (lit. *she has rested herself*).
Ils se sont rencontrés (lit. *they have met each other*).

NOTE. In the case of verbs only used reflexively, the past participle always agrees. The following are some of the commoner of these verbs: s'en aller, s'enfuir, se réfugier, se souvenir, s'écrier, se repentir, s'évanouir, s'emparer, se moquer.

Examples of non-agreement:

Nous nous sommes écrit (*to each other*).
Nous nous sommes demandé si… (*remember* demander à).

Elle s'est rappelé leurs conseils (*recalled to herself*).
(*but* Elle s'est souvenue de leurs conseils).
Ils s'étaient procuré une échelle.
Elle s'est bouché les oreilles.

The following example illustrates a case which sometimes arises:

J'ai lu les lettres qu'ils se sont écrites (*p. part. agreeing with direct object* que *representing* lettres).

62. Points concerning the use of the Reflexive Verb.

Note these examples:

La porte s'ouvre (se ferme), *the door opens* (*closes*).
La salle s'emplit (se vide), *the room fills* (*empties*).
La voiture s'arrête, *the carriage stops*.
Le conseil se réunit, *the council meets*.

The reflexive verb often renders an English passive.

Examples:

se trouver, *to be found*; s'étonner, *to be surprised*.
se tromper, *to be deceived*; s'appeler, *to be called*.
Cette expression ne s'emploie pas (*is not used*).
Cela ne se dit pas (*is not said*).
Nos articles se vendent partout (*are sold*).
Ces choses-là s'oublient vite (*are forgotten*).

63. French Past Participles rendering English Present Participles

(mostly referring to position or state):

accoudé, *leaning* (on the elbows)
accroché, *hanging* (lit. *hooked*)
accroupi, *squatting*
agenouillé, *kneeling*.
appuyé, *leaning* (on support).
adossé, *leaning* (back against).
assis, *sitting*.
couché, *lying*.
cramponné, *clinging*.
étendu, *lying* (at full length).
évanoui, *fainting*.
pendu, *hanging*.
penché, *leaning* (inclined).
posé, *standing*.
suspendu, *hanging* (from above).
tapi, *crouching, nestling*.

64. Notes on the Passive.

(*a*) One must distinguish between the Past Historic and the Imperfect.

Il fut tué, *he was killed* (records the act).
Quand le dîner fut fini... (records completed action).
Il était blessé, *he was wounded* (describes the state).

(b) In French, verbs governing the dative may not be used personally in the passive, as is frequently done in English.

> On lui a offert une place, *he has been offered a post.*
> On leur donne une carte, *they are given a card.*
> A-t-on répondu à votre lettre? *Has your letter been answered?*
> On leur dit d'attendre, *they were told to wait.*
> On nous permet de...
> Il nous est permis de... } *we are allowed to ...*
> On leur défend de...
> Il leur est défendu de... } *they are forbidden to ...*

NOTE. In spite of this rule, obéir, désobéir, pardonner, which govern the dative, may be used normally in the passive, *e.g.* Vos ordres seront obéis.

(c) **Avoidance of the Passive.**

Ideas which we should express by the passive are frequently expressed in French by a reflexive verb or by **on** with the active:

> On dit (croit) que, *it is said (thought) that ...*
> On vous a vu en ville, *you were seen in town.*
> Comment cela se dit-il en français? *how is that said in French?*

(See also other examples in §62).

(d) Note also these typical renderings, which may well be imitated in the practice of composition:

> Ces discours, lorsqu'on les lit... *These speeches, when read ...*
> Quand on lui parlait, il ne répondait rien. *When spoken to, he made no answer.*
> Un banc, qu'ombrageait un platane. *A seat, shaded by a plane-tree.*
> Le repas fini, on nous laissa. *When the meal was over, we were left to ourselves.*
> Cela fait, ils s'en allèrent. *When this was done, they went off.*
> La lettre écrite, elle sonna la bonne. *When the letter was written* (or *When she had written the letter*), *she rang for the maid.*

65. Recapitulation of the Past Participle Rule.

(a) The past participle agrees with the subject
   (i) in the compound tenses of *être* verbs (aller, venir, etc.)
      e.g. Elle est arrivée.
   (ii) in the passive
      Nous serons battus.
   (iii) when employed as an adjective
      Des gens venus de la campagne...

(b) When *avoir* is the auxiliary, the past participle agrees with the direct object if it precedes the verb:

> Où est ma sœur? L'avez-vous vue?
> Voici les fleurs que j'ai cueillies.
> Combien d'arbres ont-ils coupés?

NOTE. There is no agreement with *en*.

> Avez-vous tué des faisans? — Oui, j'en ai tué.

(c) The case of Reflexive Verbs.

The rule of agreement with the preceding direct object holds good, *i.e.* if the Reflexive pronoun is direct object, the past participle agrees, but if the Reflexive pronoun is indirect object, there is no agreement. (This is fully dealt with in §61.)

66. The Present Participle.

(a) The present participle is invariable except when used purely as an adjective.

> Adjective: Des enfants obéissants. Une scène ravissante.
> Verb: Elle était au salon, causant avec des amis.

The English present participle is often better turned in French by a relative clause:

> Un Anglais, qui passait ses vacances en France... *an Englishman, spending his holidays in France* ...
> Elle entendit sa mère qui l'appelait, *she heard her mother calling her*.
> Je l'ai vu qui travaillait dans la cour, *I saw him working in the yard*.

Note these renderings:

> Ne pouvant refuser, je l'accompagnai chez lui (*as I could not refuse*).
> Voyant qu'elle était lasse, je la priai de s'asseoir, *I asked her to sit down, for I saw (could see) she was tired*.

(b) **En (faisant)**, translating *on (doing)*, *by (doing)* or *while (doing)*, always refers to the subject.

> En voyant ses parents, Marie poussa un cri de joie (*on seeing*).
> Vous y arriverez plus vite en prenant la seconde rue à gauche (*by taking*).
> En traversant les bois, il avait vu des loups (*while passing through*, or *as he passed through*).

This form will often translate an "if" clause:

> En partant à six heures, vous y arriverez avant la nuit (*if you start out*).

Tout en (faisant) ordinarily implies simultaneous action:
> Tout en parlant, il déplia son journal (*while speaking*, or *as he spoke*).

Sometimes it has the force of "although":
> Tout en désirant les aider, il n'avait aucune envie de s'engager dans une méchante affaire (*although he wanted to* . . .).

67. Impersonal Verbs.

> Il vaut mieux se taire, *it is better to remain silent.*
> Il s'agit de... *It is a matter (question) of* . . .
> Il paraît que... *it appears that* . . .
> Il me semble que... *it seems to me that* . . .
> Il est arrivé un accident, *an accident has happened.*
> Il se passe des choses extraordinaires, *extraordinary things are going on.*
> Il est venu beaucoup de monde, *many people came.*
> Il s'est produit une situation anormale, *an abnormal situation has come about.*
> Il en existe beaucoup en Angleterre, *there exist (are still) many in England.*

Il reste is of very common use:
> Il en reste beaucoup, *there are many left.*
> Il ne me restait plus rien, *I had nothing left.*
> Il ne lui en reste que trois, *he has only three left.*
> Il ne me reste plus qu'à m'en aller, *there is nothing left for me to do but to go away.*

68. Inversion.

(*a*) This case is already well known:
> «Au secours!» cria-t-il.
> «Sortez!» répéta-t-elle.

(*b*) Inversion takes place when the sentence begins with any one of the following adverbs:

peut-être (*perhaps*), aussi (*so, therefore*), à peine (*hardly, scarcely*), en vain (*in vain*), au moins (*at least*), toujours (= *nevertheless*).

> Peut-être en savait-il la cause.
> (*or* Peut-être qu'il en savait la cause).
> Aussi décida-t-il de vendre sa propriété.

NOTE. There is no inversion after *jamais* and *non seulement*:
> Jamais je n'ai vu... *Never have I seen* . . .
> Non seulement il est malhonnête... *Not only is he dishonest* . . .

(*c*) Inversion frequently takes place in subordinate clauses (particularly after *où, que, ce que*), as the French do not like the verb to fall awkwardly at the end of the sentence:

> As-tu entendu ce que disait mon père?
> Savez-vous où habitent ses parents?
> Je vis approcher une charrette que traînaient deux grands bœufs (*drawn by*).

(*d*) Note also expressions like **paraît-il, semble-t-il,** introduced as it were in parenthesis:

> Ce film est très amusant, paraît-il. *This film is very funny, it appears.*
>
> C'est ce que vous avez de mieux à faire, me semble-t-il. *It is the best thing for you to do, it seems to me.*

NOTES ON TENSES

69. The Present.

(*a*) In French narrative, the Present is very often used instead of the Past, especially in the more dramatic moments of a story, when the narrator is describing events following swiftly upon one another:

> *e.g.* «La porte est ouverte. Le lion regarde un instant, renifle; puis il se plante sur ses pattes, gagne la porte en trois pas, et d'un petit bond silencieux, tombe sur le devant de la scène.»

(*b*) **Examples to note:**

> Je suis en train de lire mon courrier. *I am (just) reading my correspondence.*
>
> Je viens vous parler au sujet de mon fils (*I have come*).
> Il arrive de Paris, *he has just arrived from Paris.*

C'est often translates *it was*:

> C'est là que se livra la bataille décisive.

(*c*) This construction is important:

> Depuis quand (*or* Depuis combien de temps) habitez-vous Lyon? *How long have you been living in Lyons?*
>
> J'habite Lyon depuis un an. ⎫ *I have been living in Lyons*
> Il y a un an que j'habite Lyon. ⎭ *for a year.*
>
> Voilà plus d'une demi-heure que je l'attends, *I have been waiting for him for more than half an hour.*

A similar construction is used with the Imperfect:

> Depuis combien de temps travaillait-il chez vous? (*had he been working?*)
>
> Il y avait combien de temps qu'il travaillait chez vous?
>
> ⎧ Il travaillait chez moi depuis deux ans.
> ⎩ Il y avait deux ans qu'il travaillait chez moi.

70. The Past Historic and the Imperfect.

When translating an English narrative into French, one must always be on one's guard against the English Simple Past. When this tense is used in description (*e.g.* "On the hill stood an old windmill"), or when it has the underlying idea of "used to" (*e.g.* "Sometimes he came home very late"), it is translated by the French Imperfect.

The Past Historic records the successive events of a story, but one should grasp that, for purposes of deciding tense, there are events in the moral sphere as well as in the material sphere. A fresh emotion (*e.g.* "Suddenly she experienced a feeling of loneliness"), or a fresh state that comes into being (*e.g.* "After that the house was quiet") are definite happenings and must be recorded by the Past Historic.

The meaning of some verbs when used in the Past Historic assumes a special force:

> Alors il comprit que... *Then he realized that* . . .
> Alors elle voulut s'échapper... *Then she tried to escape* . . .
> Quand elle eut quinze ans... *When she reached the age of fifteen* . . .
> Il eut un mouvement de colère. *He felt a rush of anger.*
> Le boulanger eut la médaille militaire... *The baker got the military medal.*
> Il sut se débarrasser de ses rivaux. *He managed (found a way) to get rid of his rivals.*
> C'est alors qu'elle sut la vérité. *Then it was that she learnt the truth.*
> Quand il fut à l'échelle... *When he reached the ladder...*
> Il put l'ouvrir. *He succeeded in opening it.*

The Past Historic records events, or repetitions of events, of any duration if they are sharply limited in time, that is if they are viewed as completed facts:

> La guerre dura quatre ans.
> La soirée fut charmante.
> Il y alla régulièrement pendant trois mois.

NOTE 1. Writers sometimes use the Imperfect to throw up vividly an outstanding event, in circumstances where we should normally expect the Past Historic:

> À quatre heures le président du Conseil se rendait à l'Élysée.
> Le 15 mars 1939 l'armée allemande envahissait la Tchékoslovakie.

NOTE 2. The Imperfect is used when one is reporting the contents of a letter, document or speech:

> Dans sa lettre il disait que...

71. The Past Anterior.

Form: J'eus pris.
Je fus parti.
Je me fus reposé.

Use: After conjunctions of time (quand, lorsque, dès que, aussitôt que, à peine), when the principal verb is in the Past Historic.

In more general terms, it is the tense to use when one is recording one event occurring immediately before another.

Examples:
Quand il eut fini de manger, il sortit.
Dès qu'ils furent partis, elle sortit de sa cachette.
À peine fut-il parti qu'on apporta une dépêche.

72. The Pluperfect.

Note the special use of the Pluperfect in these examples:
Je vous l'avais bien dit, *I told you so.*
Je l'avais averti du danger, *I warned him of the danger.*

The implication is that something has since happened to justify what was originally said, or to prove the original fact.

73. Future Tenses.

(*a*) Examples:
Quand j'arriverai chez moi, je vous enverrai une carte (*when I get home*).
Tant que je vivrai, *as long as I live.*
Faites ce que vous voudrez, *do what you like.*
Je vous donnerai ma réponse quand j'aurai vu le directeur (*when I have seen*).
Il promit de venir quand il serait libre (*when he was free*).
Il a dit qu'il viendrait quand il aurait fini son service (*when he had finished*).

Note this idiomatic form:
Vous me le diriez cent fois, que je ne vous croirais pas. *If you told me so a hundred times, I should not believe you.*

(*b*) Note the use of the Future and the Conditional to express something conjectured or alleged:
Papa n'est pas rentré; il aura manqué le train (*has probably missed the train*).
Il est arrivé un terrible accident de chemin de fer. Il y aurait plus de vingt morts (*there appear to be more than twenty dead*).
Il avait l'air d'un homme qui aurait beaucoup souffert (*who had suffered a great deal*).

(c) Occasionally, for greater vividness, the Imperfect is used instead of the Conditional Perfect:

> Encore un pas et je tombais dans le précipice, *another step and I should have fallen down the precipice.*

(d) When *will, would* express wish or determination, one must use *vouloir*:

> Il ne veut pas le faire, *he won't* (= *isn't willing*) *to do it.*
> Elle ne voulait pas m'accompagner, *she would not* (= *was not willing to*) *accompany me.*

(e) In everyday conversation French people make frequent use of **aller** to express the future:

> Vous allez voir, *you'll see.*
> Je vais vous donner un conseil, *I'll give you a piece of advice.*

(f) *To be about to* (*do*) is expressed by **aller (faire)** or **être sur le point de (faire)**.

> J'allais téléphoner, *I was about to 'phone.*
> Il était sur le point de sortir.

(g) Note the translation of *shall* in this type of sentence:

> *Shall I close the windows?* Faut-il fermer les fenêtres? *or* Voulez-vous que je ferme les fenêtres?

74. Si.

Si (= *if*, introducing a condition) offers no difficulty:

> Si je vois, *if I see.*
> Si je voyais, *if I saw.*
> Si j'avais vu, *if I had seen.*

N.B.—*Should he come* (= *if he comes*), s'il vient.

In the second of two conditional sentences, *si* is replaced by *que* (+ subjunctive):

> S'il le dit et que je sois là... *If he says it and I am there ...*

Si may be followed by the future or conditional when it means "whether" and introduces an indirect question:

> Je me demande s'il viendra.
> Je me demandais s'il viendrait.

THE INFINITIVE

75. Note these examples.

> J'ai perdu ma clef. Que faire? (*What am I to do?* or *What is to be done?*)
> Nous n'avons plus d'argent. Que faire? (*What are we to do?*)

Pourquoi dire ces choses-là? *Why say those things?*
Moi, voler les pauvres? *I, rob the poor?* (implying that the suggestion is absurd).

The infinitive may express an instruction:
S'adresser au concierge, *apply to the caretaker*.
Ne pas se pencher au dehors, *do not lean out*.

76. The Dependent Infinitive without Preposition.

(See also general list §79).

(*a*) Remember how "go and tell", "come and see" and the like are translated:
Va dire à ta mère que...
Venez voir ce papillon.

(*b*) Verbs expressing action of the senses (voir, entendre, sentir, etc.) require no preposition before the infinitive:
Je l'ai vu sortir. Je le regardais travailler.

Note too:
J'entendais marcher dans la pièce voisine, *I could hear somebody walking about in the next room*.

(*c*) An infinitive commonly replaces a noun clause:
Je crois le connaître, *I think I know him*.
Il dit (affirme, prétend, jure, déclare, avoue, nie) l'avoir fait.
Nous espérons vous revoir l'an prochain, *we hope we shall see you again next year*.

(*d*) Note the use of **faillir** + infinitive meaning *nearly (almost) to (do)*:
J'ai failli tomber.
Il faillit le renverser.

77. The Infinite with *à*.

(See also general list §79.)

After certain adjectives:
enclin à (faire), *inclined to (do)*.
disposé à (faire), *disposed to (do)*.
prêt à (faire), *ready to (do)*.
propre à (faire), *calculated to (do)*.
prompt à (faire), *quick to (do)*.
lent à (faire), *slow to (do)*.
Il fut le seul à les blâmer.
Le premier (dernier) à sortir, *the first (last) to come out*.
C'est lourd à porter.
C'est facile (difficile) à faire.

After nouns:
> Un ennemi à redouter.
> Du bois à brûler.
> Une visite à faire.
> Maison à louer.
> C'est un homme à plaindre.
> C'est un homme à tout oser, *he is the kind of man to dare anything.*
> Un visage à faire peur, *a face enough to frighten one.*
> J'ai eu de la difficulté (de la peine) à trouver son adresse.
> Il a une grande facilité à inventer des histoires.

After *beaucoup, peu, rien*:
> J'ai beaucoup à faire.   Vous n'avez rien à craindre.

78. The Infinitive with *de*.
(See also general list §79).

After certain adjectives:

heureux de (faire).	certain de (faire).
content de (faire).	sûr de (faire).
capable de (faire).	

After nouns:

le désir de...	le besoin de...	avoir honte de...
la bonté de...	le droit de...	avoir les moyens de.
l'honneur de...	l'occasion de...	faire semblant de...
	le plaisir de...	avoir le temps de...

79. Reference list of commoner verbs showing which preposition, if any, is normally required before the infinitive:

aboutir à	s'attendre à	condamner à
s'accoutumer à	autoriser à	conjurer de
accuser de	avertir de	conseiller de
achever de	s'aviser de	consentir à
s'affliger de	avoir à	consister à
aider à	avoir peur de	consoler de
aimer à	avouer	se contenter de
aimer mieux	blâmer de	continuer à
aller	se borner à	contribuer à
s'amuser à	cesser de	convenir de
s'appliquer à	(se) charger de	courir
apprendre à	chercher à	craindre de
s'apprêter à	commander de	croire
s'arrêter de	commencer à	daigner
arriver à	compter	décider de
être assis à	concourir à	se décider à

déclarer	se hasarder à	prétendre
dédaigner de	se hâter de	prier de
défendre de	hésiter à	promettre de
se dépêcher de	s'imaginer	proposer de
descendre	s'indigner de	se rappeler
désespérer de	inviter à	recommander de
désirer	jurer de	reconnaître
destiner à	laisser	refuser de
devoir	manquer de	regarder
dire de	menacer de	regretter de
se disposer à	mériter de	remercier de
écouter	se mettre à	renoncer à
s'efforcer de	monter	se repentir de
empêcher de	s'obstiner à	reprocher de
s'empresser de	offrir de	se résigner à
encourager à	omettre de	résoudre de
engager à	ordonner de	rester à
s'ennuyer de	oser	retourner
enseigner à	oublier de	réussir à
entendre	paraître	risquer de
entreprendre de	pardonner de	savoir
entrer	parler de	sembler
envoyer	parvenir à	sentir
espérer	passer son temps à	sommer de
essayer de	perdre son temps à	songer à
s'étonner de	permettre de	souhaiter
éviter de	persister à	soupçonner de
s'excuser de	persuader de	se souvenir de
faire	se piquer de	supplier de
faire semblant de	se plaire à	tâcher de
falloir	se plier à	tarder à
feindre de	pouvoir	tenir à
féliciter de	préférer	tenter de
se figurer	se prendre à	se vanter de
finir de	prendre garde de	il vaut mieux
se garder de	prendre plaisir à	voir
s'habituer à	se préparer à	vouloir

80. **Verbs with more than one construction with the Infinitive.**

Aimer: Il aime à lire son journal au lit, *he likes to read his newspaper in bed.*
Elle aime danser, *she is fond of dancing, she likes dancing.*
J'aimerais savoir ce qu'il est devenu (*expressing wish*).
J'aime mieux rester chez moi, *I prefer to stay at home.*
J'aime mieux travailler que de perdre mon temps.

Décider:	Il décida de rester, *he decided to stay.*
	Il se décida à acheter la maison, *he made up his mind to buy the house.*
	Je suis décidé à (faire). And note too: Je suis résolu à (faire).
Dire:	Il dit avoir fini les réparations, *he says he has finished the repairs.*
	Dites à Marguerite de fermer les volets, *tell Margaret to close the shutters.*
Obliger: / **Forcer:**	Je suis obligé (forcé) de le faire, *I am obliged (forced) to do it.*
	Ils m'obligent (me forcent) à le faire, *they oblige (force) me to do it.*
Commencer:	*Usually* commencer à.
	Ils commencèrent à jouer.
	After "il (elle) commença" one may use *de*:
	Il (elle) commença de lire.
Continuer:	Usually *à*:
	Il continua à nous écrire.
	But when one is speaking of the continuance of a single action, the preposition is *de*:
	Ils continuèrent d'avancer.
Demander:	Il me demanda de lui prêter de l'argent.
	Il demanda à voir mon passeport.
Venir:	Venez me voir demain, *come and see me to-morrow.*
	Il vient de sortir.
	Il venait de sortir.
	Un cycliste vint à passer, *a cyclist happened to come by.*

81. Other Prepositions used with the Infinitive.

Remember that **pour** must be used after **trop** and **assez**:
> Je suis trop fatigué pour jouer ce matin.
> Il n'était pas assez riche pour se payer de tels luxes.

Par is used only after verbs of beginning and ending.
> Il commença (finit) par dire que...

NOTE. *By (doing)* is normally translated by *en (faisant)*. (See § 66).

À force de is often less forceful than the English *by dint of* and will in some cases translate *by (doing)*:
> À force d'écouter, on apprend beaucoup de choses. *By listening (If one listens), one learns many things.*
> À force de bien manger, il engraissa. *By eating well he put on weight.*

82. The Perfect Infinitive.

Used after **après** to translate *after (doing)* or *after having (done)*:
> Après avoir mangé.
> Après s'être baignés, ils s'étendirent au soleil.

Other Examples:

Il m'accusa d'avoir volé son parapluie, *he accused me of stealing (= having stolen) his umbrella.*

Il lui pardonna d'avoir manqué à sa parole, *he forgave him for breaking (= having broken) his word.*

Je m'excuse de vous avoir fait attendre, *I apologize for keeping (= having kept) you waiting.*

Je me rappelle l'avoir vu à Cannes, *I remember seeing (= having seen) him at Cannes.*

Il me remercia d'avoir aidé son fils, *he thanked me for helping (= having helped) his son.*

Il fut emprisonné pour avoir volé une automobile.

Elle mourut sans avoir repris connaissance, *she died without regaining consciousness.*

83. Use of *faire* with the Infinitive.

(*a*) Note the following:

faire attendre, *to keep waiting*.	Je vous ai fait attendre.
faire bouillir, *to boil*.	Il fit bouillir de l'eau.
faire cuire, *to cook*.	Elle fit cuire un biftek.
faire entrer, *to bring (show) in*.	Faites entrer ces messieurs.
faire monter, *to take (bring) up*.	Il fit monter le visiteur.
faire observer, *to observe (= to make an observation)*.	Elle fit observer que la vaisselle n'était pas propre.
faire remarquer, *to remark*.	Il fit remarquer que les rideaux n'étaient pas tirés.
faire venir, *to fetch, bring*.	Faites venir cet élève.
faire voir, *to show*.	Faites voir votre passeport.

(*b*) Ces menaces les firent trembler, *these threats made them tremble.*

Vous me faites sourire, *you make me smile.*

It is important to note that when the infinitive has a direct object or is followed by *que* + noun clause, the person is made dative:

Le douanier lui fit ouvrir ses valises.

Je lui fis comprendre que le train était parti.

(*c*) When a verb normally reflexive is used with *faire*, the reflexive pronoun is omitted:

Il me fit asseoir.

Faites-les taire.

(*d*) Note particularly *faire* + infinitive translating the English "to have (a thing) done":

Ils ont fait construire une villa, *they have had a villa built.*

Voici la villa que nous avons fait construire (fait *invariable in this construction*).

Elle s'est fait arracher une dent.
Je ferai couper ces branches par mon jardinier.

Note this important construction:
Il se fait craindre (respecter), *he makes himself feared (respected)*.
Nous nous sommes fait photographier.

(e) To make + adjective (*e.g.* to make happy, sad, etc.) is expressed by **rendre**:
Cette nouvelle la rendit malheureuse.

Note too this construction:
Ils firent de lui un chef *or* Ils en firent un chef.
Les Allemands firent de ce château leur quartier-général.
Ils en firent leur quartier-général.

84. **Voir, entendre, laisser** are used with the infinitive in much the same way as **faire**.

Examples:
Je l'ai vu passer.
J'ai vu faire cela à plusieurs ouvriers, *I have seen several workmen do that*.
Nous avons vu jouer «Le Barbier de Séville», *we saw the "Barber of Seville" played*.
J'ai entendu dire à beaucoup de gens que... *I have heard many people say that* . . .
Je m'entendis appeler par mon nom.
Il se laissa entraîner, *he allowed himself to be led away*.

NOTE. With *laisser* it is customary to leave the person accusative even when the infinitive has a direct object:
Il les laissa emporter tous les meubles.
Ne laissez pas les enfants jouer avec la serrure. (*Notice in trains*)

More special uses of the Modal Auxiliaries.

85. **Vouloir.**

Je voudrais savoir... { *I should like to know* . . . / *I wish I knew* . . .
J'aurais voulu le voir { *I should like to have seen him.* / *I should have liked to see him.*
Voulez-vous ouvrir les fenêtres? *Will you open the windows?*
Veuillez nous écrire à ce sujet, *Kindly* (or *Be so kind as to*) *write to us about this.*
Que veut dire cette phrase? *What does this sentence mean?*

86. Savoir.

Sait-il jouer au tennis? — Oui, mais il ne peut pas jouer aujourd'hui.

Je ne saurais expliquer cette différence, *I cannot explain this difference.*

87. Pouvoir.

Examples:

Je ne puis refuser (pas *omitted*).

Puis-je savoir la raison de votre absence? (*May I know...*)

Je ne peux pas lui donner cette permission. (Je ne peux pas *is more assertive than* Je ne puis.)

Je pourrai faire cela demain, *I can do that to-morrow.*

Il pouvait sortir quand il voulait (*could = was able*).

Vous pourriez faire cela plus tard (*could = would be able*).

Il a dit qu'il pourrait venir demain (*might come*).

Elle aurait pu vous prêter un parapluie (*she could have lent* or *might have lent*).

L'enfant pouvait avoir neuf ans, *the child might have been nine years old.*

NOTE. *Can, could,* need not always be translated:

Je ne le vois pas, *I can't see him.*
Je ne trouve pas ma montre, *I can't find my watch.*
Je l'entendais taper à la machine, *I could hear him typing.*
Il ne comprenait pas comment... *He could not understand how..*

88. Devoir.

The Perfect may have two meanings:

J'ai dû faire des excuses, *I have had to apologize.*
Il a dû se tromper, *he must have made a mistake.*

NOTE. In a past narrative "Il avait dû..." will sometimes express "He must have..."

The Imperfect may have two meanings:

Il devait se lever tous les matins à six heures (*He had to...*).
Je devais le rencontrer à la gare, *I was to meet* (or *was to have met*) *him at the station.*

The Conditional translates *ought:*

Vous devriez leur écrire plus souvent, *you ought to write to them more often.*

The Conditional Perfect translates *ought to have*:

Vous auriez dû les attendre, *you ought to have waited for them.*

Note these rarer examples:

Dussé-je vivre cent ans, *were I to live a hundred years.*
Dût-il y rester toute sa vie, *had he* (= *if he had*) *to stay there all his life.*

89. Falloir.

With **il faut (il fallait**, etc.) + infinitive, **it is** not always necessary to use a pronoun to indicate the person meant:

>Voyons, il faut rentrer. *Come now, we must be going home.*
>Mais, monsieur, il fallait me le dire plus tôt. *But sir, you should have told me sooner.*

Examples to note:
>Il lui faut payer tous les frais ⎫
>Il faut qu'il paie tous les frais ⎬ *He must pay all the expenses.*
>Il faut qu'il soit parti, *he must have gone.*
>Pour y arriver à midi, il faudrait partir tout de suite (*should have to, ought*).

One should be careful in using the Imperfect and Past Historic:
>Il fallait qu'il vendît sa maison (*the obligation existed, but we do not know whether the house was actually sold or not*).
>Il fallut qu'il vendît sa maison (*the obligation took effect, and the house was sold*).

90. Avoir à.

>J'ai à vous parler, *I have to talk to you* or *I have something to say to you.*
>Nous avons à répondre à une trentaine de lettres, *we have to answer about thirty letters.*

GOVERNMENT OF VERBS

91. Note that **écouter** (*to listen to*), **habiter** (*to live in*), **approuver** (*to approve of*), **présider** (*to preside over*), require no preposition in French: écouter un orchestre, habiter une ville, approuver un projet, présider une réunion.

92. Verbs governing the dative:

>s'attendre, *to expect.*
>se fier, *to trust.*
>s'intéresser, *to be interested.*
>nuire, *to harm, damage.*
>plaire, *to please.*
>déplaire, *to displease.*
>obéir, *to obey*
>désobéir, *to disobey.*
>renoncer, *to renounce.*
>réfléchir, *to reflect.*
>répondre, *to answer.*
>résister, *to resist.*
>ressembler, *to resemble.*
>songer, *to think, ponder.*
>succéder, *to succeed* (= *to come after*).
>survivre, *to survive.*

Examples:
>Je ne m'attendais pas à cette réponse.
>Il ressemble à sa mère.
>Vous lui plaisez.

93. Common Verbs governing the dative of the person and the accusative of the thing (*e.g.* demander quelque chose à quelqu'un):

apprendre, *to teach.*	fournir, *to furnish, provide.*
assurer, *to assure.*	inspirer, *to inspire.*
conseiller, *to advise.*	pardonner, *to forgive.*
demander, *to ask.*	permettre, *to permit.*
enseigner, *to teach.*	refuser, *to refuse.*
envier, *to envy.*	reprocher, *to reproach.*

Examples:

Je lui conseillai la prudence, *I advised him to be careful.*

Il leur fournit l'argent nécessaire, *he provided them with the necessary money.*

Son père lui reprochait sa paresse, *his father used to reproach him with his laziness.*

94. Verbs expressing some idea of **removal from** take *à* with the person:

acheter, *to buy.*	enlever, *to remove, carry off.*
arracher, *to snatch.*	prendre, *to take.*
cacher, *to hide.*	ôter, *to take away.*
emprunter, *to borrow.*	voler, *to steal.*

Examples:

Il emprunta mille francs à ses parents.

On lui vola son portefeuille.

With **arracher, enlever, ôter,** *from* a thing is expressed by **de**:

Le livre me fut arraché des mains.

Ôtez ces articles de votre valise.

Note also that **à** usually translates *from* after the verbs **pendre,** *to hang*, and **suspendre,** *to hang* (from above):

Un manteau pendu à une patère, *a coat hanging from a peg.*

Une lampe suspendue au plafond, *a lamp hanging from the ceiling.*

95. Characteristic construction of certain verbs with the person and the infinitive.

To tell anyone to (do) is **dire à quelqu'un de (faire).**

The following take the same construction:

commander, *to command.*	ordonner, *to order.*
conseiller, *to advise.*	permettre, *to permit.*
défendre, *to forbid.*	promettre, *to promise.*
demander, *to ask.*	

Notice this difference:

Je vais essayer de le persuader.

but Je lui persuadai d'accepter les conditions.

Apprendre and **enseigner** take the dative of the person and **à** with the infinitive.

> Je lui apprends à nager.

Prier, empêcher, avertir (*to warn*), **prévenir** (*to warn* or *to let know*), take the accusative of the person and *de* with the infinitive:

> Il les pria d'entrer.
> Il faut les prévenir de nous attendre à la sortie.

96. **Common Verbs followed by** *de*.

s'approcher de, *to approach*.
s'apercevoir de, *to notice*.
se charger de, *to undertake*.
se douter de, *to suspect*.
s'emparer de, *to get possession of*.
hériter de, *to inherit*.
jouir de, *to enjoy*.
médire de, *to slander, speak ill of*.
se méfier de, *to distrust*.
se moquer de, *to ridicule, make fun of*.
se passer de, *to do without*.
se servir de, *to use*.
se souvenir de, *to remember*.
se tromper de, *to mistake (one thing for another)*.
user de, *to use, make use of*.
abuser de, *misuse, take unfair advantage of*.

The relative pronoun with such verbs is **dont**:

> Une chose (une personne) dont je me souviens.

The disjunctive pronoun is normally required with persons:

> Je me souviens de lui.

En is used when one is referring to things.

> Vous souvenez-vous de ces réunions? — Oui, je m'en souviens.

N.B. The way in which *se tromper de* is used should be noted:

> Je me suis trompé de porte, *I mistook the door*.

97. Note also the following, in which **de** translates various English prepositions:

s'excuser de, *to apologize for*.
dépendre de, *to depend on*.
féliciter de, *to congratulate on*.
profiter de, *to profit by*.
récompenser de, *to reward for*.
remercier de, *to thank for*.
rire de, *to laugh at*.
sourire de, *to smile at*.
triompher de, *to triumph over*.
vivre de, *to live on*.

98. Note the prepositions used in the following examples:

> Il prit dans sa poche une vieille pipe (*out of his pocket*).
> Elle prit une photographie sur la table (*from the table*).
> J'ai puisé mes renseignements dans les livres les plus récents (*I culled my information from*).

L'enfant lisait dans une grosse Bible (*out of*).
Il buvait du lait dans une tasse (*out of*).
La fillette battit des mains (*clapped her hands*).
La jeune femme était vêtue de noir (*dressed in black*).
Le roi se déguisa en paysan (*disguised himself as*).
La reine s'était habillée en bergère (*as a shepherdess*).
Il partit (s'embarqua) pour l'Amérique.
Le navire se dirigeait vers le port (*was making for*).
Je passe devant sa maison tous les jours (*I pass his house*).
Je l'ai reconnu à sa voix (*by his voice*).

Entrer is intransitive. It is usually followed by **dans**, but sometimes by **à** and **sous**:

Elle entra dans l'église.
Il entra au collège à l'âge de douze ans.
Il entra au service d'un gentilhomme campagnard.
Les soldats entrèrent sous le bois.

99. Notes on some common Verbs.

apercevoir: Apercevoir = *to perceive* (with the eye):
    Il aperçut un lièvre au milieu du champ.
    S'apercevoir = *to perceive mentally*, or *to perceive a fact*:
    Il s'aperçut de la ruse.
    Je m'aperçus qu'il tremblait.

appeler: Appeler quelqu'un = *to call somebody*.
    En appeler à = *to appeal to*.
    Il en appela à leurs sentiments patriotiques.

approcher: Nous approchons de Paris, *we are getting near Paris*.
    S'approcher has more idea of purpose:
    Il s'approcha de la fenêtre pour voir ce qui se passait.
    Approcher may be used transitively with the sense of *to bring near* (or *up*):
    Approchez cette chaise.

assister: Assister quelqu'un = *to help somebody*.
    Il faut assister les malheureux.
    Assister à = *to be present at, to witness*.
    Hier soir, j'ai assisté à un banquet.

attendre: J'attends mes parents.
    Je m'attendais à ce refus, *I was expecting this refusal*.

changer: Il faut changer tout cela, *all this must be changed* (*altered*).
    Changer de = *to exchange one thing for another*.
    Attendez, je vais changer de chapeau.

convenir: Convenir à = *to suit*.
    Cet arrangement ne leur convient pas.
    Convenir de = *to agree*.
    Nous sommes convenus de ne rien changer, *we have agreed to alter nothing*.

GRAMMAR

croire: Je ne crois pas tout ce qu'il dit.
Croire à = *to believe in*.
Croyez-vous aux revenants? *Do you believe in ghosts?*

douter: J'en doute, *I doubt it.*
Se douter de = *to suspect*.
Il ne se doutait de rien, *he suspected nothing.*
Personne ne s'en doutait, *nobody suspected it.*

échapper: Échapper à = *to escape*, in the sense of *not to fall into*.
Échapper à la mort; échapper à un piège.
Échapper de (*or more commonly* s'échapper de) = *to escape from, break clear from*:
Ils s'échappèrent de l'embuscade où ils étaient tombés.

entendre: The commonest meaning of **entendre** is *to hear*, but it may also have other meanings: *to understand, to mean, to intend.*
Il n'entend pas ces choses-là, *he doesn't understand those things.*
Qu'est-ce que vous entendez par cette phrase? *What do you mean by this sentence?*
Je n'entends pas qu'il vous fasse renvoyer, *I don't intend that he shall get you dismissed.*
Note too the common expressions **entendre parler de,** *to hear of,* and **entendre dire que,** *to hear that*:
J'ai déjà entendu parler de lui.
Nous avons entendu dire qu'il est très malade.

jouer: Il joue très bien.
Nous jouons au football (au tennis, *etc.*).
Elle sait jouer du piano (du violon, *etc.*).
Il a joué la surprise, *he feigned surprise.*

marier: Marier = *to give in marriage:*
Il a marié sa fille l'an dernier, *he married off his daughter last year,* or *his daughter was married last year.*
Elle s'est mariée avec un Belge, *she has married a Belgian.*
Or one may say: Elle a épousé un Belge.

manquer: Il avait manqué le train, *he had missed the train.*
Il manque de courage (*or* Le courage lui manque), *he lacks courage.*
Ils ont manqué à leur promesse, *they have broken their promise.*
Je ne manquerai pas de vous prévenir, *I shall not fail to let you know.*
Mon père a manqué de se faire tuer, *my father narrowly missed being killed.*

mêler : Ils s'étaient mêlés à la foule, *they had mingled with the crowd*.
Mêlez-vous de ce qui vous regarde, *mind your own business*.

penser : Penser à = *to think about*.
Je pensais à ce que vous m'aviez dit ce matin.
Penser de = *to think of*, in the sense of *to have an opinion of*.
Que pensez-vous de mon auto ?

plaire : Plaire à = *to please*.
Elle m'a dit que vous lui plaisez, *she told me that she likes you*.
Se plaire à (faire) = *to delight in (doing), to love to (do)*.
Il se plaît à les taquiner, *he delights in teasing them*.

répondre : Répondez à ma question.
Répondre de = *to answer for*.
Je ne réponds pas de sa sûreté.

sentir : Sentir = *to feel* or *to smell*.
Je sentais que mes paroles lui avaient déplu.
Se sentir is used when one wishes to say *I feel sad (ill, etc.)*.
Elle se sentait toute triste.
Sentir often means *to smell of, savour of, smack of* :
La cuisine sent le poisson.
Cet ouvrage sent la lampe (*midnight oil*).

servir : Il a bien servi son maître.
Servir de = *to serve as*.
Cette petite chambre me servira de cabinet de travail.
Servir à (faire) = *to serve to (do)*.
Ce gros marteau sert à ouvrir les caisses.
Se servir de = *to use*.
Pour couper du bois, il se servait d'une grande hache.

tarder : Tarder à (faire) = *to be long (doing)*.
Il ne tardera pas à revenir, *he will soon be back*.
Il me tardait de revoir mon pays, *I was longing to see my country again*.

tenir : Il tenait le bouton de la porte.
Tenir de = *to be like* or *to savour of*.
Il tient de son père.
Ces exploits tiennent du prodige.
Tenir à (une chose) = *to think much of (a thing)*.
Il tient à son monocle. Il y tient.
Tenir à (faire) = *to be anxious to (do), want very much to (do)*.
Je ne tiens pas à coucher à la belle étoile. Je n'y tiens pas.
Se tenir = *to stand*.
Il se tenait à la porte de sa boutique.

THE SUBJUNCTIVE

100. Form of the Subjunctive.

(a) Present.

In nearly all cases the stem is provided by the 3rd person plural of the Present Indicative.

finir	ils finissent	je finisse
servir	ils servent	je serve
entendre	ils entendent	j'entende.

The endings are:

-e	je finisse
-es	tu finisses
-e	il finisse
-ions	nous finissions
-iez	vous finissiez
-ent	ils finissent

The present subjunctive of the following must be learnt specially:

    aller, avoir, être, faire, pouvoir, savoir, valoir, vouloir
    (See Verb List, pp. 273–76).

Certain other verbs having an irregular present indicative revert in the 1st and 2nd persons plural to a form identical with the Imperfect Indicative:

Examples:

venir	vienne, -es, -e, venions, -iez, viennent.
recevoir	reçoive, -es, -e, recevions, -iez, reçoivent.
prendre	prenne, -es, -e, prenions, -iez, prennent.

This applies also to the following: boire, croire, voir, devoir, envoyer, appeler, mourir, tenir, acquérir, fuir.

(b) Imperfect.

Always one of three types, according as the Past Historic ends in **-ai**, *or* **-is**, *or* **-us**.

je donn-asse	je vend-isse	je reç-usse
tu donn-asses	tu vend-isses	tu reç-usses
il donn-ât	il vend-ît	il reç-ût
nous donn-assions	nous vend-issions	nous reç-ussions
vous donn-assiez	vous vend-issiez	vous reç-ussiez
ils donn-assent	ils vend-issent	ils reç-ussent

The only exceptions are **tenir** and **venir**. See Verb List pp. 273–76.

(c) The **Perfect** and **Pluperfect** are formed by putting the auxiliary into the subjunctive form:

> Vous avez vu.   Il faut que vous ayez vu.
> Il avait mangé.   Bien qu'il eût mangé.
> Ils sont partis.   Avant qu'ils soient partis.
> Elle était sortie.   Bien qu'elle fût sortie.

101. **Examples of the Subjunctive used in Principal Clauses:**

> Qu'il vienne me consulter, *let him come and consult me.*
> Que cela vous serve d'exemple, *let that be (serve as) an example to you.*

Note also:

> Puissiez-vous rendre de précieux services à notre pays (*may you...*).
> Puisse-t-il se souvenir de votre bonté (*may he ...*).
> Plût à Dieu qu'il fût ici, *would to God he were here.*
> À Dieu ne plaise. Vive le roi. Périsse le tyran.

102. **Sequence of tenses when the Subjunctive is used in subordinate clauses.**

> Il faut
> Il faudra   } qu'il leur écrive.
> Il a fallu
>
> Il fallait
> Il fallut   } qu'il leur écrivît.
> Il faudrait

NOTE. In speech the French rarely use the more lengthy forms of the Imperfect Subjunctive (je donnasse, nous donnassions, vous donnassiez, ils donnassent); they prefer, in spite of grammatical rules, to use in its place the less cumbrous Present Subjunctive. One says: «Il fallait (Il faudrait) bien que nous leur rendions ce petit service.» «Il voulait que nous y restions.»

Constructions in which the Subjunctive occurs.

103. **After these conjunctions:**

Bien que	} *although.*	**Soit que...**	*whether*
Quoique		**soit que...**	*or whether.*
Pour que	} *in order that.*	**À condition que**	*on condition that.*
Afin que			
Avant que	*before.*	**Supposé que**	*supposing that.*
Jusqu'à ce que	*until.*	**Non que**	*not that.*
Pourvu que	{ *provided that.* { *if only.*	**Pour peu que**	*however little.*
		Que... que...	*whether ... whether ...*
Sans que	*without.*		

(*e.g.* Qu'il le fasse ou qu'il ne le fasse pas, cela m'est indifférent)

(a) The following also require **ne** before the verb:

À moins que, *unless.* À moins qu'il ne le sache déjà.
De peur que ⎫ *for fear that :* Ils n'osent pas sortir de peur
De crainte que ⎭ que le chien ne les morde.

(b) **De sorte que, de manière que, de façon que,** take the indicative in a clause expressing *result*, but the subjunctive in a clause expressing *purpose*:

> Jean a été reçu à son examen, de sorte que tout le monde est content de lui.
> Il faut bien travailler, de sorte que vos parents soient contents de vous.

Special Notes.

(1) *To wait until* is **attendre que**: J'attendis qu'il eût fini de parler.

(2) *Not until* is expressed in French as *only when*:
> Nous ne partirons que lorsque nous aurons reçu sa dépêche.

In this construction **seulement** is often used in place of **ne...que**; **quand** may also replace **lorsque**.

(3) **Quoique** may be used without a verb, just as *although* is used in English:
> Leur maison, quoique petite, était charmante.

(4) It is unnecessary to use the subjunctive when principal and subordinate clauses have the same subject (*e.g.* I shall see you before I go away). In such cases one uses a preposition + infinitive:

> Je vous verrai avant de partir, *I shall see you before I go away.*
> Il entra tout doucement de crainte de les réveiller, *he went in quietly for fear he might waken them.*

The prepositions available for such renderings are:

pour	avant de	à condition de	de peur de
afin de	à moins de	de manière (façon) à	de crainte de

(5) In a few common instances a preposition + noun will do in place of a clause:

> Avant mon départ (mon arrivée, mon retour), *before I go away (arrive, return).*
> Avant sa mort, *before he died.*

104. The Subjunctive occurs in clauses dependent on verbs and expressions denoting **wish, desire, emotion** or **feeling**. The commoner of such are:

vouloir que.	être heureux que.
désirer que.	être ravi que.
souhaiter que.	être honteux que.
aimer mieux que.	être désolé que.
préférer que.	être fâché que.
regretter que.	c'est dommage que.
s'étonner que.	il est curieux que.
être content que.	

Examples:

Je veux qu'il leur écrive, *I want him to write to them.*
Je regrette que votre mère soit souffrante.

(*a*) **Avoir peur que** and **craindre que** also require **ne** before the verb in the subjunctive:

J'ai peur qu'il ne nous trahisse, *I am afraid he may* (or *will*) *betray us.*

105. After verbs and expressions of **possibility, doubt, denial, necessity,** including verbs of **ordering** and **forbidding**:

Douter que... *to doubt that* . . .

[But douter si = *to doubt whether,* takes the Indicative.
Note too, that *douter* used negatively also requires *ne*:

Elle ne doutait pas qu'il ne fût parfaitement honnête.]

Nier que... *to deny that* . . .
Il est possible que...
Il se peut que...
Il est impossible que...
Je ne crois (pense, dis) pas que...
Croyez-vous (pensez-vous) que...
Ce n'est pas que...
Il est peu probable que...

[*but* Il est probable que *takes the indicative*]

Il semble que...

[*but* Il me (lui) semble que *takes the indicative*]

Il faut que...
Il est nécessaire que...
Il est temps que...
Il vaut mieux que...
Commander que...
Ordonner que...
Donner l'ordre que...
Défendre que...

Dire que...
Exiger que...
Permettre que...
Empêcher que *requires* ne *before the subjunctive verb*
[*e.g.* Empêchez qu'on ne sorte, *prevent anybody from coming out*].

Other noteworthy examples:
Veillez à ce que tout soit prêt, *see that everything is ready.*
Il tenait à ce que le dîner fût prêt à l'heure (*he was anxious that*).
On s'attend à ce que la paix soit conclue (*it is expected that*).

NOTE. This is not an exhaustive list, but it indicates what sort of expressions induce the subjunctive. Uncertainty, possibility or necessity may be expressed in many other ways. Here are some further examples:
Espérez-vous que...
Je ne suis pas bien sûr que...
Est-il certain que...
Je n'admets pas que...

With observation and experience one comes to *feel* when the subjunctive is required.

106. The subjunctive occurs in clauses depending on a **superlative**, when such clauses are in the nature of categorical assertions:
C'est le roman le plus amusant que j'aie jamais lu, *it is the most amusing novel I have ever read.*
C'était la plus jolie maison qu'elle eût jamais vue.

For this purpose **seul, premier, dernier** may be reckoned as superlatives:
C'est le premier qui ait osé dire de telles choses.

107. The subjunctive occurs in clauses depending on a **negative** or **indefinite** antecedent.

Examples:
Je ne trouve personne qui le connaisse, *I can't find anybody who knows him.*
Il faut chercher un garage où nous puissions laisser la voiture, *we must look for a garage where we can* (= *may be able to*) *leave the car.*
Pourriez-vous trouver quelqu'un qui fasse ce genre de travail? *Could you find somebody who does this kind of work?*

The subjunctive is used in similar circumstances after **rien qui... quelqu'un qui... aucun** (+ noun) **qui...**

108. Note these standard examples:

Qui que vous soyez, *whoever you may be.*
Qui que ce soit qui vous ait dit cela, *whoever (it is who) told you that.*
Quoi que je fasse, *whatever I do (may do).*
Quelles que soient les raisons qu'il ait données, *whatever may be the reasons he has given.*
Quelque puissants que soient les chefs, *however powerful the leaders may be.*
Si doué soit-il, *however gifted he may be.*

NOTE. There is no strict rule for inversion in this last construction. One may say: Si pauvres qu'ils soient, *however poor they may be.*

ADVERBS

109. Affirmation, Negation.

(a) Useful Examples:

Vous ne partez pas? — Si, je pars. (*si* in answer to a negative question or suggestion).
Il n'y aura pas de place pour nous. — Mais si! (*Why, of course!*).
Est-il chez lui? — Je crois que oui (que non).
Veut-il le faire tout de suite? — Mais oui. (*Oh, yes*).
Une chambre non meublée, *an unfurnished room.*
Il entra non sans hésitation.
C'est sa cousine, non sa sœur.
Non loin de Boulogne (*not far from*).
Il a des flatteurs, non pas des amis. (*Non pas* rather more emphatic than *non* alone.)
Je ne peux ni ne veux le faire. *I neither can nor will do it.*
Sans bruit ni gloire, *without noise or glory.*
Jean ne jouera pas non plus, *John will not play either.*
Ni moi non plus, *nor I either*, or *neither shall I.*
Pas (point) du tout, *not at all.*
Je vous dérange? — Du tout (*not at all; pas is often omitted*).
Elle ne m'a même pas regardé. (Note that *même* is placed before *pas*.)
Il ne reviendra certainement pas ce soir. (Note the word order.)

(b) **Ne...plus.**

When the idea of *no longer* is present one should use **ne...plus**.

Je suis retourné chercher ma valise; elle n'y était plus (*it wasn't there*).
Il n'y travaille plus, *he doesn't work there now.*

Plus alone may have a negative sense:
> Plus de rires, plus de chansons, *no more laughter, no more songs*.

(*c*) **Ne...que.**

Note particularly the use of **ne...que** to translate *not until*:
> Il ne revint qu'à la nuit tombante.
> Le train ne part qu'à 3 h. 46.
> Je ne payerai que lorsque (quand) j'aurai reçu la marchandise.

Seulement may be used instead of *ne...que*:
> C'est seulement hier que j'ai appris la nouvelle (*it wasn't until yesterday* . . .).

Only qualifying a verb is rendered thus:
> Elle ne fit que secouer la tête, *she only (merely) shook her head*.
> *or* Elle se contenta de secouer la tête.

(*d*) **Ni... ni... ne.**
> Ni ses parents ni ses amis ne savent ce qu'il est devenu.
> Le vagabond n'a ni famille ni foyer.

(*e*) **Ne...jamais.**
> Je ne le vois jamais.

Jamais may mean *ever* in these cases:
> Avez-vous jamais essayé de le faire?
> Sans jamais hésiter.
> Si jamais il vient ici.

(*f*) Examples of two negations combined:
> Je ne vois plus rien.
> Elle ne m'a jamais rien dit.
> Il ne m'en restait plus que trois, *I had now only three left*.

(*g*) Negations with the Infinitive:
> Il me dit de ne pas attendre.
> Promettez-moi de ne jamais rien dire.

Personne however goes after the Infinitive:
> Je préfère ne voir personne.

With the Perfect Infinitive the two parts of the negative usually take their normal position.
> Il déclare ne l'avoir pas dit.

(*h*) Note particularly the French use of the negative in cases like the following:
> Il me demanda si je n'avais rien entendu, *he asked me if I had heard anything*.
> Je lui demandai s'il n'avait vu personne dans la cour. *I asked him if he had seen anybody in the yard*.

110. Omission of *pas* after certain Verbs.

Pas is sometimes omitted after **pouvoir, oser, savoir, cesser,** usually in cases where the negative idea is less stressed, where the striking in of the downright **pas** would tend to falsify the idea expressed.

Pouvoir. Je ne puis dire (*pas* is never used with *je ne puis*).
  Pas is sometimes omitted with other parts of *pouvoir*;
  e.g. Je ne pouvais concevoir...
Oser. Les ministres n'osaient lui résister.
Savoir. Je ne sais si...
  Je ne saurais vous le dire, *I cannot tell you*.
Cesser. Il ne cessa de se lamenter.

Notice also:

Qui de nous n'a éprouvé de telles émotions?
Qui ne comprendrait cela?
Si je ne m'abuse, *if I am not mistaken*.

111. Special constructions involving *ne*.

Voilà ⎫
Il y a ⎭ longtemps que je ne les ai vus (*since I saw them*).
Il est plus intelligent qu'on ne croit (*than people think*).
La situation est plus grave qu'elle ne l'était il y a six mois (*than it was . . .*).
Elle est moins stupide qu'elle n'en a l'air (*than she looks*).
J'ai plus qu'il ne m'en faut (*more than I require*).
Prenez garde qu'on ne vous enjôle, *be careful you don't get taken in*.

112. Adverbs formed from Adjectives.

Usual formation:

heureux   heureuse   heureusement
vrai (*ending in vowel*) vraiment.

Exceptional:

gai gaiement   constant constamment ⎫
gentil gentiment   évident évidemment ⎬ (*so also others in*
bref brièvement.   ⎭ -ant *and* -ent).

Note **é** in the following:

aveuglément.   précisément.
communément.   profondément.
confusément.   obscurément.
énormément.

Longer English adverbs are often rendered by adverbial expressions of which French has an abundance.

Examples:
à la folie, *madly*.
à l'aveugle, *blindly*.
avec courage, *courageously*.

avec succès, *successfully*.
par accident, *accidentally*.
sans cesse, *incessantly*.
d'une voix calme, *calmly*.

d'un ton sévère, *sternly*.
d'une manière expressive, *expressively*.
d'une façon négligente, *carelessly*.
à pas lents, *slowly*.
à tâtons, *gropingly*.
à pas rapides, *quickly*, *rapidly*.

113. Adjectives used adverbially are of course invariable.

Examples:

aller (tout) droit, *to go straight*.
s'arrêter net, *to stop dead*.
s'arrêter court, *to stop short*.
coûter cher, *to cost dear*.
frapper dur (juste), *to strike hard (true)*.
parler haut, *to speak loudly*.

parler bas, *to speak quietly*.
sentir bon (mauvais), *to smell nice (unpleasant)*.
tenir bon, *to hold firm, stand firm*.
travailler ferme (dur), *to work hard*.
voir clair, *to see clearly*.

Notes on some common Adverbs and Adverbial expressions.

114. Adverbs of manner.

Que Que (*or* Comme) cet enfant est malheureux!
Que de monde! *What a lot of people!*

Comme Comme il se fait tard, il faut rentrer.
Il traversa la rue comme pour me parler (*as though to*).
Tout disparut comme par enchantement (*as if by*).
Fort comme la mort, *as strong as death*.
Comme sometimes means *as it were*:
J'éprouvai comme un soulagement, *I experienced, as it were, a feeling of relief*.

Comment Comment allez-vous? *How are you?*
Comment! vous partez? *What! you are going away?*

NOTE. Examples showing the various translations of *how* in indirect speech:

Vous ne savez pas comme il a souffert.
Je ne puis dire combien je suis reconnaissant.
Je ne vois pas comment cela se fait.

Tellement J'étais tellement surpris, *I was so surprised*.
Bien Bien sûr, (*most*) *certainly*.
J'espère bien, *I do hope* (*quite hope*).
Nous avons bien reçu votre lettre (*duly received*).
Il y avait bien trois cents personnes (*quite three hundred*).

Bien chaud, *nice and warm*. Bien mûr, *nice and ripe*.
Elle est très bien, *she is very good looking*.
Sa sœur est mieux, *her sister is better looking*.
Des gens très bien, *people of very good class*.

Peu
Peu probable, *improbable*; peu intéressant, *uninteresting*.
Peu profond, *shallow*; peu cher, *cheap*.
Peu d'argent, *little money*; un peu d'argent, *a little money*.
Peu à peu, *little by little, gradually*.
À peu près, *within a little, very nearly*.
À quelques centimètres près, *within a few centimetres*.
Regardez un peu, *just look*.

Plutôt
Leur maison est plutôt petite, *their house is rather (=if anything) small*.
Assez = *to a fair* (or *considerable*) *degree*:
Ils sont assez riches.

Au juste
Exactly. Je ne sais pas au juste.

115. Adverbs of Quantity.

Plus, moins.
Followed by **de** in expressions of quantity, by **que** only in comparisons:

Plus de mille francs; en moins d'une demi-heure.
Vous mangez plus (moins) que moi.

Some more is expressed by **encore**:
Encore du pain, s'il vous plaît.

Note also:
Plus (moins) on travaille, plus (moins) on est heureux.

Distinguish between **au moins**, expressing a minimum, and **du moins**, expressing a reservation:
Il l'a répété au moins dix fois.
Du moins, c'est ce qu'il m'a dit.

Davantage
More, more so. This word is used in comparisons and usually falls at the end of the sentence:
Vous devriez travailler davantage, *you ought to work more*.
Il est avare, mais ses parents le sont davantage *(are more so)*.
J'ai tué quinze faisans, mais je crois que Monsieur X. en a tué davantage.

Tant
So much, so many, so.
Tant d'argent. Tant d'amis.
Il a tant voyagé.
Je l'avais reconnu tout de suite, tant il ressemble à sa sœur *(he is so much like)*.

Autant	*As much, as many.* J'ai autant de fruitiers que lui. Tâchez d'en faire autant, *try to do the same.* C'est d'autant plus regrettable que ses parents sont de braves gens (*all the more ... as*).

116. Adverbs of Time.

Après	Un instant (moment) après, *but* l'instant (le moment) d'après. Et après? *And what then?*
Tôt	Si tôt, *so soon, so early;* très tôt; trop tôt. *Soon* alone = bientôt. Aussitôt = *at once, forthwith.* Tantôt on gagne, tantôt on perd, *sometimes you win, sometimes you lose.* Note also the use of **sitôt** in expressions like: Sitôt la nuit venue, *as soon as darkness had come.*
Sur-le-champ	*At once.* (*On the spot* = sur place).
De nouveau	*Again, afresh*: Les cris éclatèrent de nouveau.
Enfin	*At last, finally.* Enfin le roi parut. (Il finit par consentir, *he finally consented*). In conversation **enfin** may mean *in brief, in short, in a word*: Enfin, il a tout nié. Enfin, qu'est-ce que nous allons faire? *Well then, what are we going to do?*
Tard	Je suis rentré tard, *I got home late.* En retard means *late* in the sense of *after time*, *e.g.* Il arriva en retard. Tôt ou tard, *sooner or later.*
Fois	Plusieurs fois, *several times.* *Whenever* = toutes les fois que *or* chaque fois que. À la fois, *at the same time, both*: Un visage à la fois triste et comique. Parfois, *occasionally.*
D'abord	*First, first of all.*
Puis	*Next, then.* Il s'arrêta, puis il se retourna.
Ensuite	*Then, afterwards.* Ensuite il m'expliqua que...
Alors	*Then* (= at that time). Elle était alors dans tout l'éclat de sa beauté. Les médecins d'alors, *the doctors of those days.*
Là-dessus.	*Thereupon.*
D'habitude **D'ordinaire** }	*Usually.*

Auparavant	*Before.* Quelques mois auparavant. Note however the translation of the following examples: *A man I had never seen before:* Un homme que je n'avais jamais vu. *I have been here before:* Je suis déjà venu ici.
À l'avenir	*In the future.*
Temps	De temps en temps, *from time to time.* De temps à autre, *now and again.* À temps, *in time.* Il arriva à temps. En même temps, *at the same time.*
Désormais	*Henceforth.*
Jusqu'ici	*Hitherto, up till now.*
Jusqu'alors } *Up till then.* **Jusque-là** }	
	Note too: d'ici là, *between now and then, until then.* d'ici quelques jours, *a few days hence.*
Tout à l'heure	*Just now* (= a moment ago); *presently* (= in a moment).
Tout à coup	*Suddenly* (adverb of time).
Tout d'un coup	*All at once* (adverb of manner): La maison s'écroula tout d'un coup.

117. Adverbs of Place.

Où	Le jour (l'heure, le moment, l'instant) où, *the day (the hour, the moment) when* . . . But remember that one says: Un jour (un soir, un matin) que. Partout où, *wherever.* *Where* without antecedent is là où: *Where I work* . . . Là où je travaille...
Part	Quelque part, *somewhere.* Nulle part (*with* ne), *nowhere, not anywhere:* Je n'ai vu cela nulle part. De toutes parts, *on all sides.* De part et d'autre, *on either side, on both sides.* D'autre part, *on the other hand.*
En haut	*Above, at the top; upstairs.*
En bas	*Below, at the bottom; downstairs.*
Ailleurs	*Elsewhere, somewhere else.*
Là-dedans	*Inside, in there:* Qu'est-ce qu'il fait là-dedans?
Au loin	*In the distance, afar.*

118. Place of Adverbs.

(*a*) Not between subject and verb, as is often found in English:
Je le vois rarement, *I rarely see him.*

(*b*) Expressions of place usually precede the object in French:
> Il prit dans sa poche une vieille pipe, *he took an old pipe out of his pocket.*

(*c*) The following usually precede an infinitive:
bien.	mal.	trop.
mieux.	jamais.	beaucoup.

> Pour bien jouer, il faut faire beaucoup d'entraînement.
> Il approcha pour mieux voir.
> Il ne faut pas trop insister sur ce point.

Note the order:
> Pour les mieux voir, *the better to see them.*
> Sans lui rien dire, *without saying anything to him.*

119. Conjunctions.

D'ailleurs   *Besides, moreover.*

Pourtant   *However, yet;* and *yet* = et pourtant *or* et cependant.

Toutefois   *However, nevertheless.*

Donc   *Therefore.* When *so* or *then* = *therefore*, translate by **donc**:
> So he went... *Il alla donc...*
> Mais répondez donc! *Come on, answer.*

Or   *Now,* beginning a paragraph or opening a new part of a story.

Ou bien   *Or else.* Je passerai chez vous, ou bien je vous trouverai à la gare.

Ou...ou   Either... or...
> Ou vous paierez les droits, ou vous laisserez votre appareil.
> *Either you will pay the duty, or you will leave your camera.*

Instead of **ou...ou** one may use **ou bien...ou bien...**

Aussi bien que   *As well as.* Les riches aussi bien que les pauvres.

Ainsi que   *As also, like:*
> Je savais déjà la nouvelle, ainsi que la plupart des mes collègues.

Que   Replaces before a second clause **quand, lorsque, comme** and compound conjunctions such as **bien que, avant que.**
> Quand la nuit tombe et que la campagne devient silencieuse.
> Bien qu'il soit jeune et qu'il pratique les sports.

Note also:
> Quel homme charmant que son père! *What a charming man his father is!*

Puisque   *Since* (reason), *seeing that:*
> Puisque vous l'exigez...

Depuis que	*Since* (= from the time that).
	Depuis qu'il habite Paris, *since he has been living in Paris.*
Tandis que	*Whilst, whereas* (with idea of contrast):
	Il a réussi brillamment, tandis que ses frères se trouvent dans des situations bien médiocres.
Pendant que	*While* (= during the time that):
	Pendant qu'il lisait le journal, sa femme préparait le repas du soir.
Alors que	*Whereas* (expressing sharp opposition of ideas):
	On le cherchait dans Paris, alors qu'il était déjà parti pour Londres.
	Alors que is also used in the sense of *at the time when:*
	Il vécut au moyen âge, alors que la plupart des savants étaient des moines. *He lived in the Middle Ages, when most scholars were monks.*
Vu que	*Seeing that:*
	Vu que ses affaires vont mal...
À mesure que	*As* (= in proportion as):
	À mesure que nous avancions, la jungle devenait plus épaisse.
Quand même	*Even if* (used with the conditional tense):
	Quand même il renoncerait à son projet *even if he gave up his plan.*

120. Interjections.

Voyons!	*Come now!*
Allons!	*Come!*
Allons donc!	(protesting). *Nonsense!* or *How absurd!*
Dites (Dis) donc!	*I say!* (calling attention).
Bon!	*Good!* or *That's right!*
Eh bien.	*Well.*
Attention!	*Be careful!* or *Look out!*
Mon Dieu!	*Gracious me!* or *Good gracious!* or *Good Heavens!*
Tiens!	(Usually expresses surprise). *Well!* or *What!* or *There!*
	e.g. Tiens! c'est vous!
Tenez!	(calls attention). *Here!* or *Look here!*
Soit.	*Very well* or *All right.*
Entendu!	*Agreed!*
Par exemple!	*The idea!* or *Just fancy!* or *Oh, by the way!*
Parbleu!	*Why, of course!*
Hein?	*Eh?*
À la bonne heure!	*Very well then!* or *Well and good!*
Chut!	*Hush!*
Bien entendu } *Of course.*	
Évidemment }	

PREPOSITIONS

Examples showing characteristic uses of certain Prepositions.

121. À.

    Au salon, au jardin, aux champs, *in the drawing-room, in the garden, in the fields.*

    Un à un, *one by one;* pas à pas, *step by step;* côte à côte, *side by side;* mot à mot, *word for word.*

    À mon arrivée (retour), *on my arrival (return).*

    Un jeune homme de vingt à vingt-deux ans, *a young man of twenty or twenty-two.*

    À cheval, *on horseback;* à pied, *on foot;* à genoux, *on one's knees.*

    Vendre au mètre, *to sell by the metre;* louer à l'heure, *to hire by the hour.*

    Écrire au crayon (à l'encre), *to write with pencil (ink).*

    À mon avis, *in my opinion.* À l'ombre, *in the shade.* Au soleil, *in the sunshine.*

    Au besoin, *if need be.* À la rigueur, *at a pinch.*

    Au secours! *Help!* Au voleur! *Stop thief!*

    À regret, *regretfully.* À pas lents, *slowly.*

    Je l'ai reconnu à sa voix (à son allure), *I recognized him by his voice (by his walk).*

    À ce qu'il dit, *from what he says.* À ce que j'ai entendu dire, *from what I have heard.*

    Lire à la lumière d'une lampe (*to read by*).

122. De.

    Le train (La route) de Paris, *the train (the road) to Paris.*

    Le chemin de la gare, *the way to the station.*

    De cette façon (manière), *in this way (manner).*

    D'un ton menaçant, *in a threatening tone.*

    De ce côté, *on this side;* de l'autre côté, *on the other side;* de tous côtés, *on all sides;* du côté de la gare, *in (or from) the direction of the station.*

    De nos jours, *in our day;* de mon temps, *in my time;* du temps de, *in the time of.*

    Je le connais de vue, *I know him by sight.*

    De tout mon cœur, *with all my heart;* de toutes mes forces, *with all my might.*

    Il est Américain de naissance, *he is an American by birth.*

    Frapper du pied, *to stamp;* battre des mains, *to clap;* cligner des yeux, *to blink, screw up the eyes.*

NOTE. Both *de* and *en* may express material. One tends to use *en* when the idea of the material is uppermost in the mind:

    Au milieu du bureau, il y a une table d'acajou (*one is thinking of the table itself*).

    Il me montra une belle table en acajou (*one is concerned with the beauty of the wood*).

123. En.

En l'air, *in the air;* en l'honneur de, *in honour of;* en l'absence de, *in the absence of;* en ma présence; en mon nom.

Aller en ville; aller en classe; se promener en auto (en bateau, *etc.*).

Être en vente, *to be on sale;* en danger; en paix; en silence; en famille.

En permission, *on leave;* en mer, *at sea;* en rade, *in the roads (roadstead).*

En quelques mots, *in a few words;* en même temps, *at the same time.*

En 1932, *or* en l'an 1932.

Changer en, *to change into;* transformer en; se déguiser en; habillé en paysan.

Agir en roi, *to act like a king;* se conduire en honnête homme, *to behave like a gentleman.*

124. Dans.

Tomber dans un trou (un puits, un précipice), *to fall down a hole (a well, a precipice).*

Avant *before* (time or order):

Il est arrivé avant moi.

Avant six heures.

Je ne partirai pas avant samedi, *I shan't start until Saturday.*

Avant sometimes means *deep* or *far, e.g.* très avant dans la nuit, *far into the night.*

Entre.

Entre nous, je crois qu'il est jaloux (*between ourselves*).
Ils se querellaient entre eux (*among themselves*).
Entre les mains de l'ennemi (*in the hands of*).

Parmi, *among.*

Parmi les visiteurs, *among the visitors;* parmi les arbres, *among the trees.*

Many of those who ... is best rendered by beaucoup parmi ceux qui.

125. À travers, *through, across.*

Aller à travers les prés (les bois).

Through, with an idea of resistance or difficulty, is often **au travers de:**

Ils se frayèrent un passage au travers de la jungle, *they forced their way through the jungle.*

Across (or *athwart*) speaking of position, is **en travers de:**
Un arbre tombé en travers du chemin.

Vers, *towards* (direction).
    Il s'achemina vers le collège.
    Le navire se dirigea vers le port.
    Il se tourna vers moi, *he turned to me.*
Envers, *towards* (feeling or attitude).
    Respectueux (charitable, généreux) envers...
    Il se conduit mal envers ses parents.
  One says however: Il a été bon (aimable, gentil) pour moi.

126. **Près de.**
    Près de la poste.
    Près de six heures.
    Il a près de quatre-vingts ans.
Auprès de, *by, beside, close to.*
    Elle était assise auprès de la fenêtre ouverte.
    Il habite auprès de la gendarmerie.
  Note also:
    Auprès de leur sacrifice, nos souffrances ne comptent pour rien (*beside* = in comparison with).
    Il a de l'influence auprès des ministres (*with the ministers*).
Chez. Often means *with* or *in the case of*:
    Chez lui, c'est une véritable manie.
    Chez nous, les fermiers sont assez riches (*in our country*).
    Chez Hugo, *with Hugo;* chez les Grecs, *among (with) the Greeks.*
D'après, *from, according to, after* (= taken from).
    Il est clair, d'après les comptes rendus que j'ai lus, que...
    it is clear from the accounts I have read that . . .

127. **Depuis.**
    J'habite Toulouse depuis deux ans.
    Depuis may also mean *from*, speaking of place or price:
    Depuis la place d'Armes jusqu'à l'avenue de Paris.
    Costumes depuis 150 francs.
Dès. This is a difficult word. It usually carries with it the meaning of *starting immediately from*. (Remember **dès que** = *as soon as*). According to circumstances, it may translate *from, since, at, immediately upon.*
    Dès le commencement, *at (from) the very beginning.*
    Dès son premier mot, *from his very first word.*
    Dès mon arrivée, *immediately upon my arrival.*
    Dès demain, *as early as (not later than) to-morrow.*
    Dès maintenant, *here and now.*
    Dès lors, *since then, from then on.*
    Dès six heures du matin, tout fut prêt (*at* or *as early as, 6 o'clock*).

Sans. Sans feuilles, *leafless;* sans le sou, *penniless.*
Sans vous, je serais tombé (*but for you*).

128. Pendant.

Pendant une heure; pendant deux ans.
Pendant may be used of distance:
Il longea la voie ferrée pendant une centaine de mètres.

Jusqu'à, *until, up to, as far as.*
Jusqu'au jour de sa mort.
Jusqu'aux portes de la ville.
Note also:
Ils avaient tout volé, jusqu'à mes souliers (*even my shoes*).
On se battait jusque dans les rues et les maisons, *they (we) were fighting even in the streets and houses.*

À partir de, *from* (= *starting from,* speaking of time).
A partir de demain, *from to-morrow.*

Au bout de, *after, at the end of* (speaking of time).
Au bout d'un mois, il se sentait mieux.

Pour. Ce billet est valable pour un mois.
Avez-vous beaucoup de travail? — J'en ai pour deux heures (*it will take me two hours*).
Pour moi, c'est un grand plaisir (*to me*).

129. Sur.

Marcher sur une route (*but* dans une rue).
Grimper sur (*or* dans) un arbre.
Il me questionna sur mon voyage (*on, about my journey*).
Sur un signe de... *at a sign from ...*
Revenir sur ses pas, *to retrace one's steps.*
Se découper (se détacher) sur, *to stand out against* (very much used in descriptive language).

Sous. Sous le règne de, *in the reign of.*
Je ne l'ai pas sous la main (*to hand*).
Sous tous les rapports, *in all respects.*
Sous peu, *shortly.*
Marcher sous la pluie (la neige), *to walk in the rain (snow).*

Au-dessus de, *above.*
Au-dessus de nos têtes.

Au-dessous de, *below, beneath.*
Bien loin au-dessous de nous.

Par-dessus, *over.*
Il regarda par-dessus la haie.
Il sauta par-dessus le mur.
Par-dessus le marché, *into the bargain* (lit. *over and above the bargain*).
Elle portait un tablier par-dessus sa robe.

130. **Par.**

    Mordu par un chien (agent plays an active role).
but Suivi d'un chien (agent in passive role).
    Je regardais par la fenêtre (*out of*).
    Apprendre par cœur.
    Par politesse (nécessité, etc.), *out of politeness (necessity, etc.)*.
    Deux fois par semaine, *twice a week*.
    Par un jour de tempête, *on a stormy day*.
    Par ici, madame, *this way, madam*.
    C'est par là, monsieur, *it is that way* (or *through there*), *sir*.
    Il était célèbre par ses exploits (*celebrated for*).
    Par suite de ces malheurs, *as a result of these misfortunes*.

Du haut de. This expression usually translates *from*, when one is speaking of anything high:
    Du haut de la tour, *from the tower*.

Derrière.
    Il me frappa par derrière, *he struck me from behind*.
    Par derrière, il y avait une petite cour, *at the back there was a little yard*.

Le long de, *along*.
    Il se glissa le long du mur, *he crept along the wall*.

Au delà de, *beyond*.
    Au delà des montagnes.

Contre. Échanger une chose contre une autre, *to exchange one thing for another*.
    Être fâché contre quelqu'un, *to be vexed with anyone*.

Hors de, *out of*.
    Il s'élança hors de la chambre, *he dashed out of the room*.
    Hors d'haleine, *out of breath*. Hors de portée, *out of reach*.

131. **Quant à,** *as for*.

    Quant à ses menaces, je m'en moque.

De la part de, *from* (expressing the quarter from which actions or communications come).
    Une lettre de la part de M. le Président.
    Dites-lui de ma part que... *tell him from me that* . . .
    Des médisances de la part de ses ennemis, *slander from his enemies*.

À même de, *equal to, in a position to*.
    Nous sommes à même d'exécuter vos commandes, *we are in a position to discharge your orders*.

132. **General note regarding the translation of English Prepositions.**

(*a*) One must bear in mind the important principle that in French one normally repeats the preposition before a second noun, pronoun or verb, where in English it is customary to omit the preposition:

Examples:
> À Londres et à Paris, *in London and Paris.*
> Pour vous et pour moi, *for you and me.*
> Il me dit d'y attendre quelques minutes, puis de revenir. *He told me to wait there a few minutes, then come back.*

(*b*) Literal translations of English expressions such as "the house at the crossroads", "the courtiers round him", are not in the best French style. Study the following examples and note how French prefers greater explicitness of expression:

> The house at the crossroads: La maison située (*or* qui se trouve) au carrefour.
> The courtiers round him: Les courtisans qui l'entouraient.
> The church on the hill: L'église qui se dresse sur la colline.
> The ships in the harbour: Les navires qui sont dans le port.
> Visitors from all countries: Des visiteurs venus de tous les pays

The whole point is that where English tends to strain prepositions, it is better in French to express the idea in a more complete form.

VOCABULARY

FRENCH — ENGLISH

A

abaissé, low, lowered.
abattre, to knock (strike) down; to demolish.
s' abattre, to come (fall, smash) down.
une abeille, bee.
l' abîme (*m.*), abyss; the deep.
abîmer, to swallow up.
abjurer, to abjure, renounce.
un aboiement, barking.
aux abois, at bay.
un abordage, collision (*of ships*).
aborder, to strike, ram (*of ships*).
aboutir, to end.
aboyer, to bark, bay.
s' abreuver, to water.
un abri, shelter.
l' acajou (*m.*), mahogany.
accabler, to overwhelm, bear down, weigh heavily on.
un accent, accent; sound, strains.
un accès, fit.
un accident, accident; break, irregularity.
s' accommoder (de), to manage (with), do (with).
un accord, agreement.
accorder, to grant, attribute.
s' accoupler, to be joined (linked).
accourir, to run (hasten, move) up.
s' accoutumer (à), to accustom oneself (to), get used (to).
s' accrocher (à), to hold on (to), cling (to).
s' accroître, to increase, grow.
accru (*p. part. of* **accroître**), increased.
un accueil, welcome, reception.
accueillir, to welcome.
acéré, steely, piercing.
acharné, fierce, desperate.
s' acheminer, to make (wend) one's way.
achever, to finish, complete.
l' acier (*m.*), steel.
acquérir (*p. part.* **acquis**), to acquire.
une âcreté, bitter taste.

actionner, to work, drive.
actuel, present, existing.
admirable, admirable, lovely, wonderful.
l' admiration (*f.*), admiration, wonder.
adorer, to worship, adore.
adossé, leaning (back).
adoucir, to sweeten, soften, tone down.
une adresse, address; skill; **à mon adresse,** meant for me.
adroit, skilful.
aérien, ethereal, airy.
une affaire, affair; deal; **se tirer d'affaire,** to get out of trouble, get out of a difficulty.
s' affaisser, to sink down.
affamé, hungry, famished, starving.
s' affermir, to be (feel) confirmed (strengthened).
affiché, open, openly displayed.
les affres (*f.*), torments.
affreux, frightful.
afin de, in order to.
agacer, to irritate, tease, torment.
agenouillé, kneeling.
agir, to act.
agiter, to move, stir, shake; to wave; to evolve, turn over (*in the mind*); **s'agiter,** to stir; to go here and there, bustle about.
agonisant, dying.
un agrément, pleasure.
aigre, sour.
aigu (*f.* **aiguë**), sharp, acute, (finely) pointed; shrill, treble.
une aiguille, needle.
aiguiser, to sharpen.
une aile, wing; sail (*of a windmill*); aisle.
ailleurs, elsewhere.
aîné, elder, eldest.
ainsi, thus; **ainsi que,** like, as also, just as, even as.
l' airain (*m.*), bronze, brass.
l' aisance (*f.*), comfort, easy circumstances.
ajouter, to add.
alangui, made languid, made sleepy.

un alcyon, halcyon.
alentour, round about.
les algues (f.), sea-weed.
alimenter, to feed.
une allée, path, drive.
l' allégresse (f.), blitheness.
allémand, German.
allonger, to lengthen, reach (stretch) out; s'allonger, to lengthen, to lie (down).
allumer, to light, kindle.
une allumette, match (-stalk).
une allure, pace, speed, progress; ways, style.
un aloès, aloe.
alors, then; alors même que, even when.
l' alpaga (m.), alpaca (thin black material).
altéré, thirsty, athirst.
une amande, almond.
un amant, lover.
un amas, heap, mass.
ambulant, itinerant, travelling.
une âme, soul; mind.
s' amender, to improve.
amener, to bring (about).
amer, bitter.
l' amertume (f.), bitterness.
amical, friendly.
amollir, to soften.
amonceler, to heap up.
s' amorcer, to begin, start.
amortir, to deaden.
ancien, old, former, one-time.
l' angélus (m.), Angelus bell.
l' angoisse (f.), anguish, agony, acute (dire) distress.
un anneau, ring.
annoncer, to announce, tell of, herald.
une antenne, feeler.
un antre, cave, cavern.
apaiser, to soothe, comfort, pacify; s'apaiser, to quieten down.
apercevoir, to perceive, sight.
s' aplatir, to fall flat.
un appariteur, usher.
une apparition, appearance; vision.
appartenir, to belong.
un appel, call.
apprendre, to learn, find out; to teach, tell.
apprêter, to prepare, get ready.
approuver, to approve of.
un appui, support.
appuyer, to lean.
âpre, rough, bleak, biting, penetrating, strong, unrelenting.

après, after; d'après, according to, in accordance with.
une araignée, spider.
un arbousier, arbutus, strawberry-tree.
un arbrisseau, shrub, small bush.
un arbuste, shrub, bush.
arc-bouté, with the back arched.
un arc-en-ciel, rainbow.
une arche, arch, archway; ark.
un archer, archer, bowman.
ardent, hot, burning, scorching; bright, blazing, fiery.
l' ardoise (f.), slate.
ardoisé, slate-coloured.
argenté, silvery.
argenter, to silver.
une arme, weapon.
arquer, to arch.
arracher, to snatch, wrest, tear, pull out.
arranger, to arrange, contrive.
un arrêt, stop, stopping; verdict, judgment.
en arrière, back; une arrière-garde, rear-guard.
s' arrondir, to round; to be rounded; to describe an arc.
arroser, to water, drench.
une articulation, joint.
l' ascendant (m.), ascendant, supreme quality.
un ascète, ascetic.
un asile, (place of) retreat; refuge.
asperger, to sprinkle.
une aspérité, anything jutting out, roughness.
aspirer, to aspire (to), yearn (for); to drink in.
un assaut, assault.
assiéger, to besiege, encompass.
une assiette, plate; seating; faire sortir quelqu'un de son assiette, to unsettle anyone's temper.
assoupi, drowsy, muted.
assoupli, soft, softened.
assourdir, to deafen; to dull, deaden.
un astre, star.
un atelier, workshop, shop; le chef d'atelier, foreman.
attardé, belated.
s' attarder, to linger, loiter.
atteindre, to strike.
atteint, stricken, affected.
une atteinte, blow.
un attelage, team.
attelé, harnessed, drawn.
attendri, soft, affectionate.
attendrir, to soften, affect.

VOCABULARY

l' albâtre (*m.*), alabaster.
une attente, waiting, expectation.
attester, to bear witness to.
attiédi, mildly warm.
attirer, to attract, draw.
s' attrister, to grow sad.
une aubaine, easy gain, lucky throw.
une aube, daybreak.
au delà de, beyond.
au-dessous de, below.
un augure, augury, omen, presage, prediction.
auprès de, beside, with.
une aurore, dawn.
aussitôt, at once, immediately, forthwith.
autant, (just) as much; en faire autant, to do the same.
un auteur, author, creator.
autrefois, formerly, in the old days.
autrui, others.
une avance, advance; mettre toute l'avance, to open the throttle, "put one's foot down."
avant, before; deep; fort avant, far into; l'avant (*m.*), fore-part, bows.
avare, mean.
les avaries (*f.*), damage.
un avenir, future, time to come.
une aventure, adventure; à l'aventure, at random, at will.
aveugle, blind.
un aviron, scull.
un avis, opinion.
s' aviser (de), to take it into one's head (to).
l' avoine (*f.*), oats.
avouer, to admit, confess.

B

le badinage, light matter.
la bagarre, clash, affray.
le bagne, prison-house.
la baie, bay, bay-window.
baigner, to bathe.
bâiller, to yawn, lie open, show an opening.
baiser, to kiss.
baisser, to lower, let down; se baisser, to stoop.
le bal, ball, dance.
balancer, to sway, rock, swing.
balayer, to sweep.
balsamique, scented, balmy.

banal, commonplace, trite, ordinary.
la banlieue, suburbs.
la barbe, beard; faire la barbe, to shave; to beard.
bariolé, chequered, dappled.
baroque, baroque, startlingly strange.
la barque, boat, sailing-boat, smack.
la barre, belt; tiller.
la barrière, barrier, gate.
barrir, to trumpet.
le basilic, basilisk (*mythical serpent having a stony, fascinating stare*).
la basilique, basilica.
la bassesse, baseness; low trick, underhand act.
la basse-taille, baritone.
le batelier, boatman.
la bâtisse, building.
battant, swinging, opening and shutting; tout battant neuf, all brand-new.
le battement, beating.
la batteuse, threshing-machine.
le battoir, beater (*used for washing linen*).
le baudet, donkey, neddy.
la bave, slaver.
béant, gaping.
beau, fine, handsome, beautiful. avoir beau (faire), to (do) in vain.
le beaupré, bowsprit.
la bêche, spade.
bègue, stammering, stuttering, halting in speech.
le béguin, bonnet.
bénir, to bless.
bercer, to lull, sway, rock.
la berge, (high) bank.
la bergerie, sheepfold, sheep-cote.
la besace, bag, wallet.
la besogne, work, drudgery.
le bétail, cattle.
la bête, creature, animal.
bête (*adj.*), stupid (-looking).
la bêtise, stupidity.
la bévue, blunder.
de biais, obliquely, slantwise.
la bibliothèque, library.
la biche, hind.
la bicoque, hovel.
le bidon, can.
le bien, good, advantage, benefit; possession.
la bienfaisance, kindliness; poor relief.
bienveillant, kindly.
le billet, ticket.

la bise, cold (wintry) wind.
bizarre, quaint, curious, strange.
blafard, pallid, wan.
blanchir, to whiten.
blesser, to wound.
la blessure, wound.
bleuâtre, bluish.
le blondin, fair-haired stripling.
blotti, crouching, nestling.
la blouse, smock, overall.
boiter, to limp.
boiteux, lame, halt.
se bomber, to swell.
le bond, leap, jump.
bondir, to leap.
le bonheur, happiness, bliss.
bonhomme (*adj.*), amiable, cheery.
la bonté, goodness.
le boqueteau, spinney.
le bord, edge, brim; ship.
border, to line, border, fringe.
la bordure, edging, fringe.
la borne, milestone, distance-stone; **sans bornes,** limitless, unending.
borné, limited, circumscribed.
borner, to limit, confine.
bossué, humpy, uneven.
la botte, top-boot, heavy boot.
boucher, to stop up, block out.
boucler, to fasten.
le bouclier, shield, buckler.
la boue, mud, dirt, mire.
boueux, muddy.
la bouffée, gust.
bouffi, puffed, puffy.
le bouge, hovel, dark dwelling.
bouger, to move.
la bouillie, mash.
bouillir, to boil.
bouillonner, to bubble up.
le bouquet, bunch, tuft.
le bouquin, old book, old tome.
le bouquiniste, second-hand bookseller.
bourbeux, muddy, swampy.
le bourdon, great bell.
le bourdonnement, buzzing, droning.
bourdonner, to hum.
le bourgeois, well-to-do person, "gent."
la bourrasque, gusty (squally) wind.
le bourreau, executioner; tormentor.
la boursouflure, swelling, uplift.
la boussole, (mariner's) compass.
le bouvier, ox-driver.
brailler, to shout, bawl.
brandir, to brandish, wave.
brave, brave; honest, worthy, a good sort.
braver, to outbrave, defy.

la brebis, ewe.
le bréviaire, breviary (*prayer-book*).
le brin, blade, stalk, wisp.
briser, to break, smash, snap (off).
broder, to embroider, braid.
broncher, to stagger, reel, rock.
brosser, to brush.
le brouillard, mist, fog.
la broussaille, brushwood; **en broussailles,** tousled.
la brousse, brush (-wood).
broyer, to crush, smash.
bruire, to rustle, shiver.
le bruit, noise; **avec bruit,** noisily.
le brûle-gueule, old clay pipe.
brûler, to burn, scorch.
la brûlure, burn, burning sensation.
la brume, mist, fog.
brumeux, misty.
brunir, to make (turn) brown.
brusquement, suddenly, quickly, sharply.
brut, raw, crude.
brutal, rough, coarse-mannered.
bruyamment, loudly, noisily.
bruyant, noisy.
la bruyère, heather, heath.
le buccinateur, trumpeter.
le bûcher, (funeral) pile.
le bûcheron, woodman.
le buis, box (-tree).
le buisson, bush.
buissonnière; **faire l'école buissonnière,** to play truant.
la bulle, bubble.
le bureau, office, study.
le but, aim, end.
le butin, booty, plunder.
en butte à, exposed to.
le buveur, drinker.

C

la cabane, hut, cottage.
le cabaretier, tavern-keeper, innkeeper.
le cabinet, study.
le cache-nez, scarf.
le cachet, seal, stamp.
la cachette, hiding-place.
le cadet, younger, youngest.
le cadre, frame, framework, structure.
le cafard, sneak, hypocrite.
la caille, quail.
le caisson, ammunition-wagon.
la cale, hold.
le calice, cup.
la calotte, skull-cap; box on the ear.
le camelot, hawker, street-seller.

la camisole, bodice.
la campagne, country; campaign.
la canaille, rabble, scum; (*adj.*) low-down.
la candeur, pure innocence; guilelessness, artlessness.
le caniveau, gutter.
le canotage, boating.
le caprice, whim; sport.
la cargaison, cargo.
le carillon, carillon, chimes.
Carnaval, Shrovetide.
le carré, square; patch.
le carreau, window-pane.
le carrefour, cross-roads.
carrément, squarely.
la carrière, quarry; career, course.
la casquette, cap.
casser, to break.
le catafalque, catafalque (*funeral platform on which the coffin is placed*).
la cause, cause; case; **mettre en cause**, to call into question.
cavalier, casual, rough-and-ready.
céder, to yield, give in.
le cèdre, cedar.
la ceinture, belt; ring.
céleste, celestial, of (from) Heaven.
le célibataire, bachelor.
la cendre, ash, ashes.
le cep, vine-stem.
le cercueil, coffin.
le cerf, stag.
le cerf-volant, kite.
cerner, to surround, corner.
certes, to be sure.
le cerveau, brain.
la cervelle, brains; brain (*usually with the sense of* poor brain).
le chaînon, link.
la chair, flesh.
le châle, shawl.
la chaleur, heat.
la chaloupe, long boat, whale-boat.
le chameau, camel.
la chance, luck.
chanceler, to totter.
chanceux, hazardous, risky, uncertain.
le chantier, (work-)yard.
le chapiteau, capital, cap.
le char, wagon, wain.
charbonné, begrimed.
la charbonnerie, workman's revolutionary organization.
le chardon, thistle.
charger, to load, bear on; to entrust, commission; **chargé de**, laden with, full of.

la charmille, hornbeam hedge.
charnel, carnal, fleshly.
le charretier, wagonner.
la charrette, cart.
la charrue, plough.
la chasse, hunt, chase; kill.
la chasseresse, huntress.
la châtaigne, chestnut.
la châtelaine, lady of the manor.
le chat-huant, screech owl.
châtier, to punish.
le châtiment, punishment.
la chatte, (she-)cat.
la chaudière, boiler, cauldron.
chauffer, to warm, heat.
le chaume, straw, stubble, thatch.
la chaumière, cottage.
la chaussure, footwear; shoe.
chauve, bald.
la chaux, lime.
le chef, leader, head; cook; le chef-d'œuvre, masterpiece; le chef-lieu, chief town.
cheminer, to move, travel, go along.
le chêne, oak.
chercher, to seek; chercher (à), to seek (to), try (to).
chérir, to cherish.
chevelu, bearded.
la chevelure, (head of) hair, tresses.
les cheveux (*m.*), hair; **en cheveux**, hatless.
la chèvre, goat.
le chevronné, long-service soldier.
la chimère, elusive thing, illusion.
chimérique, imaginary.
chiper (*slang*), to "pinch", "nick".
le choc, shock, impact.
le chœur, choir.
le chômage, unemployment.
chuchoter, to whisper.
la chute, fall.
la cible, target.
la cicatrice, scar.
la cigogne, stork.
le cilice, hair-shirt.
la cime, peak, top, crest.
la circulation, traffic.
circuler, to go (walk) round.
la cire, wax.
ciré, waxed; la toile cirée, oil-cloth.
cirer, to wax, polish.
cisalpin, Cisalpine, of Hither Gaul.
ciseler, to chisel.
le citadin, town-dweller.
la citerne, cistern.
le citoyen, citizen.
le citronnier, lemon-tree.
clair, clear, bright; light.

la clairière, glade, clearing.
le clairon, bugle.
le clan, clan, tribe.
le claquement, rattle; bumping.
la clarté, light, radiance.
la clef, key.
le cliché, (trite) expression.
cligné, narrowed, half-shut.
clignoter, to blink, flicker.
le clocher, church tower, steeple.
le cloître, cloister.
le clou, nail.
clouer, to nail (up); to drive against, hold to.
le coche, coach.
le cocher de maison, coachman.
cochère; la porte cochère, carriage gate.
le coco, coconut.
le coffre, case, chest.
coiffé (de), wearing (on the head).
le coiffeur, hairdresser.
le coin, corner.
la colère, rage, anger, wrath.
coller, to stick, cling.
le collet, (coat) collar.
le collier, necklace.
le colloque, colloquy, conversation.
la colonnette, small column.
colorer, to colour.
le coltineur, deck-hand, unloader.
le comble, top, height.
la comédie, play.
comme, as, as it were.
commettre, to commit.
commode, convenient.
la compagne, companion.
se comporter, to behave.
le compte, account; se rendre compte, to ascertain; to account for; to realize.
compter, to count, reckon, number.
le comptoir, counter; bar.
concevoir, to conceive.
conçu, conceived.
le condisciple, fellow-pupil.
conduire, to lead; to drive.
la conduite, conduct; la conduite intérieure, saloon car.
la conférence, lecture.
le conférencier, lecturer.
confier, to entrust, confide.
confondre, to confuse, mix up.
congédier, to dismiss, send (turn) away.
la conjoncture, favourable circumstances; right time.
conjuré, conspiring.
conjurer, to implore, entreat.

la connaissance, acquaintance; les connaissances, knowledge.
la conque, shell.
la conscience, conscience; awareness, consciousness; prendre conscience de, to become aware of.
conscient, conscious, fully aware of things.
le conseiller, councillor.
considérer, to consider; to look at.
le consommateur, drinker, customer (*at a café*).
consterné, dismayed.
le conte, tale.
la contenance, countenance; faire bonne contenance, to look confident, put on an easy manner.
conter, to tell, relate.
le contour, outline.
contourné, contorted, twisted.
contraire, contrary, conflicting.
la contrée, land, region.
le contrevent, shutter.
convaincu, convinced.
convenable, respectable, decent.
la convenance, combining factor, affinity.
convenir, to suit, befit, be fitting.
le convoi, train.
le copeau, chip.
la coque, hull.
la coquille, shell.
la corbeille, basket; flower-bed.
le cordage, rigging.
le cordeau, line.
la corneille, crow; jackdaw.
le cornet, nautilus.
le corset, corsets, bodice.
la côte, rib; coast; hill, rise.
le côté, side; direction; de tous côtés, on all sides; du côté de, in (*or* from) the direction of; de côté, sidelong.
le coteau, hillock; slope, rise, rising ground.
côtoyer, to follow, skirt, go along by, pass close to.
le couchant, sunset, western sky.
la couche, layer, stratum.
coudre, to sew.
le couffin, basket, bale.
couler, to flow, run, trickle; couler bas, to founder.
la couleuvre, viper, adder.
le couloir, passage, corridor.
coupable, guilty, blameworthy.
la coupe, champagne glass; cut; sweep.
la coupole, cupola (*small dome*).

la cour, yard; court.
le courant, current.
la courbure, curve.
le couronnement, crowning; diadem.
couronner, to crown.
le courroux, wrath.
le cours, course; le cours d'eau, stream, race.
la course, course; errand.
le courtisan, courtier.
courtisan (*adj.*), toadying.
coûte que coûte, at all costs.
la coutume, custom.
couturer, to seam, rib.
couver, to brood over.
cracher, to spit.
la craie, chalk.
la crainte, fear.
craintif, timid, fearful.
le crapaud-buffle, bull-toad.
craquer, to creak, rattle.
créer, to create.
le créneau, battlement.
crénelé, embattled.
crépusculaire, (of) twilight.
le crépuscule, twilight.
le cresson, (water-)cress.
la crête, crest, top; comb (*of fowl*).
crêtelé, crested.
creuser, to dig.
creux, hollow.
crever, to burst; to have a burst (or puncture).
criblé (de), riddled (with), covered (with).
crier, to cry, shout, shriek.
la crinière, mane.
la crise (de nerfs), fit of hysteria.
crisper, to contract, convulse.
le croisement, crossing, meeting-place.
croiser, to cross; se croiser, to meet, pass (one another).
le croissant, crescent (moon).
croître, to grow.
la croyance, belief.
cueillir, to pluck, pick (up).
le cuir, leather.
cuire, to cook, bake.
cuit, cooked, baked.
le cuivre, copper, brass.
le cul-de-jatte, cripple.
la culotte, breeches, shorts.
le culte, (form of) worship, faith, religion, creed.
curieux, curious, inquisitive, inquiring.
le cygne, swan.
le cynisme, shamelessness.

D

daigner, to design.
le dais, canopy.
la dalle, flagstone, stone slab.
le dard, dart, arrow; prickle.
le datura, datura (*flower*).
davantage, more, more so.
débarbouiller, to clean, wash off the dirt.
débattre, to debate; se débattre, to struggle.
le débit, bar; public house.
débonnaire, good-tempered.
debout, standing; se tenir debout, to stand.
débridé, unbridled, uncontrollable.
le début, debut; first appearance, beginning.
décerner, to award.
le déchaînement, letting-loose, outburst.
décharger, to unload.
déchiqueté, irregular, broken, up-and-down.
déchirer, to tear (open), rend (open, asunder).
déchoir, to fall, lower oneself.
décolletée, wearing a low-cut dress.
se décolorer, to lose (the) colour, become colourless.
le décor, background, setting, scene.
découper, to cut up, divide up; to show up sharply; se découper (sur), to stand out (against).
la découverte, discovery.
découvrir, to discover, descry, view; to uncover.
décrocher, to unhook, take off (down).
déçu, disappointed.
dédaigner, to disdain, scorn.
le dédain, disdain.
la déesse, goddess.
la défaillance, weakening, faltering, lapse.
défaillir, to falter, weaken.
la défaite, defeat.
le défaut, failing, defect.
déferler, to unfurl, break.
définir, to define.
défunt, defunct, dead, departed.
dégager, to bring (draw) out.
dégarnir, to empty.
dégeler, to thaw.
dégoûter, to disgust, inspire with distaste.
le degré, step.
déguster, to sip, to try several times.
le déluge, flood.

démantelé, dismantled, s t a r k, stripped bare.
la **démarche**, walk, deportment.
démêler, to unravel, pick out.
la **démence**, madness, insanity.
démentir, to belie; **se démentir**, to contradict oneself, go back on one's word.
la **demeure**, abode, dwelling.
la **demoiselle**, young lady; dragon-fly.
démonter, to take to pieces; to knock out of joint.
dénigrer, to belittle, disparage.
le **dénouement**, ending, result.
dentelé, jagged, indented, notched.
la **dentelle**, lace; intricate carving.
dénudé, denuded, stark.
dépasser, to pass, go beyond; to come out, stick out.
dépeigné, uncombed, straggly.
la **dépense**, expense, expenditure.
déplaire, to displease.
déplier, to unfold, open, spread (out).
déployer, to display, give vent to, use.
déposer, to deposit, lay.
dépouiller, to strip, take away.
les **dépouilles** (*f.*), spoils.
dépourvu, stripped, bereft.
déprimé, low-lying.
dérangé, easily put out.
déranger, to trouble; **se déranger**, to trouble, pay heed.
le **dérèglement**, loose living, irregular ways.
dérober, to steal; **se dérober**, to withdraw, slip away.
le **déroulement**, unrolling, expanse.
dérouler, to unfold, unrol, uncoil; **se dérouler**, to unfold, spread, be enacted.
dès, (beginning) from, immediately upon.
désaltérer, to quench, relieve the thirst.
la **descente de lit**, bed-side rug.
désemparé, disabled.
désigner, to indicate.
la **désinvolture**, unconcern, easy self-possession.
désolé, sorrowing.
le **dessein**, purpose, plan.
desserrer, to loosen, take off (*brakes*).
le **dessin**, design, pattern.
dessiner, to draw; **se dessiner**, to become apparent, take shape, show up, be outlined.
déteint, faded.

détendre, to spread; to ease.
détrempé, soaking, sodden.
le **deuil**, mourning, lament.
la **devanture**, shop-front.
deviner, to guess, surmise, sense, feel, make out.
le **dévot**, pious person.
le **diable**, devil.
diapré, spangled.
diminuer, to diminish, lessen.
diriger, to direct, aim; to manage; **se diriger vers**, to go towards, make for.
discourir, to discourse, hold forth.
le **discours**, speech.
discret, discreet; secretive, close.
discuter, to discuss.
la **disgrâce**, dishonour, fall from favour.
disposer, to arrange, put in position.
la **disposition**, arrangement.
se disputer, to quarrel (over), argue (over).
dissiper, to disperse, dispel, melt away.
la **distraction**, absent-mindedness, heedlessness.
se distraire de, to be drawn away from, be relieved of.
distrait, absent-minded, unheeding, heedless, unknowing.
dit, so-called, known as.
le **divertissement**, amusement.
le **dogue**, mastiff.
le **don**, gift.
donner, to give; **donner sur**, to overlook.
doré, golden.
dorer, to gild.
le **douanier**, customs-officer.
doubler, to turn, to go (get) round.
la **douleur**, pain, sorrow.
douloureux, painful, dolorous.
le **drap**, cloth.
dresser, to raise, rear, lift up, send up; to train.
le **droit**, right.
droit (*adj.*), right, straight.
drôle, funny, queer, amusing.
la **drôlerie**, buffoonery, buffoon's trait.
la **dunette**, poop, after-deck.
durant, throughout.
durcir, to harden.
la **dureté**, hardness.

E

l' **eau-de-vie** (*f.*), brandy.
éblouir, to dazzle.

ébranler, to shake; to stir (up).
l' ébullition (f.), ebullition, boiling-up; en ébullition, full of activity, all astir.
une écaille, scale.
écarlate, scarlet, bright red.
à l' écart de, away from.
écarté, lonely, out-of-the-way; spread.
écarteler, to quarter, tear limb from limb.
l' écartement (m.), act of separating or throwing out.
s' écarter, to move away; to become scattered (separated).
un échafaud, scaffold.
échapper, to escape, come out.
une écharpe, scarf.
écharper, to cut to pieces, mow down.
une échasse, stilt.
échauffer, to heat (up).
un échec, failure.
une échelle, ladder.
échelonner, to space out.
échevelé, dishevelled, ragged.
échouer, to fail.
un éclair, flash, gleam.
un éclairage, lighting, illumination.
éclaircir, to clarify, illustrate.
éclairer, to light up, illumine.
un éclat, brightness, outburst.
éclatant, bright, shining, brilliant.
éclater, to burst; to break out; to shine forth.
économe, sparing.
une écorce, bark; rind.
l' Écosse (f.), Scotland.
écraser, to crush.
un écrivain, writer.
s' écrouler, to collapse, fall down.
un écueil, reef.
une écuelle, basin.
l' écume (f.), foam.
effacer, to efface, blot out; s'effacer, to be blotted out; to press close against.
effaré, scared, alarmed; filled with wonder.
s' effarer, to look startled (bewildered); to be alarmed, rise in alarm.
effarouché, scared, startled, ill-at-ease.
effectivement, actually, in fact.
un effet, effect; en effet, indeed.
effeuiller, to strip the leaves (from).
effilé, sharply pointed, thin and sharp.
effleurer, to skim (over), graze.

un effluve, emanation, uprising.
effondrer, to bring down, make collapse; s'effondrer, to sink down.
s' efforcer, to strive, do one's utmost.
un effort, effort, strain, urge.
effrayant, frightful, awful.
effrayer, to frighten.
effréné, wild, frantic.
l' effroi (m.), dread, awe, terror, fright.
effronté, brazen, cheeky.
effroyable, frightful, horrible.
égal, equal, steady, uniform.
également, equally, likewise.
l' égalité (f.), equality; steadfastness.
égarer, to lose, put off the track; s'égarer, to wander, stray, roam.
s' égayer, to brighten, grow bright.
un églantier, eglantine, wild-rose.
l' égoïsme (m.), selfishness, egoism.
égorger, to slay.
un élan, lift, flight, impulse, throwing-out; zest, vigour.
élargi, broadening (out).
s' élargir, to broaden.
élégant, graceful.
élémentaire, elementary, elemental, primitive.
élever, to raise.
élimé, well-worn, worn out.
élire, to elect.
un éloge, eulogy, praise.
l' éloignement (m.), separation.
s' éloigner, to go (move, walk) away.
élu, elected, elect.
une embarcation, rowing-boat.
un embarras, embarrassment, plight, awkward situation.
embaucher, to take on, hire.
embêter, to bore, trouble.
emboué, caked with mud.
embourbé, stuck, sunken, held fast.
embrasser, to kiss, embrace; to take in, take up.
s' émerveiller, to marvel, be filled with wonder.
une émeute, riot, revolt.
emmener, to take (lead) away.
émousser, to blunt.
émouvant, moving.
empaillé, stuffed.
s' emparer (de), to get hold (of), take possession (of).
empêcher, to prevent, stop.
empêtré, hemmed in, caught.
un empilement, piling up.
s' empiler, to be heaped (piled) up (together).

un empire, empire, realm, dominion.
emplir, to fill.
un emploi, use; job.
empoisonner, to poison.
emporter, to carry away; l'emporter sur, to triumph over, prevail over.
empourprer, to turn crimson.
empreindre, to imprint.
empressé, eager, anxious; faire l'empressé, to appear very busy.
s' empresser, to hasten, to pay polite attentions; to gather round.
emprunter, to borrow.
ému, excited, disturbed, nervy.
encaisser, to shut (hem) in.
un enchevêtrement, intertwining.
enchevêtrer, to intermingle.
encroûter, to encrust.
endormir, to put (lull) to sleep; s'endormir, to go (get) to sleep.
un(e) enfant, child; bon enfant (adj.), genial, cheery.
enfantin, boyish.
l' enfer (m.), Hell.
enfermer, to shut up, shut in.
enfin, at last, finally; in a word, in brief.
enfler, to swell.
une enflure, swelling, up-swelling.
enfoncé, sunk, let into.
enfoncer, to stave in; to sink; s'enfoncer, to sink, go in, plunge.
enfoui, sunken, buried.
s' engager, to begin, start up; s'engager dans, to start along, begin to walk along.
engloutir, to swallow up.
engourdi, listless, inactive, sluggish, unawakened, apathetic, sunk in stupor.
l'engourdissement (m.), listless condition.
engraisser, to get heavier, put on weight.
enivrer, to intoxicate, enrapture.
enlacer, to intertwine.
l' ennui (m.), weariness, boredom, dullness; trouble, sorrow, woe.
s' ennuyer, to be bored; s'ennuyer ferme, to be terribly (heartily) bored.
enroué, hoarse, rough.
s' ensanglanter, to become covered with blood.
une enseigne, signboard.
enseigner, to teach.
ensoleillé, sunny, sunlit.
entaillé, gashed.

entasser, to pile up; to crowd, pack.
entendre, to hear; to understand; to mean; to intend; s'entendre, to agree, come to an understanding.
un enterrement, burial.
enterrer, to bury.
entourer, to surround, stand round.
entraîner, to carry away; to win over, carry with one.
entraver, to hobble.
entre-croiser, to cross and re-cross; to intersect.
l' entrepont (m.); dans (or sur) l'entrepont, between decks.
un entrepôt, warehouse, bonded store.
entreprendre, to undertake.
entretenir, to keep, maintain.
un entretien, mainteance.
une entre-voie, six-foot way; space between the sets.
entrevoir, to catch a glimpse of, see indistinctly.
envahir, to invade.
envahissant, invading, stealing, pervading.
envelopper, to envelop, wrap, to lift bodily.
à l'envi, vying with each other; vying in swiftness.
une envie, wish, want; avoir envie, to want.
environner, to surround, encompass.
les environs (m.), district, neighbourhood.
envisager, to consider, look upon.
s' envoler, to fly away, take wing, drift away.
épais, thick, dense.
une épaisseur, thickness.
épanoui, spreading, blossoming; beaming.
s' épanouir, to spread (open) out.
l' épargne (f.), economy, saving(s), sparing.
épargner, to spare, save, put by.
épars, scattered, straggly.
une épaule, shoulder.
une épaulette, epaulette, shoulder decoration.
une épée, sword.
éperdu, wild, distraught, worried to distraction.
un éperon, spur.
éphémère, ephemeral, passing, short-lived.
épicé, spicy.
épier, to watch.

une épine rose, wild-rose bush.
épingler, to pin (up).
une époque, period, time.
un époux, husband, spouse.
l' épouvante (f.), terror, dismay.
une épreuve, test, trial, time of stress.
éprouver, to feel, experience.
épuiser, to exhaust, tire out.
l' épuisement (m.), exhaustion.
équarrir, to square, shape, trim.
un équipage, crew, ship's company.
une équipe, team, gang.
équivoque, equivocal, doubtful, questionable.
érailer, to graze.
érailler, to wear (down).
errer, to wander.
un escabeau, stool.
un escadron, squadron, company.
une escalade, climb, ascent.
espacé, spaced out, occurring at regular intervals.
s' espacer, to be spaced (spread) out.
une espèce, kind, species.
l' esprit (m.), mind; wits; cleverness; le tour d'esprit, turn of mind.
une esquisse, sketch.
esquisser, to sketch, outline.
s' esquiver, to slip away.
un essor, upward flight, soaring.
essuyer, to wipe; to sustain, meet with.
une estacade, breakwater of piles.
une estrade, platform.
une étable, cow-shed.
établir, to establish, set up.
un étage, storey, stage, level.
étager, to show one above the other, raise in tiers.
un étal, stall, display.
un étalage, shop-front, shop-window.
étaler, to spread (stretch) out.
un étang, pond, pool.
un état, state, condition.
éteindre, to extinguish, put out, dim; s'éteindre, to fade, die away.
un étendard, standard.
s' étendre, to stretch, reach.
ethnographique, ethnographical, of race.
étirer, to stretch.
une étoffe, stuff, material, fabric.
une étoile, star; à la belle étoile, in the open, under the stars.
étoilé, starry.
étonner, to surprise, astonish; s'étonner, to be surprised (astonished).

étouffer, to stifle, muffle.
étourdi, thoughtless, heedless.
étranger, strange, foreign; l'étranger, foreign parts.
l' étrangeté (f.), strangeness.
étrangler, to strangle, grip the throat.
un être, being, creature.
étreindre, to grip, press hard.
étroit, narrow; close; small.
étudier, to study.
évanoui, fainting, fainted, unconscious; vanished.
éveiller, to awaken, rouse, arouse.
un événement, event.
un éventail, fan.
éviter, to avoid.
évolué, evolved, developed.
exact, exact, punctilious.
exaucer, to grant, satisfy (a prayer or a wish).
s' excuser, to apologize.
un exemple, example; par exemple, for example; (exclamation) just fancy! gracious me!
exercer, to exercise.
une exhalaison, odour.
exiger, to require, demand.
un exorde, exordium, opening (of a speech).
expansif, communicative.
expédier, to despatch, send; to polish off.
expliquer, to explain; s'expliquer, to be explained, be accounted for.
exposer, to expose; to expound.
exprès, on purpose, purposely.
exprimer, to express.
extraire, to extract.

F

la fabrique, workshop, works, factory.
fabriquer, to manufacture, make.
la façade, front (of a building).
la facette, facet.
fâcheux, vexatious, troublesome.
la façon, way, fashion; de toute façon, anyway, anyhow.
façonner, to fashion, shape.
le fagot, brushwood, twigs.
la faiblesse, weakness.
la faïence, china-ware.
le faisan, pheasant.
le fait, fact.
le faîte, top, ridge.
la falaise, cliff.
famélique, hungry, starving.

fameux, famous; (*colloquial*) wonderful, "some".
la faneuse, woman working in the hay.
le fanon, dewlap.
la fantaisie, fancy, imagining.
fantasque, fitful.
le faon, fawn.
le fardeau, burden.
farder, to give way, subside.
farouche, wild, savage, grim, irrepressible.
le faubourg, outlying district (quarter).
faucher, to mow; to cut off (down).
le faucheur, mower.
la faute, fault; **faute de**, for lack of.
le fauteuil, arm-chair.
fauve, light brown, tawny.
la faux (or **faulx**), scythe.
faux (*f.* **fausse**), false.
fébrilement, feverishly, distractedly.
fécond, fertile, fruitful, rich.
féerique, fairy-like.
fêlé, cracked.
la femme, wife, woman; **la femme de chambre**, maid.
la fenaison, haymaking.
fendre, to cleave, split, lay open.
la fente, crack, crevice, cranny.
le fer, iron, steel; sword; **le fer-blanc**, tin.
ferme, firm; hard.
ferrailler, to fence (*poorly*), make a clatter with swords.
ferré, iron-tipped, steel-pointed.
le festin, feast.
la fête, celebration, festivity, festival; **en fête**, full of glee, overjoyed, in festive mood.
le feu, fire; fighting-line; **le coup de feu**, shot.
feuilleter, to look (glance) through, turn over the leaves.
le fiacre, cab.
fidèle, faithful.
la fierté, pride, proudness.
fiévreux, feverish.
figé, transfixed, immobilized, stilled.
le fil, thread.
la file, line; **prendre la file**, to come into line, to "cut in".
filer, to travel fast, stream by.
le filet, net; trickle; streamlet; streak, thin line, wisp.
la fin, end; aim, object.
fin, fine, delicate, subtle.

la finesse, shrewdness.
fixer, to gaze (stare) at.
flamand, Flemish.
le flambeau, torch.
flamber, to burn, flare.
le flamboîment, flare.
flâner, to loiter, walk slowly.
flasque, slack, flabby.
le fléau, scourge, plague.
la flèche, arrow; spire; trunk.
se flétrir, to wither, droop.
à fleur de, on a level with, down on.
fleuri, blossoming, flowering, in bloom.
le flot, water(s); **les flots**, waters, waves; **à grands flots**, plentifully, abundantly, copiously.
la flottaison, floating; **la ligne de flottaison**, water-line.
la flotte, fleet.
flotter, to float, hover, hang.
la foi, faith; credence; **ma foi!** upon my word!
le foin, hay; **les foins**, hayfield.
la fois, time; **à la fois**, both, at the same time.
foisonner, to abound.
folle, *f.* of **fou**.
follet; **le feu follet**, will-o'-the-wisp.
le fond, bottom; background, field, matter (*as opposed to form*); **au fond de**, at the bottom (head) of, deep in.
le fondement, foundation.
fonder, to found.
fondre, to melt; to smelt; **se fondre**, to blend.
la fonte, cast-iron.
le forçat, convict.
à force de, by, by dint of, by reason of.
le forcené, madman.
le forgeron, blacksmith.
la forme, shape, figure, outward appearance.
le fort, porter.
la fortune, fortune; **de fortune**, at random.
la fosse, pit.
fou, wild, mad, light-headed, gleeful, full of glee.
la foudre (**le foudre** *in 17th century*), lightning, thunderbolt.
foudroyer, to strike, blast.
le fouet, whip.
la fougère, bracken, fern.
fouiller, to search, look through; to gut (*a fish*); to dig deep.

la foule, crowd.
fouler, to tread.
le four, oven.
la fourmi, ant.
la fournaise, furnace, inferno.
fournir, to supply, provide.
le fourreau, sheath.
fourvoyé, side-tracked.
le foyer, hearth-side, home.
le fracas, crash, roar.
la fraîcheur, freshness, coolness.
frais, fresh, cool.
la fraise, strawberry.
le fraisier, strawberry-plant.
franchir, to cross, pass.
la franchise, frankness.
la frayeur, fright.
la fredaine, prank, frolic.
le frein, brake.
frelaté, watered down, diluted.
frêle, frail, delicate.
fricoter, to eat; to work things for one's own profit.
frileux, shivery, chilly.
le frimas, frost.
fringant, dashing.
le frisson, shudder, shiver, thrill.
le frissonnement, shudder, shiver, thrill.
frissonner, to shiver, quiver, thrill.
frit, fried.
froisser, to crumple; to upset (*feelings*).
frôleur, just grazing, skimming by.
froncer, to knit, pucker.
le front, forehead, brow.
frotter, to rub.
fructifier, to fructify, come to fruition, bear fruit.
fruste, rough.
fuir, to flee, recede, slip past.
la fuite, flight, stampede.
fumeux, smoky, vaporous.
le fumier, dung, manure.
funèbre, funereal, woeful, of death.
funeste, deadly, fatal.
au fur et à mesure, in proportion (to).
fureter, to pry, ferret about, go in everywhere.
le fuseau, spindle.
fusiller, to shoot down, execute by shooting.
le fût, shaft, standard, post.
la futaie, tall wood, plantation.

G

gagner, gain, win (over); to earn; to reach.

le gaillard, fellow; "lad".
le gain, gain.
le galetas, shack.
galeux, filthy.
la galoche, clog.
la ganse, braid.
la garde, guard; de garde, on duty; prendre garde, to be careful, take care.
le garde-manger, larder.
garder, to keep, maintain, preserve; se garder de, to be careful not to.
gare! look out!
garnir, to furnish, fill; se garnir (de), to be provided (with), filled (with).
gâter, to spoil.
gauche, left; clumsy.
gauler, to knock (bring) down.
la gaze, haze, mist.
le gazon, turf, greensward.
geindre, to moan.
la gelée, frost.
geler, to freeze.
gémir, to moan, howl, mourn.
le gémissement, groan, lament.
le gendre, son-in-law.
la gêne, embarrassment, encumbrance.
le génie, genius; spirit; sprite.
le genre, kind, race, form.
la gerbe, sheaf; column of spray.
germer, to germinate, come to life.
le geste, gesture.
la gibecière, satchel, school-bag.
gisant, lying.
gisez; vous gisez (*verb*, gésir), you lie.
le gîte, lair.
la glace, ice; mirror; window (*of a conveyance*).
glacer, to freeze, chill.
glacial, icy cold.
le glaïeul, iris, flag.
glauque, glaucous, murky green.
la glèbe, glebe, soil.
glisser, to slip, slide.
glousser, to cackle, cluck.
la glu, glue, bird-lime.
gluant, sticky, adhesive.
la goguenarderie, ribald joke (jest).
gommeux, resinous.
le gonflement, swelling, puffing out.
gonfler, to swell; to well up.
la gorge, throat.
le gouffre, gulf; le gouffre amer, the briny (salty) deep.
le goupillon, aspersorium, holy water sprinkler.

le **gourmand**, glutton; shoot, tentacle.
gourmander, to browbeat, bully.
le **gourmet**, discriminating person (*usually in the matter of food and wine*).
le **goût**, taste.
goûter, to taste; to enjoy, relish.
la **goutte**, drop, spot.
la **gouttière**, gutter, guttering (*of a building*).
le **gouvernail**, rudder, tiller.
la **gouvernante**, housekeeper.
le **grabat**, bed of poverty, truckle-bed.
la **grâce**, grace; favour; thanks; **faire grâce**, to forgive; **rendre grâces**, to give thanks.
le **grade**, rank, title.
la **graine**, seed.
le **grand**, grandee.
la **grandeur**, greatness, vastness.
grandir, to grow; to loom up.
la **grange**, barn.
la **grappe**, bunch (*of grapes*); knot.
gras (*f*. **grasse**), fat, heavy, rich, lush.
gratter, to scratch.
graver, to engrave, imprint.
le **gravier**, gravel.
gravir, to climb.
le **gré**, liking; gratitude; **je lui en sais (bon) gré**, I am grateful to him.
la **grêle**, hail.
grêle, slender, slim.
grelotter, to shiver.
la **grenouille**, frog.
la **grève**, strand, shore; strike.
le **gréviste**, striker.
griffonner, to scribble.
la **grille**, iron gate; rails, railing.
le **grillon**, cricket.
grimper, to climb.
grimpeur, climbing.
grincer, to grate, creak.
gris, grey.
grisâtre, greyish.
grisonnant, greying.
la **grive**, thrush.
le **grognement**, grunt, grunting.
grogner, to grunt.
grommeler, to grumble, mutter.
le **grondement**, rumble, rumbling.
gronder, to rumble, thunder, growl.
gros, big; bluff, hearty; overdone.
grossir, to swell, enlarge.
grouillant, seething, swarming, teeming.

le **gué**, ford.
guérir, to heal, cure, get well.
la **guerre**, war, warfare.
le **guerrier**, warrior.
guetter, to watch, lie in wait for, keep a look-out for.
la **gueule**, jaw, maw.
la **guirlande**, garland, string.

H
(* indicates *h aspirée*)

un **habit**, coat; tail-coat; attire, dress.
un **habitant**, inhabitant, dweller.
une **habitude**, habit.
la ***hache**, axe, hatchet.
***haché**, chopped; **la paille hachée**, chaff.
***hagard**, haggard, wild.
le ***haillon**, rags, tatters.
la ***haine**, hate.
***haïr**, to hate.
***hâlé**, weather-beaten.
une **haleine**, breath.
***haleter**, to blow, puff, gasp.
le ***hamac**, hammock.
le ***hameau**, hamlet.
la ***hanche**, hip, haunch.
le ***hangar**, shed.
***hanter**, to haunt.
***happer**, to snap up.
***hardi**, bold, bluff, brave, risky; **hardi!** stick it!
la ***hardiesse**, boldness.
le ***hasard**, chance, risk; **au hasard**, at random; **par hasard**, by chance.
se ***hasarder**, to venture.
la ***hâte**, haste.
***hâter**, to hasten; **hâter le pas**, to quicken one's step, hasten on; **se hâter**, to hasten, hurry.
le ***hauban**, shroud (*support running from ship's side to mast-head*).
***hautain**, lofty.
le ***haute-forme**, top-hat.
la ***hauteur**, height, hill.
hébété, stupefied, besotted, with dull senses.
une **hélice**, propellor.
***hennir**, to neigh.
une **herbe**, grass; weed.
***hérisser**, to bristle, make bristle.
un **héritier**, heir.
la ***herse**, harrows.
le ***hêtre**, beech.
une **heure**, hour; **à la bonne heure!** well and good! there now!
heureux, happy, lucky.

le *heurt, striking, knocking, clump.
*heurter, to hit, strike; to bring into conflict.
hirsute, hirsute; rough and unshaven.
*hocher, to nod.
le *hochet, bauble.
le *homard, lobster.
honnête, honest; honourable; respectable.
la *honte, shame; faire honte à X, to tell X. that he should be ashamed of himself.
*honteux, ashamed.
une horreur, horror; awe.
un hôte, guest.
le *houblon, hops.
la *houille, coal.
la *houle, swell, ground-swell; rough sea.
*houleux, rough, running high.
le *houx, holly.
la *huée, shouts and jeers.
huiler, to oil.
une huître, oyster.
humecter, to moisten.
*hurler, to yell.
la *hutte, hut.
l' hymen (m.), marriage, nuptials.
l' hyménée (m.), wedding, marriage.

I

un if, yew-tree.
ignorer, not to know; to be unaware.
un îlot, islet.
un ilote, underling, underdog.
imaginer, to think of, think out.
une immensité, immensity, vast expanse.
immoler, to immolate, sacrifice.
immuable, not to be moved; changeless, immutable, staunch.
impassible, impassive, unfeeling.
implacable, implacable, relentless.
importun, importunate, obtrusive, troublesome; un importun, unwelcome caller, intruder.
s' imposer, to impress strongly, achieve dominance.
imprimer, to print; to imprint; to impress.
l' impuissance (f.), impotence, sense of futility.
inaccoutumé, unaccustomed.
inaperçu, unperceived, unnoticed.
inattendu, unexpected.
un incendie, fire, conflagration.

incendié, burning, flaming.
une incertitude, uncertainty.
inconcevable, inconceivable, beyond understanding.
un inconnu, stranger.
incroyable, unbelievable, incredible.
incrusté, inlaid, inset.
un indice, sign, clue, indication.
indicible, unspeakable, ineffable.
un(e) indigène, native.
inébranlable, unshakable.
inépuisable, inexhaustible, unending.
un infirme, cripple.
in-folio, folio.
informe, shapeless, irregular, straggling.
s' informer de, to ask (enquire) about.
inlassable, unwearying.
inonder, to flood.
inquiet, anxious, uneasy, worried, disturbed.
s' inquiéter, to be anxious, get worried (disturbed).
l' inquiétude (f), anxiety.
inscrire, to book, register.
insensé, crazy, mad.
insensible, unfeeling; imperceptible.
insinuer, to instil, softly to impart; s'insinuer, to steal in.
insondable, unfathomable.
un instant, instant, moment; à l'instant, just then.
une intempérie, inclemency, vagary.
interdit, dumbfounded, at one's wits' end.
s' intéresser, to be interested, to take interest, be full of solicitude.
intérieur, inside, inward; un intérieur, family scene, home.
intime, intimate, close, secret; on terms of close friendship.
intrépide, intrepid, fearless, undaunted.
une invraisemblance, improbability.
irraisonné, unreasoning, instinctive.
irrité, angry, wrathful.
irriter, to anger.
l' ivresse (f.), drunkenness, intoxication; exultation, rapture.
un ivrogne, drunkard; ivrogne (adj.), hard-drinking.

J

jadis, of former times (days), formerly, of yore.

jaillir, to shoot (spring, leap) up; to flash out.
jalonner, to mark out.
le jambage, jamb, pilaster.
japper, to yap.
jaune, yellow, light-brown.
jaunir, to turn yellow (*or* brown).
le jet d'eau, fountain.
la jetée, jetty, pier.
le joint, joint.
le jonc, rush.
la jonchée, swath.
joncher, to strew.
la jonque, junk.
la joue, cheek.
jouer, to play; to gamble; **se jouer**, to disport oneself; to be enacted.
joufflu, full-cheeked, plump-faced.
jouir, to enjoy, experience pleasure.
la jouissance, enjoyment.
le jour, day; light, daylight; **le petit jour**, daybreak, peep of day; **se faire jour**, to show, light up.
juif, Jewish.
jumelle (*f.* of **jumeau**), twin.
la jupe, skirt.
le jurement, oath.
jurer, to swear.
jusqu'à, to, till, as far as; even.
jusque-là, hitherto, up till then.
au juste, exactly.

K

le képi, (military) hat.

L

le labour, ploughing; ploughland, ploughed field.
labourer, to plough, till.
lâche, base, cowardly, coward's; **le lâche**, coward, base fellow.
lâcher, to loose, let out; **lâcher pied**, to give way, retreat.
la lâcheté, baseness; base act, low trick.
laid, ugly, unpleasant.
la laine, wool.
laisser, to leave, let; **ne pas laisser de (faire)**, not to fail to (do).
la laitière, milkmaid.
le lambeau, shred, tatter.
le lambris, panelling; roof.
la lame, blade; leaf (*of a spring*); billow, roller.
le lampadaire, lamp, lamp-standard.

lancer, to shoot, send out, swing out.
la lande, moor; **les Landes**, the Landes (*flat country lying between Bordeaux and the Pyrenees*).
la langueur, languor; **tomber en langueur**, to go into a decline.
le large, open sea; **au large de**, off.
las (*f.* **lasse**), weary, tired.
la latte, lath, strip.
le laurier, laurel; **le laurier-rose**, oleander.
le lecteur, reader.
la lecture, reading.
léger, light, slight, faint.
léguer, to bequeathe, leave.
lent, slow.
la lessive, washing-water.
lestement, nimbly, lightly, without effort.
le lever, rising; levee.
le levier, lever.
lézardé, full of cracks (chinks), crannied.
liant, friendly, engaging.
libertin, flighty, harum-scarum.
le libertinage, dissoluteness.
le licteur, lictor.
la lie, lees (*purplish red dregs of wine casks*).
lier, to bind, link.
le lieu, place, spot; **donner lieu à**, to give rise to; **il y a lieu de croire**, there is reason (room) to believe.
la lieue, league.
le lièvre, hare.
la ligne, line.
ligure, Ligurian.
le lilas, lilac.
limer, to file.
le lin, flax.
le linceul, winding-sheet.
le linéament, lineament, line, outline.
le linge, linen.
le lingot, ingot.
le lis, lily.
le liséré, strip.
la lisière, fringe, edge.
lisse, smooth.
livrer, to give up, yield; to fight (*a battle*).
le logement, house, dwelling.
loger, to lodge, harbour.
la loi, law.
loin, far; **de loin en loin**, at long intervals.
le lointain, distance; remote scene.
le loisir, leisure.
longer, to go along, pass by.

loquace, loquacious, talkative.
la loque, rag, tatter.
lorgner, to keep an eye on, to look sideways at.
louable, praiseworthy, laudable.
la louange, praise.
louer, to praise.
le loup, wolf.
la loupe, wen, tumour.
lourd, heavy.
le lourdaud, heavy one, slow-goer.
la lourdeur, weight, heaviness.
la luciole, fire-fly.
la lueur, glimmer, glow, glint.
lugubre, dismal.
luire, to shine, glitter.
luisant, gleaming.
la lumière, light; **mettre en lumière,** to elucidate, show up, bring out.
le lumignon, faint light, soft gleam.
les lunettes (*f.*), spectacles, glasses.
le lupin, lupin.
le luron, determined fellow.
la lutte, struggle, wrestle.
lutter, to struggle, wrestle, battle, do battle, contend, fight.
le lutteur, wrestler, fighter.
le luxe, luxury.
la luxure, sensual indulgence.
le lycéen, (secondary) schoolboy.
le lys, lily.

M

mâcher, to munch.
le maçon, mason, bricklayer.
maigre, thin.
la maille, mesh.
mainte(s) fois, many a time.
mais, but; **je n'en puis mais,** I can do no more.
la maisonnette, small house.
maîtresse (*adj.*), main.
le majordome, majordomo.
le mal, ill, evil.
maladif, sickly, sick-minded.
maladroit, clumsy, ungainly.
le malaise, disquiet, anxiety.
malaisé, hard, awkward.
le malin, Satan, the devil.
la malle, trunk.
la mamelle, breast, dug.
la manche, sleeve.
le manège, performance, antics.
la mangue, mango.
la manie, mania.
manier, to handle, work on.
le manœuvre, labourer.
la manœuvre, piece of rigging.

manquer, to miss, fail; to lack.
le manteau, cloak, coat.
le maquignonnage, underhand jobbery.
le marais, marsh, marshland, swamp.
le marchand, trader, dealer; **le marchand de vins,** publican, tavern-keeper.
la marche, step.
le marché, market, deal.
la mare, pool.
marécageux, swampy, of marshland.
la marée, tide.
la mariée, bride.
marier, to marry, unite.
le marinier, waterman, boatman.
le marmot, small youngster, toddler.
le Maroc, Morocco.
le marteau, hammer.
le martyre, martyrdom.
la masse, mass, masses.
la massue, club.
la masure, hovel.
le mât, mast; **le grand mât,** mainmast; **le mât d'artimon,** mizenmast; **le mât de mizaine,** foremast.
le matelas, mattress.
les matériaux (*m.*), building materials.
matinal, (of) early morning, early astir.
la mâture, spars.
maudit, accursed.
mauresque, Moorish.
maussade, sullen, lowering.
mauvais, bad, evil.
les maux (*plur. of* **le mal**), ills, woes, troubles.
méchant, wicked, ill-tempered, vicious.
la médiocrité, mediocrity; moderation; moderate fortune (amount).
la méfiance, distrust.
mégarde; par mégarde, by mistake.
le mélange, mixture.
mêler, to mix, mingle.
le mélèze, larch.
le membre, limb.
même, same; **de même,** likewise; **tout de même,** all the same, nevertheless.
menacer, to threaten; **menacer ruine,** to be ready to collapse.
le ménage, household.
ménager, to save; to ensure.
le mendiant, beggar, mendicant.
mendier, to beg.

mener, to take, lead.
le menteur, liar; menteur (*adj.*), lying.
le menton, chin.
se méprendre, to mistake, be deceived.
le mépris, scorn, contempt.
la méprise, mistake.
mépriser, to despise.
méridional, southern.
mesquin, paltry, trivial, unimpressive.
à mesure que, (in proportion) as.
le métayer, farmer.
le métier, trade, occupation, calling, job.
mettre, to put; se mettre à, to begin to.
le meuble, piece of furniture; les meubles, furniture.
meubler, to furnish.
la meule, stack.
le meurtre, murder.
le meurtrier, murderer.
meurtrir, to bruise.
la meute, pack (*of hounds*).
miauler, to mew.
le miel, honey.
la miette, crumb.
le mil, millet.
le milieu, middle; (social) circle.
millénaire, thousand-year-old.
le millier, thousand.
mimer, to mimic.
mince, slight, slim, thin.
la mine, look; faire mine de, to make as though to.
le minerai, ore.
la misère, poverty, wretchedness, wretched condition.
le missal, missal (*prayer-book of Roman Catholic Church*).
le mistral, mistral (*strong N. or N.E. wind which blows down the Rhône valley*).
la mitraille, shrapnel.
mitrailler, to fire on, shoot down.
le mode, pitch.
la mode, fashion.
le moellon, rubble.
les mœurs (*f.*), manners, morals, ways, way of living (life).
(le) moindre, smallest, slightest.
le moine, monk.
les moires (*f.*), silky patterning, fading shapes.
la moirure, water-silk effect, fanciful rings.
moissonner, to harvest.

la moitié, half.
molle (*f. of* mou), soft, mild, drooping, sagging.
le mollet, calf (*of the leg*).
monacal, monastic.
le monde, world; society.
le mont, mountain, hill, height.
montagnard, mountain, of the mountains (hills).
la montagne, mountain, hill, hill-country.
monter, to rise; se monter, to get excited (heated).
mordre, to bite.
moribond, dying, doomed to die, moribund.
morne, gloomy, dismal.
la mort, death; une bonne mort, a Christian death.
mortuaire, of death.
la mosquée, mosque.
la motte, clod.
la mouche, fly; beauty spot; la mouche à vapeur, steam-boat.
le moucheron, gnat; (*colloquial*) "kid", "nipper".
le mouchoir, handkerchief.
la moue, pout.
mouillé, wet, soaking, dank.
mouiller, to moisten, wet.
le moulin, mill.
la mousse, moss.
mousser, to foam, froth, lather, bubble up.
moussu, mossy.
le moustique, mosquito.
le mouvement, movement; traffic.
le moyen, means, way, agency.
moyennant, on payment of.
la moyenne, average.
muet, dumb, silent.
le mufle, muzzle, (*animal's*) nose.
mugir, to roar.
le mugissement, roaring, bellowing.
mûr, ripe.
la muraille, wall.
muser, to toy (with), linger over.
la musette, nose-bag.
musicien, musical.

N

la nacre, mother-of-pearl, pearly surface.
nacré, pearly.
naguère, of late, but late.
naître, to be born, come to life, come into being.
la nappe, sheet, expanse.

narguer, to jeer at, have the laugh of.
la narine, nostril.
nasillard, nasal.
natal, native.
le navire, ship.
le néflier, medlar(-tree).
le nénufar (*or* nénuphar), water-lily.
la néréide, water-nymph, mermaid.
le nerf, nerve, sinew.
nerveux, wiry, sinewy, muscular.
net (*f.* nette), clear, sharp.
nettement, clearly, sharply.
la netteté, clearness, sharpness.
nettoyer, to clean, sweep clear.
la niche, niche, recess.
nier, to deny.
le nimbe, halo, ring of light.
le niveau, level, standard.
le nœud, knot.
noircir, to blacken, darken.
la noix, walnut.
la nomination, nomination, appointment.
nommer, to name, appoint.
la noria, noria, watering-wheel.
le notaire, attorney, lawyer.
noueux, knotty; thick and bony.
nourrir, to feed, nourish.
la nouvelle, (piece of) news; les nouvelles, news.
se noyer, to drown, be drowned.
nu, bare, naked.
le nuage, cloud.
la nuance, shade of meaning, fine distinction, slight difference.
la nue, cloud.
la nuée, cloud.
nuire, to harm, (do) wrong.
nul, no, none.
le Numide, Numidian.
la nuque, nape of the neck.

O

l' obéissance (*f.*), obedience.
un obligé, debtor, person who has received assistance.
s' obstiner, to persist.
une occasion, opportunity; d'occasion, second-hand.
l' ocre (*m.*), ocre; light-brown soil.
odorant, fragrant, scented.
un œillet, carnation.
une œuvre, work.
une offrande, offering.
ombrager, to shade.
une ombre, shadow, shade, darkness, gloom.
ombré, shaded, mottled.
ombreux, shady.
oncques (*archaic*), never.
une onde, wave, billow; water.
onduler, to undulate; to go along with supple movements.
un ongle, finger-nail; claw.
opiniâtre, stubborn.
un orage, (thunder) storm.
un organe, organ; voice.
l' orge (*f.*), barley.
un orgue, organ; les orgues (*f.*), organ; l'orgue de Barbarie, street-organ.
l' orgueil (*m.*), pride.
un orme, elm.
orner, to ornament, deck out, trick out.
une ornière, rut.
un os, bone.
osseux, bony, skinny.
un ossuaire, charnel-house.
l' oubli (*m.*), forgetfulness, forgetting, oblivion.
ouïr, to hear, listen to.
un ouragan, hurricane.
un ourlet, edging, hem.
l' outremer (*m.*), ultramarine.
un ouvrage, work.
un ouvrier, workman; ouvrier (*adj.*), working(-class).
Outre-Manche, across the Channel.

P

la paille, straw.
paître, to graze, browse.
pâli, pale, grown pale.
la palissade, fence.
le pansement, dressing.
pantelant, gasping, panting.
le papillon, butterfly; le papillon de gaz, fish-tail gas-burner.
le paquet, package, lump, lot, dose; par paquets, in whiffs; le paquet de mer, sea.
le parapluie, umbrella.
parcourir, to travel (journey) over; to cross; to scour.
le pardessus, overcoat.
par-dessus, over.
le pare-brise, windscreen.
pareil, such; like.
parer, to adorn; to parry, ward off.
la paresse, laziness, idleness, listlessness.
paresseux, lazy.
parfait, perfect.
parfois, sometimes, occasionally.

la paroi, side, wall.
la parole, word.
parqué, parked, packed, shut in.
le parquet, floor.
la part, part, share; **avoir part à,** to share in, be concerned in; **quelque part,** somewhere; **de toutes parts,** everywhere, on all sides.
le partage, portion, division, sharing-out, partition.
partager, to share, divide.
le parti, side; course.
particulier, peculiar, special; private.
à partir de, from, after.
la parure, adornment.
parvenir, to reach; to succeed, manage.
le parvis, parvis (*space in front of the west door of a cathedral*).
le pas, pace, step; **au pas,** at a walking pace.
le passager, passenger (*on a ship*).
passager, passing, fleeting, transient.
la passe, gulley, cove.
le passe-partout, master-key.
la passerelle, footbridge; gangway; bridge (*of a ship*).
patiner, to coat over.
le pâtre, shepherd, herdsman.
le patron, master, boss.
la patte, foot, claw.
la pâture, pasture, meadow.
la paupière, eye-lid.
le pavé, paving-stone, cobble-stone; pavement.
le pavillon, pavilion, tent.
payer, to pay; **se payer,** to afford.
le paysage, landscape.
la peau, skin.
la pêche, fishing.
le pêcher, peach-tree.
le peigne, comb.
peindre, to paint, depict.
la peine, trouble, difficulty, pains; **à peine,** scarcely, hardly.
peiner, to labour, toil.
le peintre, painter.
la peinture, painting.
pelé, scrawny, rubbed bare.
le pèlerin, pilgrim.
la pelle, shovel.
la pelletée, shovel-full.
le peloton, section, platoon.
penché, sloping, bending, leaning.
pencher, to slope, lean over.
pénétrant, penetrating, keen-minded.

pénétrer, to enter, penetrate.
pénible, painful, hard.
la pensée, thought, mind.
le penser, thought.
le pensionnaire, boarder.
la pente, slope.
percer, to pierce, show through.
le perchoir, perch.
le perdreau, partridge.
la pérennité, perennial (undying, everlasting) nature.
la périphrase, periphrasis (*roundabout expression*).
le perruquier, barber, hairdresser.
la perte, loss; **à perte de vue,** out of sight, as far as eye can see.
pesamment, heavily.
peser, to weigh.
le pétillement, sparkle; bubbling.
pétiller, to crackle.
le peuple, ordinary people (folk); crowd; rout.
le peuplier, poplar.
la phalange, finger-bones; space between the joints of the fingers.
le phare, lighthouse; head-lamp.
le pharisien, Pharisee.
la phrase, sentence.
phtisique, consumptive.
le pic, peak.
la pierre, stone.
les pierreries (*f.*), precious stones.
le piétinement, footsteps, sound of feet, tramp.
pincer, to pinch.
piquer, to prick; to sting; to speckle; **se piquer de,** to pride oneself on; **d'un ton piqué,** in a tone of annoyance.
le pis, udder.
pis, worse, worst.
la piste, track; dance-floor.
la place, place; square; position, job.
la plage, beach.
la plaie, wound.
se plaindre, to complain; to wail, give out a wail.
la plainte, complaint, lament.
plaire, to please; **se plaire à,** to delight in, like to.
plaisant, amusing, entertaining.
la plaisanterie, joke.
le plaisir, pleasure.
le plan, plan; **le premier plan,** foreground.
la planche, plank, board.
planer, to hover.
planter, to plant; **planter là,** to drop, "give the go-by".

planlureux, well-filled, copiously stocked.
plat, flat.
le platane, plane-tree.
le plateau, tray; pan (*of scales*).
le pli, fold; crease; wave.
plier, to fold (up); to bend.
plisser, to crease.
le plomb, lead.
plonger, to plunge, dip.
ployer, to bend.
plutôt, rather.
pluvieux, rainy.
le poêle, stove.
le poids, weight; burden.
le poignard, dagger.
le poil, hair; coat.
le poing, fist, clenched hand.
la pointe, point; corner.
pointer, to point, prick.
le poireau, leek.
la poissonnerie, fish-shop, fishmonger's.
poissonneux, teeming with fish.
le poitrinaire, man with lung trouble.
la poitrine, breast.
la politique, politics; policy.
le poltron, coward, faint-heart.
la pompe, pump; fire-engine.
le pont, bridge; deck.
le pont-arrière, rear axle.
portant, bearing; **bien portant,** well, hale.
la portée, reach.
le portefeuille, wallet, pocket-book.
porter, to carry; to be effective.
la portière, door *or* window (*of a conveyance*); **la portière** (*f. of* **le portier**), door-keeper, janitor's wife.
le potager, kitchen-garden.
la potasse, potash.
le potiron, pumpkin.
le pouce, thumb; inch.
poudrer, to dust over, cover with dust.
poudreux, dusty.
le poulailler, hen-roost, hen-house.
le poulain, foal.
pourpre, crimson; purple.
pourtant, yet, however.
pourvoir, to provide.
pourvu que, provided that, if only.
la pousse, shoot.
pousser, to push, shove; to urge on, drive.
la poussière, dust.
la poutre, beam.
le pouvoir, power.

la prairie, meadow, grassland.
la pratique, customer, client.
le pré, meadow, field.
précipité, hurried.
préciser, to state clearly (precisely).
prédire, to foretell.
préjudiciable, prejudicial, detrimental.
prendre, to take, catch, trap; **se prendre à,** to begin to, fall to, set about.
presser, to hasten, quicken, urge; **se presser,** to hasten; to gather, mass.
prétendre, to claim, assert; to intend.
prêter, to lend.
le prêtre, priest.
prévaloir, to prevail, triumph.
prévoir, to foresee.
primitif, primitive, early.
printanier, (of) springtime.
priver, to deprive.
la probité, probity, honesty, integrity.
prochain, next, near at hand, soon to come, imminent.
proche, near, near-by.
le prodige, prodigy, wonder, marvel.
produire, to produce; **se produire,** to come about.
profiler, to stand outlined; to show the outline (of).
la progéniture, offspring.
la proie, prey.
propice, happy, favourable.
propre, suitable, fit, fitting, fitted; special, characteristic, peculiar.
la propriété, estate.
la proue, prow.
provençal, of Provence.
la province, country, provinces.
la prunelle, eye-ball, eye.
puer, to stink.
la puissance, power.
puissant, powerful, mighty.
le puits, well; pit.
pullulant, swarming, abounding.
pur, pure; (*sky*) clear, cloudless.

Q

qualifier (de), to describe (as).
quand, when; **quand même,** all the same.
le quartier, district, quarter; **le quartier de luxe,** wealthy district; **le quartier-général,** headquarters.
quaternaire, quaternary, **fourth** (geological) period.

quelconque, some (any) sort of.
la quenouille, distaff.
la quille, keel.
le quinquet, patent oil-lamp.
quitte, cleared, discharged.
quotidien, daily.

R

se rabattre sur, to come (shine) down upon.
râblé, sturdy, doughty.
raccommoder, to repair.
la racine, root.
le radeau, raft.
la rafale, gust; sudden volley.
le raffinement, refinement, gentility.
rafistoler, to put right, fix up.
rafraîchir, to refresh, cool.
raidi, stiffened, stiffening.
la raie, ray, skate.
railler, to mock.
le raisonnement, argument, reasoning.
le raisonneur, reasoner, arguer.
rajeunir, to rejuvenate, make young again.
se ralentir, to slow down, slacken the pace.
se rallier, to join in, come over.
le ramage, song, crowing.
ramasser, to pick up, summon up.
la rame, oar, scull.
le rameau, bough.
ramener, to bring back (*or* down); to draw in.
ramer, to row; to sweep.
la rampe, bannisters, stair-rail; rise, incline, gradient.
ramper, to creep.
rancart; mettre au rancart, to discard, throw aside.
la rançon, ransom.
la rancune, spite, ill-will, grudge.
ranger, to put straight, get right; **se ranger,** to draw aside, to line up; **se ranger du côté de,** to side with.
se ranimer, to take on fresh life, brighten up.
râpé, shredded, grated.
se rappeler, to remember.
le rapport, connection, relationship; report.
rapporter, to report, record; **se rapporter à,** to refer to, be connected with.
rare, rare, scanty.
au ras de, on a level with.

raser, to shave.
se rassasier, to have enough of, be sated.
se rasseoir, to sit down again.
rassembler, to collect.
rassurer, to reassure, give confidence.
se ratatiner, to shrink up, shrivel up.
ratisser, to rake.
rattraper, to overtake, come up with.
rauque, harsh, discordant.
ravir, to delight, thrill, ravish, to wrest; to bear away.
ravissant, delightful, ravishing.
le ravissement, rapture, keen delight.
rayé, lined.
le rayon, ray, glimmer, beam, sunbeam, shaft; shelf.
le rayonnement, radiance, effulgence.
le rebord, gunwale.
rebuter, to repel, disgust, sicken.
réchauffer, to warm.
le récit, account.
réclamer, to ask for, call for.
la récolte, crop.
reconquis, reconquered.
recoudre, to sew up, repair.
la recrue, recruit.
reçu, received; **être reçu à un examen,** to pass an examination.
le recueillement, contemplation, recollection.
reculer, to recoil, retreat, recede, fall back; to throw back, broaden.
redemander, to claim back.
la redingote, frock-coat.
redire, to repeat.
redouter, to fear, dread.
se redresser, to stand (sit) up.
le reflet, reflexion; gleam, glimmer, glint.
refroidi, chilled.
regagner, to return to, go back to.
le régal, feast, treat.
le regard, look, glance.
le régime, diet.
le règne, reign.
régner, to reign, prevail.
regorger, to be filled to overflowing, to be stacked full.
les reins (*m.*), kidneys; small of the back.
réjouir, to rejoice, gladden.
le relâchement, relaxation.
relever, to raise; to improve, dignify; to point out, pick out.
reluire, to gleam, shine.

remâcher, to brood over, turn over in one's mind.
remarquer, to notice.
remettre, to put off.
la remise, cart-house, wain-house.
remonter, to put together.
le remords, remorse.
la remorque, string of boats (*being towed*).
remorquer, to tow.
le remous, eddy.
les remparts (*m.*), city wall, surrounding wall.
remplir, to fulfil.
remuer, to move, stir.
rendre, to give back, render; **se rendre,** to surrender; to go.
rendu, tired out, exhausted, spent.
renfermer, to contain, enclose, include.
renfoncer, to push back.
renfrogné, scowling, sullen.
renifler, to sniff.
renoncer, to renounce, give up.
renouveler, to renew.
les rentes (*f.*), income (*from investments*).
rentrer, to go home, return; to bring (take) in.
renverser, to overturn, overthrow, invert.
renvoyer, to send back; to dismiss; to re-echo.
se répandre, to pour out (forth); to spread away; to re-echo.
réparer, to repair.
repasser, to revise.
repeindre, to repaint.
replier, to fold up; **se replier,** to fall back.
répliquer, to reply, retort, return.
reporter, to transfer, make over.
reposer, to put down.
reprendre, to take up (again), resume; to catch (again); to put on again; to correct; **se reprendre,** to recover.
se représenter, to imagine, picture to oneself.
la reprise, resumption; **à plusieurs reprises,** again and again.
le réseau, network, lines that cross and re-cross; (railway) system.
respecter, to respect, leave untouched.
respirer, to breathe.
resplendir, to gleam.
ressauter, to start, jump.
ressentir, to feel.
le ressort, spring.

ressortir, to come out again; **faire ressortir,** to bring out.
la ressource, resource.
le reste, rest, remnant; **du reste,** for the rest, however, nevertheless.
résumer, to sum up, summarize.
le retard, lateness.
retenir, to keep, retain, hold (back).
retentir, to resound, re-echo.
le retentissement, resounding, echo.
retirer, to withdraw, take off.
retomber, to fall (drop) back.
retourner, to return; to turn inside out; **se retourner,** to turn (look) round.
la retraite, retreat; retirement.
retroussé, bent (turned) up.
réunir, to unite, join.
réussir, to succeed.
la réussite, success.
en revanche, on the other hand.
le rêve, dream; musing, day-dream.
le réveil, awakening.
réveiller, to wake up, waken.
le réverbère, street-lamp.
la rêverie, reverie, musing, day-dream.
le revers, lapel.
revêtir, to clothe, put on, don; to take on; to lie about.
rêveur, dreaming; pensive, thoughtful.
révolté, rebel, rebellious.
révoquer en doute, to question, call into doubt.
la ride, wrinkle.
ridé, wrinkled.
le rideau, curtain.
rieur, jocular, full of fun.
rincer, to rinse.
la riposte, retort.
se rire de, to mock.
le rivage, shore.
la rive, bank.
le riverain, riverside dweller.
rocailleux, stony, rough.
rôder, to prowl, roam.
roide, stiff, stiffly, upright, straight up, stark.
romanesque, romantic, romantically-minded.
rompre, to break.
la ronce, bramble.
le ronflement, humming.
rongé, worn, crumbling.
ronger, to grow, wear away.
le roseau, reed.
la rosée, dew.
la roseur, pinkness, flush.

le rossignol, nightingale.
la rotule, knee-cap.
la roue, wheel; paddle-wheel.
la rouille, rust.
le roulement, roll; rattle; volley.
rouler, to travel, go (sweep) along.
roussâtre, brownish, russet.
roux (f. rousse), reddish-brown, russet, red, auburn, "ginger", rust-coloured.
le ruban, ribbon.
rude, hard, rough.
rudement, hard, roughly.
la ruelle, narrow street, lane, alley-way.
se ruer, to rush.
rugir, to roar.
le rugissement, roar.
le ruisseau, brook, stream; gutter.
ruisseler, to flow, stream, pour down.
la rumeur, low sound; confused voices.
ruminer, to ruminate, chew (the cud).

S

sablonneux, sandy.
la saccade, jerk, jolt.
saccadé, staccato, jerky.
sacré, sacred; (*slang*) beastly, rotten.
sage, wise; well-behaved, composed.
sagement, discreetly, meekly.
saigner, to bleed.
saillant, prominent, projecting; (*heels*) high.
saillir, to stand out, bulge, protrude.
sain, healthy, wholesome.
saint, holy.
saisir, to seize; to catch, surprise.
sale, dirty.
salin, salty, saline.
salir, to soil, get dirty.
saluer, to greet.
le salut, safety, salvation; salut! hail!
le sanctuaire, shrine.
le sang, blood.
sanglant, bloody.
le sanglier, wild boar.
le sanglot, sob.
saper, to sap, undermine.
le sapin, fir.
saugrenu, silly, absurd.
le saule, willow.

sauter, to jump, leap.
sautiller, to hop (along), go up and down.
sauvage, savage, wild.
sauver, to save.
le sauveteur, rescuer.
le sauveur, rescuer.
la savane, savanna, grassland.
savant, learned; le savant, scholar, scientist.
le savon, soap; le pain de savon, tablet of soap.
savonneux, soapy.
savourer, to relish, enjoy to the full.
scander, to scan.
la scène, stage; en scène, on the stage, in action.
la scie, saw.
la science, knowledge.
scintiller, to glitter, glisten, sparkle.
la séance, meeting.
le séant, seat; se dresser sur son séant, to sit up.
sec, dry; sharp; spare (*of build*); uninspiring, flat.
sécher, to dry.
le secouement, (act of) shaking.
secouer, to shake, stir.
secourir, to help.
le secours, help.
la secousse, jolt, jar.
séduire, to win, charm, attract.
le seigle, rye.
le seigneur, lord, lordship.
la seigneurie, lordship.
le sein, breast, bosom; inside, heart, midst.
le séjour, abode, dwelling, home.
séjourner, to stay, live.
le sel, salt.
selon, according to.
semblable, like, equal.
le semblant, semblance; faire semblant de, to pretend to.
la semence, seed.
semer, to sow; to sprinkle, dot, stud.
la semonce, lecture, talking-to.
sensé, sensible, sagacious.
sensible, sensitive; of the senses, appealing to the senses.
la senteur, scent.
le sentier, path, pathway.
sentir, to feel.
la sépulture, sepulchre.
le sérail, seraglio, harem.
le sergent de ville, policeman.
sermonner, to sermonize, lecture.

serré (*adv.*), hard, tight, close.
serrer, to clutch, grip, fasten; to huddle; se serrer, to tighten; to be compressed.
la serrure, lock.
servir, to serve; servir de, to serve as.
le seuil, threshold.
seulement, only; even.
la sève, sap.
sévère, stern, harsh, grim, bleak.
le siècle, century, age.
le sifflement, whistling.
siffler, to whistle, hoot; to hiss.
signaler, to point out.
la silhouette, form, figure.
le sillage, track, wake.
le sillon, furrow.
le singe, monkey.
singulier, singular, strange, curious.
la sinuosité, winding, bend, curve.
sitôt, immediately.
le smoking, dinner-jacket.
le soc, ploughshare.
soigneux, careful.
la soie, silk; bristle.
le soin, care; avocation.
soit ... soit ..., either ... or ...
le sol, ground.
sombrer, to sink, founder.
le somme, nap, little sleep.
la somme, sum; en somme, all told.
le sommeil, slumber, sleep.
sonder, to fathom.
le songe, dream.
songer, to dream; to think.
sonner, to ring (out); to blow; to play.
sonore, sonorous, sounding, ringing.
le sort, fate, lot; (evil) spell.
la sorte, sort, kind; de sorte que, so that; en quelque sorte, in some way; de la sorte, in this way.
la sortie, coming out; exit.
sortir, to come (go) out; au sortir de, on coming out of, on emerging from.
sot (*f.* sotte), silly, stupid.
la sottise, foolish act (*or* words); blunder.
le souci, care, solicitude.
soucieux, worried, anxious, grave, heedful, troubled.
le souffle, breath.
souffler, to blow; to breathe, to whisper.
la souffrance, suffering.
souffreteux, poor, wretched, miserable, needy.
le souhait, wish.

souhaiter, to wish.
souiller, to sully.
le soulagement, relief, solace.
soulager, to relieve, unburden.
soulever, to raise; to urge, work up.
le soulier, shoe.
soumis, subjected, submitted.
le soupçon, suspicion.
soupçonner, to suspect.
le soupir, sigh.
soupirer, to sigh.
souple, supple, easy.
la source, spring.
le sourcil, eye-brow, brow.
sourciller, to frown.
sourd, deaf; dull, muffled, low; quiet, faint, uncertain; underground, unseen.
la sourdine, quiet music, soft notes.
sourire, to smile.
le sous-bois, undergrowth, brushwood.
sous-entendu, implied.
le sous-genre, sub-genus, biological group.
le sous-préfet, sub-prefect (*governor of a sub-division of a "Département.*").
soutenir, to sustain, hold, uphold; support, withstand, maintain.
le souterrain, vault.
spirituel, witty, clever, spirited, lively.
splénétique, bored-looking.
la station, stop, stopping-place.
de stentor, stentorian.
stérile, sterile, barren.
stoïque, stoical, patiently enduring.
la stupeur, dull indifference; bewilderment.
le suaire, shroud.
subir, to undergo, bear.
subit, sudden; subitement, suddenly.
la subsistance, subsistence; les subsistances, food stocks.
le substantif, substantive, noun.
le suc, juice.
suer, to sweat.
la sueur, sweat, perspiration.
suffire, to suffice, be enough.
la suie, soot.
le suint, grease.
la suite, what follows; following, followers, retinue; par la suite, afterwards, in after times.
superbe, lovely; proud.
la superbe, arrogant pride.
supérieur, superior; of unusual power of mind.

le supplice, torture.
supplicié, tortured.
supplier, to implore, entreat.
suprême, supreme, last.
suranné, outmoded, outworn.
surchauffé, overheated, terribly hot.
surgir, to rise, emerge.
surplomber, to overhang.
surprendre, to surprise, come upon.
le surveillant, man in charge.
surveiller, to watch, supervise.
survenir, to come along, arrive on the scene.
sympathique, sympathetic; likeable, congenial.

T

le tableau, picture.
la tablette, shelf, flat space.
le tablier, apron.
la tache, stain, spot, patch.
la tâche, task.
tacher, to soil, bespatter.
tâcher, to try.
tacheter, to dot, fleck, blotch, mottle.
la taille, stature, figure.
tailler, to cut.
le taillis, copse.
taire, to silence; se taire, to be (become, keep) quiet; to be silenced.
le talon, heel.
talonner, to press, urge on.
le tambour, drum.
tanguer, to pitch; to rise and fall.
tant que, as long as.
tantôt... tantôt..., sometimes ... sometimes...; now ... now ...
taper, to hit, strike, beat.
tapi, skulking, hidden away.
le tapis, carpet.
tapissé, clothed.
tarder à (faire), to be long (doing).
tardif, tardy, late.
le tas, heap, whole lot.
teigneux, scabby.
le teint, complexion.
la teinte, tint, hue.
tel, such; particular.
téméraire, rash, daring, bold.
le témoignage, evidence, testimony.
témoigner, to bear witness, show, give proof (evidence) of.
le témoin, witness.
la tempe, temple (*of the head*).
tendre, to stretch (hold) out; to extend; to strain.

la tendresse, tenderness, affection.
tendu, strained, tense.
ténébreux, darked, wrapped in night, veiled in darkness.
le teneur, holder, bearer.
tenir, to hold; se tenir, to stand; tenir à, to make much of, cling to; tout se tient, everything holds together.
tenter, to attempt; to tempt.
la tenue, dress; la tenue de soirée, evening dress.
terne, dull, tarnished, lustreless.
le terrain, ground; le terrain vague, waste ground.
le terrassier, navvy, general labourer.
la terre, land, ground; terre à terre, dull, commonplace, uneventful.
terrestre, earthly, terrestrial.
le terrier, burrow, hole.
le testament, will.
tétanique, tetanic, convulsive.
la tête, head; face.
la thèse, thesis, argument, standpoint.
le tiers, third.
la tige, stem.
la timidité, shyness.
le timon, shaft.
tinter, to ring, tinkle.
le tir, shooting, firing.
tirer, to pull, tug; to shoot, fire.
tisser, to weave.
le titre, title.
le tocsin, alarm-bell.
la toile, canvas; la toile d'araignée, spider's web.
la toiture, roofing, roof.
le tonneau, barrel, hogshead.
le tonnerre, thunder.
tordre, to wring, twist; se tordre, to writhe, be convulsed.
le torse, torso, trunk, body.
le tort, wrong; mistake.
tôt ou tard, sooner or later.
touffu, thick, close, bunched.
le tour, turn; tour à tour, by turns, in turn.
le tourbillon, billowing (eddying) cloud; swirl, whirlpool.
la tourelle, turret.
le tournant, turning, bend.
la tournure, look, style.
le Tout-Puissant, the Almighty.
traduire, to translate, interpret, express.
la trahison, treason, treachery.
la traînée, trail, streak.
traîner, to drag, trail; to be left lying; se traîner, to lag.

le trait, feature, trait, point; **avoir trait à,** to be connected with, refer to.
le traitant, trader.
traiter de, to call (*disparagingly*).
le trajet, journey; walk.
la tranche, strip, slice, belt.
tranquille, quiet, calm; **laisser tranquille,** to leave alone.
transi, chilled, benumbed.
transpercé, pierced (through and through).
transpirer, to perspire, ooze out.
le transport, wild emotion, rage.
trapu, thickset.
travailler, to work; to ply; to stir up.
travers; par le travers, crosswise, from the side; **en travers,** crosswise, athwart.
la traverse, side-road, short cut.
trébucher, to stumble.
treillagé, latticed.
tremper, to dip, soak, wet.
le trépas, death.
trépigner, to stamp, beat the ground (floor).
tressaillir, to start (up), move suddenly; to be thrown up.
la trêve, truce.
à tribord, to starboard.
la tribu, tribe.
triste, sad, sorry.
le trolley, tram-wires.
la trompe, jew's-harp.
le tronçon, fragment, incomplete portion; cut, cutlet.
le trône, throne.
le trottoir, pavement.
le trou, hole.
le trouble, agitation, commotion.
troubler, to trouble, confuse, upset.
troué, perforated.
le troupeau, herd, flock.
la truie, sow.
la tuile, tile.
la tunique, tunic; schoolboy's uniform jacket.
le tuyau, pipe, conduit.

U

un usage, usage, use, custom, way.
user, to wear (down, out).
une usine, factory, works, workshop.

V

le va-et-vient, coming and going.
la vague, wave.
vaguer, to wander about, saunter.
vaincu, vanquished, defeated.
vainqueur, victorious.
le vaisseau, vessel, ship.
le val, glen, dale, dell.
valable, available.
le valet de pied, footman.
valide, fit, hale, able-bodied.
la valise, suit-case.
le vallon, vale.
valoir, to be worth, be as good as; **faire valoir des terres,** to farm (work) an estate.
la valse, waltz.
vantard, boastful, braggart.
se vanter, to boast.
le vapeur, steamer.
la vapeur, steam, mist; light cloud; fine spray.
vaporeux, vaporous, airy, faint.
le vaudeville, vaudeville, joyous comedy.
le vaurien, ne'er-do-well.
le vautour, vulture.
vécu (*p. part. of* **vivre**), lived.
le végétal, plant, growth.
la veille, day (or evening) before.
veiller, to watch, be watchful; to stay awake.
le veilleur, watchman, watcher.
la veilleuse, night-lamp.
la velléité, faint inclination (*or* effort).
le velours, velvet.
venir, to come; **venir de (faire),** to have just (done); **venir à (faire),** to happen to (do).
le vent, wind; **au vent,** flying, streaming.
la vente, sale.
il vente, the wind is high; the wind blows hard.
le ventre, belly, stomach.
le verbe, verb; speech.
verdir, to become green, come to leaf.
verdoyant, green, covered with verdure.
la verdure, verdure, greenery.
la vergue, yard.
la vérité, truth.
vermeil, red, ruddy.
vermoulu, worm-eaten, rotting.
verni, shiny, glossy.
vernissé, lustrous.
vérole; la petite vérole, small-pox.
le verre, glass.
les vers (*m.*), verse, poetry.
verser, to pour, shed.

vert, green; sharp.
le vertige, (feeling of) giddiness.
vertigineux, giddy, whirlwind.
la verve, enthusiasm, keenness.
la veste, jacket.
le veston, coat, jacket.
la vétusté, age, decay.
veule, soft, unmuscular, spineless.
vibrer, to quiver.
la victuaille, victuals.
vide, empty; **le vide,** void.
vieillir, to grow old.
la vierge, virgin.
vif, quick, active, bright, keen.
la vigie, look-out.
vil, vile, base.
vilain, ugly, unsavoury, nasty.
la viole, viola.
violet, purple.
la viorne, viburnum.
le virage, bend.
le virtuose, virtuoso, expert.
la visière, peak.
visqueux, viscous, sticky.
la vitesse, speed.
le vitrage, window, glass.
la vitre, window(-pane).
la vivacité, liveliness, brightness.
vivement, quickly, rapidly, keenly.
vociférer, to talk loudly.
le vœu, vow.

la vogue, vogue; fame.
voguer, to sail, navigate.
la voie, way, road; (railway) line, metals.
le voile, veil.
la voile, sail.
voiler, to veil, blot out.
la voilure, sails, canvas.
la voiture, carriage, conveyance, car.
le voiturier, carter, carrier, haulier.
la voix, voice; **à haute voix,** aloud; **donner de la voix,** to give tongue.
le vol, flight.
la volaille, poultry, fowl.
volant, movable.
volontaire, voluntary, willing.
la volonté, will, will-power.
volontiers, gladly, with pleasure.
voltiger, to flit, fly about.
vomir, to vomit.
vouer, to vow, dedicate, devote.
le vouloir, will.
la voûte, vault, roof.
voûté, vaulted, arched.
vraisemblable, likely, probable, credible.
le vulgaire, common folk; the uninitiated.

Z

le zinc, zinc, bar counter.

ENGLISH—FRENCH

abandoned, désert.
ability (to), la faculté (de).
able, doué; capable, de haute capacité.
abode, la demeure.
to **abound**, abonder.
about, à peu près, environ, vers; (= *concerning*) au sujet de, sur; **to be about to**, être sur le point de, aller (faire qch.).
above (*adv.*), au-dessus ; (*prep.*) au-dessus de; **to be above** (= *look down on to*), dominer.
abroad, à l'étranger.
abrupt, brusque.
absence, l'absence (*f.*); **in the absence of**, à défaut de.
absent-minded, distrait.
absolute, absolu.
abstemious, ascétique; **to be abstemious over**, user sobrement de.
absurd, absurde.
to **abuse**, dire du mal de.
accent, un accent.
to **accept**, accepter.
accidentally, accidentellement.
to **accompany**, accompagner.
accomplice, le complice.
to **accomplish**, accomplir, faire.
according to, selon.
accordingly, donc.
to **account** (= *consider*), trouver; **account for**, expliquer; **give an account of**, relater.
accountant, le comptable.
accurate, exact, vrai.
to **accuse**, accuser.
accustomed: to become accustomed to, s'habituer à.
to **ache**; **my head aches**, j'ai mal à la tête.
to **acknowledge**, reconnaître.
acquaintance, la connaissance.
to **acquire**, acquérir, prendre; (*a reputation*) se faire; **acquire a taste for**, prendre goût à.
to **acquit**, acquitter.
across: it is a mile across, il a un mille de large; **stride across**, traverser à grandes enjambées.

act, un acte; une action.
to **act**, jouer.
action, une action.
actively, avec agilité.
actually, effectivement.
to **add**, ajouter.
to **address**, s'adresser à.
to **adjust**, ajuster.
administration, l'administration (*f.*).
admiration, l'admiration (*f.*); **lost in admiration of**, émerveillé devant.
to **admire**, admirer.
to **admit**, laisser entrer (pénétrer); (= *agree*) admettre.
ado: have much ado to, avoir beaucoup de mal à.
to **adopt**, adopter.
advance, une avance.
to **advance over**, franchir.
advantage, un avantage; **take advantage**, profiter.
adventure, une aventure.
advice, le conseil; **take the advice of**, suivre l'avis de.
advisable: it is advisable to, il convient de.
to **advise**, conseiller.
aeroplane, un avion.
to **affect**, influer sur.
afresh, de nouveau.
Africa, l'Afrique (*f.*); **French West Africa**, l'Afrique occidentale française.
afterwards: shortly afterwards, peu après.
again, encore, de nouveau, encore une fois.
age, une époque.
agent, un agent, le représentant.
agglomeration, une agglomération.
to **aggrandize**, magnifier.
Agincourt, Azincourt.
ago: a year ago, il y a un an; (= *previously*) auparavant.
agony, l'agonie (*f.*); **in agony**, dans les affres de l'agonie.
to **agree**, se mettre d'accord; convenir; **agree with** (*an opinion*), se ranger à.
agreeable, agréable, délicieux, doux, séduisant.

agreement: in agreement with, d'accord avec.
ahead, en avant.
to aim at, aspirer à.
air, l'air (*m.*); **by air,** en avion.
aisle, le bas côté.
to alarm, alarmer.
alarming, inquiétant, alarmant.
alas, hélas.
Albigensian (*adj.*), des Albigeois.
alcoholic, chargé d'alcool.
to alight, mettre pied à terre.
all: at all, du tout; **not at all,** pas du tout.
alley, la ruelle.
to allow, laisser, permettre.
along, le long de.
aloof : to stand aloof, se tenir à l'écart.
also, aussi, également.
to alter, changer.
amazement, l'étonnement (*m.*), l'ébahissement (*m.*).
ambassador, un ambassadeur.
America, l'Amérique (*f.*).
amid, parmi, au milieu de, au sein de.
amok : to run amok, devenir "amok".
among(st), au milieu de, parmi.
to amount to, atteindre le chiffre de.
amphitheatre, un amphithéâtre.
to analyse, analyser.
to anchor, jeter l'ancre.
ancient, ancien.
Andalusia, l'Andalousie (*f.*).
anger, la colère; **slow to anger,** lent à se mettre en colère.
angrily, avec colère.
angry, en colère, fâché, furieux.
anguish, l'angoisse (*f.*).
animal, un animal, la bête.
animation, l'animation (*f.*).
to announce, annoncer.
to annoy, agacer, contrarier, ennuyer, fâcher.
annoyed, fâché.
annoying, ennuyeux.
antagonist, un ennemi.
ante-room, une antichambre.
antics, les bouffonneries (*f.*).
Antioch, Antioche (*f.*).
antique, antique.
anxiety, l'anxiété (*f.*).
anxious (to), impatient (de); **to be anxious to,** tenir à; **to get anxious,** s'inquiéter.
anyway, d'ailleurs, en tout cas.
anywhere, n'importe où.

apart: knees apart, les genoux écartés; **not far apart,** serré; **apart from,** en dehors de.
apartment, la chambre.
apologetically, comme pour s'excuser.
to apologize, s'excuser.
appalling, effrayant.
apparently, sans doute.
appeal, l'intérêt (*m.*).
to appear, paraître, apparaître.
appearance, l'aspect (*m.*); (*=coming into sight*) l'apparition (*f.*).
to applaud, applaudir, acclamer.
to apply, s'adresser.
appreciation, l'estime (*f.*).
approach, l'approche (*f.*).
to approach, s'approcher, s'avancer; (*=to be nigh*) être proche.
to approve, approuver.
apron, le tablier.
Arab, arabe.
arch, une arche; un arc.
archæological, archéologique.
archdeacon, un archidiacre.
architecture, l'architecture (*f.*).
archway, une arche.
to argue, se disputer.
argument, la dispute.
Ariosto, Arioste.
to arise, se lever, s'élever.
arm (= *weapon*), une arme.
armistice, un armistice.
armour, l'armure (*f.*).
army, une armée.
to arrange, arranger, ajuster.
to arrest (= *confine to the house*), faire consigner qn. à son domicile.
arrival, l'arrivée (*f.*).
arrow, la flèche.
art, l'art (*m.*).
article, un article, un objet.
artisan, un artisan.
artist, un artiste.
artless, naïf.
ascendency, l'autorité (*f.*).
to ascertain, chercher à voir.
ashamed, honteux, confus.
ashore, à terre; **to go ashore,** arriver à terre.
to ask, demander, inviter; **ask a question,** poser une question.
asleep: to fall fast asleep (*after merely dozing*), s'endormir tout à fait.
aspect, un aspect.
to asphyxiate, suffoquer.
assailant, un assaillant.
to associate, associer.
assurance, l'assurance (*f.*); **feel assurance,** être sûr.

to **assure**, assurer.
astonishing, étonnant, surprenant, extraordinaire.
astounding, étonnant.
Athens, Athènes (*f.*).
atmosphere, l'atmosphère (*m.*).
atom, un menu morceau; **pound to atoms**, réduire en menus morceaux.
attached, dévoué; **be attached to**, tenir à, être attaché à.
attack, une attaque.
to **attempt**, tenter, essayer.
attentive: **be attentive to**, prêter l'oreille à.
attic, le grenier.
to **attract** (**the eye**), attirer (les regards).
auction, la vente aux enchères.
audience, le public.
author, un auteur, un écrivain.
authority, l'autorité (*f.*); **get authority**, arriver à un poste d'autorité.
average (*adj.*), moyen; (*noun*) la moyenne.
to **avoid**, éviter; s'écarter de.
to **await**, attendre.
to **awake**, (s')éveiller, (se) réveiller.
aware, to be, s'apercevoir.
away, à quelque distance, bien loin.
awe, la crainte, le respect.
awful, affreux.
awhile, pour un temps.
axe, la hache.

B

baby, le bébé.
back, le dos; **back bent**, le dos rond; **as far back as**, dès.
background, le fond; **in the background**, à l'arrière-plan.
baffled, déconcerté.
baize; **of baize**, capitonné.
baker, le boulanger.
bakery, la boulangerie.
balcony, le balcon.
ball, le bal; **fancy-dress ball**, le bal costumé.
band, la bande, la troupe; la musique (militaire).
bang, le boum, le fracas.
bank, la banque; (*of earth*) le talus.
banner, la bannière.
bar, le barreau.
bare, nu.
barge, le chaland.
bark, la barque.
barking, l'aboiement (*m.*).
barn, la grange.

barometer, le baromètre.
barren, aride.
barrier, la barrière.
to **bask**, se chauffer.
battle, la bataille.
bay, la baie.
beam, le rayon.
to **beam on**, regarder en souriant complaisamment.
bear, un ours.
to **bear**, porter; (= *endure*) supporter; **bear ashore**, ramener à terre.
beard, la barbe.
bearer, le porteur.
beast, un animal, la bête; (*a person*) la brute; **beast of burthen**, la bête de somme.
to **beat** (= *to hit*), battre; (*in war*) vaincre; (= *to outdo*) surpasser **beat a retreat**, battre en retraite
beauty, la beauté.
bed (= *flower-bed*), le parterre.
bedstead, le lit de bois.
bee, l'abeille (*f.*).
beetling, menaçant, en surplomb.
to **beg**, prier, demander, supplier; (*alms*) demander l'aumône.
to **begin**, commencer, se mettre à; entreprendre.
to **behead**, couper la tête à, décapiter.
to **behold**, apercevoir.
being, un être.
belfry, le clocher.
Belgrade, Belgrade.
belief, la croyance.
to **believe**, croire, être convaincu.
to **bellow**, beugler.
to **belong**, appartenir.
beloved, bien aimé.
below (*prep.*), au-dessous de.
belt, la ceinture; (*of trees*) la rangée.
to **bend**: **bend down**, se baisser; **bend over**, se pencher sur.
beneath, au pied de.
Bengal, le Bengale.
benignant, bénin (*f.* bénigne).
beside, près de, à côté de.
besides, d'ailleurs, d'autre part.
to **besmear**, barbouiller, mouiller.
best: **to do one's best**, faire son possible, faire de son mieux.
to **bestow**, dispenser.
to **betray**, trahir; laisser paraître; (= *show the effects of*) se ressentir de.
to **betroth oneself**, se fiancer, devenir le fiancé (la fiancée) de.
bewilderment, la stupeur.
beyond, to go, dépasser.

big-bellied, ventru, qui a du ventre.
to bind, relier.
binding, la reliure.
birth, la naissance; **second birth,** la renaissance.
to bite, mordre; **bite one's tongue out,** se mordre la langue.
bitter, amer; (*of a disappointment*) cruel.
bitterness, l'amertume (*f.*).
black, noir, sombre.
to blacken, noircir.
blame, le blâme.
blanket, la couverture.
blasphemous, impie.
blaze, les flammes (*f.*).
bleak, âpre.
blessing, la faveur.
blissful, bienheureux.
blister, une ampoule.
blood, le sang.
bloody, sanglant, plein de sang.
to blow, souffler.
to blur over, ternir.
to blush, rougir.
board, on, à bord (de).
boat, le bateau; **small boat,** le canot.
boating, le canotage.
body, le corps; (= *corpse*) le cadavre.
to boil, faire bouillir.
Bologna, Bologne (*f.*).
bone, un os.
bookcase, la bibliothèque.
bookseller, le libraire.
bookshop, la librairie.
bookstall: a second-hand bookstall, un étalage de bouquiniste.
to boom, retentir.
boot, le soulier.
border (*of a forest*), la lisière.
to border, border.
to bore, ennuyer.
to borrow, emprunter.
bosquet, la tonnelle.
boss, le patron.
bottle, la bouteille.
to bottle up (*of feelings*), avaler, retenir.
bottom: at the bottom of, au bas de.
bound: to bound over, franchir d'un bond; **be bound for,** faire route vers.
bourgeoisie, la bourgeoisie.
bout: fencing bout, le duel; **wrestling bout,** un assaut de lutte, un corps à corps.
to bow (*someone towards*), conduire qn. avec force courbettes.

to bowl, faire rouler.
branch-line, la voie d'intérêt local.
brandy, l'eau-de-vie (*f.*).
brass, le cuivre (jaune).
brawny, musclé.
braying, le braiement.
to break, casser, briser; **break** (*a rule*), contrevenir à; **break out** (= *burst forth*), jaillir; **break up a meeting,** lever une séance; **break silence,** rompre le silence.
breast, la poitrine.
breath, le souffle; **hold one's breath,** retenir son souffle; **out of breath,** haletant, essoufflé; **recover one's breath,** reprendre haleine; **with bated breath,** le souffle coupé par l'émotion.
to breathe, respirer; **be unable to breathe,** suffoquer.
breeches: short breeches, la culotte.
bridle, la bride.
bright, clair, illuminé, aux vives couleurs; vif, joyeux.
brilliant, éclatant.
to bring, apporter, faire venir; (*a person*) amener; **bring back,** rapporter, ramener; **bring down,** descendre; **bring in,** faire entrer; **bring out** (*into sight*), faire apparaître; **bring up,** approcher.
brink, le bord.
brisk, vif.
British (Britannic), britannique.
Brittany, la Bretagne.
to broadcast, émettre.
broken, écroulé.
broken-down, délabré.
brook, le ruisseau.
brown, brun, de couleur brune.
brushwood, la broussaille, le fourré.
brusque, brusque.
brute, la bête.
bud, le bourgeon.
to build, bâtir, construire.
building, le bâtiment, un édifice.
built: broadly built, de forte carrure.
bull, le taureau.
bullock-cart, le char à bœufs.
bump, un coup sourd.
bundle (of hay), la botte.
bureau (*of a concierge*), la loge; (= *desk*) le secrétaire.
burial-ground, le cimetière.
to burn, brûler.
to burrow, faire des terriers.
to bury, ensevelir.
bushy, touffu.

busily, activement.
business, l'affaire (*f.*), les affaires.
busy, pressé.
butler, le maître d'hôtel, le sommelier.
to butt, se donner des coups de tête.
button, le bouton.
to buzz, bourdonner.
bygone: in bygone days, autrefois.

C

cabin, la cabine.
cabinet, le cabinet, le ministère.
Cairo, le Caire.
calculated to, propre à.
calculating, réfléchi.
calf, le veau.
to call, appeler, crier, nommer; (*a council*) convoquer ; call for (= *to order*), demander; call on, faire (une) visite à, passer chez; call out, appeler; call out to, interpeller.
calm, calme.
calmness, le calme.
camel, le chameau.
camp-bed, le lit de sangle.
Canada, le Canada.
candidate, le candidat.
candle, la chandelle.
canon, le chanoine.
cap, le bonnet, la casquette.
capable, capable.
cape, le cap.
capital, la capitale.
to capsize, chavirer.
captain, le capitaine; (*of a liner*) le commandant.
Capuchin, le capucin.
card, la carte.
cardboard, le carton.
care, le soin; (= *worry*) le souci; to take care of, garder.
career, la carrière.
careful, attentif; be careful, prendre garde; be careful not to, se garder de.
carefully, soigneusement, avec précaution.
carelessly, nonchalamment.
carelessness, la négligence.
caress, la caresse.
caressingly, en un geste de caresse.
caretaker, le concierge.
carpet, le tapis.
carriage, la voiture; (= *bearing*) le port; railway carriage, le compartiment de chemin de fer.

cart, la charrette.
Carthusian, le Chartreux.
case, le cas; as the case may be, suivant le cas.
cash-desk, la caisse.
casket, un écrin.
casque, le casque.
to cast, jeter.
caste: ruling caste, la classe dirigeante.
casually, nonchalamment.
casualness, l'impromptu (*m.*).
to catch, prendre, attraper.
cathedral, la cathédrale.
catholic, catholique.
cattle, le bétail.
to cause, faire; (= *bring about*) provoquer.
caustic, le cautère.
cavalry, les cavaliers (*m.*).
cave, la caverne.
to cease, cesser.
ceaseless, incessant.
ceiling, le plafond.
celestial, céleste.
cement, le ciment.
cemetery, le cimetière.
central, central.
to centralize, centraliser.
centre, le centre, le cœur; nerve centre, le centre nerveux.
century, le siècle.
ceremony, la cérémonie.
certain, certain, convaincu; (= *several*) quelques, certain(e)s.
certainly, certainement, certes.
chain, la chaîne.
chair, la chaise.
chairman, le président.
champagne, le champagne.
change, le changement.
to change (to), (se) changer (en), (se) transformer (en).
channel, le détroit.
chapter, le chapitre.
character, le caractère; (*a person*) le personnage.
charge: in charge of, chargé de.
to charge, faire payer; charge someone to do something, charger qn. de faire qch.
chariot, le carrosse.
charming, charmant.
chase, la poursuite.
to chase, chasser, poursuivre.
to chat, bavarder, causer, converser.
chatter, le bavardage ; (*colloquial*) la jacasserie.
to cheat, tricher.

cheek, la joue.
cheer, l'acclamation (f.).
to cheer, encourager.
cheered, to be, reprendre courage.
cheerful, heureux.
chess, les échecs (m.).
chest, la poitrine; (= a box) le coffre.
chief, principal.
childhood, l'enfance (f.).
to chill, glacer.
chimney-sweep, le ramoneur.
chin, le menton.
choice, le choix.
to chop, couper.
chorus, le chœur; (= noise, sounds) le concert.
Christendom, le monde chrétien.
Christian, chrétien.
chubby, potelé.
churchyard, le cimetière.
cigarette-case, un étui, le porte-cigarettes.
cinema, le cinéma.
Circe, Circé.
circumspect, réfléchi.
circumstance, la circonstance.
citizen, le citoyen.
city, la ville, la cité.
civilized, civilisé.
to claim, prétendre.
to clap, battre des mains, applaudir.
to clasp, joindre.
class, la classe; lower classes, le peuple; middle classes, la bourgeoisie.
classical, classique.
classics, les classiques (m.).
classmate, le camarade, le condisciple.
clean, propre.
to clean, nettoyer.
cleanliness, la propreté.
clear, clair; to be clear of, s'éloigner de.
clearly, nettement; to see clearly, voir clair.
clergyman, le prêtre.
clerk, l'employé (m.).
clever, intelligent, habile.
click, le cliquetis.
client, le client.
cliff, la falaise, le rocher.
climate, le climat.
to climb, monter, grimper.
close: the close of day, le déclin du jour.
close, (tout) près (de), proche (de); (of atmosphere) lourd.

to clothe, revêtir, habiller.
clothes, les vêtements (m.).
cloud, le nuage.
cloudy, nuageux.
club, le club, le cercle.
clump, le massif.
to clump, marcher clopin-clopant.
clutches, les griffes (f.).
coast, la côte.
coffin-lid, un couvercle de cercueil.
coincidence, la coïncidence.
cold (adj.), froid; (noun) un rhume; to grow cold, avoir froid.
to collapse, s'affaisser, s'écrouler, s'effondrer.
collar, le col.
to collar, empoigner.
collection, la collection.
collective, collectif.
colonial, colonial.
colony, la colonie.
column, la colonne.
combination, la combinaison.
come! allons!
to come, venir, arriver; come about, se produire, survenir; come back, revenir; come back to (a topic), reparler de; come between, se situer entre; come by, passer; come down, descendre; come forward, venir, s'avancer (vers); come in, entrer; come out, sortir; come round and see, venir voir; come to, (= come upon) rencontrer; come up, (= towards) aller, approcher, se présenter, (= go up), monter; come upon (=fall upon), descendre sur.
comedy, la comédie.
comfort, le confort, le réconfort.
comfortably, à son aise.
comforting, réconfortant.
coming, l'arrivée (f.).
to command, commander, donner des ordres; (= rule) gouverner.
commander, le commandant.
to commit, commettre.
committee, le comité.
common, commun; common pleasures, les plaisirs (m.) du vulgaire.
to communicate, communiquer.
communism, le communisme.
companionship, la société.
company, la compagnie.
comparatively, relativement.
to compare (with), comparer (à).
compartment, le compartiment.
to compensate for, compenser.
competent, capable, compétent.

to complain, se plaindre.
  complaint, la plainte; **send a complaint**, porter plainte.
  complete, complet, total.
to complete, achever.
  completely, complètement.
  complexion, le teint.
  complicity, la complicité.
  compliment: in compliment to, par égard pour.
  conceit, l'orgueil (*m.*).
to conceive, imaginer, concevoir.
  concession, la concession.
to condemn, condamner.
  condition, l'état (*m.*); **on condition**, à condition.
  conduct, la conduite.
  conductor, le contrôleur.
  confectioner's shop, la confiserie.
  confederate, un allié.
to confess, avouer.
  confidence, la confiance.
to confine, borner.
  conflagration, un incendie.
  conflict, le conflit.
  confounded, déconcerté.
to confront, s'opposer à.
  confused, confus.
  confusion, le trouble; **much confusion**, de nombreuses confusions; **in confusion**, en désordre.
  connection: in this connection, à ce propos.
to conquer, vaincre; (= *take by conquest*) conquérir.
to consent, consentir.
  consent, le consentement.
  consequence, la conséquence; **in consequence of**, à la suite de; **of little consequence**, sans importance.
  consequently, par conséquent.
to consider, examiner.
  consideration, la considération.
  considering (*prep.*), étant donné (*invariable*).
  constantly, constamment.
to constitute, constituer.
to construct, construire.
to consult, consulter.
  consumed: to be consumed with, se consumer de.
to contain, contenir.
to contemplate, considérer.
  contempt, le mépris; **heap contempt on**, accabler sous le mépris.
  content, satisfait.
  continent, le continent.
  continual, continuel.

contrary: on the contrary, au contraire.
conversation, la conversation, un entretien.
to converse, causer, s'entretenir.
to convince, convaincre.
cooing, le roucoulement.
to cook, faire cuire.
  cooking, la cuisine.
  cool, frais, froid.
to cool, rafraîchir.
to copy, copier.
  Coriolanus, Coriolan.
  cork: to put the cork in, reboucher.
  corpse, le corps, le cadavre.
  correct, exact.
  corruption, la corruption.
  cosmic, cosmique.
  costs: at all costs, à tout prix.
  costume, le costume.
  council, le conseil.
  councillor, le conseiller.
to count, compter.
  countenance, la physionomie.
  countess, la comtesse.
  counting-house, le bureau.
  country, la campagne; le pays, la nation.
  countryman, le compatriote.
  countryside, la campagne, le paysage.
  county, le comté.
  couple, le couple; **a couple of**, deux.
  courage, le courage.
  course: of course, naturellement, bien entendu, bien sûr, évidemment, il est vrai que; **in the course of**, au cours de.
to course down, couler (sur).
  court(yard), la cour.
  courteous, aimable.
to cover, couvrir; (= *smear*) enduire; (*a distance*) parcourir.
  crag, le rocher.
  crash, le fracas.
to crash to the ground, rouler à terre.
to crawl, ramper.
to create, créer.
  creation, la création.
to creep, ramper.
  crevasse, la crevasse.
  crew, la bande ; (*of sailors*) un équipage.
  crime, le crime.
  crimson, rouge, écarlate, pourpre.
  crisis, la crise.
  critical, critique.
  croak(ing), le coassement.
  crook, la houlette.

cross, la croix.
to cross, traverser, franchir; (*of a road crossing another*) croiser, couper; (*on a boat*) faire la traversée.
crossing, la traversée.
cross-legged, les jambes croisées.
crouching, tapi; **in a crouching position**, accroupi.
crowd, la foule; **in crowds**, en foule.
crowded, populeux.
cruise, la croisière.
crumb, la miette.
crusade, la croisade.
to crush, écraser; **crush to death**, étouffer.
cry, le cri.
to cry, s'écrier; pleurer; **cry havoc**, pousser des cris de mort.
crystal, le cristal.
culprit, le coupable.
cultured, cultivé.
cupboard, le placard, une armoire.
to cure, guérir.
curiosity, la curiosité.
curious, étrange.
curlew, le courlis.
curse, (= *an oath*) une imprécation; (*of a ravaging disease*) le fléau; (= *an evil*) une malédiction.
to curse, jurer.
curtain, le rideau.
custode, le gardien.
customer, le client (*plur.* les clients, la clientèle).
customs, la douane.
cut, la coupe.
to cut (off), couper; (= *trim*) tailler; **cut down**, abattre.
cutter, le cotre.

D

dabbled (in), mouillé (de).
dagger, le poignard.
daily (*adj.*), quotidien; (*adv.*) chaque jour.
dance, la danse.
to dance, danser.
dancer, le danseur.
danger, le danger, le péril.
dangerous, dangereux, périlleux.
dark, noir, sombre, obscur; (*of a colour*) foncé.
darkness, l'obscurité (*f.*), les ténèbres (*f.*).
to dart forward, s'élancer.
to dash, se précipiter, s'élancer, ne faire qu'un bond.
date: at that date, à cette époque.
dauntless, indomptable.
dawn, l'aube (*f.*), le point du jour.
day, le jour, la journée; **every day**, tous les jours; **in bygone days**, autrefois; **in days still older**, en des temps plus anciens encore.
day-dream, la rêverie, le rêve.
daylight: it is full daylight, il fait grand jour.
dazzling, éblouissant.
dead (*adj.*), mort; (*noun*) les morts, les défunts.
deaf, sourd.
to deafen, assourdir.
to deal with, avoir affaire à.
dear, cher; **Oh dear!** O mon Dieu! **Oh dear me!** Comment; **Dear, dear**, Mon Dieu, mon Dieu.
death, la mort; le décès; **Black Death**, la Peste.
debt, la dette.
decadence, la décadence.
decease, le décès.
deceased, feu (*e.g.* feu le roi).
decision: to make a decision, prendre une résolution.
deck, le pont.
to declare, déclarer.
to decorate, garnir.
deed, un acte.
deep, profond; (= *dense*) épais; **in a deep voice**, d'une voix grave (profonde).
deeply, profondément.
deer, le daim.
to defraud, priver.
to degrade, réduire.
degraded, avili.
delicate, délicat.
to delight in, se plaire à.
delighted, enchanté, ravi.
delightful, délicieux.
to deliver, donner, livrer.
to demand, demander, exiger.
demise, le trépas.
to demolish, démolir.
denial, le refus.
Denmark, le Danemark.
to deny, nier.
department (*administrative*), le service.
departure, le départ.
to depend on, dépendre de.
deplorable, déplorable.
depth, la profondeur.
deputy, le député.
dervis, le derviche.
description, la description; le portrait, la peinture; **give a description**, faire un portrait.

to descry, distinguer.
to deserve, mériter.
desire, le désir.
to desire, demander
desk, le bureau.
desolate, désolé.
desolation, la désolation.
desperate: to make desperate, ôter tout espoir à.
to despise, mépriser.
despondent, découragé.
destined, destiné.
to destroy, détruire.
detail, le détail.
to detect, distinguer.
to determine, décider, résoudre, vouloir (absolument).
to detest, détester.
to develop, développer.
devil, le diable, le démon.
to devise, concevoir.
devotion, l'amour (*m.*).
to devour, dévorer.
dew, la rosée.
diagonal, oblique.
dialogue, le dialogue.
dictator, le dictateur.
dictionary, le dictionnaire.
difference, la différence; to make much difference, avoir une grande importance.
different, différent.
difficulty, la difficulté.
digestion, la digestion.
dim: to grow dim, s'obscurcir.
to dine, dîner.
dingy, sombre.
diplomat, le diplomate.
direct, direct.
direction, la direction; in every direction, de tous côtés; in all directions, dans tous les sens.
directly, aussitôt, tout de suite, sans tarder.
dirty, malpropre, sale, crasseux.
disagreeable, désagréable.
to disappear, disparaître.
disappointment, la déception.
disaster, le désastre, le cataclysme.
to discharge (*a liability*), s'acquitter de.
discipline, la discipline.
disconcerted, déconcerté.
discouraged: to be discouraged, se décourager.
to discover, découvrir, trouver.
discretion, la discrétion.
to discuss, discuter.
disease, la maladie.
disguise: in disguise, déguisé.
to disguise oneself (as), se déguiser (en).
disgust: in disgust, dégoûté.
to dismiss, (*a person*) renvoyer; rejeter.
disorder, le désordre.
dispatch, la dépêche.
to display, faire preuve de.
to displease, déplaire, mécontenter.
disposed: if you are so disposed, si vous le voulez.
dispute, la discussion.
distance, la distance; in the distance, au loin, dans le lointain.
distant, lointain.
distantly, au loin, dans le lointain.
distinctly, nettement.
distinctness, la netteté.
to distinguish, distinguer.
distraction: to distraction, à la folie.
distress, la détresse.
to distribute, distribuer.
distribution, la distribution.
district, le quartier; outlying district, les alentours (*m.*).
to distrust, se méfier de.
distrustful, défiant.
to disturb, déranger.
disturbance, le désordre ; (= *row*, *brawl*) la bagarre.
ditch, le fossé.
ditty, la chanson.
to dive in after, plonger derrière.
diversity, la diversité.
to divide, diviser.
document, le document.
to dodge about, se faufiler.
dome, le dôme.
dominion, l'état (*m.*); (= *rule*), l'empire (*m.*).
donor, le donateur.
door: front door, la porte d'entrée; front door-step, le pas de la porte.
door-way, l'encadrement (*m.*) de la porte.
doublet, le pourpoint.
doubt, le doute; no doubt, sans doute.
to doubt, douter.
Dover, Douvres (*m.*).
down (= *lowered*), baissé.
down-hearted, abattu, découragé.
downs, les collines (*f.*).
downwards, en bas.
dowry, la dot.
to doze, sommeiller; doze off, tomber dans un demi-sommeil, s'assoupir.
to drag, traîner, tirer.
dramatic, dramatique.

draught: at a draught, d'un coup.
to draw forth, tirer; (= *unsheath*) dégainer.
drawing, le dessin.
dreadful, terrible.
dreary, lugubre, désolé.
dress, le costume.
to dress (up), s'habiller **(in,** de); (*for dinner*) se mettre en habit (en toilette), se mettre en tenue de soirée.
dressed (in), vêtu (de).
dressing-gown, la robe de chambre.
drinking, le boire.
to drive (*trans.*), conduire, mener; (*intrans.*) aller en voiture, se rendre en auto; **drive off,** (*intrans.*) s'éloigner, (*trans.*) repousser; **drive up to,** venir se ranger devant.
driver, le conducteur.
to drop, laisser tomber, (*intrans.*) tomber.
drought, la sécheresse.
drowned, noyé; **to be drowned,** se noyer.
drugged, grisé.
drunkard (drunken fellow), un ivrogne.
dryad, la dryade.
to duck, plonger.
duckweed, les lentilles (*f.*) d'eau.
dupe, la dupe; **be duped by,** être dupe de.
dusky, ténébreux.
dust, la poussière.
duty, le devoir.
to dwell within, habiter.
to dye, teindre.

eager, désireux.
early (*adj.*), matinal; (= *earliest, first*) premier.
to earn, gagner; **earn one's living,** gagner sa vie.
earnestly, avec un regard intense; **he speaks earnestly,** sa voix se fait pressante.
ear-ring, la boucle d'oreille.
earth, le sol; le pays.
easily, facilement, sans difficulté.
easy, facile, aisé.
to eat, manger; **to eat out one's heart,** se ronger le cœur.
eating, le manger.
eaves, les bords des toits, les gouttières (*f.*).

to eavesdrop, être aux écoutes, écouter aux portes.
ebony, l'ébène (*f.*).
ecclesiastical, ecclésiastique.
echo, l'écho (*m.*), la voix.
economic(al), économique.
Edinburgh, Édimbourg (*m.*).
eerie, mystéreux, sinistre.
effect, l'effet (*m.*).
effective, efficace.
effort, l'effort (*m.*).
Egypt, l'Égypte (*f.*).
eh? hein?
either . . . or, ou (bien)... ou (bien).
elaborate, minutieux.
elaborately, avec soin, avec art.
elder, aîné.
to elect, élire.
electric, électrique; **electric light,** l'électricité (*f.*).
element: the warlike element, les guerriers (*m.*).
elephant, un éléphant.
Elizabethan, élisabéthain.
eloquence, l'éloquence (*f.*).
else: everyone else, tous les autres.
embankment, le quai.
to embark, s'embarquer.
embarrassment, la gêne.
embassy, l'ambassade (*f.*).
to embrace, embrasser, étreindre.
to emerge, apparaître, émerger, surgir; **emerge into view,** se présenter au regard de qn.
emigrant, l'émigrant (*m.*).
emotion, l'émotion (*f.*).
empire, l'empire (*m.*).
employer, le patron.
empty, vide, désert.
to empty, vider.
empurpled, rougi, empourpré.
enchanted, enchanté.
enchantress, la magicienne.
enclosure, un enclos.
to encounter, rencontrer.
to encourage, encourager.
end, la fin, le bout, le bord, l'extrémité (*f.*).
endless, sans fin, interminable, à n'en plus finir.
to endow, douer (de).
to endure, endurer, supporter.
enemy, un ennemi.
energy, l'énergie (*f.*).
enervating, dissolvant.
to engage (*the enemy*), engager la bataille contre; **engaged in,** occupé à; **engaged in conversation with,** en conversation avec.

engaged, fiancé.
engagement, les fiançailles (*f.*); le rendez-vous.
engraving, la gravure.
to **enjoy,** jouir de; **enjoy oneself,** s'amuser, se distraire.
enjoyment, le plaisir, les distractions (*f.*).
to **enlarge,** élargir.
to **enlist,** s'engager, s'enrôler.
enormous, énorme.
enough: to be enough, suffire.
to **enquire: enquire for,** demander; **enquire about,** s'informer de.
enslaved, esclave.
to **ensue,** suivre.
to **ensure,** assurer.
enterprise, l'entreprise (*f.*).
entertaining, amusant.
enthusiasm, l'enthousiasme (*m.*).
enthusiast: an enthusiast for, amateur de.
entrance, l'entrée (*f.*).
to **entrust** (*someone to do something*), charger (qn. de faire qch.).
entry, l'entrée (*f.*).
to **envelop,** envelopper.
to **envy,** envier.
equal, égal; **equal to** (*in a position to*), à même de.
equanimity, la paix de l'esprit, la sérénité.
equipage, l'équipage (*m.*).
equipment, l'équipement (*m.*).
to **escape,** se sauver, s'évader, s'échapper de, échapper à; **to make one's escape from,** fuir.
escort: without the escort of, sans être accompagné de.
to **escort,** conduire, accompagner.
essential, essentiel.
establishment, l'institution (*f.*).
estate, la propriété, la terre.
eternity: for eternity, éternellement, durant l'éternité.
European, européen.
Eurylochus, Euryloque.
evening (*adj.*), vespéral.
event, l'événement (*m.*).
eventful, riche en événements.
eventually, dans la suite, puis.
ever, jamais; **for ever,** à jamais, toujours; **as ever,** comme d'habitude; **for ever after,** par la suite.
everyday, de la vie quotidienne.
evidently, évidemment, selon toute évidence; **he is evidently...** il est clair qu'il...

evolution, l'évolution (*f.*).
exactly, bien.
to **exalt,** exalter.
examination (*competitive*), le concours.
to **examine,** examiner; (*luggage*) visiter.
to **exceed,** excéder.
exceedingly, extrêmement.
excellence, la perfection.
excellent, excellent.
except, sauf, sinon, excepté, si ce n'est; **except for,** hormis.
exception, l'exception (*f.*).
to **exchange,** échanger.
to **excite,** exciter.
excited, surexcité.
excitement, l'émotion (*f.*).
exciting, émouvant, délicieux.
to **exclaim,** s'écrier.
to **exclude,** exclure, rejeter.
to **excuse,** excuser.
to **execute,** mettre à exécution; (*an order*) exécuter.
to **exhaust,** épuiser.
exhibition: perform an exhibition, jouer une scène.
exile, l'exilé.
to **exist,** exister.
exit, la sortie.
expanse, une étendue.
to **expect,** demander, s'attendre à; attendre que.
expectantly, dans l'attente.
experience, l'aventure (*f.*).
to **experience,** éprouver.
experiment, l'expérience (*f.*).
expert, habile.
to **explain,** expliquer.
explosive, explosif.
to **express,** exprimer.
expression, l'expression (*f.*).
exquisite, exquis, ravissant.
to **extend,** s'étendre.
extenuating, atténuant.
external, externe.
to **extract** (**from**), prendre (dans).
extraordinary, extraordinaire.
to **extricate** (*from a difficult situation*), tirer de là.

F

fable, la fable.
face, la figure, le visage, la face.
fact, le fait; **in fact,** en effet, enfin **as a matter of fact,** en fait.
factory, une usine.
faculty, la faculté.
to **fade,** faner.
to **fail,** manquer, échouer.

failing, le défaut.
to faint, s'évanouir.
faint, faible; **to become faint**, s'affaiblir.
fairy, la fée.
faith, la conviction.
faithful, fidèle.
to fall (down), tomber, tomber dans le vide; **fall back on**, se contenter de; **his face falls**, son visage s'allonge; **fall in** (=*collapse*), s'effondrer; **fall lightly on**, effleurer.
familiar, familier.
famous, fameux, célèbre.
fancy, la fantaisie.
to fancy, s'imaginer.
fantastic (*describing colour*), éclatant.
far (*adj.*), lointain; (*adv.*) beaucoup; **far away from**, loin de ; **as far as eye can see**, à perte de vue.
farmer, le fermier, le paysan.
Fascism, le fascisme.
fashion, la mode.
fashionable, distingué.
fast: as fast as one can, au plus vite.
to fasten, attacher.
fat, gras.
fault, le défaut.
favour, le service, la faveur; **greatly in favour**, en grande faveur; **to do a favour**, rendre un service.
to fear, craindre, avoir peur de, redouter.
fearful, terrible.
feature, le trait.
fed: to be fed, recevoir de la nourriture.
feeding-ground, un lieu de pâture.
to feel, sentir, ressentir; (*intrans.*) se sentir; (*to experience*) éprouver, avoir l'impression; **I feel** (*parenthetical*), à mon avis.
feeling, le sentiment.
felicity, la félicité.
to fell, abattre.
fellow, le garçon, le bonhomme, l'être (*m.*), le gaillard; **fellows**, les jeunes gens; **fellow-citizen**, le concitoyen; **fellow-countryman**, le compatriote.
felt (hat), le feutre.
fencing, l'escrime (*f.*).
fern, la fougère.
ferocity, la férocité.
feverish, fiévreux.
few, peu, quelques; **fewer than**, moins de; **some few**, quelques-uns, peu nombreux.

fierce, féroce, farouche.
fierceness, la férocité.
fight, la bataille, le combat; (*a scuffle*) une rixe.
to fight (*trans.*), combattre ; (*intrans.*) se battre.
fighting-man, le guerrier.
figure (*a woman's*), la taille ; la forme; (*seen in outline*) la silhouette.
to figure, figurer.
to fill, remplir; (=*fill up, load*) combler.
film, le film.
finale, le finale.
finally, enfin, à la fin, finalement.
to find, trouver, retrouver, s'apercevoir; **find out**, découvrir.
to finish, finir, achever, terminer.
to fire, tirer, faire feu; **a shot was fired**, un coup retentit.
fireplace, le foyer, la cheminée.
fireside, le coin du feu.
firing, la fusillade.
firm, la maison.
first, premier ; (= *primary*) primordial; (*adv.*) d'abord, au premier abord.
firth, le golfe.
fix: in a fix, dans l'embarras.
to fix, fixer, tenir fixé; **to be fixed in tensity on**, être tendu vers, se fixer sur; **to become fixed**, se fixer.
fixedly, d'un œil fixe.
flag, le drapeau.
to flap, agiter; **flap its wings**, battre des ailes.
flat, un appartement.
to flatter, flatter.
fleet, la flotte.
fleeting, fugitif.
flesh, la chair.
flexible, souple, flexible.
to fling, jeter, lancer.
to float, flotter; **float away**, s'éloigner; **float away in slumber**, s'abandonner au sommeil.
to flock out, sortir.
floor, le plancher ; (*wooden*) le parquet; (=*ground*) le sol.
to flourish (*a weapon*), brandir ; (*to prosper*) fleurir; (*to grow vigorously*) s'épanouir.
to flow, s'écouler.
flue, la cheminée.
flushed, empourpré.
to fly, voler; (*from something*) fuir; **fly up to**, voler sur.
fog, le brouillard.
foil, le fleuret.

fold, le bercail.
to fold, plier.
folk, les gens (*m. & f.*).
folk-tune, un vieil air.
follower, le partisan.
fond of: to be fond of, aimer (à).
food, la nourriture; (=*dishes*) les mets (*m.pl.*)
fool, le fou.
foolish thing, une sottise.
foot (= *bottom*), le bas, le pied.
footstep, le pas.
to forbid, défendre; God forbid, à Dieu ne plaise.
force, la force.
to force, forcer, obliger, contraindre, exiger.
forefoot, le pied de devant.
foreground, le premier plan.
forehead, le front.
foreign, étranger.
foreigner, un étranger.
foreleg, la patte de devant.
foremost, premier.
to foresee, prévoir.
forged, faux.
to forgive, pardonner.
form, la forme; (*at school*) la classe; fifth form boy, élève de seconde; first form, la classe de sixième; in the form of, sous la forme de.
former, ancien, autre.
formerly, jadis.
fort, le fort.
fortress, la forteresse.
fortune, la fortune; good fortune, le bonheur.
foul, affreux.
foul: to fall foul of, attaquer, s'en prendre à.
to found, fonder.
foundation, le fondement.
fountain, la fontaine.
foxy, malin, rusé.
fragment, un menu morceau.
Frate, le frère.
frenzy, la frénésie, le délire.
frequent, abondant.
fresh, nouveau, frais.
frightened, effrayé.
frightful, effrayant, épouvantable.
to frisk, gambader.
frivolous, frivole.
frog, la grenouille.
frolic, les réjouissances (*f.*).
frost, la gelée.
to frown, froncer les sourcils.
fugitive, le fugitif.

to fulfil, s'acquitter de.
funny, ridicule, drôle.
fur, la fourrure.
furniture, les meubles (*m.*), l'ameublement (*m.*).
fuselage, le fuselage.
future, l'avenir (*m.*).

G

gable, le pignon; gable of rock, une crête rocheuse.
gaiety, la gaieté.
to gain, gagner; to have much to gain from, avoir grand profit à.
gait, l'allure (*f.*), la démarche.
to gallop, galoper.
games, le sport.
garage, le garage.
to garland, fleurir de guirlandes.
gate, la porte.
to gather, (= *pick*) cueillir; se réunir, s'assembler.
gaze, le regard.
to gaze, surveiller l'espace; gaze at (upon), regarder, contempler.
general (*adj.*), général; (*noun*) le général.
generally, généralement, en général, à l'ordinaire, d'une façon générale.
Geneva, Genève (*f.*).
genial, cordial.
Genoese, génois.
gentle, doux, paisible, lent.
gentleman, le monsieur, le gentilhomme.
gentleness, la douceur.
genuine, véritable.
geography, la géographie.
Georgian, datant de l'époque georgéenne.
German, allemand.
gesture, le geste.
to get, devenir; obtenir, se procurer; (= *attain*) arriver à; (= *gather*) recueillir; get away, s'en aller, partir; get into, entrer, monter; get something done, faire faire qch.; get out there, aller là-bas; get over, franchir, escalader; get to, arriver(à).
get-up, le costume.
ghost, le spectre, le fantôme, le revenant.
giant, (*adj.*) géant.
gifted, doué.
gigantic, gigantesque.
gilt-edged, doré sur tranches.
giraffe, la girafe.

to give, donner, offrir; **give up**, livrer, abandonner, lâcher; renoncer à.
glade, la clairière.
to glance, jeter (lancer) un coup d'œil, lancer un regard; **glance back**, jeter un coup d'œil en arrière; **glance up**, lever les yeux.
glass, le verre.
glasses, les lunettes (*f.*).
to gleam, luire.
to glisten, étinceler.
glistening, étincelant.
to glitter, rayonner.
gloom, les ténèbres (*f.pl.*).
glory, la gloire.
gloved, ganté.
glow, la lueur, les lueurs rouges (*f.*).
to go, aller, partir, s'en aller; (*to a place, to someone's home*) aller visiter, se rendre à; **go about**, aller; **go along**, avancer; **go back**, retourner; **go a step backwards**, reculer d'un pas; **go by**, dépasser; **go down**, descendre; **go in**, entrer, passer; **go off** (=*explode*), éclater; **go on**, continuer (son chemin); (*intrans.*) se passer, se poursuivre; **go out**, sortir; (*of a light*) s'éteindre; **go through**, traverser; **go up**, monter; **go up to**, gagner; s'approcher de, s'avancer vers; **go with**, accompagner.
goal, le but.
goat, la chèvre.
goatherd, le gardien de chèvres.
goddess, la déesse.
gold, l'or (*m.*).
golden, d'or.
good, le bien; **to do good**, faire du bien. **What good is it?** A quoi bon?
goodbye, adieu, au revoir.
goods, la marchandise.
to gossip, bavarder.
governess, une institutrice.
government, le gouvernement.
graceful, gracieux.
gracious, aimable, gracieux.
gradually, graduellement.
grand, (=*wild*) fou; (= *splendid*), merveilleux; **grand parents**, les grands-parents.
to grant, accorder; **grant a wish**, exaucer un vœu.
to grasp tightly, serrer fortement (de la main).
grave-digger, le fossoyeur.
gravel, le gravier.

greasy-looking, adipeux.
great, grand, vaste.
greatness (*of an author*), le grand mérite.
Grecian, grec.
Greek, grec.
green, (*adj.*) vert, verdoyant; (*noun*) la prairie.
greenhouse, la serre.
to greet, saluer.
grey, gris; **grey headed**, à tête grise. **to turn grey**, grisonner.
grief, la douleur.
grimace, la grimace.
groan, le gémissement.
groom, le garçon d'écurie.
to grope, aller à tâtons; **grope one's way (along)**, avancer à tâtons (dans).
grotesque, amusant.
ground, la terre, le sol, le terrain.
group, le groupe.
to grovel, ramper.
to grow (*of plants*), pousser ; (*tall*) grandir; (= *increase*) augmenter; (*in extent*) aller croissant; **grow to**, devenir en grandissant; **grow in abundance**, foisonner.
growth, le développement.
to grumble at, gronder.
guarantee, la garantie.
guard: **to be on one's guard**, rester sur ses gardes.
to guess, deviner.
guest, un invité.
guide, le guide; **railway guide**, un indicateur.
guilt, la culpabilité.
Guinea, la Guinée.
guinea, la guinée.
gull, la mouette.
gun, le fusil; **level a gun at**, mettre en joue.
gymnasium, la salle de gymnastique.

H

habit, l'habitude (*f.*).
habitation, une habitation.
hair, les cheveux (*m. pl.*); **a great deal of hair**, une abondante chevelure.
hairdresser, le coiffeur.
half, la moitié; (*adv.*) à moitié.
half way up, à mi-côte.
half-time, la mi-temps.
hall (*entrance*), le vestibule; (*large room*), la salle; **dance-hall**, la salle de bal.
to halloo (*to someone*), interpeller (qn.).

VOCABULARY

hall-porter, le portier.
halt, la halte.
hammer, le marteau.
to hand (round), tendre (à la ronde).
handbag, le sac à main.
handle, la poignée.
to hang, pendre, être suspendu ; (*on a hook*) accrocher.
to happen, arriver, avoir lieu, se produire; happen (to do something), arriver (à qn. de faire qch.).
happening, un événement.
happiness, le bonheur.
harbour, le port.
hard, dur, difficile ; (*of an egg*) trop cuit; hard to please, difficile (à contenter).
hardly, ne...guère; à peine.
hardship, les privations (*f.*), la souffrance.
harm, le mal.
to harm, nuire à.
harp, la harpe.
harsh, sévère.
to hasten, se dépêcher, se hâter, s'empresser ; (*up to a place*) accourir.
to hate, haïr, détester.
hated : to make oneself hated by, s'attirer la haine de.
hateful, odieux.
hatred, la haine.
hatstand, le porte-chapeaux, le porte-manteau.
to haunt, hanter.
haven, un lieu d'asile.
hay, le foin.
haystack, la meule de foin.
hazel stick, une branche de noisetier.
head, la tête; (*of a mountain*) la cime; (= *leader*) le chef.
headlong, la tête la première.
headmaster, le principal, le proviseur, le directeur.
heady, troublant.
health, la santé.
heap, le tas.
to hear, entendre; hear of, entendre parler de.
hearse, le corbillard.
heart, le cœur; by heart, par cœur.
to hearten, rassurer.
hearth, un âtre.
heartily, de bon cœur.
heavy, lourd.
Hebrides, les Hébrides (*f.*).
hedge, la haie.
heel, le talon.
height, la hauteur; (*of a person*) la taille.

helmet, le casque.
to help, aider; s'empêcher de; help oneself, se servir.
hence: a century hence, dans un siècle.
henceforth, désormais.
herd, le troupeau.
herdsman, le gardien.
here and there, çà et là.
heroine, l'héroïne.
to hesitate, hésiter.
to hide, cacher; (= *still retain*) dissimuler.
high-grade, de choix.
highway, la grand'route.
hill, la colline; hillside, la pente.
hind-leg, la patte de derrière.
to hiss, siffler.
hive, la ruche.
to hold, tenir ; (= *to consider*) maintenir; (*a position*) occuper; hold out, tendre; hold up, soutenir; catch hold of, saisir.
holiday: on holiday, en vacances.
hollow, creux.
honest, honnête, fidèle; (= *accurate*) juste.
honey, le miel.
honour: in honour of, en l'honneur de.
hoof, le sabot.
hopeless, incorrigible.
horizon, l'horizon (*m.*).
horrible, horrible.
horror, l'épouvante (*f.*).
horse, le cheval; man on horseback, un cavalier.
hospitable, hospitalier.
host, l'hôte (*m.*); (= *a large number*) une foule.
hostess, l'hôtesse.
hostile, hostile.
however, cependant, toutefois, en fait, en tout cas.
hue, la teinte.
huge, énorme, vaste.
hum, le bourdonnement.
human, humain.
humble, humble.
hunchback, le bossu.
hungry: to be terribly hungry, avoir une faim de loup, être affamé.
hunt(ing), la chasse.
to hunt, chasser; hunt for, se mettre à la recherche de.
hunter (huntsman), le chasseur.
to hurl, jeter, lancer.
hurriedly, hâtivement, précipitamment, à la hâte.

to hurry, se dépêcher, se hâter, se presser; (*into*) se précipiter.
to hurt, faire (du) mal à.
hush, le silence.
hut, la hutte.
hygiene, l'hygiène (*f.*).

I

ice, la glace.
iceberg, un iceberg.
icicle, le glaçon.
idea, une idée; **form an idea,** se faire une idée.
idle, paresseux; (= *shallow*) frivole; **to idle about,** flâner.
idol, une idole.
ignorance, l'ignorance (*f.*).
ignorant, ignorant.
ill, malade; **go ill,** tourner mal.
illuminating, révélateur.
illustrious, illustre.
Illyria, l'Illyrie (*f.*).
imagination, l'imagination (*f.*).
to imagine, s'imaginer, se figurer, croire.
immense, immense.
immensity, un vaste espace.
immovable, immuable.
impartial, impartial.
impatience, l'impatience (*f.*).
impersonal, impersonnel.
importance, l'importance (*f.*); **to be of small importance,** compter peu.
imposing, imposant.
imprecation, une imprécation, un blasphème.
to impress, en imposer à.
impression, l'impression (*f.*).
to imprison, mettre en prison.
inadequate, insuffisant.
inch, le pouce; **to put a few inches on one's height,** se grandir de quelques pouces.
inclined to, enclin à.
including, y compris.
to incommode, incommoder.
inconceivable, inconcevable.
inconsistency, l'inconséquence (*f.*).
inconsolate, désolé.
to increase, (*trans.*) multiplier ; (= *enlarge*) enrichir; (*trans. and intrans.*) augmenter.
incredible, incroyable.
indecently: **indecently large,** d'un volume indécent, gros à l'excès.
indeed, en effet, à la vérité, à vrai dire; eh bien, bien.
independence, l'indépendance (*f.*).

India, les Indes (*f.*).
Indian, indien.
to indicate, indiquer, marquer.
indifferent, indifférent.
indignation, l'indignation (*f.*).
indisposition, l'indisposition (*f.*).
individual, un individu ; (*adj.*) individuel.
to indulge in, se laisser aller à.
industrial, industriel.
to industrialize, industrialiser.
inebriated state, un état d'ébriété.
inequality, l'inégalité (*f.*).
inevitable, inévitable.
inexcusable, inexcusable.
infinitely, infiniment.
influence, l'influence (*f.*).
to inform, informer, avertir; **be informed,** apprendre.
information, les renseignements (*m.*).
infrequently, de temps en temps.
ingredient, un élément.
to inhabit, habiter.
inhabitant, un habitant.
to inherit, hériter de.
to injure, faire du mal à.
inlaid, incrusté.
inn, une auberge.
innkeeper, un aubergiste.
innovation, la nouveauté.
innumerable, innombrable.
to inquire for, demander.
inquisitive, curieux ; (*of a look*) interrogatif.
insect, un insecte.
insecurity, l'incertitude (*f.*).
inside, l'intérieur (*m.*); (*prep.*) à l'intérieur de.
insignificance, l'insignifiance (*f.*).
to inspect, examiner.
inspector, un inspecteur.
to inspire, inspirer.
to install, installer.
instant, un instant; **in an instant,** à l'instant même, sur le coup.
instruction, l'instruction (*f.*); **to give instructions (to),** donner ordre (de).
insufficient, insuffisant.
insulter, un insulteur.
intellectual, intellectuel.
intelligence, l'intelligence (*f.*).
intelligent, intelligent.
to intend, entendre.
Intendant, un Intendant.
intently, attentivement.
intercourse, les relations (*f.*), le commerce.

Interest, l'intérêt (m.); **to have a keen interest in,** porter un vif intérêt à.
to interest, intéresser.
interesting, intéressant.
interior, l'intérieur (m.).
intermediate, transitoire.
interminable, vaste.
interview, une entrevue.
to intrude upon, déranger.
intrusion, une incursion.
inured to, accoutumé à.
invariably, invariablement, toujours.
invasion, une invasion.
to invent, inventer, prétexter.
invention, une invention.
inwardly, au fond de soi-même.
Irish, irlandais.
irresistible, irrésistible.
isolated, isolé.
Italian, italien.

J

jacket, la jaquette; (*a bodice with sleeves*) la camisole.
jam, les confitures (f.).
jest, la plaisanterie.
jester, le bouffon.
Jew, le Juif.
jewelry, les bijoux (m.).
jingling, le cliquetis.
job, un emploi, la situation.
to join (*a person*), rejoindre, aborder; **join** (*together*) **in,** s'unir pour.
joke, la plaisanterie.
to joke, plaisanter.
to jot down, noter du crayon.
journey, le voyage, le trajet.
jovial, jovial.
joy, la joie, la gaieté.
to jump, sauter; **jump out of bed,** sauter à bas du lit, se lever d'un bond.
just, juste; **to have just (done),** venir de (faire); **just as well,** tout aussi bien; **just now,** en ce moment.
justice, la justice.
justification, la justification.
justify, justifier.

K

keen, vif.
to keep, garder, conserver; (=*support*) maintenir, soutenir; **keep together,** maintenir bien groupé; **keep in repair,** entretenir.
key, la clef.

khaki, (*adj.*) khaki.
kick, le coup de pied; **to kick open,** ouvrir d'un coup de pied.
to kill, tuer; (= *finish off*) achever.
kind, (*adj.*) bon, doux, gentil; (*noun*) l'espèce (f.), la sorte.
kindly, bienveillant.
kingdom, le royaume.
to kiss, baiser, embrasser.
to kneel down, s'agenouiller.
kneeling, à genoux.
knife, le couteau, le coutelas.
to knock down, renverser.
to know, connaître, savoir, comprendre, reconnaître; **to let someone know,** prévenir qn., faire part (de qch.) à qn.
knowledge, la connaissance.

L

to label, étiqueter.
to lack, manquer de.
lagoon, la lagune.
lamp, la lampe; (*street lamp*) le réverbère.
to land, débarquer, aborder.
landlady, la propriétaire.
landscape, le paysage.
lane, la ruelle, le sentier.
language, la langue; (= *speech, diction*) le langage.
lap: in my lap, sur mes genoux.
last (*adv.*), pour la dernière fois; **at last,** enfin, à la fin.
to last, durer.
late, tard, en retard.
lately, dernièrement.
later on, plus tard.
latter, celui-ci, ce dernier.
to laugh at, se moquer de.
laughter, le rire, les rires.
law, la loi; (*as a study*) le droit.
lawn, la pelouse.
lawyer, un avocat.
to lay, poser.
layer, la couche.
lazy, paresseux.
to lead, conduire, mener, laisser; **lead out,** mener aux champs.
leaden, plombé, de plomb.
to lean, se pencher; s'adosser; **lean on,** s'appuyer sur (à); **lean over,** s'incliner.
leap-frog: to play leap-frog, jouer à saute-mouton.
least, moindre; **at least,** au moins, du moins.
leather, le cuir.

leave, le congé, la permission; **to take one's leave,** prendre congé.
to leave, quitter, partir, s'en aller; **leave behind,** laisser; (=*desert*) abandonner; (=*bequeath*) léguer.
lecture: to give a lecture, faire un discours.
to leer, regarder en dessous.
leisure, le loisir; **at leisure,** à loisir; **at its own good leisure,** à son propre gré.
to lend, prêter.
length: at length, enfin, à la longue.
less, (*adj.*) moindre; (*adv.*) moins.
lest, de peur que, de peur de.
to let, permettre, laisser; **let out** (*a secret*), se délivrer de; **let loose** (=*launch*), lancer.
level, le niveau.
liberty, la liberté; **to set at liberty,** libérer, mettre en liberté.
library, la bibliothèque.
to lick, lécher.
to lie, s'étendre, être couché, être posé; gésir, être situé, se trouver; **lie down,** se coucher; **lie back against,** s'adosser à; **lie suspended,** se maintenir; **lie under** (= *be the victim of*), être en proie à.
life, la vie, l'existence (*f.*); **not on your life,** jamais de la vie; **to come to life,** s'animer, prendre vie.
lift, un ascenseur.
to lift, lever; (*from underneath*) soulever; (*of a fog*) se dissiper.
lift-man, le liftier.
light, (*adj.*) léger; (*noun*) la lumière, la clarté, la lueur; (*lights of a town, etc.*) les feux (*m.*); **by the light of,** à la lueur de; **flashing light,** un éclair.
to light, allumer; faire (*du feu*); **light up,** éclairer.
lightning, l'éclair (*m.*), la foudre.
like, (*prep.*) comme; (*adj.*) tel, pareil, semblable.
to like, aimer; vouloir; **I like that,** cela me plaît.
like: to be like, ressembler (à).
likely: to be likely (to), avoir des chances (de).
likeness, la ressemblance.
likewise, également.
lime, la chaux.
limestone, (*adj.*) calcaire.
line, la ligne; (*a row*) la rangée; (*on the face*) la ride; (*boundary*) la frontière.
lined (=*edged*), bordé; (*of face*) ridé.

to linger behind, s'attarder, rester derrière.
linnet, la linotte.
lip, la lèvre.
liqueur, la liqueur.
list, la liste.
to listen, écouter, prêter l'oreille.
literary man, un homme de lettres.
literature, la littérature.
to live, demeurer, habiter, vivre.
to load, charger; **load with ball,** charger à balle.
loaf, le pain.
loan, le prêt, une avance.
loathsome, répugnant.
lock, la serrure; **turn the lock upon,** cadenasser.
to lock, fermer à clef.
log, la bûche.
logic, la logique.
Londoner, un Londonien, un habitant de Londres.
lonely, solitaire.
long, long, prolongé; (*adv.*) longtemps; **a long time,** longtemps; **as (so) long as,** tant que; **ere long,** au bout d'un certain temps; **to be long in,** tarder à; **to long to,** tenir à, être poussé par le désir de; **he longs to,** il lui tarde de.
long-suffering, patient.
look, le regard, un air, une expression, un aspect.
to look, regarder, contempler, faire attention à, examiner; (*intrans.*) paraître, sembler, avoir l'air; **look after,** soigner; **look around,** regarder autour de soi; **look into,** (= *read through*) parcourir; **look like,** ressembler à; sembler être; **look out of (through),** regarder par; **look upwards,** regarder en l'air.
lord, le seigneur.
lorry, le camion.
loss, la perte.
loud, haut, tout haut.
lounge, le salon.
lout, le gaillard, le lourdaud.
lovable, aimable.
love, l'amour (*m.*).
to love, aimer, se plaire à; **to fall in love with,** s'éprendre de.
lover, un amoureux.
low, bas; **in a low voice,** à voix basse; **low grade,** de basse qualité; **low lying,** traînant à ras du sol, bas; **low eaved,** au toit très bas.

VOCABULARY

to low, mugir.
luck, la chance.
luckless, infortuné.
luggage, les bagages (*m.*).
luncheon, le déjeuner; luncheon party, un déjeuner dans le monde.
to lurch into, entrer en titubant.
lurking, caché.
lustre, l'éclat (*m.*).
lute, le luth.
lyric, la poésie lyrique.

M

Macedonia, la Macédoine.
mackintosh, un imperméable.
mad, fou; pretend to be mad, simuler la folie; go mad, devenir fou.
Madeira, Madère (*f.*).
madness, la folie.
magazine, la revue.
magistrate, le magistrat.
mahogany, l'acajou (*m.*).
main, principal.
majesty, la majesté.
majority, la majorité.
to make, faire, rendre, former; make as if, sembler; make for, se diriger vers; (= *help to bring about*), contribuer à.
Malay, malais.
malice, la rancune.
to manage (to do something), savoir, parvenir à (faire qch.).
manager, le directeur, le receveur.
mankind, l'humanité (*f.*), les hommes, nos semblables.
manner, la façon, la manière.
manners, les mœurs (*f.pl.*).
mansion, le château, l'immeuble (*m.*).
manufacturing, manufacturier.
manure, l'engrais (*m.*).
many-coloured, multicolore.
mariner, le marin, (*A.B.*) le matelot.
mark, la trace, les traces.
market, le marché; (=*outlet for trade*) le débouché.
marriage, le mariage; marriage portion, la dot.
to marry, épouser, se marier avec ; (*give in marriage*) marier ; (*get married*) se marier.
marvel, le prodige.
marvellous, merveilleux.
mask, le masque.
mass, la messe.
mast, le mât.

to master (=*exhaust*), épuiser.
masterpiece, le chef-d'œuvre.
mastiff-cub, un petit dogue.
match, une allumette ; (*game*) le match.
mate, le second.
materials, le nécessaire; raw materials, les matières premières.
mathematics, les mathématiques (*f.*).
matter, la matière; discuss the matter, discuter ce sujet.
to matter, avoir de l'importance; it doesn't matter, ça ne fait rien.
mattress, le matelas.
meadow, le pré.
mean, avare; (= *paltry*) mesquin.
to mean, vouloir dire.
means, le moyen; by what means, comment.
meanwhile, cependant, entre temps, pendant ce temps.
Mecca, la Mecque.
mechanism, le mécanisme.
medal, la médaille.
medicine, la médecine.
mediocre, médiocre.
Mediterranean, la Méditerranée.
meeting, la réunion.
melancholy, mélancolique, triste.
to melt away, fondre.
member, le membre; member of the household, le serviteur; member of a communion, un adepte.
memoir, le mémoire; a memoir writer, un mémorialiste.
memory, la mémoire; le souvenir.
to mention, parler de, citer; at the mention of, en entendant.
mere, simple.
merely, tout simplement.
merit, le mérite (personnel).
merry, joyeux, gai.
mess: a nice little mess, une friandise.
message, la missive, le message.
mid-course: in mid-course, en cours de route.
middle, le milieu; of about middle age, d'âge mûr; middle-aged, d'un certain âge; Middle Ages, le moyen âge; above middle height, d'une taille au-dessus de la moyenne; of the middle classes, bourgeois; the upper middle class, la haute bourgeoisie.
mighty, grand, imposant.
mignonette, le réséda.
mile, un mille.
military, militaire.

millionaire, le millionnaire.
mind, l'esprit (*m.*); **to my mind**, à mon avis; **make up one's mind**, décider, se décider, résoudre; **enlarge the mind**, élargir les idées.
mine, la mine.
to mingle (with), se mêler (à).
minister, le ministre.
minute, la minute; **for a minute or so**, pendant un certain temps.
miracle, le miracle.
miserable, misérable.
misery, la misère.
misfortune, le malheur.
to miss, manquer.
mission, la mission.
missionary, le missionnaire.
mist, la brume, le brouillard.
mistake, la faute, une erreur.
to mistake, se tromper (de); **make a sad mistake**, se tromper fort.
to mix, mêler.
mixture, le mélange.
mockery, la moquerie.
model, le modèle, un exemple.
to model, dessiner.
moderate, modéré.
modern, moderne, d'aujourd'hui.
to modify, atténuer.
moment, le moment, l'instant (*m.*); **at the very moment when**, au moment même où; **in a moment**, un instant plus tard.
money, l'argent (*m.*); (= *wealth*) la fortune.
monotonous, monotone.
monument, le monument; (*in a church*) la tombe.
to moor, amarrer.
moral, la morale.
morality, la moralité.
more, plus, davantage; **all the more**, d'autant plus; **once more**, une fois de plus; **more or less**, plus ou moins; **more and more**, de plus en plus.
mortal, mortel.
moss, la mousse.
mother-in-law, la belle-mère.
motionlessness, l'immobilité (*f.*).
mottled, marbré.
mouldering, croulant.
to mount, monter.
mountainous, montagneux.
to mourn, pleurer.
mournfully, tristement.
moustache, la moustache.
mouth (*of a bird*), le bec.

to move, bouger; (= *walk about*) marcher; **move away**, s'éloigner; **move off**, se mettre en marche; **move on**, continuer son chemin; **move nearer**, (*trans.*) rapprocher.
movement, le mouvement.
to mow, faner, faucher.
mule, la mule, le mulet.
murder, l'assassinat (*m.*), le meurtre.
to murder, assassiner.
murmur, le murmure.
to murmur, murmurer.
muscular, musculeux.
museum, le musée.
musical, harmonieux.
musty: **to smell musty**, sentir le moisi.
mute, muet.
to mutter, marmotter.
mutual, réciproque, mutuel.
mysterious, mystérieux.

N

to name, nommer.
narrow, étroit, resserré.
nation, la nation.
national, national.
native, (*adj.*) natal; (*noun*) un indigène.
nature, la nature.
natural, naturel.
naturally, naturellement, bien entendu, il va sans dire.
to near, approcher de.
nearby, d'alentour.
neat, vêtu avec soin.
necessity, la nécessité; **of necessity**, nécessairement.
neck, le cou.
to need, avoir besoin de.
needle, une aiguille.
to neigh, hennir.
neighbourhood, les environs, le voisinage.
neighbouring, voisin.
net, le filet.
nevertheless, néanmoins; **he has nevertheless**, il ne laisse pas d'avoir.
newcomer, le nouveau venu.
news, les nouvelles (*f.pl.*).
newspaper, le journal.
New Zealand, la Nouvelle Zélande.
next, prochain, suivant; (*adv.*) ensuite, de nouveau; **next morning**, le lendemain matin; **next door**, (tout) à côté.
to nibble, brouter.

nice: very nice, excellent.
night: the night before, la veille; **Twelfth Night,** la nuit des Rois.
nightly, nocturne.
noble, noble, seigneurial.
nobleman, le noble, le gentilhomme.
nocturnal, nocturne.
nod: to give a nod, adresser un signe de tête (à qn.).
to nod, incliner le menton.
noisily, à grand bruit.
noisy, bruyant.
Norman, normand.
northwards of, au nord de.
notable, notable.
note, (*written*) le papier, le billet; (=*strain, tone*) le ton, l'accent (*m.*).
to notice, remarquer; **take notice of,** faire attention à.
notoriously, comme l'on sait.
notwithstanding, en dépit de, malgré.
nourishment, la nourriture.
novel, le roman.
now, maintenant, à présent, en ce moment, aujourd'hui ; (*conj.*) or; **now and then,** de temps en temps, de temps à autre.
nowadays, aujourd'hui.
nowhere, nulle part.
number (*of numerals*) le numéro ; (*amount*) le nombre ; (*statistical*) le chiffre; **a number of,** un certain nombre de.
numerous, nombreux.
nun, la nonne.
nymph, la nymphe.

O

oak, le chêne.
oath: take the oath, prêter serment.
to obey, obéir.
object, un objet; le but.
to oblige, rendre (un) service à; **oblige with,** prêter.
obliged: to be obliged to, devoir, être obligé (forcé) de.
observation, l'observation (*f.*), la remarque.
to observe, remarquer ; (*say*) faire remarquer, faire la réflexion que.
observer, un observateur.
obstinacy, l'entêtement (*m.*), l'opiniâtreté (*f.*).
obstinate, obstiné, opiniâtre, entêté.
obvious, évident.
obviously, évidemment, manifestement, de toute évidence.

occasion: on this occasion, cette fois, en cette occasion.
occasionally, parfois, de temps en temps, de temps à autre.
occupation, la profession.
occupied: to be occupied by, donner asile à.
to occupy, occuper; (*with another person*) partager.
to occur, arriver.
odd-looking, bizarre.
Odysseus, Ulysse.
off: some miles off —, à quelques kilomètres de —.
to offend, offenser.
offer, une offre.
to offer, offrir.
office, le bureau; **commercial office,** une maison de commerce.
officer, un officier.
official, un employé ; (*adj.*) officiel.
often, souvent; **most often,** le plus souvent; **how often,** que de fois, combien souvent.
old, vieux, âgé, d'âge mûr; ancien, de jadis.
old-fashioned, démodé.
olive, un olivier.
omen, le présage.
once: at once, immédiatement, tout de suite, aussitôt ; (=*both*) à la fois; **once upon a time,** une fois, un jour, jadis; **once more,** une fois encore, de nouveau.
only, (*adj.*) unique.
to open: open one's eyes wide, ouvrir de gros yeux; **wide open,** grand ouvert.
opera, l'opéra (*m.*).
Ophelia, Ophélie.
opinion, un avis, l'opinion (*f.*).
opportunity, une occasion.
to oppose, s'opposer à.
opposite, en face de.
oppressed, opprimé.
orange, (*adj.*) orange.
orchestra, un orchestre.
order, l'ordre (*m.*); **to give orders to do something,** donner l'ordre de faire qch.
to order, ordonner; commander (à qn. de faire qch.).
ordinary, ordinaire.
origin, l'origine (*f.*).
original, (*noun*) un drôle.
Orpheus, Orphée.
out: out there, là-bas; **it is out of the question,** il ne peut en être question ; **out of doors,** dehors, à

l'extérieur, devant la porte; **out of the window,** par la fenêtre; **hang something out of the window,** laisser pendre qch. à la fenêtre.
to **outline,** découper.
to **outlive,** survivre (à).
outside, (*adv.*) dehors; (*prep.*) hors de, à l'extérieur de.
outstretched, tendu.
oven, le four; **the bread in the oven,** la fournée.
over, au-dessus de; **over there,** là-bas.
to **overcome,** surmonter; **be overcome by,** succomber à.
to **overhang,** surplomber, dominer.
overnight, la veille au soir.
to **overtake,** rattraper, surprendre.
to **overtax,** surmener.
to **owe,** devoir.
owing to, à cause de; **to be owing to,** résulter de.
owl, le hibou.
own, propre; **it is my own,** c'est le mien, c'est à moi.
to **own,** posséder.

P

to **pace** (*from one place to another*), s'avancer, passer.
packet, le paquet, le colis.
pagan, païen.
page (boy), le page.
pain, la douleur.
painful, douloureux.
to **paint,** peindre.
pale, pâle; **to grow pale,** pâlir; **to go pale,** devenir pâle.
pamphleteer, un pamphlétaire.
Pan, Pan.
pandemonium, un désordre indescriptible.
panel, le panneau.
panorama, le paysage.
paraffin, le pétrole.
parchment, le parchemin.
Paris, (*adj.*) parisien.
part, la partie; (*of a town*) le quartier; **for my part,** pour ma part; **to be part of,** faire partie de; **the greater part,** la plupart; **in the latter part,** vers la fin; **to play a part,** jouer un rôle.
to **part,** se séparer, se quitter.
participation, la participation.
parti-coloured, mi-parti.
particularly, particulièrement; **not particularly,** pas trop.

party, (*social gathering*) la réception, la soirée; le groupe, tout le monde; **to be a party to,** être complice de.
to **pass,** passer; (*someone coming in the opposite direction*) croiser; **to pass through,** traverser; **pass by,** passer sans s'arrêter devant; **pass away,** s'écouler.
passage, le couloir, le passage.
passenger, le passager.
passion, la passion; **in a violent passion,** en grande colère.
passionately, passionnément.
passport, le passeport.
past, le passé.
pastry, la pâtisserie.
to **pat,** caresser.
patch, (*of light, etc.*) la tache; (*of ground*) le carré.
path, le sentier; **garden path,** une allée.
patience, la patience.
pattern, une mosaïque.
pause, un court intervalle, un silence.
to **pause,** (*of light*) effleurer, glisser sur, reposer sur.
pavement, le trottoir.
pay, le traitement.
to **pay (for),** payer.
peaceful, paisible.
peasant, le paysan.
peculiar, singulier; **peculiar to,** propre à.
to **peep,** jeter un coup d'œil; (*round the corner, over the wall, etc.*) risquer un œil.
to **peer through,** essayer de percer.
peevish, aigre, acariâtre.
to **penetrate,** pénétrer.
pent-house, un appentis.
people, les gens, des personnes; les habitants; le peuple, la nation; (= *the lower orders*) les gens du peuple; **other people,** les autres; **a million people,** un million d'êtres.
to **perceive,** apercevoir, s'apercevoir de, remarquer.
to **perch,** percher.
perfect, parfait.
perfectly, tout à fait.
peril, le péril, le danger.
period, la période.
permission, la permission.
permit, un permis, un laissez-passer.
perpetual, perpétuel.
Persian, persan.

person, la personne.
personal, personnel.
to persuade, persuader.
persuasion, la persuasion.
petrol, l'essence (*f.*).
philosopher, le philosophe.
photograph, la photographie.
to pick, cueillir, ramasser; **pick up** (*food*), picorer.
picture, une image, le tableau; **picture gallery**, la galerie de tableaux.
picturesque, pittoresque.
piece, le morceau, la pièce; (= *gun*) le fusil.
to pierce, percer.
to pile up, entasser.
to pinch, pincer.
pine, le pin; **pine-grove**, la pinède.
pink, rose.
pinnace, la chaloupe.
pistol, le pistolet.
pit, la fosse.
pity, la compassion, la pitié; **it is a pity**, c'est dommage.
to pity, plaindre.
place, un endroit, le lieu; (*for repose*) une retraite.
to place, placer, mettre.
placidity, la placidité.
plague, la peste.
plain, (*adj.*) clair; (*noun*) la plaine.
plaintive, plaintif.
plan, le projet.
to plan, projeter, faire des projets.
platform, (*on a station*) le quai; (*in a hall*) une estrade; (*for a concert*) la scène.
play, la pièce.
playground, la cour.
pleasant, agréable, doux; (*of scenery*) riant; qui offre des agréments.
to please, plaire, contenter; **please!** je vous en prie; **if you please**, s'il vous plaît, si vous le désirez.
pleasing, agréable, doux.
pleasure, le plaisir.
to plod along, s'avancer péniblement.
plot, le complot; **hatch a plot**, ourdir un complot.
to plot, comploter, se concerter.
to plunge, plonger, s'enfoncer.
to ply, accomplir.
poet, le poète.
poetical, poétique.
poetry, la poésie.
point, le point; **at this point**, à cet endroit; **just on the point of**, sur le point de.

to point, faire un signe; être tourné vers; **point towards somebody**, désigner qn. du doigt.
pointed, pointu.
poison, le poison.
to poison, empoisonner; (*of a relationship*) gâter.
poisonous, venimeux.
police, la police.
policeman, un agent (de police).
politeness, la politesse.
political, politique.
politician, le politicien, l'homme politique.
polluted: **to be polluted**, porter une souillure.
pony, le cheval, le poney.
Pope, le pape.
population, la population.
porch, le porche.
porter, le portier.
position, un emploi, la situation, le poste, le rang.
to possess, avoir, posséder.
possession: **take possession of**, s'emparer de.
post, un emploi, la situation; (= *a stake*) le poteau.
to post, mettre à la poste.
postal, postal.
pot, le pot.
pound, la livre.
to pound to atoms, réduire en menus morceaux.
to pour out, verser.
pout, la moue.
poverty, la pauvreté.
to powder, éparpiller.
power, le pouvoir, la puissance; **it is not in my power to**, il m'est impossible de.
powerful, puissant; (*in physique*) solidement bâti.
practice: **in practice**, en pratique.
prayer, la prière.
precise, précis.
precisely, précisément.
to prefer, préférer, aimer mieux.
preferable, préférable, à préférer.
prehistoric: **in prehistoric times**, à l'époque préhistorique.
to preoccupy, préoccuper.
preparation, le préparatif.
to prepare, (se) préparer.
presence, la présence.
present, le cadeau, le présent.
to present, présenter, remettre.

presently, tout à l'heure, bientôt, au bout de quelque temps, un instant après.
preservation, la conservation.
to **preserve,** garder.
to **preside** (over), présider.
pressed (for time), très pressé.
prestige, le prestige; **his prestige,** la considération qui lui est due.
to **presume,** supposer, aimer à croire que, s'attendre à ce que + *subj.*
to **pretend,** faire semblant de, feindre; (= *claim, allege, assert*) prétendre.
pretext, le prétexte.
to **prevent,** empêcher.
previous, précédent.
previously, jusque-là.
pride, la fierté, l'orgueil (*m.*).
priest, le prêtre.
Prime Minister, le premier ministre.
principle, le principe.
to **print,** imprimer.
prison, la prison.
prisoner, le prisonnier.
private, privé, particulier.
privation, la privation.
prize, le prix.
problem, le problème; **the chief problem,** le grand problème.
to **proceed,** (*towards*) se diriger; (*from*) venir; (*so many miles*) faire; **proceed to a close,** s'achever.
procession, le défilé.
proconsul, le proconsul.
to **procure,** trouver.
to **produce,** produire, montrer; (= *pull out*) sortir; (= *bring about*) amener.
product, le résultat.
professional, professionnel.
profile, le profil.
profit, le profit.
to **profit,** profiter.
profound, profond.
progress, le progrès, le cours; **in progress,** en cours.
promise, la promesse.
to **promise,** promettre.
prone (to), porté (à.)
propaganda, la propagande.
to **propel,** pousser.
proportion: in the same proportion as, à mesure que.
to **propose,** proposer (de faire qch.), compter (faire qch.).
to **protect,** protéger.
protection, la protection.
protective, protecteur.
proud, fier; magnifique.

to **prove,** prouver, montrer; (*prove to be*) se révéler.
to **provide,** fournir.
provided that, pourvu que.
provocation, la provocation.
prow, la proue.
to **prowl about,** rôder.
prudent, prudent.
psychological, psychologique.
public, public.
to **pull,** tirer; **pull out** (*violently*), arracher; **pull up sharp,** arrêter net.
pulpit, la chaire.
punctually, ponctuellement.
to **punish,** punir.
pure, pur.
purple, violet.
purse, le porte-monnaie.
to **pursue,** poursuivre.
to **push (out),** pousser.
to **put,** mettre; **put back,** remettre; **put everything to the hazard,** s'en remettre complètement au hasard; **put out,** éteindre; **put to death,** mettre à mort; **put together,** réunir; **put up with,** supporter.
puzzled, désemparé, désorienté.
pyjamas, le pyjama.

Q

quaint, bizarre.
qualification, la qualité.
quality, la qualité.
quantity, la quantité.
quarter, le quart.
to **question,** interroger.
quickly, vite, vivement.
quiet, tranquille, paisible; **to quiet,** apaiser; **to be quiet,** garder son calme; **in a quiet tone,** sur un ton calme.
quietly, paisiblement, doucement, tranquillement; à voix basse.
to **quit,** sortir de, quitter.
quite, tout, tout à fait.
to **quiver,** frémir.

R

rabid: in a rabid state, enragé.
rack, (*for newspapers*) le porte-journaux.
raincoat, un imperméable.
rainwater, l'eau de pluie (*f.*).
to **raise,** élever, (*from below*) soulever.
rake, le râteau.

rank, le rang ; (= *high birth*) la naissance.
rapidity, la rapidité.
rapier, la rapière, une épée.
rarely, rarement.
rascal, le coquin, le chenapan.
to rate, dire son fait à.
rather, plutôt, un peu.
to rattle, s'agiter.
ray, le rayon (de lumière).
razor, le rasoir.
to reach, arriver à, atteindre, parvenir (à, dans) ; **reach to** (= *slope down to*), descendre à ; **reach down to** (*of hair*), tomber sur.
reader, le lecteur.
readiness: in readiness, prêt.
reading, la lecture.
ready, prêt ; (= *cooked, baked*) cuit ; **to get ready,** (*trans.*) préparer, (*intrans.*) s'apprêter ; **ready of speech,** parlant facilement, ayant la parole facile.
real, vrai.
realism, le réalisme.
reality: in reality, en réalité.
to realize, se rendre compte, comprendre.
really, réellement, vraiment.
reason, la raison.
reasonable, raisonnable.
reassurance, la consolation.
reassuring, rassurant, consolant.
to rebuild, faire rebâtir.
to recall, remettre en mémoire.
recently, récemment.
reception: to meet with a good reception, être bien reçu.
recital, le récital.
to recite, réciter.
to reckon, compter.
to recognize, reconnaître.
recollection, le souvenir.
to record, rapporter.
to recover, (*intrans.*) se remettre, se rétablir, être rétabli ; (*trans.*) rentrer en possession de.
to recruit, recruter.
red, (*of hair*) roux.
redly, en lueurs rouges.
reduction, une réduction.
to reflect (light), refléter.
reflection, la réflexion.
refuge, le refuge ; **take refuge,** se réfugier.
refusal, le refus.
to refuse, refuser.
regaled : to be regaled with, se délecter de.

to regard, considérer.
regiment, le régiment.
region, la région.
to register, enregistrer.
regret, le regret, les regrets.
to regret, regretter.
regular, régulier.
regularity, la régularité.
reign, le règne.
to reign (over), régner (sur).
to reintroduce, faire revenir.
to reject, repousser.
rejoicing, la joie.
to rejoin, répondre.
to relapse, retomber.
relations, les parents (*m.*).
relative, le parent, la parente.
to release, (=*let loose*) déchaîner.
relief, le soulagement.
to relieve, soulager.
religious, religieux.
Religious, les religieux.
remark, le propos.
to remark, dire, faire remarquer, ajouter.
remarkable, remarquable.
to remember, se rappeler, se souvenir de.
to remind (of), rappeler, faire penser (à).
to remonstrate, discuter.
to remove, enlever, ôter.
remover, le déménageur.
to render, rendre, traduire.
renowned, célèbre, renommé.
rent, le loyer.
to rent, louer.
repair, la réparation.
to repair (= *go*), se diriger.
to replace, faire place à.
reply, la réponse ; **for sole reply,** pour toute réponse (riposte).
to reply, répliquer, répondre.
report, la détonation.
repose, le repos ; **to seek repose,** se préparer à dormir.
reproach, le reproche.
reptile, le reptile.
reputation, la réputation ; **to acquire a considerable reputation,** se faire une belle réputation.
reputed : to be reputed, passer pour.
request, la demande.
to request, prier, demander.
to resemble, ressembler à, rappeler.
resentful : a resentful word, un mot de ressentiment.
reserve, la réserve.
to reside, résider.

to resign oneself, se résigner.
to resist, résister.
resistance, la résistance.
to resolve, résoudre.
resonant, sonore, vibrant.
resort: seaside resort, la station balnéaire.
to resort (*to a place*), se donner rendez-vous.
to resound, se répercuter.
to respect, porter respect à, éprouver du respect pour.
respectful, respectueux.
responsibility, la responsabilité.
responsible (for), responsable (de).
rest, le repos ; (= *remainder*) le reste.
to rest, se reposer ; **his eyes rest on**, ses yeux se posent sur.
Restoration, la Restauration.
to resume, reprendre.
to retain, conserver.
to retire, se retirer ; (=*go into retirement*) prendre la retraite.
retreat, la retraite.
return, le retour.
to return, retourner, revenir ; (=*reply*) reprendre ; **to return over**, repasser.
to reveal, révéler ; **reveal a plot**, dévoiler un complot.
revenge: have one's revenge, se venger.
to revive, réconforter.
revolution, la révolution.
revolver, le revolver.
to reward, récompenser.
rhetorician, le rhétoricien.
Rhine, le Rhin.
Rhone, le Rhône.
rich, riche, somptueux ; (*of vegetation*) épais.
rid: to get rid of, se débarrasser de.
ride, une promenade.
to ride, monter ; **ride hard**, chevaucher à bride abattue ; **ride into**, entrer à cheval.
ridge, la crête.
Riffi, riffain.
to rifle, mettre au pillage.
right, (*adj.*) droit ; (*noun*) la droite ; **all's right**, ça va.
ring, la bague.
to ring (the bell), sonner ; **ring out**, (*speaking of a shot*), éclater, retentir.
ripe, mûr.
to rise, se lever, s'élever, monter.
road, la route, le chemin ; **highroad**, la grande route.

roar, le grondement.
roaring, le rugissement.
robust, robuste.
rock, le rocher, la roche.
to rock, se basculer (dans un fauteuil à bascule).
rocket, la fusée.
rogue, le coquin.
to roll, rouler.
rolling, roulant.
Roman, romain.
romance, un conte romanesque.
room, la chambre, la pièce ; **roommate**, un compagnon de chambre.
root, la racine.
rope, la corde.
to rotate, tourner.
row, la rangée.
to row, ramer.
royal, royal.
rubber, le caoutchouc.
rubbish, les décombres (*m. pl.*).
ruby, le rubis.
rudeness, l'impolitesse (*f.*).
ruin, la ruine.
to ruin, ruiner.
ruined, en ruines.
ruinous, délabré.
rule, la règle ; (*regulation*) le règlement ; **as a rule**, d'habitude.
to rule, gouverner.
ruler, le chef (d'État).
rum, le rhum.
rumble, le grondement.
rumour, (*report, hearsay*) le bruit ; (*distant noise*) l'écho (*m.*).
to run, courir, se sauver ; (*of liquids, rivers*) couler ; **run across**, franchir à toute allure ; **run for all one is worth**, courir ventre à terre ; **run someone over**, écraser qn. ; **run up**, monter en courant.
ruse, la ruse.
to rush, se précipiter, s'élancer.
Russia, la Russie.
Russian, russe.
rustic, rustique.
rusticity, la vie rustique.
to rustle, bruire (*pres. part.* bruissant).

S

sacred, pieux.
to sadden, attrister.
sadly, tristement, avec tristesse.
safe, le coffre-fort, le coffret.
safe: safe and sound, sain et sauf.
sage, sage.

to sail: sail along, voguer; **sail out** (*of a room*), sortir majestueusement.
sailor, le matelot, le marin.
saint, le saint.
salary, le traitement, les appointements (*m.pl.*).
sale, la vente.
saleswoman, la vendeuse.
sallow, jaunâtre.
saloon, le salon.
to salute, saluer.
same: all the same, tout de même.
sardonic, sardonique.
satin, le satin.
satisfaction, la satisfaction.
satisfied: to be satisfied with, se contenter de.
saucer, la soucoupe.
sausage, la saucisse; (*eaten sliced*) le saucisson.
savage, sauvage.
save, sinon; **save and except,** exception faite de.
to save, sauver; (*money*) économiser, faire des économies.
scabbard, le fourreau.
scale, une échelle.
scarlet, rouge, écarlate.
scene, la scène.
scent, le parfum.
sceptically, d'un air sceptique, incrédule.
scholar, un érudit, un savant.
school teacher, (*elementary*) un instituteur, une institutrice.
to score, marquer.
Scotland, l'Écosse (*f.*).
scoundrel, le coquin, le scélérat, le misérable, le gredin.
to scramble, grimper.
to scratch, gratter.
scrutiny, le regard scrutateur.
to scuttle back, retourner promptement.
scythe, la faux.
sea: open sea, le large.
seal, le cachet.
seaman, le matelot.
search, la recherche; **make a search,** faire des recherches.
to search for, chercher.
searchlight, le projecteur.
season, la saison, l'époque (*f.*); **latter season,** l'arrière-saison (*f.*).
seat, la place.
second, la seconde.
secret, secret, clandestin; **keep a secret,** garder le secret.

secretary, secrétaire (*m. or f.*).
sect, la secte.
secure (from), protégé (de).
to see, voir, apercevoir; **to see that,** veiller à ce que + *subj*.
to seek, chercher; **seek after,** rechercher.
seeking, à la recherche de.
to seem, sembler, paraître, avoir l'air; **I seem to,** il me semble.
to seize, saisir.
selfish, égoïste.
to send, envoyer; **send away,** renvoyer; **send for,** envoyer chercher; **send off,** (*a telegram*) communiquer; **send out to sea,** mettre en mer.
sense, le sens; **to have a sense of,** avoir le sentiment de.
sensitive, sensible.
sentence, la phrase.
sentiment, le sentiment.
sentimental, sentimental.
sentimentalist, un homme sentimental.
to separate, séparer.
separately, à part.
series, la série.
serious, grave; **to take seriously,** prendre au sérieux.
seriousness, le sérieux.
servant, le serviteur, la servante, le (la) domestique, la bonne.
to serve, servir.
service, le service; **diplomatic service,** la diplomatie.
to set, se coucher; **set foot,** mettre le pied; **set off,** partir; **set upon,** se lancer sur.
to settle, payer, régler.
settled: to get settled, s'installer.
settler, le colon.
severance, la séparation.
severely, d'un air sévère.
to sew, coudre.
sexton, le sacristain.
shade (shadow), l'ombre (*f.*), l'ombrage (*m.*) ; **no shade of,** pas le moindre.
to shake, secouer, faire trembler; (*one's head*) hocher ; (*intrans.*) trembler; **shake hands with,** serrer la main à.
shallow, peu profond.
shame, la honte.
shape, la forme; **in the shape of,** sous la forme de; **to take shape,** se former.
to share in, avoir sa part de.

shark, le requin.
sharp, brusque; (*of pain*) vif, cuisant.
sharply, d'un ton vif, avec brusquerie.
to shave, (se) raser; **shave off,** raser.
to shed, (*tears*) verser.
shelter, un abri.
shepherd, le berger.
to shine, briller, reluire; **shine on,** éclairer.
ship, le bateau, le vaisseau; **take ship,** s'embarquer.
ship-wrecked: to be ship-wrecked, faire naufrage.
shock, le choc; **see with a shock,** être frappé (stupéfié) de voir.
shod, chaussé.
to shoot, tirer sur, tuer; **shoot down,** abattre.
shore, le rivage.
short, court; (*in stature*) petit; (*in content*) bref; **short of money,** à court d'argent.
short-sighted, myope.
shot, le coup (de feu).
shoulder, une épaule; **shrug one's shoulders,** hausser les épaules.
shout, le cri; (*pl.*) les cris, le tumulte.
to shout (out), crier, s'écrier, pousser des cris.
shouting, les clameurs (*f.*).
to show, montrer, faire voir, indiquer; **to show a person in,** faire entrer; **to be shown,** se manifester.
shriek, le cri; (*of an engine*) un coup de sifflet strident.
shrimp, la crevette.
to shrink, se rétrécir, (*closer together*) se resserrer; **shrink from,** reculer devant.
to shrivel, se ratatiner.
shrivelled, ratatiné.
to shudder, frissonner, frémir.
to shuffle, se traîner.
shy, timide.
sick, souffrant; **to get sick,** aller mal.
side, le côté, le flanc; **the dark side,** l'aspect horrible; **side by side,** côte à côte; **from all sides,** de toutes parts; **by his side,** à son côté; **by my side,** à mes côtés.
sight, la vue, le spectacle; **to catch sight of,** apercevoir; **in sight,** en vue.
to sight, apercevoir.
sign, le signe.
to sign, signer

signal, le signal.
signature, la signature.
silence, le silence; **in silence,** sans mot dire, en silence; **break silence,** rompre le silence.
silent, silencieux, muet.
silently, en silence, silencieusement.
silver, l'argent (*m.*); (*adj.*) d'argent.
similar, pareil, semblable.
simple, simple, élémentaire; naïf.
simply, tout simplement.
sincere, sincère.
sincerity, la sincérité.
singly, séparément.
sinister, sinistre.
to sink, s'enfoncer; **sink down,** descendre.
to sit, s'asseoir, être assis, rester assis; **sit up,** se mettre sur son séant.
situation, la situation.
size: he is my size, il est de ma taille.
to skate, patiner.
skeleton, le squelette.
to sketch, dessiner.
skilful, adroit.
skilled (in), habile (à).
skin, la peau.
skirt, la jupe.
to skirt, longer.
skull, le crâne.
sky, le ciel; **sky-blue,** bleu horizon.
slab, la dalle.
slang, l'argot (*m.*).
slave, l'esclave (*m. or f.*).
slavery, l'esclavage (*m.*).
sleepy, indolent, somnolent.
slender, mince.
slight, léger; (*of figure*) à la taille élancée, svelte.
slightest, moindre.
slightly, légèrement; (*of ground rising*) en pente douce.
slim, svelte.
to slip, glisser; **slip away,** disparaître; **slip on** (*a garment*), passer.
to slope arms, se mettre au port d'armes.
slumber, le sommeil.
sly, malin.
smart, beau, élégant, resplendissant.
smiling, riant.
to smoke, fumer.
snake, le serpent.
to snatch, arracher.
snow-bound, bloqué par la neige.
snowdrop, la perce-neige.
snowy, couleur de neige.
snub (*adj.*), retroussé, camus.
to snuffle, renifler.

to soak (to the skin), tremper (jusqu'aux os).
to soar, s'élever, monter.
so-called, soi-disant.
sociable, sociable.
socialist, un socialiste.
society, la société.
soft, doux.
soil, le sol.
sojourn, le séjour.
solemn, calme, solennel.
solemnity, la solennité.
solitary, solitaire.
solitude, la solitude.
sombre, sombre.
somehow, je ne sais pourquoi; **somehow or other,** je ne sais comment, pour ainsi dire.
sometimes . . . sometimes, tantôt (parfois) . . . tantôt (parfois).
somewhat, plutôt.
somewhere, quelque part.
song, la chanson, le chant.
sonorous, sonore.
soon, bientôt, sous peu; **soon after,** bientôt après; **as soon as,** dès que, aussitôt que; **no sooner,** à peine, etc.
soot, la suie.
sordid, sordide.
sore, la plaie.
sorrow, la tristesse, la douleur, le chagrin.
sorry, triste, piteux; **I am sorry,** je vous demande pardon; pardonnez-moi; **to be sorry,** regretter que.
sort, la sorte, la façon, l'espèce (*f.*).
soul, l'âme (*f.*).
sound, le bruit, le son.
soundly, profondément.
sour: to look sour, avoir l'air pincé.
South (*of France*), le Midi.
southern: the southern side, le côté sud.
to sow, semer.
Spain, l'Espagne (*f.*).
to spangle, pailleter.
Spaniard, un Espagnol.
to sparkle, étinceler, briller.
to speak, parler; (= *utter*) débiter.
spear, la lance.
special, particulier.
speck, le point.
spectator, le spectateur.
speech, le discours; **make a speech,** prononcer (faire) un discours.
speechless: to stand speechless, rester bouche bée.

to spend, (*of time*) passer ; (*of money*) dépenser.
to spill, faire basculer.
spirit, l'âme (*f.*), l'ardeur (*f.*), l'esprit (*m.*).
spiritual, spirituel.
splendid, splendide.
splendour, la splendeur.
spoil, le butin.
spoon, la cuiller.
sport, le sport, les jeux (*m.pl.*), l'amusement (*m.*).
spot, le lieu, un endroit, le coin; **on the spot,** sur place; **soft spot,** le point sensible.
sprawling, étalé.
to spread, étendre, étaler; (*with food*), servir, garnir; **spread over,** envahir.
to spring (*to one's feet*), se relever d'un bond; **spring to attention,** se mettre brusquement au garde à vous.
square, la place.
squat, trapu.
stability, la stabilité.
stable, une écurie.
stag, le cerf.
to stagger towards, gagner à pas chancelants.
stain, la tache.
to stalk, s'avancer furtivement vers; s'avancer fièrement.
to stammer (out), bégayer, balbutier.
to stamp, piétiner.
to stand, se tenir (debout), demeurer, rester, se dresser, se trouver, se ranger ; **take one's stand,** s'installer; **stand out,** se découper, se détacher.
standing, debout.
star, une étoile.
to stare, regarder fixement; **stare at one another,** échanger des regards fixes.
to start, commencer, se mettre à, débuter, partir; **start on one's way again,** reprendre son chemin; (= *make a sudden movement*) tressaillir; **to give a little start,** tressaillir légèrement; **with a start,** en sursaut.
to starve, mourir de faim ; (*trans.*) réduire à la famine.
state, un état.
to state, raconter.
stately, majestueux.
statesman, un homme d'État.
station-master, le chef de gare.

statue, la statue.
stay, le séjour.
to stay, rester, séjourner; **make a long stay,** rester longtemps; **stay with,** passer quelques jours chez.
steadily: to look steadily at someone, regarder qn. droit dans les yeux.
steady, ferme.
steamer, le paquebot.
steep, abrupt.
steeple, le clocher.
step, la marche, (*footstep*) le pas; **retrace one's steps,** revenir sur ses pas.
to step: step back, reculer; **step quickly forward,** presser le pas; **step out of,** sortir de, quitter.
stern, cruel.
steward, un intendant, (*on a ship*) le steward.
stick, le bâton; (= *walking stick*) la canne.
to stick, (*a knife into*) plonger.
still, (*adj.*) calme, tranquille ; (*adv.*) toujours, encore.
stillness, le calme, le silence.
to sting, (*of a reptile*) mordre.
stinging, âpre.
stirrup, un éperon.
stockbroker, un agent de change.
stocking, le bas.
stoical, stoïque.
stoke-hole, la chaufferie.
stoker, le chauffeur.
stomach, l'estomac (*m.*).
stool: a music-stool, un tabouret de piano.
to stop, cesser, s'arrêter; **stop one's ears,** se boucher les oreilles.
story, une histoire; **short story,** le conte, la nouvelle; **tall story,** une histoire extravagante.
stout, gros.
straight, (*adj.*) droit; (*adv.*) directement, droit.
strait, le détroit.
strange, étrange.
stranger, un étranger, un inconnu.
to strangle, étrangler.
stream, le ruisseau, le courant, le fleuve.
to stream in, ruisseler.
strength, la force, les forces.
to stress, insister sur.
to stretch, (*intrans.*) s'étendre ; **stretch out,** (*trans.*) tendre.
to strew, joncher.
strict, strict.

strictness, la sévérité.
to strike, frapper, (*the hour*) sonner; **strike up,** commencer à jouer.
striking, frappant.
to strip, (*a corpse*) dépouiller de ses vêtements.
stroke, le coup.
to stroke, caresser, flatter.
stroll, la promenade, le tour.
to stroll, flâner, errer; (*into a room*) s'avancer; **take a stroll,** faire un tour.
strong, fort, robuste.
structure, un édifice.
struggle, la lutte.
stubborn, obstiné, opiniâtre.
study, le bureau, le cabinet de travail.
stumbling, un faux pas.
stump, la souche.
stupid, idiot, stupide, bête.
subject, le sujet.
subordinate, (*adj.*) inférieur, subalterne; (*noun*) un inférieur.
substance, un objet.
suburbs, la banlieue.
to succeed, réussir à, arriver à; (*a person*) succéder à; (*to the throne*) monter sur le trône; (= *follow*) apparaître ensuite, suivre.
such, si, tel, pareil; **such as,** tel que, comme.
sudden, brusque, soudain, subit.
suddenly, subitement, soudain, tout à coup, tout d'un coup, d'un coup.
to suffer, souffrir; (=*undergo*) endurer.
sufficient, suffisant; **to be sufficient,** suffire (à).
to suggest, proposer.
suicide, le suicide.
to suit, convenir.
suitable (for), propre (à).
suitcase, la valise.
suite, la suite.
sulky, maussade, renfrogné.
sullen, morose, maussade, renfrogné.
sultan, le sultan.
summarily, sommairement.
summer, (*adj.*) estival.
summit, le faîte, le sommet.
to summon, mander.
sun, le soleil; **setting sun,** le soleil couchant.
sunlight, la lumière du soleil, le soleil.
sunny, ensoleillé.
sunset, le couchant, le coucher du soleil.
superb, magnifique, superbe.

superficial, superficiel.
superiority, la supériorité.
supper, le souper.
to **supply,** fournir.
to **suppose,** croire, imaginer, supposer.
supposing, supposé que.
to **suppress,** supprimer, réprimer.
supreme, triomphant.
sure, sûr, certain, persuadé; **to make sure,** s'assurer; **to be sure,** à coup sûr, pour sûr.
to **surmount,** surmonter.
surprise, la surprise.
to **surprise,** surprendre.
surprised, étonné, surpris; **to be surprised,** s'étonner.
surprising, étonnant, surprenant.
to **surrender,** se rendre.
to **surround,** entourer.
to **survey** (= *eye up and down*), dévisager.
to **survive,** survivre.
to **suspect,** se douter, soupçonner.
suspicion, la méfiance.
suspicious, soupçonneux.
to **swallow,** avaler.
swarthy, bronzé, hâlé.
to **swear,** jurer.
sweat, la sueur.
to **sweat,** suer, transpirer.
to **sweep,** balayer, (*a chimney*) ramoner.
sweet, doux, mélodieux.
swift, rapide.
swiftly, rapidement, vite, d'un geste rapide.
to **swim,** nager; **swim ashore,** gagner la côte à la nage.
swimmer: channel swimmer, un nageur qui traverse la Manche.
swimming-bath, la piscine.
to **swing out** (*from shore*), quitter la rive.
sword, une épée, le sabre.
to **symbolize,** symboliser.
symphony, la symphonie.
system, le système.

T

table, la table; **writing table,** le bureau.
tactful, plein de tact.
to **take,** prendre, porter; (*of persons and animals*) emmener; **take away,** emporter, emmener; **take down,** prendre; **take off,** enlever, (*one's hat*) se découvrir; **take on** (*a tone of voice*), prendre; **take out,** sortir; **take pains,** faire effort; **take place,** avoir lieu, se passer, se produire.
talent, le talent.
talkative, bavard.
tall, grand, haut, de grande taille.
Tangier, Tanger (*m.*).
tank, la citerne.
tanner, le tanneur.
tap, un petit coup de doigt.
to **tap,** taper (sur).
taper, le cierge.
tapestry, la tenture.
task, la tâche.
taskmaster, le maître.
taste, le goût.
to **taste,** goûter.
tawny, fauve.
to **teach,** apprendre, instruire, enseigner.
to **tear (up),** déchirer; **tear in twain,** séparer en deux camps, déchirer; **tear on one's clothes,** s'habiller en toute hâte.
to **tease,** taquiner.
tea-service, le service à thé.
telegram, le télégramme, la dépêche.
telegraph, (*adj.*) télégraphique.
to **telephone,** téléphoner.
to **tell,** dire, raconter; **tell of,** relater.
temper: to be in a bad temper, être de mauvaise humeur.
temple, le temple.
temporary, momentané; (*of an indisposition*) léger.
tense, pesant.
tent, la tente.
term, le terme, la fin.
terrace, la terrasse.
terrible, terrible.
terrific, effrayant.
terrified, terrifié.
terrifying, effrayant, terrifiant, affolant.
territory, le territoire.
terror, la terreur.
to **test,** mettre à l'épreuve.
theatre, le théâtre.
theft, le vol.
thence, de là.
therefore, donc, pour cette raison.
thereupon, là-dessus.
Thessaly, la Thessalie.
thick, épais.
thickset, trapu.
thing, la chose, la question.
to **think,** penser, croire, songer, réfléchir; (= *conclude*) juger.
third, un tiers.

though, quoique, bien que, tout en étant.
thought, la pensée, la méditation.
thousands: in thousands, par milliers.
to **threaten,** menacer.
threshold, le seuil.
throne, le trône.
to **throw,** jeter, lancer; **throw about,** éparpiller; **throw out,** jeter dehors.
thrust, le coup.
to **thrust down lower,** rabaisser.
thunder, le tonnerre.
thyme, le thym.
tide, la marée.
tie, la cravate.
to **tie,** attacher, nouer.
tiger, le tigre.
tightly: to hold tightly, serrer.
time, la fois, le temps, l'époque (*f.*), l'heure (*f.*); **after some time,** au bout d'un certain temps; **all the time,** continuellement; **at the time,** alors ; **at the same time,** en même temps, à la fois; **at this time,** à cette époque; **at one time or another,** une fois ou l'autre; **at times,** parfois, de temps en temps; **from this time onwards,** dès ce moment; **from that time,** désormais; **in time,** à temps.
timetable, un indicateur.
tint, la teinte.
tiny, petit, tout petit, minuscule.
tip, le pourboire.
to **tire,** fatiguer.
tired, fatigué, las.
tiresome, ennuyeux.
toad, le crapaud.
tobacco, le tabac.
to-day, aujourd'hui, de nos jours.
together, ensemble, tous.
toil, le travail.
tolerance, la tolérance.
to-morrow, demain, le lendemain.
tone: in a high tone, d'un ton véhément; **in low tones,** à voix basse, en sourdine.
tongue, la langue; (*speech of birds, etc.*) le langage.
tooth, la dent.
top, le sommet, le haut, le bout.
topaz, la topaze.
torrid, torride.
to **toss: toss half-pennies,** jouer à pile ou face.
to **totter to its fall,** menacer ruine.
to **touch,** toucher.

tour, le voyage.
tourist, le touriste.
towards, vers, du côté de.
tower, la tour.
trace, la trace.
to **trace,** (=*make out*) reconnaître.
tradition, la tradition.
tragedy, la tragédie.
to **trail down,** pendre.
to **train,** élever.
trance, l'extase (*f.*); (*insensibility*) la stupeur.
tranquil, tranquille, paisible.
to **transfix,** transpercer.
transformation, la transformation, un changement d'aspect.
to **translate,** traduire.
translation, la traduction.
travel, le voyage.
to **travel,** voyager; (*so many miles an hour*) faire .... à l'heure.
tray, le plateau.
treasure, le trésor.
to **treat,** traiter; **treat someone with...** user de... envers qn.
treatise, un ouvrage.
treaty, le contrat.
to **tremble,** trembler, frémir, frissonner.
trepidation, l'agitation (*f.*).
tress, la boucle.
trial, le procès.
triumph, le triomphe.
to **triumph,** triompher.
triumphant, triomphal.
trivial, trivial.
troops, les troupes (*f.*).
tropical, tropical.
to **trot homewards,** rentrer en trottant.
to **trouble,** déranger.
trouble, le trouble; (*with someone*) des difficultés (*f.*); **the trouble begins,** les choses commencent à se gâter; **to get someone into trouble,** créer des ennuis à qn.
true, vrai, véritable.
to **trust,** se fier à.
truth, la vérité.
to **try,** essayer, tâcher, s'efforcer, tenter; chercher (à).
trying: to be trying for someone, mettre qn. à une dure épreuve.
tumbling: to go tumbling down, dégringoler.
tune, un air.
turbid, troublé.
Turkish, turc (*f.* turque).
turn, le tour; **in his turn,** à son tour.
to **turn,** tourner, se tourner, se retourner; (= *change into*) changer

en; **turn away,** se détourner; **turn back,** revenir, faire demi-tour; **turn in,** entrer; **turn off** (= *drive away a feeling*), dissiper; **turn out** (*trans.*), chasser; **turn over** (*pages*), feuilleter; **turn round,** se retourner; **turn towards,** se diriger vers.
turning, le tournant (de la route).
twin, (*adj.*) jumeau.
twinkling: in the twinkling of an eye, en un clin d'œil.
type, le caractère, le type.
typewriter, la machine à écrire.
typist, le (la) dactylographe.
tyranny, la tyrannie.
tyrant, le tyran.

U

ugly, laid, affreux.
ultimate, final.
unable to, incapable de, qui n'arrive pas à.
unbearable, insupportable.
unbroken, tout uni.
to **uncord,** délier.
to **undeceive,** détromper.
to **understand,** comprendre, entendre.
to **undertake,** se charger de, entreprendre.
undeserved, immérité.
to **undo,** défaire, dénouer.
undoubtedly, sans doute.
unemployed, les chômeurs (*m.pl.*).
unequal, inégal.
unexpected, inattendu, inespéré.
unexpectedly, à l'improviste.
unfair, injuste.
unfortunate, malheureux.
uniform, l'uniforme (*m.*).
to **unite,** unir, réunir.
United States, les États-Unis (*m.pl.*).
universal, universel.
universally, partout.
universe, l'univers (*m.*).
university, l'université (*f.*).
unknown, inconnu.
unlearned, ignorant.
unlikely, peu probable.
unmistakably, sans aucun doute possible.
unpardonable, impardonnable.
to **unpeople,** dépeupler.
unpleasant, désagréable; **to be unpleasant (to),** déplaire (à).
unshaven, non rasé.
until, (*prep.*) jusqu'à; (*conj.*) jusqu'à ce que, jusqu'au moment où.

unusual, extraordinaire, singulier.
unwell, souffrant, malade.
unwise, imprudent, peu sage.
up, levé; **up there,** là-haut.
uplift, le prêchi-prêcha.
uproar, le vacarme, le tumulte.
to **upset,** renverser; (=*disturb*) troubler.
upstairs, en haut, à l'étage au-dessus.
upwards of, plus de.
urbanity, la vie urbaine.
to **urge on,** presser.
to **use,** se servir de, employer; **use a person ill,** en user mal envers qn.
useful, utile, instructif.
usual, habituel; **as usual,** comme d'habitude, comme toujours.
usually, généralement, d'ordinaire, d'habitude.
utter, complet.
to **utter,** (*a sound*) faire entendre.
utterly, complètement.

V

vague, vague.
valley, la vallée.
valour, le courage.
value, la valeur.
to **value,** attacher de la valeur à.
to **vanish,** s'évanouir, disparaître.
vanity, la vanité.
vapour, la vapeur.
varied, varié.
various, plusieurs, différent(e)s.
vase, le vase.
vast, immense, vaste.
vault: hollow vault, la voûte du ciel.
velvet, le velours.
vengeance, la vengeance.
to **venture,** se hasarder à, oser; **venture to** (*a place*), oser venir à.
venturesome, téméraire.
verdict, le verdict.
vertical, vertical.
vessel, le vaisseau, le navire.
vexed, fâché, vexé.
viaduct, le viaduc.
victim, la victime.
victor, le vainqueur.
victorious, victorieux.
victory, la victoire.
Vienna, Vienne (*f.*).
view, la vue.
vigorous, fort, vigoureux.
villa, la villa.
village: fishing village, un village de pêcheurs.
to **vindicate,** réhabiliter.
vine, la vigne.

violently, vigoureusement.
visible, visible.
visibly, ouvertement.
visit, la visite.
to visit, aller voir.
visitor, le visiteur.
visor, la visière.
vizier, le vizir.
voice, la voix; **in a low voice,** à voix basse; **in a deep voice,** d'une voix grave (profonde); **in a loud voice,** d'une voix forte.
volley, la volée.
volume, le tome, le volume; (= *flow of water*) le débit.
volunteer, le volontaire.
vulgar, vulgaire.

W

waist, la taille.
waiter, le garçon.
waiting-room, la salle d'attente.
to wake, éveiller, réveiller.
walk, la promenade; (*gait*) la démarche; **to take a walk,** s'acheminer (vers).
to walk, marcher, aller se promener; **walk along,** s'avancer; **walk on,** continuer sa marche; **walk round,** faire le tour de.
wallet, le porte-feuille.
walnut-tree, le noyer.
wander, la flânerie.
to wander, errer; **wander down,** descendre en flânant.
to want, vouloir; avoir besoin de; (= *lack*) manquer de.
war, la guerre.
warm, chaud; **keep oneself warm,** se réchauffer.
warmth, la chaleur.
to warn, avertir.
warning: a word of warning, un conseil.
to wash up, laver la vaisselle.
to waste, gaspiller; **waste time,** perdre son temps; **a waste of time,** du temps perdu, une perte de temps.
to watch, regarder, observer; **watch over,** surveiller; **watch closely,** guetter.
to wave, agiter; (*intrans.*) flotter, s'agiter.
way, le chemin, la route; la façon, la manière; **ways,** (= *manners*) les mœurs (*f.*); **on the way,** en chemin; **have a way of,** avoir le don de; **make one's way,** se

rendre; **in no way,** nullement; **a short way off,** non loin de là; **in its own way,** à sa guise.
weak, faible.
to weaken, affaiblir.
weakness, la faiblesse.
wealth, les richesses (*f. pl.*).
weariness, la fatigue.
weathercock, la girouette.
weight, le poids.
to welcome, accueillir, acclamer, souhaiter la bienvenue (à qn.).
well, bien, guéri; **all is well,** tout va bien; **as well as I can,** de mon mieux.
well-bred, bien élevé.
well-to-do, riche, à l'aise, bien renté.
west, l'ouest (*m.*).
western, occidental; **in Western Ireland,** dans l'ouest de l'Irlande.
westwards, vers l'ouest.
wet, humide, pluvieux.
What! Comment! **What for?** pourquoi? pourquoi faire?
whatever, tout ce qui, tout ce que.
wheel, la roue.
whenever, chaque fois que, quand.
whereupon, sur quoi.
wherever, partout où.
whoever, quiconque.
while: after a while, au bout de quelque temps; **for a while,** pendant un certain temps.
to whip, fouetter; (*out of someone's hand*) enlever.
whisper, le chuchotement.
to whisper, murmurer, dire à voix basse, chuchoter.
to whistle, siffler.
whistling, le sifflement.
whole, tout, entier; **for a whole hour,** une heure durant; **on the whole,** tout compte fait, en général.
wickedness, la méchanceté, la cruauté.
wide, vaste.
widow, la veuve.
wild, sauvage; (*of a wind*) furieux, farouche; **wild with joy,** fou de joie; **in wild disorder,** dans un désordre indescriptible.
wilderness, la solitude.
will: against one's will, à contre-cœur.
to win, gagner; (*a victory*) remporter.
window, la fenêtre; **stained window,** le vitrail.
winsome, charmant.

to wipe, essuyer.
   wireless, la T.S.F.; **a wireless set,** un poste de T.S.F.
   wisdom, la sagesse.
   wise, raisonnable, sage; **we are wise to,** nous faisons bien de.
   wish, le désir.
to wish, vouloir, désirer, avoir envie de; **wish good morning,** souhaiter le bonjour.
to withdraw, se retirer.
   without: to do without, se passer de.
   witness, le témoin.
   witty, spirituel.
   wizened, ratatiné.
   woe to, malheur à.
   wolf, le loup.
to wonder, se demander; **wonder at,** s'étonner de.
   wont: it is my wont, c'est mon habitude.
to woo, courtiser.
   woodcutter, le bûcheron.
   wooden, en bois.
   wood-pile, la pile de bois.
   word, le mot, la parole; **word for word,** mot pour mot; **without saying a word,** sans mot dire.
   work, le travail, l'œuvre (*f.*), la tâche.
to work (hard), travailler (dur).
   working-girl, une ouvrière.
   workman, un ouvrier.
   work-people, les ouvriers.
   workshop, un atelier.
   worn, usé.

   worried, ennuyé.
to worry, tourmenter.
to worship, vénérer.
   worth: to be worth, valoir; **to be worth doing,** valoir la peine (de).
   wound, la blessure, la plaie.
to wound, blesser.
to wrap up, envelopper.
   wreck, le naufrage.
to wrench, arracher.
to wrestle, lutter; **wrestle with,** saisir à bras le corps.
   wrestling-bout, un assaut de lutte, un corps à corps.
   wretch, un misérable.
   wrinkle, la ride.
   writer, un auteur, un écrivain.
to writhe, se tordre.
   wrong, le tort; (*adj.*) mauvais, faux; **to be wrong,** avoir tort.

Y

   yard, la cour.
to yell, hurler.
to yellow, jaunir.
   yet, cependant, pourtant; encore.
   youth, un jeune homme, un adolescent; la jeunesse.
   youthful, jeune; **a youthful figure,** une taille de jeune fille.
   Yugoslavia, la Yougo-Slavie.

Z

   zealous, zélé.
   zest, le plaisir.